거래의 기술

거래의 기술

트럼프는 어떻게 원하는 것을 얻는가

THE ART OF THE DEAL

도널드 트럼프 지음

이재호 옮김

살림

일러두기

1 이 책은 『TRUMP : The Art of the Deal』(1987)을 원전으로 한 번역서 『거래의 기술 : 도널드 트럼프 자서전』 (2004, 김영사)을 재출간한 것이다.

2 옮기면서 추가한 설명은 괄호 안에 넣어 표기했다.

3 단행본은 『 』, 잡지·신문·등은 「 」로 표기했다.

이 책을
나의 부모님 프레드 트럼프와
메리 트럼프에게 바칩니다.

| 이 책에 도움을 주신 분들께

여러 일로 분주한 가운데 이 책을 완성하기까지 나는 많은 분들의 도움을 받았다. 매력적인 아내 이바나와 세 아이들은 이 책을 쓰는 데 보낸 많은 시간들을 충분히 이해해주었다. 시 뉴하우스는 썩 내키지 않아 하는 나를 설득하여 책을 쓰도록 해주었다. 랜덤하우스의 하워드 카민스키, 피터 오스노스, 그 외 많은 스태프들은 열정적이고 의욕적으로 이 일에 참여해준 분들이다.

– 도널드 트럼프

나는 귀한 시간을 아끼지 않았던 많은 분들께 감사드리고 싶다. 특히 로버트 트럼프, 데르 스쿠트, 닉 리비스, 블랜치 스프라그, 노먼 레빈, 하비 프리먼, 토니 글리드먼, 앨 글래스고, 존 배리, 댄 쿠퍼 등에게 더욱 감사드린다. 루스 멀린, 게일 올슨, 애디너 바인스타인, 데보라 임머굿, 낸시 팔머는 타이핑, 사진과 원고 정리, 연구조사, 자료 검토에 힘써 주었다. 또 나를 위해 귀찮은 일을 마다하지 않은 사랑스러운 노마 포어더러가 없었던들 결코 시간 내에 필요한 일들을 하지 못했으리라.

나의 에이전트인 캐시 로빈스는 유능한 편집자, 치어리더, 진정한 친구이며, 이 분야의 뛰어난 전문가이기도 하다. 「뉴욕」지의 탁월한 편집자인 에드 코스너는 많은 아이디어와 영감을 불어넣어주고 사려 깊은 조언을 해주었다. 두 아이 케이트와 에밀리는 나의 기쁨이고 영감의 원천이다. 아내 데보라는 내가 만난 첫 편집자이고 가장 멋진 친구였으며, 10년이 지난 지금까지도 내 삶의 중심이다.

– 토니 슈워츠(Tony Schwartz, 공저자)

도널드 트럼프가 미국 대통령 선거(2016년 11월 8일)를 6개월 남겨놓고 공화당 후보로 사실상 확정됐을 때 그를 다룬 기사 중 압권은 그의 골프 매너에 관한 거였다. 함께 라운딩을 한 적이 있는 복싱 영웅 오스카 델라 호야(전 6체급 세계 챔피언)에 따르면 트럼프는 거의 '막장 골퍼' 수준이었다고 한다. 첫 홀에서만 티샷을 네 번이나 하고, OB를 낸 공을 속칭 '알까기'로 페어웨이에 슬쩍 놓아두거나, 홀에 붙였다고 거짓말을 했다는 것이다. 이 기사는 후보 경선 과정에서 우리가 갖게 된 그에 대한 선입견, 예컨대 '시도 때도 없이 막말이나 하고 허세나 부리는 억만장자 정치인'이라는 인식을 강화시켜주기에 충분했다.

트럼프의 막말은 도를 넘었다. "무슬림 입국을 전면 통제하겠다" "멕시코 이민자들이 못 넘어오게 국경을 봉쇄하겠다" "중국이 미국(경제)을 성폭행하고 있다" "나랏빚(국채)은 달러를 찍어 갚으면 된다"와 같은 말은 적어도 미국의 대선 주자라면 할 말은 아니었다.

그럼에도 혹여 막말에 가려 그의 진짜 모습을 놓치고 있는 건 아닌지 의심스러웠다. 중요한 건 위정자들이 집단적으로 저지른 실수의 크기나 총량이지, 어떤 한 개인의 한두 마디 폭언이나 실언은 아닐 터인데도 현실은 어디 그런가. 막말 시비가 일면 본질은 아예 감춰져버린다. 한국 정치에서도 자주 목격하는 바가 아닌가. 트럼프가 꼭 그런 경우라고 단언하기는 어렵지만 적어도 그런 눈으로 바라볼 필요는 있었다.

실제로 그는 후보 지명이 기정사실화되자 즉각 그가 했던 말들을 뒤집어버렸다. 자신은 일종의 제안으로써 '제안'한 것이지 꼭 그렇게 하겠다고 말한 게 아니라는 것이다. 그가 막말을 했을 때 일각에선 '철저히 계산된 언행'이라는 시선이 없지 않았는데 들어맞은 셈이다.

그의 자서전 격인 『거래의 기술』을 번역할 때 받은 충격은 지금도 생생하다. 그때만 해도 사회 초년병이었던 나로서는 트럼프의 성공담 자체가 우선 흥미진진했다. 펜실베이니아 와튼 스쿨을 졸업하고 1971년 뉴욕 맨해튼에 주거용 사무실을 내고 부동산업에 뛰어들었을 때 그의 나이 25세였다. 당시 수중엔 20만 달러가 있었다. 뉴욕 외곽에서 부동산 개발업(임대주택사업)을 한 아버지를 도우면서 번 돈 중의 일부였다. 그 돈도 대부분 부동산에 묶여 있어서 빈손이나 다름없었다. 그런 그가 10년도 안 된 34세 때 맨해튼에 당시로서는 최고였던 그랜드 하얏트 호텔을 세운다. 맨손으로 기적을 일궜지만 이는 뒤이어 계속된 신화의 첫 장일 뿐이었다.

이 책을 통해 드러난 트럼프는 대단히 영리하고 치밀한 사람이다. 세상의 변화를 남보다 빨리 읽고, 성공을 위해선 수단과 방법을 가리지 않는다. '크게 생각하되, 발로 뛰고, 언제나 최고의 물건을 만들라'는 것이 그의 신조다. 일이 되도록 하려면 '지렛대'도 사용하고 언론도 이용할 줄 알아야 한다고 충고한다. 한마디로 강하고 빈틈없고 야비할 정도로 냉정한 사람이다. 타고난 승부사임을 자임한 그는 책의 말미에서 "나는 다시 거래, 큰 거래를 할 계획을 세울 것이다. 그것도 불철주야로"라고 했는데 그게 대선 출마였던 것 같다.

그가 앞으로 민주당의 힐러리 클린턴과 벌일 싸움은 역대 어떤 선거전보다 치열하고 폭력적이며 지저분할 것이라는 게 미국 언론의 공통된 전망이다. 미 주류 사회는 클린턴의 우세를 점치지만 그가 가슴에 불을 지른 앵그리 화이트(Angry White)의 결집도 만만치 않아 보인다. 내 일자리를 중국·인도·한국 등의 노동자들에게 빼앗겼다고 믿는 중하위층의 백인 노동자에 고소득층 백인들까지 가세하는 형국이다. 그가 보여준 폭발력을 보면 결과를 예단하기 어렵다. 벌써 일부 여론 조사에선 그가 클린턴을 앞서고 있는 것으로 나온다.

트럼프는 한국에 대해서도 많은 말을 했다. 당선되면 한미 자유무역협정(FTA)을 개정할 것처럼 얘기했고, 한국 방위는 한국이 도맡아 하든지, 아니면 주한미군 주둔 비용을 100% 한국이 부담하라고 했다. 만에 하나 이런 말들이 현실이 된다면? 우리로서는 생각조차 하고 싶지 않은 일이다. 차라리 그가 천방지축 막말이나 하는 인물이라면 나을지도 모른다. 상대하기가 더 쉬울 테니까. 그러나 그런 기대는 이제 버려야 할 것 같다. 지금이라도 트럼프와 트럼프 현상(Trumpism)을 제대로 보고 대처해야 한다. 맨얼굴의 트럼프를 볼 수 있는 이 책이 그 단초가 됐으면 한다.

이재호

2016년 5월

차례

제1장

거래는 예술이다
나의 일주일

나는 돈 때문에 거래를 하는 것은 아니다. 돈은 얼마든지 있다. 내게 필요한 양보다 훨씬 많다. 나는 거래 자체를 위해서 거래를 한다. 거래는 나에게 일종의 예술이다. 어떤 사람들은 캔버스에 아름다운 그림을 그리고 또 훌륭한 시를 쓴다. 그러나 나는 뭔가 거래를 하는 것이 좋다. 그것도 큰 거래일수록 좋다. 나는 거래를 통해서 인생의 재미를 느낀다. 거래는 내게 하나의 예술이다.

대부분의 사람들은 내가 일하는 방식을 보고 놀란다. 아주 느슨하게 사업을 하는 편이라고나 할까. 물론 서류가방 따위를 들고 다니지도 않는다. 사람을 만나거나 회의에 참석하는 일이 많다고 해서 일일이 스케줄을 잡아두려고 애쓰는 편도 아니다. 내 사무실의 문은 항상 열려 있다. 기업가라는 사람이 너무 많은 조직을 가지고 있어 거기에 얽매이면 창의성을 발휘할 수 없을 뿐 아니라 진정한 기업가라고 할 수도 없다. 나는 그저 매일 출근해서 일이 어떻게 잘되어가는지 살펴볼 뿐이다.

나의 생활은 하루하루가 다 다르며 일정한 공식이란 게 없다. 그러나 대략 매일 아침 6시쯤에 일어나서 한 시간가량 조간신문들을 본다. 사무실 도착은 대개 9시, 사무실에 오면 전화를 건다. 전화는 하루 평균 50회쯤. 최고 100회 이상 할 때도 있다. 전화를 거는 사이사이에 적어도 10여 차례 이상 사람을 만난다. 대부분의 만남은 그때그때 필요에 따라 이루어지며 미리 약속돼 있거나 짜여 있지 않다. 한 번의 만남에 소요되는 시간은 15분을 넘기지 않는다. 점심 식사를 위해서 따로 시간을 내어 쉬지도 않는다. 퇴근 시간은 오후 6시 반. 그러나 대부분 집에 와서도 계속 전화를 걸며 자정까지는 일을 한다. 그리고 주말에는 푹 쉰다.

이런 매일매일의 생활이 쉼 없이 계속된다. 다른 식으로 하루를 보내본 적이 없다. 나는 과거로부터 무언가를 배우려고 노력한다. 그러나 현재에 모든 초점을 맞춤으로써 미래를 계획한다. 내가 재미를 느끼는 것은 현재다. 현재가 재미없다면 미래나 과거가 무슨 소용 있겠는가?

월요일

9:00 A.M. 나는 맨 처음 앨런 그린버그(Alan Greenberg)에게 전화

를 건다. 그는 월 가(街)에 있는 일류 투자은행회사 베어 스턴스(Bear Stearns)의 최고경영자(CEO)이다. 5년 전부터 앨런은 내 투자상담역을 해오고 있는데 그 방면에서 가장 뛰어난 사람이다. 2주 전 우리는 홀리데이 인(Holiday Inns : 미국의 유명한 호텔 체인사) 사의 주식을 매입하기 시작했다. 당시 이 회사의 주가는 주당 50달러대였다. 앨런은 오늘 아침까지 내가 100만 주 이상을 사들였다고 보고해 왔다. 100만 주면 홀리데이 인 사 전체 주식의 4%가 조금 넘는 분량이다. 앨런은 주가가 지난 금요일까지 주당 65달러로 뛰었다고 말했다. 내가 홀리데이 인의 주식을 대량 매입하고 있다는 소문이 돈 데다 홀리데이 인의 경영에 참여할지도 모른다는 추측 때문에 주가가 치솟았다고 앨런은 말했다.

사실 나는 아직 결정을 내리지 못하고 있다. 여러 가지 방법이 가능하다. 우선 홀리데이 인을 완전히 내 손아귀에 넣을 수도 있다. 내 생각으로 그 호텔 체인회사는 실제 가치보다 약간 저평가되어 있다. 현재의 주식 시세라면 나는 20억 달러 이하로 그 회사를 잡을 수 있다. 홀리데이 인의 카지노 호텔 3개만 해도 거의 20억 달러 가치를 호가한다. 거기에다 다른 곳의 호텔까지 합치면 객실 30만 개가 더 있다.

다음으로 생각할 수 있는 방법이 사들인 주식을 파는 것이다. 주식 시세가 충분히 올랐을 때 팔면 상당한 이익을 볼 수 있다. 오늘 당장 팔아도 700만 달러쯤은 벌 수 있다.

마지막으로 홀리데이 인 사가 프리미엄을 얹어서 나의 주식을 되사게 하는 방법이다. 홀리데이 인 사는 어떻게든 나를 떼어놓고 싶을 테니까 프리미엄을 주고서라도 주식을 되사고 싶을지 모른다.

어느 경우가 됐건 이제 홀리데이인 사는 부실 경영에 대한 대가를 치러야 한다. 회사를 다른 사람 손에 넘기지 않으려면 무언가 액션을 취하지 않으면 안 된다. 그것은 그들의 일이지 내가 상관할 바는 아니다. 나는 그들이 동분서주하는 모습을 보며 내 거래를 즐길 뿐이다.

9:30 A.M. 에이브러햄 허시펠드(Abraham Hirschfeld)로부터 전화가 걸려 왔다. 에이브라는 애칭으로 불리는 그는 제법 성공한 부동산 개발업자로서 정치가가 되어볼 야심을 갖고 있는 친구이다. 그러나 불행히도 그는 정치가보다는 부동산업자로서의 자질이 훨씬 돋보인다. 에이브는 1987년 가을에 뉴욕 주 부(副)지사에 출마해보려고 갖은 애를 썼다. 그러나 현 주지사인 쿠오모(Cuomo)가 직접 선택한 부지사 후보 스탠 런딘(Stan Lundine)에 밀려 실패했다. 쿠오모는 에이브가 출마조차 못하도록 법적인 문제까지 제기했다.

내가 쿠오모 주지사와 친하다는 것을 알고 있는 에이브는 나에게 조언을 구해 왔다. 자신이 계속해서 쿠오모를 지지해야 하는지, 아니면 소속 정당(민주당)을 아예 바꾸어 쿠오모의 경쟁자를 지지해야 하는지를 결정하고 싶어했다.

나는 이렇게 대답했다. "이쪽저쪽을 따질 게 아니라 이긴 쪽에 붙어 그쪽에 충실한 사람이 되라." 우리는 목요일에 만나기로 약속을 한 후 전화를 끊었다.

10:00 A.M. 돈 아이머스(Don Imus)에게 전화를 걸어 고마움을 표시했다. 그는 WNBC 방송에서 가장 성공적인 라디오 쇼를 진행하고 있는데 며칠 전부터 '애너벨 힐 농장 구하기' 기금 모금을 추진해오고 있다. 나는 그의 라디오 쇼를 통해 이 기금이 눈덩이처럼 불어나는 것을 보고 놀랐다.

일은 지난 주에 벌어졌다. 그때 나는 톰 브로코(Tom Brokaw)가 진행하는 전국 뉴스 프로를 보고 있었다. 브로코는 조지아 주의 한 농장 소유주인 힐 부인을 소개하고 있었다. 아담하고 사랑스럽게 보이는 힐 부인은 빚 때문에 남의 손으로 넘어가게 된 농장을 살려보려고 갖은 애를 쓰고 있었는데, 얼마 전 남편이 보험금이라도 타내어 빚을 갚고 농장을 살려보겠다고 자살을 해 화제가 된 여자였다. 올해 67세의 남편은 스스로 목숨을 끊음으로써 자신의 보험금이 농장을 살리는 데 쓰이기를 바랐지만 그 보험금으로는 어림도 없었다. 그 농장은 대를 이어 수십 년 동안 힐 가(家)의 재산으로 내려온 것이다.

대단히 슬픈 뉴스였다. 나는 충격을 받았다. 평생을 열심히, 그리고 정직하게 일하고서도 모든 것이 바로 눈앞에서 허물어져버리는 불행한 사람들이 있다. 힐 가가 바로 그런 사람들이었다. 나로서는 모든 일이 잘못된 것처럼 보였다.

나는 즉시 NBC 방송국을 통해 힐 농장 사람들을 만나보기로 했다. 소개받은 사람은 힐 농장을 살리기 위해서 일해오고 있던 프랭크 아젠브라이트(Frank Argenbright)라는 멋진 친구였다. 프랭크는 우선 힐 농장을 저당잡고 있는 은행과 접촉해보라고 했다.

다음 날 아침 그 은행의 부사장이란 친구에게 전화를 걸어, "나는 뉴욕의 한 사업가요. 힐 부인을 돕고 싶은데 무슨 방법이 없겠습니까?"라고 나의 생각을 밝혔다. 그러자 그 친구의 대답이 "미안하지만 너무 늦었습니다. 우리는 곧 힐 농장을 경매 처분할 계획입니다. 이제는 천하없어도 어쩔 수가 없습니다"는 것이었다. 그 말을 듣는 순간 오기가 생겼다. 그래서 이렇게 소리 질렀다.

"내 말 잘 들으시오! 만약 당신들이 힐 농장을 경매 처분한다면 내가 개인적으로 당신과 당신 은행을 살인죄로 고소하겠소! 당신들이 힐 부인의 남편을 괴롭혀서 죽게 한 거니까 말이오!"

갑자기 그의 목소리가 떨리기 시작하더니, "곧 다시 전화 드리겠습니다"라며 기세가 한풀 꺾였다.

사람이란 가끔 거칠게 나갈 필요가 있을 때는 그렇게 해야 한다. 한 시간쯤 후 정말 전화가 걸려 왔다. 부사장이란 친구였다.

"걱정하지 마십시오, 트럼프 씨. 어떻게 해보겠습니다."

힐 부인과 프랭크는 곧 방송사와 접촉했고, 이 사실은 NBC를 통해 전파를 탔다.

지난 주말까지 우리는 4만 달러를 모았다. 아이머스가 청취자들에게 힐 농장을 살리자고 호소하여 혼자서만 거의 2만 달러를 모았다. 우리는 크리스마스이브에 내 트럼프 타워(트럼프가 소유하고 있는 뉴욕의 초호화 콘도미니엄) 중앙 홀에서 간단한 축하 파티를 갖고, 은행으로부터 찾은 힐 농장의 저당권 설정서를 불살라버림으로써 힐 부인에게 멋진 크리스마스 선물을 할 계획이다. 아마 그때까지는 필요한 돈을 다 모을 수 있으리라 믿는다. 나는 이미 힐 부인에게 만약 모금액이 부족한 경우, 그 차액은 액수에 관계없이 내가 부담하겠다고 약속해놓았다.

나는 돈 아이머스에게 정말 위대한 친구라는 찬사를 아낌없이 보내고 싶다. 다음 주에는 하루쯤 그를 유에스 오픈 테니스 대회에 내 손님으로 초대해야겠다. 나는 유에스 오픈을 보기 위해 코트 바로 옆의 특등석을 잡아놓고 매일 가다시피 하는데, 요즈음은 너무 바빠서 내 친구들을 대신 보내 구경하도록 하고 있다.

11:15 A.M. 유나이티드 스테이츠 풋볼 리그(USFL : United States Football League)의 해리 어서 커미셔너가 전화를 걸어 왔다. 지난 달 해리와 나는 USFL과 경쟁 관계인 내셔널 풋볼 리그(NFL : National Football League)를 독점금지법 위반으로 기소한 바 있었다. 배심원들은 NFL의 독점을 인정했다. 손해배상으로 우리가 받은 것은 1달러였다. 배심원들은 다만 상징적인 손해배상을 통해 우리의 승소를 인정한 것이다. 나는 이미 내가 소유하고 있는 프로미식축구팀 뉴저지 제너럴스의 일급 선수들로 하여금 NFL과 계약을 체결하도록 허용했다. 그러나 배심원의 판결은 말이 안 되는 것이었다.

해리와 나는 앞으로 어떻게 해야 할지를 논의했다. 나는 좀 더 강력하게 나가고 싶었다. 해리에게 이렇게 말했다.

"항소심까지 더 세게 밀어붙여야 하는데, 맡겨볼 사람이 없어 걱정이군……."

12:00 noon 게리 숀펠드(Gerry Schoenfeld)가 내 사무실 책임자로 일할 여자를 소개해주겠다며 전화를 걸어 왔다. 게리는 브로드웨이의 대극장 소유주들의 모임인 슈버트 오거니제이션(Shubert Organization)의 회장이다. 게리는 자신이 추천하는 그 여자가 "꼭 도널드 트럼프를 위해 일하고 싶다"고 말했다고 전한다.

"그 여자 돌았군."

나는 이렇게 쏘아주었지만 그녀를 만날 생각을 하니 기분이 좋았다.

우리는 극장 일로 몇 마디 주고받았다. 나는 우리 아이들에게 게리의 극장에서 공연하는 쇼 「캐츠(Cats)」에 데리고 가겠다고 약속했다. 게리는 자기 사무실을 통해 별도로 입장권을 구입하겠느냐고 물었다. 입장권 구입을 원하는 친구들의 편의를 위해 사무실에 여자 직원을 별도로 두고 표를 판다는 설명이었다. 나는 그런 식으로 일하는 것을 좋아하지 않는다. 그래서 싫다고 했더니 "바보 같은 소리 말고, 곧바로 전화해" 하며 입장권 담당 여직원의 전화번호를 알려주었다. 멋진 친구의 멋진 제스처다.

1:15 P.M. 앤서니 글리드먼(Anthony Gliedman)이 울먼 링크(Wollman Rink) 계획을 논의하기 위해서 들렀다. 글리드먼은 과거 에드 콕(Ed Koch) 밑에서 주택 사업 담당자로 일했는데 나와는 싸우기도 많이 싸웠다. 재판에 걸어 결국 내가 이기기는 했지만 그는 대단히 영리한 사람이다. 나는 내게 반대했던 사람이라도 배척하지 않는다. 능력 있는 사람이라면 그가 어디에 있건 언제든 데려다 쓸 준비가 되어 있다고

나 할까.

글리드먼은 뉴욕의 센트럴파크에 울먼 스케이팅 링크를 재건하는 문제로 나를 돕고 있다. 뉴욕 시 당국이 7년 동안 이 계획을 추진해왔으나 영 신통치가 않았다. 지난 6월에 나는 그 일을 맡았다. 현재 우리는 당초 계획보다 앞서 나가고 있다. 글리드먼은 목요일쯤 기자회견을 하는 게 어떻겠느냐고 물었다. 건설공사의 마지막 주요 공정인 콘크리트 붓는 날을 축하하는 뜻에서 기자회견을 갖자는 얘기다.

"글쎄 뉴스거리가 될까? 기자들이 몇 명이나 오겠어?"

글리드먼은 "20여 군데서 회답해주겠다는 약속을 받았다"고 말했다. 뉴스거리의 가치에 비하면 꽤 많은 숫자다.

2:00 P.M. 법원에서 증언을 했다. 우리는 트럼프 타워의 건축 청부업자를 상대로 소송을 제기해놓고 있었다. 그 회사는 공사가 반쯤 진행됐을 때 공사를 계속 맡길 수 없어 우리가 해약한 회사이다. 우리는 그 회사에 손해배상을 요구하고 있다. 나는 소송이나 법정 증언 따위는 질색이다. 그러나 우리는 자신이 옳다고 생각한다면 증언대에 서는 것을 마다해서는 안 된다. 그렇지 않으면 상대방이 우리를 깔아뭉개버린다. 이제 증언을 피할 길은 없다. 설사 내가 소송을 제기하지 않았더라도 마찬가지였을 것이다. 요즘은 도널드 트럼프란 이름만 보면 세상의 모든 사람들이 소송하고 싶어 안달인 것 같다.

3:00 P.M. 노마 포어더러에게 점심을 갖다달라고 부탁했다. 그는 내

생활을 빈틈없이 짜주는 실무 비서다. 점심으로 토마토 주스를 먹는다. 나는 점심을 먹으러 밖에 나가는 일이 거의 없다. 그건 시간 낭비다.

3:15 P.M. 찰스 골드스타인(Charles Goldstein) 경에게 전화를 건다. 외출 중이다. 메시지를 남긴다. 골드스타인은 성공한 부동산 담당 변호사다. 그러나 내가 좋아하는 사람은 아니다.

골드스타인은 브롱크스(Bronx : 뉴욕의 빈민가) 출신임에 틀림없다. 매우 허풍이 심하고 젠체한다. 귀족처럼 행동하려고 애쓴다. 그래서 나는 그를 찰스 경이라고 불러준다.

리 아이아코카(Lee Iacoccao : 미국 크라이슬러 자동차회사 회장)가 '팜비치 거래'의 대리인으로 그를 고용했다는 얘기를 주말에 들었다. 팜비치 건은 아이아코카와 내가 함께 파트너가 돼서 일해보려는 건이다. 아이아코카는 내가 과거에 찰스 경에게 당했던 일을 알 리가 없다.

얼마 전 나는 한 친구와 거래를 한 적이 있었다. 마침 그 친구가 변호사를 필요로 하고 있기에 찰스를 소개시켜주었다. 그런데 찰스가 처음 한 일이 뭐였는지 아는가? 그는 내 친구에게 충고하기를 트럼프와는 거래하지 말라고 했다는 것이다. 어떻게 그런 일이 있을 수 있을까?

이번 거래는 팜비치 지역에 있는 콘도미니엄 건물 2동을 구입하는 거래다. 나는 팜비치에 집을 한 채 가지고 있다. 마라라고(Mar-a-Lago)라 하는 대단히 아름다운 집이다. 지난 겨울 언젠가 주말을 이 집에서 보내려고 간 적이 있었다. 그때 친구들과 점심을 먹기 위해서 밖으로 나오다 문득 그 콘도미니엄 건물을 보았다. 아름답게 빛나는 한 쌍의 콘도미니엄 건물이 내 눈을 사로잡았다. 두서너 군데 전화를 해 알아 봤더니 그 건물은 1억 2,000만 달러를 들여 지어졌으며, 건물주가 뉴욕의 한 은행에 저당 잡혔고, 최근에는 그 은행이 빚을 못 받아 저당권 행사를 시작했다는 것이었다.

나는 곧 그 콘도미니엄 건물 2동을 4,000만 달러에 사들이기 위한 거래에 나섰다. 내 친구이자 리 아이아코카의 친구이기도 한 윌리엄 푸가지(William Fugazy)는 아이아코카와 함께 부동산 거래를 하라고 얘기했었다. 아이아코카는 아주 비상한 사업가라고 생각한다. 그는 이미 크라이슬러 사를 흑자로 돌리는 기적을 연출해냈다. 나는 또한 개인적으로도 그를 무척 좋아한다.

한 가지 일은 또 다른 일로 이어지는 법이다. 그래서 우리는 그 콘도미니엄에 대해서 논의하기 시작했던 것이다. 그것은 상당히 큰 투자다. 나는 아직도 확신하지 못하고 있다. 아이아코카가 정말로 이 일을 계속 진척시키기를 희망하고 있는지. 내가 싫어하는 변호사를 고용한 것으로 보아 그가 원하지 않는다는 의사표시를 한 거라 생각해본다. 찰스가 다시 전화를 걸어 오면 정확히 이야기를 할 참이다.

3:30 P.M. 누나인 메리앤 배리(Maryanne Barry)에게 전화를 걸어 요즘 애틀랜틱시티에서 우리가 싸우고 있는 한 소송에 대한 법원의 결정에 관하여 얘기했다. 메리앤은 뉴저지에 있는 연방법원 판사다. 그녀의 남편 존은 지금까지 내 일을 여러 차례 도와준 유능한 변호사다.

"법원이 우리에게 패소 판결을 내렸다니 믿어져?"

나는 묻는다. 메리앤은 대단히 영리하다. 당연히 법률에 대해 나보다 훨씬 잘 안다. 누이도 나처럼 놀라고 있다. 나는 그녀에게 소송에 관련된 모든 자료들을 존에게 즉시 보낼 수 있도록 준비해놓았다고 말해주었다. 존이 이 일을 맡아주었으면 해서다.

4:00 P.M. 회의실로 가 이번 크리스마스에 트럼프 타워의 중앙 홀을 장식할 크리스마스 장식들을 슬라이드를 통해 살펴본다. 트럼프 타워 6층의 멋진 대리석 중앙 홀은 뉴욕 시의 주요한 관광 명소로 부각되고 있다. 전 세계로부터 매주 10만 명이 넘는 사람들이 이것을 보기 위해 몰려오고 여기서 쇼핑을 한다. 이제 중앙 홀은 트럼프 오거니제이션(Trump Organization : 트럼프 부동산회사)의 상징이 돼버렸다. 바로 이런 이유로 해서 크리스마스 장식 같은 사소한 것까지도 내가 신경을 쓰는 것이다.

나는 나 자신이 많이 노출되는 것을 좋아하지 않는다. 마지막으로 빌딩 입구를 장식할 큼직하고 장엄한 금색 화환을 살펴보고, 그것을 쓰기로 결정했다. 때로는 작은 것이 더 좋은 법이다. 대개는 아니지만, 가끔은.

4:30 P.M. 뉴저지의 변호사인 니콜라스 리비스가 전화를 걸어 왔다. 그는 애틀랜틱시티에 있는 내 카지노 2개의 영업허가 취득 건을 봐준 변호사이다. 니콜라스는 내가 생각하고 있는 모종의 거래를 위해 오스트레일리아의 시드니로 가겠다고 알려 왔다. 비행기로 24시간이

걸리는 긴 여행이다. 내 대신 가줘서 고맙다고 인사했다.

시드니의 거래는 그만 한 가치가 있다. 오스트레일리아의 뉴사우스 웨일스 주정부는 세계 최대의 카지노를 건설해서 그것을 운영해줄 회사를 물색하고 있는 중이다. 우리는 지금 가장 앞서서 이 일을 추진하고 있다. 니콜라스는 그곳에서 주정부의 핵심 관리들을 만날 것이다. 그는 일이 되는 대로 곧 그곳에서 전화하겠다고 했다.

5:15 P.M. NBC 방송의 헨리 카네스버그 이사에게 전화한다. 그는 요즘 NBC의 새 본부 건물을 지을 장소를 선정하는 일을 맡고 있다. 우리는 거의 1년 이상 NBC를 상대로 공작을 펴고 있다. NBC가 웨스트사이드의 내 땅으로 이사 오도록 설득하고 있는 것이다. 1년 전에 나는 허드슨 강 연안의 78에이커에 달하는 이 땅을 구입했는데 거기에 세계에서 가장 높은 빌딩을 짓겠다는 계획을 발표했었다.

나는 헨리가 우리의 최신 마스터플랜을 보았다는 것을 알고 있다. 그래서 계속 설득하고 있다.

"블루밍데일 시대는 갔습니다. 우리 빌딩 안으로 들어오시면 우리 쇼핑센터의 중심 상가가 될 겁니다. 그러면 그만큼 이름도 높아지는 것 아닙니까? 뉴욕 시가 우리 계획에 흥분하고 있어요. 앞으로 몇 개월 내에 가계약이라도 맺기를 바랍니다……."

헨리는 흥분한 것처럼 보인다. 나는 전화를 끊기 전에 NBC가 세계에서 가장 높은 빌딩 안에 사무실을 갖게 된다는 사실을 다시 한 번 강조하면서 결정타를 날린다.

"생각해보세요. 그것은 곧 최고의 상징입니다."

5:45 P.M. 9살 난 아들 도니(Donney)로부터 전화가 왔다. 몇 시쯤 집에 들어오겠느냐는 전화다. 무슨 일을 하고 있든 아이들 전화는 항상 받는다. 도니 말고도 6살 난 이반카(Ivanka)와 3살 난 에릭(Eric), 두 아이가 더 있다. 그 애들이 앞으로 나이를 먹게 되면 아빠 노릇 하기가 더 쉬워질 것이다. 나는 아이들을 사랑한다. 그러나 장난감 트럭이나 인형 따위를 가지고 놀아주는 일에는 익숙하지 못하다. 이제 도니는 서서히 빌딩이나 부동산, 스포츠 등에 흥미를 보이기 시작하고 있다. 그것이 훌륭하다.

도니에게 가능한 한 빨리 들어가겠다고 말한다. 그러나 녀석은 제시간에 들어오라고 조른다. 나를 닮은 모양이다. '노'라는 대답은 아예 대답으로 간주하려고 하지 않는다.

6:30 P.M. 전화 몇 통화를 더 한 뒤, 나는 사무실을 떠나 엘리베이터를 타고 내 트럼프 타워의 위층 아파트로 간다. 집으로 가는 도중에도 대부분 계속 전화를 건다.

화요일

9:00 A.M. 주식 중개인인 이반 보에스키(Ivan Boesky)에게 전화를

건다. 보에스키와 그의 부인은 비벌리힐스 호텔의 대주주이기도 하다. 나는 최근 그가 이 호텔을 팔기로 결정했다는 사실을 확인한 바가 있다. 보에스키는 앞으로 2주일 후면 주식시장의 내부자거래로 몰려 유죄판결을 받게 된다. 바로 이 때문에 그는 현금을 거둬들일 필요가 있으며 따라서 서둘러 호텔을 팔려는 것이다. 그러나 전화를 거는 이 순간 나는 그 사실을 알 리가 없다.

나는 스티브 루벨과 이언 슈레이저를 고용, 비벌리힐스 호텔의 운영을 맡겨볼 생각이다. 스티브는 믿기 어려울 만큼 호텔 사업의 귀재다. 그는 비벌리힐스 호텔을 다시 지옥처럼 뜨겁게 들끓는 곳으로 만들 것이다.

나는 보에스키에게 호텔 매매에 흥미가 있다고 말했다. 그는 모건 스탠리 앤드 컴퍼니 사가 그 거래를 담당하고 있다며 곧 그쪽에서 전화가 갈 것이라고 한다.

나는 로스앤젤레스를 좋아한다. 70년대에는 많은 주말을 로스앤젤레스에서 보냈다. 그곳에 가면 항상 비벌리힐스 호텔에 묵었다. 그러나 거래를 앞두고 내가 그 호텔을 좋아한다는 사실이 거래에 영향을 미치도록 해서는 안 된다. 그 호텔을 좋아하는 만큼, 저쪽에서 요구하는 값보다 훨씬 싼 값으로 구입할 때만이 그 호텔은 나에게 의미가 있는 것이다.

9:30 A.M. 앨런 그린버그가 전화를 걸어 왔다. 우리는 홀리데이 인 사의 주식 10만 주를 더 샀다. 주식 값은 다시 1.5포인트가 올랐다.

거래는 매우 활발하다. 홀리데이 인 사의 고위 간부들이 대혼란에 빠졌으며, 나의 주식 매입에 어떻게 대응해야 할지 긴급회의를 열고 있다고 한다. 앨런은 홀리데이 인 사가 나의 회사 인수에 대응하기 위해서 비상수단을 쓸 것이라고 보고한다. 통화는 2분이 채 안 걸렸다. 그것도 내가 앨런을 좋아하는 이유 중의 하나다. 그는 결코 시간을 낭비하지 않는다.

10:00 A.M. 사무실에서 건축업자들을 만난다. 그들은 트럼프 플라자로부터 애틀랜틱시티의 보드워크 거리를 가로지르는 2,700대 주차 능력의 주차장과 운송센터의 건설을 맡고 있다. 3,000만 달러가 드는 공사다. 그들은 공사 진척 상황을 보고하기 위해서 온 것이다. 계획대로 되어가고 있으며 예산도 초과하지 않고 있다는 얘기다.

그 주차장은 애틀랜틱시티의 연중 가장 큰 주말휴일인 1987년 전몰 장병기념일(5월 30일)에 맞춰 완공될 것이다. 이 일은 우리의 사업을 엄청나게 확대시킬 것이다. 새로운 주차장 부지는 보드워크로 이어지는 주요 도로의 끝에 위치하고 있으며 보도로 우리 카지노들과 연결된다. 우리 주차장에 주차하는 사람은 누구나 곧바로 우리 카지노로 흡수되도록 돼 있다.

11:00 A.M. 사무실에서 뉴욕의 한 은행가를 만난다. 그는 나와 함께 사업을 해보자는 제안을 하기 위해 온 것이다. 우리는 내가 생각하고 있는 거래들에 관해 전반적인 이야기를 나눈다. 생각해보면 참 재미있

다. 이제는 은행가들이 나를 찾아와 은행 돈을 쓸 의사가 있는지를 묻는다. 그들은 안전한 배팅(betting)을 할 줄 안다.

12:15 P.M. 노마가 들어와 울먼 스케이팅 링크에 관한 기자회견 날짜를 목요일에서 수요일로 변경해야겠다고 말한다. 뉴욕 시 공원의 커미셔너인 헨리 스턴에게 문제가 생겼다는 것이다. 헨리가 목요일에 어퍼 웨스트사이드에 있는 새로운 센트럴파크 운동장의 개장식 스케줄이 잡혀 있었다. 거기에는 가수 다이애나 로스도 서명을 했다. 문제는 우리가 목요일로 예정된 콘크리트 작업을 변경할 수 없다는 것이다. 그날 기자회견을 갖는 것도 그 때문이다.

그러나 어쩌겠는가. 일이 되어가는 대로 놔둘 수밖에. 나는 헨리를 곤란하게 만들고 싶지 않다. 지난 주에 우리 경비원들이 울먼 스케이팅 링크에 들어가려는 그를 출입 허가증이 없다는 이유로 제지한 적이 있다. 그것은 과잉 경비였다. 그러나 헨리는 결코 놀라지 않았다.

12:45 P.M. 내 회계사인 잭 미트닉이 우리가 진행시키고 있는 한 거래에 대한 세금 문제를 논의하기 위해서 전화를 걸어 왔다. 나는 그에게 새로운 연방세법이 부동산에 어느 정도 마이너스 영향을 미치게 될 것인가를 묻는다. 왜냐하면 새 세법은 현재의 부동산 세금공제의 많은 부분을 제외시키고 있기 때문이다. 그러나 놀랍게도 미트닉은 새 세법이 전반적으로 나에게 플러스가 될 거라고 말했다. 내 현금 수입 중의 상당 부분이 카지노와 콘도미니엄으로부터 나오는 데다, 소득에 대한

최고 세율이 50%에서 30%로 떨어질 것이라는 얘기였다. 그러나 나는 아직도 새 법이 미국에 재앙이 될 것이라고 믿는다. 인센티브가 없으면 건축 붐이 일어나지 않는 지역일수록 더더욱 그럴 것이다.

1:30 P.M. 노마를 시켜 미주리 주의 공화당 상원의원인 존 댄포스(John Danforth)에게 전화를 걸게 한다. 나는 댄포스를 개인적으로는 알지 못한다. 그러나 그는 새 세법안에 강력히 반대하여 투쟁하고 있는 몇 안 되는 상원의원 중의 하나다. 어쩌면 세법 문제는 이미 너무 늦었을지도 모른다. 그러나 세법안 반대로 인한 정치적인 희생을 감수하면서 자신의 소신을 지킨 그의 용기에 대해 격려의 말을 해주고 싶다. 댄포스는 마침 자리에 없었다. 비서가 연락이 되는 대로 전화를 드리도록 하겠다고 말한다.

1:45 P.M. 노마에게서 여러 건의 초대에 관해 듣는다. 그중 하나가 데이브 윈필드라는 프로야구 뉴욕 양키스 팀 외야수의 건이다. 그는 프로선수들의 약물 복용 금지를 위해 싸우고 있는 단체를 위해 내가 자선 만찬을 주재해주도록 요청해 왔다. 나는 이번 달에만 벌써 두 차례의 만찬을 주재했다. 하나는 미국뇌성마비협회를 위한 자선 만찬이고 다른 하나는 미국경찰체육연맹을 위한 자선 만찬이었다. 사람들은 왜 나에게 자선 만찬을 주재해달라거나, 자선 모임에 나와 연설을 해달라고 부탁할까? 나는 솔직해지고 싶다. 그것은 내가 위대한 사람이기 때문이 아니다. 사람들은 내가 부자 친구들이 많다는 것을 알기 때

문이다. 내가 만찬회에 나가면 부자 친구들이 몰려와 테이블을 사고 물건을 사기 때문이다. 나는 그 게임을 이해한다. 싫다 해도 멋지고 근사하게 빠져나갈 방법이 없는 것이다. 나는 이번 달에 두 번이나 친구들에게 자선 만찬회 참석을 부탁했다. 단지 그런 행사가 너무 많다는 것이다. 사람들은 빈번히 한 테이블에 1만 달러를 기부해달라고 청한다. 나는 유감이지만 윈필드의 만찬회 주재 요청을 거절하라고 노마에게 지시한다.

또 하나의 초대는 '젊은 사장들의 모임(YPO)'으로부터 온 것이다. 역시 그들의 만찬에 나와 연설을 해달라는 초청이다. '젊은 사장들의 모임' 클럽은 40세 이하의 젊은 사장들만이 회원 자격이 있다. 나는 이미 42개월 전에 40세를 넘었다. 회원 자격이 없는 것이다. 아마 그들 눈에는 내가 나이 먹은 정치가쯤으로 보이는가 보다.

노마는 또 이 밖에도 10여 군데의 다른 초대 건에 대해 보고한다. 나는 그중 두 건만 수락한다. 하나는 앨리스 메이슨으로부터 온 건데 그녀는 부동산 중개업자로 그녀의 파티에 유명 인사들을 끌어 모음으로써 가까스로 사교계의 중심 인물이 된 여자다. 다른 초대는 2명의 위대한 사람들, ABC 방송의 바바라 월터스와 로리마 텔레픽처 사의 사장 머브 애덜슨을 위한 결혼 축하 리셉션 초대다. 두 사람은 몇 달 전 캘리포니아에서 결혼했다.

솔직히 나는 파티를 그다지 좋아하지 않는다. 파티에서 잡담이나 하는 것을 견딜 수 없다. 그러나 불행히도 파티는 사업의 일부다. 그래서 내가 원하는 것 이상으로 많은 파티에 가곤 한다. 또 가능하면 빨리 파티장을 빠져나오려고 노력하는 편이다. 운이 좋으면 몇몇 파티는 마음에 들어 즐기기도 한다.

나는 흔히 파티 초대를 수개월 전에 수락하는데 수락할 때는 앞으로 시간이 많이 있어 느긋한 마음으로 수락한다. 마치 너무 멀리 있어 파티 날짜가 결코 오지 않을 것 같은 기분으로. 그러나 막상 파티 날이 다가오면 왜 초대를 수락했던가 하는 후회 때문에 거의 미칠 지경이 된다. 그러나 때는 이미 늦어 취소할 수가 없다.

2:00 P.M. 어떤 생각이 떠올라 앨런 그린버그에게 다시 전화를 건다. 생각이란 이런 것이다. 내가 홀리데이 호텔 체인을 인수하려면 네바다 주에서 카지노 사업을 할 수 있도록 허가를 받아야 한다. 홀리데이 호텔 체인은 네바다 주에 2개의 카지노를 가지고 있다. 나는 앨런에게 묻는다.

"홀리데이 주식을 지금 당장 팔아서 차익을 챙기고, 홀리데이 인수는 카지노 사업 허가를 받은 뒤에 다시 생각하는 게 어때?"

앨런은 팔지 말라고 말한다. 가지고 있는 것을 더 꽉 쥐고 있으라고 충고한다.

"그래 당신 말이 맞아!"

나는 선택의 폭을 가능한 한 넓게 유지하는 것을 좋아한다.

2:15 P.M. 존 댄포스가 전화를 걸어 왔다. 우리는 유익한 대화를 나눴다. 그에게 계속해서 좋은 일을 해달라고 당부한다.

2:30 P.M. 라스베이거스의 둔스 호텔 소유자 중 한 사람에게 답례 전화를 건다. 그들은 또 라스베이거스 지구에서 가장 개발이 안 된 땅을 소유하고 있다. 나는 값만 적당하다면 그 땅을 사고 싶다.

나는 카지노 사업을 좋아한다. 거대한 스케일과 황홀함, 그 모든 것을 좋아한다. 나는 현금이 쏟아져 들어오고 나가는 것을 좋아한다. 누구든 이 사업에 정통해서 합리적으로만 운영한다면 엄청난 이익을 남길 수 있다. 잘만 하면 무게로 따져 1톤쯤은 돈을 벌 수도 있다.

2:45 P.M. 내 동생 로버트와 하비 프리먼(Harvey Freeman)이 들렀다. 그들은 우리 회사의 실무 부사장들로서 NBC 사의 중역들 및 콘 에디슨과의 웨스트사이드 계획에 관한 회담 결과를 보고하기 위해 들른 것이다. 콘 에디슨은 우리의 웨스트사이드 계획 지구 남쪽 끝에 커다란 굴뚝이 달린 공장을 가지고 있는 친구다. 회담은 우리가 그 굴뚝에 인접해서 거대한 빌딩을 세울 경우, 굴뚝으로부터 나오는 연기를 어떻게 하면 효과적으로 뽑아내서 흩날려버릴 수 있는가에 관한 것이었다.

나보다 2살 아래인 로버트는 말투가 부드럽고 좋은 게 좋다는 식이지만, 매우 재능 있고 효율적이다. 아마 나 같은 사람을 형으로 갖고 있다는 게 무척 힘들 것이다. 그러나 그는 한 번도 그런 내색을 한 적이 없다. 우리는 대단히 긴밀한 관계를 유지하고 있다. 그는 분명히 나의 생애에서 내가 '허니(Honey)'라고 부를 수 있는 유일한 친구다.

로버트는 누구와든 사이좋게 지낸다. 그것이 나에게는 대단한 재산이다. 왜냐하면 나는 가끔 아주 나쁜 사람이 되어야 할 때도 있기 때문이다. 하비는 조금 다른 타입이다. 불합리한 일은 하지 않을뿐더러 잘 웃지도 않는다. 그러나 그는 대단히 총명하고 분석적인 사고력을 가지고 있다.

그들은 콘 에디슨 가(家) 사람들이 NBC 이사들에게 NBC 사옥이 자신들의 굴뚝 옆에 들어선다고 해도 별 문제가 없다고 말했다고 보고했다. 나는 기쁘게 들었다.

그러나 콘 에디슨이 오케이했다고 해서 모든 일이 끝나는 것은 아니다. 우리는 승인을 받기 전에 독자적인 환경영향평가를 실시해야만 할 것이다.

3:15 P.M. 뉴욕 시 도시계획위원회의 허버트 스터즈(Herbert Sturz)에게 전화를 건다. 뉴욕 시 도시계획위원회는 우리의 웨스트사이드 계획에 대한 승인 여부를 결정하는 최초의 기관이다. 스터즈와 그의 직원들은 금요일에 예비 검토를 할 예정이다.

스터즈는 사무실에 없다. 그래서 그의 비서에게 "금요일 아침에 트럼프가 만나고 싶어한다"는 메시지를 남긴다.

3:20 P.M. 제럴드 슈레이저(Gerald Schrager)가 전화를 했다. 미국에서 가장 훌륭한 부동산회사인 드레이어 앤드 트로브(Dreyer & Traub)사의 수석 변호사다. 그는 1974년에 코모도어 호텔을 매입했던 이래 나의 중요한 거래는 거의 빼놓지 않고 관계해온 사람이다. 제럴드는 단순히 변호사가 아니다. 그는 대단히 뛰어난 사업가다. 내가 아는 그

누구보다 더 빨리 거래의 핵심을 간파해낸다.

우리는 홀리데이 사의 형편과 그리고 지금 여러 단계에서 진행되고 있는 다른 거래들에 대해서도 이야기를 나눈다. 앨런 그린버그처럼 그역시 시간 낭비를 좋아하지 않는다. 우리는 10분도 채 안 되는 시간에 10여 건의 사업 얘기를 해치워버린다.

3:30 P.M. 아내 이바나(Ivana)가 작별 인사를 하러 들른다. 그녀는 헬리콥터로 애틀랜틱시티에 가는 길이다.

"당신이 나보다 더 열심히 일하는군" 하며 농담을 한다. 지난해 힐튼 사로부터 나의 두 번째 카지노를 사들여 트럼프 캐슬(Trump's Castle)이라는 이름을 붙였을 때 나는 아내에게 이 카지노를 맡기기로 결정했었다. 그녀는 자신이 과거에 해본 일에 대해서는 믿을 수 없을 만큼 정통하다. 타고난 경영인이다.

이바나는 체코에서 성장했다. 그녀의 아버지는 전기기술자였고 뛰어난 운동선수였다. 그는 아주 어려서부터 이바나에게 스키를 가르쳤다. 6살이 됐을 때 이바나는 벌써 스키 대회에서 메달을 땄다. 1972년에 그녀는 삿포로 동계올림픽에 출전하는 체코 스키팀의 후보 선수가 됐다. 1년 후 프라하의 카렐 대학을 졸업한 그녀는 몬트리올로 건너왔고, 순식간에 캐나다의 일급 모델이 됐다.

우리는 1976년 몬트리올 올림픽에서 만났다. 그때만 해도 나는 많은 여자들과 데이트를 하고 있었다. 그러나 어느 누구하고도 심각한 사태까지 빠져들지는 않았다. 이바나는 쉽게 데이트할 수 있는 그런 여자가 아니었다. 10개월 후인 1977년 4월 우리는 결혼했다. 결혼하자마자 나는 내가 하고 있던 프로젝트의 내부 장식 일을 그녀에게 맡겼다. 그녀는 멋지게 해냈다.

이바나는 내가 아는 한 가장 조직적인 사람이다. 그녀는 세 아이를 키우면서 동시에 트럼프 타워의 아파트와 팜비치의 집(마라라고), 그리고 그리니치(코네티컷 주)의 집 등 세 채의 살림을 꾸려나간다. 요즈음 그녀는 종업원만 4,000명에 달하는 카지노인 트럼프 캐슬의 경영까지 맡고 있다.

트럼프 캐슬은 잘되고 있다. 그러나 나는 우리 카지노가 아직 넘버원은 아니라는 사실을 암시함으로써 그녀에게 자극을 준다.

"트럼프 캐슬은 최고의 시설을 가지고 있어. 따라서 당연히 최대의 이익을 내야 해."

그녀 역시 나만큼 경쟁적이다. 그녀는 곧 트럼프 캐슬의 문제점을 주워대기 시작한다. 카지노의 스위트 룸이 부족하다는 주장 따위가 그것이다. 그녀는 스위트 룸을 증설하는 데 4,000만 달러가 든다는 사실은 염두에 두지 않는다. 오직 충분한 스위트 룸을 가지지 못함으로써 손해를 보고 있으며, 그녀가 넘버원이 되는 데 장애가 되고 있다는 것이다. 나는 이렇게 칭찬해주고 싶다. 그녀와 절대 내기를 하지는 않을 것이라고.

3:45 P.M. 제너럴모터스(GM) 사의 캐딜락 판매 담당 실무 부사장과 통화를 한다. 그는 캐딜락 모터스 디비전(Cadillac Motors Division) 사장

인 존 그리텐버거의 암시에 따라 나에게 전화를 걸고 있다. 그리텐버거 사장은 내가 알기로 팜비치 출신이다. 캐딜락 사는 트럼프 골든 시리즈라고 명명된 새로운 초호화 리무진 승용차의 생산에 협력하는 데 흥미를 가지고 있다. 나는 그 아이디어가 마음에 든다. 우리는 2주일 안에 만나 얘기를 나누자고 날짜를 잡는다.

4:00 P.M. 드렉셀 버넘 램버트(Drexel Burnham Lambert) 회사의 카지노 전문가 대니얼 리가 그의 동료 여러 명과 함께 사무실에 들렀다. 그는 한 호텔 회사를 매입하는 거래에서 자신이 나의 투자상담역이 될 수 있는지를 논의하기 위해서 들른 것이다. 마이클 밀켄이란 친구는 드렉셀 사에서 자금 담당을 맡고 있는데, 나를 자신의 사업에 끌어들이기 위해 지난 7년 동안 꾸준히 전화를 걸어 오고 있는 터였다. 나는 드렉셀 사가 얼마 안 있어 월 가를 뒤흔들 내부자거래 스캔들에 휘말릴 것이라고는 생각하지 못한다. 아무튼 나는 마이클이 아주 훌륭한 친구라고 생각한다. 그러나 앨런 그린버그는 그렇게 생각 안 한다. 나는 나를 위해서 좋은 일을 해온 사람들의 말을 믿는 편이다.

나는 대니얼 리와 그의 친구들이 거래에 관해서 하는 얘기를 듣는다. 그러나 솔직히 흥미가 없다. 내가 다시 연락하기로 한다.

5:00 P.M. 전 마이애미 돌핀스(프로미식축구팀)의 러닝백이었던 래리 손카가 전화를 했다. 그는 USFL을 살릴 수 있는 아이디어를 가지고 있다고 말했다. 아이디어란 USFL을 캐나다 미식축구연맹(CFL)과 통합시

키는 것이다. 래리는 영리할 뿐만 아니라 대단히 좋은 친구이고, 매우 열성적이다. 그러나 나에게 확신을 주지 못한다. 만약 USFL이 CFL과 합병한다고 해도, 허셀 워커나 짐 켈리 같은 스타플레이어를 데리고 가지 못한다면, 들어본 적도 없는 선수들로 가득한 CFL이 어떻게 도움을 줄 수 있겠는가? 우리는 우선 법정에서 이겨야 한다. 그래서 NFL의 독점을 깨뜨려야 한다.

5:30 P.M. 디자이너 캘빈 클라인에게 축하 전화를 한다. 트럼프 타워가 처음 문을 열었을 때 그는 자신의 새로운 향수 옵세션(Obsession)을 위해 건물 1층을 빌려서 사용했다. 그러나 1년도 채 지나기 전에 그는 한 층을 더 쓸 만큼 사업을 번창시켰고, 지금은 더욱 성공하여 한 층을 더 쓰고 있다. 캘빈은 칭찬할 게 너무 많다. 그는 대단히 재주 있는 디자이너일 뿐만 아니라 또한 뛰어난 세일즈맨이며 사업가다. 그가 이처럼 성공한 것은 이러한 자질들이 결합된 때문이다.

6:00 P.M. 「뉴욕 타임스」의 건축비평 기자인 폴 골드버거에게 보낼 편지의 초안을 잡는다. 일주일 전 일요판 신문 칼럼에서 그는 맨해튼 아래쪽에 있는 새 개발지구 배터리 파크 시티(Battery Park City)의 디자인을 세밀히 평했다. 그는 이 칼럼에서 배터리 파크 시티의 디자인을 우리가 웨스트사이드 구역에 계획하고 있는 '텔레비전 시티' 계획(웨스트사이드에 세계 최고의 빌딩을 짓고 그 안에 NBC TV 사를 입주시키는 계획)과 비교, 깜짝 놀랄 만한 대조를 이룬다고 썼다. 다시 말해서 그는 우

리를 형편없이 만들어버렸던 것이다. 우리를 죽였다고나 할까. 한 가지 사실만 지적하고 싶다. 지금 우리의 계획을 새로운 건축가들과 새로운 개념으로 설계하고 있는 중이다. 따라서 골드버거는 물론 누구도 아직 우리의 새 계획을 본 적이 없다. 그런데도 골드버거는 그가 보지도 못한 설계를 깔아뭉개고 있는 것이다.

"친애하는 골드버거에게⋯⋯."

나는 편지를 쓴다.

"당신의 최근 기사는 앞으로 당신이 우리 '텔레비전 시티'에 대해서 본격적으로 퍼부을 비판의 서막쯤으로 보입니다. 우리 계획이 아무리 멋지다고 해도 당신은 부정적인 시각을 갖고 있는 듯합니다. 그러나 명심하기 바랍니다. 당신이 부정적으로 보면 볼수록 당신은 NBC가 뉴저지로 옮겨오는 것을 돕는 셈이 될 겁니다⋯⋯."

주위 사람들은 항상 내게 충고하기를 비평가들에게 이런 식의 편지를 해서는 안 된다고 말한다. 그러나 나는 내 방식대로 한다. 비평가들이 나의 작품에 대해서 말하고 싶은 것을 말할 수 있듯이 나 역시 그들에 대해서 말하고 싶은 것을 말할 수 있지 않겠는가.

수요일

9:00 A.M. 아내 이바나와 함께 딸을 위해 한 사립학교를 둘러보러 간다. 만약 5년 전에 누가 아이들을 위해 유치원 교실을 찾아가는 일

로 아침 시간을 보낸다고 말했더라면 나는 웃었을 것이다.

11:00 A.M. 울먼 스케이팅 링크를 위한 기자회견을 갖는다. 기자회견장에 도착한 나는 약간 놀란다. 이미 최소한 20명은 됨직한 기자들과 카메라맨들이 서성이고 있기 때문이다.

센트럴파크의 커미셔너인 헨리 스턴이 맨 먼저 마이크 앞에 선다. 그는 나에 대한 찬사를 길게 늘어놓는다.

"여러분, 만약에 뉴욕 시가 이 혁신적인 공사를 시도했더라면 우리는 지금까지도 시 평가위원회의 승인을 기다리고 있을 겁니다. 그러나 트럼프 씨는 벌써 이 일을 멋지게 해치웠습니다."

내 차례다. 나는 22마일에 달하는 파이프를 깔았으며 이 파이프들은 철저한 검사를 받았기 때문에 조금도 가스가 새는 일은 없을 거라고 설명한다. 또 공정은 예정보다 한 달 앞서 나가고 있으며 예산도 40만 달러 정도 절약했다고 덧붙인다.

나는 이어 개장일인 11월 13일에 멋진 축하 쇼를 가질 것이며, 그 쇼에는 세계의 일류급 스케이트 선수들이 대거 참가할 것이라고 발표한다.

회견이 끝난 후 기자들의 질문이 쏟아졌다. 마지막으로 나와 헨리는 링크 안으로 들어갔다. 콘크리트 작업까지는 아니더라도 의식으로서 콘크리트를 떠 부을 예정이었다. 공사장 인부 두 명이 젖은 콘크리트가 가득 담긴 손수레를 밀고 와 우리 앞에 놓았다. 나와 헨리는 몇 삽을 떠 파이프 위에 부었다. 카메라맨들이 사진 찍기에 바쁘다. 이런 일을 할 때마다 느끼는 것이지만 나는 사진기자들이 조금은 우습게 보인다. 생각해보라! 줄무늬 진 정장을 한 두서너 사람이 젖은 콘크리트를 떠 붓기 위해서 삽질하는 모습을! 그러나 나는 친절하고 싶다. 그들이 사진 찍기를 원한다면 기꺼이 삽질을 할 것이다.

12:45 P.M. 사무실로 돌아오기 무섭게 전화가 걸려 왔던 곳에 전화를 건다. 나는 빨리 트렌턴으로 출발해야 한다. 뉴저지 카지노 통제위원회의 한 위원이 은퇴를 하는데 은퇴 기념 만찬에 참석해야 한다. 따라서 그 이전까지 가능한 한 많은 일을 처리해놓고 싶다.

첫 전화는 아서 배런에게 건다. 배런은 파라마운트 영화사를 포함한 걸프 앤드 웨스턴스 엔터테인먼트 그룹(Gulf&Westem's Entertainment Group)의 사장이다. 마틴 데이비스가 이 그룹의 회장인데 역시 오랜 나의 친구다. 배런은 분명 2주일 전 내가 마틴에게 보냈던 편지에 대한 답으로 전화를 걸었을 것이다. 그 편지에서 나는 마틴에게 최근 아주 멋진 건물 하나를 구입했는데, 그 빌딩 지하에 8개의 영화관을 짓고 있는 중이라고 썼다. 마틴이 이 일에 관심을 갖고 거래를 하고 싶으리라 생각했기 때문이다. 나는 그 편지에다 "당신도 알겠지만 이 세상에서 가장 거래하고 싶은 사람은 마틴 데이비스입니다"라고 썼다.

이 말은 사실이다. 마틴 데이비스는 아주 재주가 많은 친구다. 그러나 좋은 위치에 8개의 영화관을 갖기를 원하는 10여 개의 다른 회사들이 있다. 바꿔 말하면 마틴과 거래가 안 이루어진다고 해도 나는 많은 선택의 자유를 갖고 있다는 얘기다.

예상했던 것처럼 아서 배런과 통화가 되자 그는 극장 문제로 만나기를 원했다. 우리는 다음 주로 날짜를 잡았다.

1:30 P.M. 뉴욕 시의 주요 중개인 중 한 명인 아서 손넨블릭에게 전화를 건다. 3주 전에 아서는 나에게 전화를 해 웨스트사이드 지역 매입 건에 흥미를 갖고 있는 외국인 고객 몇 명이 있다고 말했었다. 그는 나에게 그 고객들의 이름을 밝히지는 않고 다만 그들이 매우 진지하게 대단히 좋은 조건을 제시할 용의가 있는 사람들이라고만 말했다. 내가 1년 전에 1억 달러를 주고 샀는데 그보다 더 많은 액수를 지불할 용의가 있다는 것이었다.

나는 그때 크게 흥분하지 않았다. 대신 이제 이렇게 말한다.

"너무 낮아. 당신이 그들로 하여금 좀 더 높은 액수를 제시할 수 있도록 한다면 흥미가 있을 수도 있지⋯⋯."

아서는 곧 나에게 상황을 보고하게 될 것이다.

사실은 어떤 가격에도 나는 웨스트사이드의 땅을 팔고 싶지 않다. 나에게 허드슨 강을 굽어보는 그 100에이커에 달하는 웨스트사이드의 땅은 세계에서 가장 좋은 미개발 지역이다. 그러나 나는 어떠한 가능성도 배제하지 않는다. 아서는 그의 고객들이 여전히 대단히 흥미를 갖고 있다고 말했다. 그들이 조금 더, 어쩌면 훨씬 더 높은 가격을 제시할 수도 있다는 것이다. "계속 밀어붙여." 나는 그에게 말한다.

2:00 P.M. 마라라고의 내 집에 수영장을 짓고 있는 시공업자가 전

화를 걸어 왔다. 나는 바쁘다. 그러나 전화를 받는다. 아마 그들은 내 집의 원래 디자인에 맞는 수영장을 짓는 공사에 관해 장황하게 늘어 놓을 것이다. 그러나 나는 세부적인 것까지 모든 게 다 제대로 되어가 는지 확인하고 싶다.

마라라고의 그 집을 구입한 일은 비록 그것이 부동산 투기가 아니고 내가 살려고 산 집이었지만 매우 큰 거래였다. 마라라고는 패스트푸드 업체로 유명한 포스트 사의 상속인이자 그 당시에는 에드워드 허턴 부 인이었던 마리오리에 메리웨서가 1920년대에 지은 집이다. 대서양과 워스 호(湖)를 바라보는 20에이커의 부지 위에 들어선 그 집은 짓는 데만 4년이 걸렸으며 118개의 방을 갖고 있다. 외벽을 쌓기 위해 이탈 리아로부터 도리안 석을 석재운반선으로 세 번이나 실어 날랐고, 집 안팎을 장식하는 데는 15세기 스페인제 타일 3만 6,000장이 들었다.

허턴 부인은 세상을 떠날 때 그 집을 대통령의 은퇴 후 주거지로 쓰 도록 연방정부에 헌납했었다. 연방정부는 결국에는 포스트 재단에 이 집을 되돌려주었고, 재단은 2,500만 달러에 팔려고 내놓았다. 나는 즉 시 1,500만 달러를 제시하며 흥정에 나섰지만 보기 좋게 거절당하고 말았다. 그 후 수년간 다른 사람들이 나보다 더 많은 액수를 제시하고 그 집을 사기 위해 여러 차례 재단 측과 계약을 맺었다. 그러나 모두 지불을 다 끝내지 못하고 실패했다. 그때마다 나는 전보다 낮은 가격 으로 그 집을 사겠다고 나서곤 했다.

마침내 1985년 말, 나는 현찰 500만 달러를 제시하면서 이에 덧붙 여 그 집에 있는 가구를 300만 달러에 모두 사겠다고 제안했다. 분명히 당시 재단 측은 계약이 번번이 깨지는 데 지쳐 있었다. 그들은 나의 제안을 받아들였다. 우리는 한 달 안에 지불을 완결지어줬다. 거래가 발표되던 날 팜비치 「데일리 뉴스」는 1면에 '마라라고 헐값에 팔려 충격'이란 제목과 함께 머릿기사로 보도했다.

그 집을 사자마자 마라라고와 덩어리는 비슷하지만 재산 가치로는 그보다 훨씬 못한 부동산들이 1,800만 달러가 넘는 가격에 팔렸다. 나는 마라라고 안에 있는 가구들만 해도 내가 지불한 집값 이상의 가치가 있다는 말을 들어왔다. 이것은 곧 타이밍이 맞을 때 재빨리 과감하게 지불하는 것이 최고라는 것을 보여준다.

물론 마라라고를 유지하는 일은 만만치가 않다. 해마다 들어가는 관리비만으로 미국 어떤 곳에 가서든 아름다운 집 한 채는 살 수 있다.

내가 왜 우리 집 수영장 건축업자의 전화를 받는지 이 정도면 설명이 됐으리라고 본다. 건축업자는 장식에 사용하는 도리안 석이 잘 어울릴지 같은 사소한 것을 묻기 위해 전화를 했다. 나는 마라라고에 관한 한 모든 세세한 데까지 신경을 쓴다. 통화는 2분 정도 걸렸다. 그러나 그 2분의 통화는 적어도 이틀간의 작업과 맞먹는 일이 될 것이다. 그리고 나중에 다시 뜯어내거나 공사를 도로 하는 수고도 없을 것이다.

2:30 P.M. 소련과 거래가 많은 한 저명한 사업가가 전화를 걸어 와, 내가 모스크바에서 시도하고 있는 모종의 건설 프로젝트에 흥미를 가지고 있다는 사실을 자꾸 숙지시킨다. 모스크바 프로젝트는 화장품 재벌로 유명한 에스테 로더의 아들이자 뛰어난 사업가인 레너드 로더

가 주최한 한 오찬에서 우연히 미국 주재 소련대사 유리 두비닌(Yuri Dubinin)과 나란히 앉게 된 데서 비롯되었다.

나중에 밝혀졌지만 두비닌 대사의 딸이 트럼프 타워에 관해 읽었으며 모든 것을 잘 알고 있었다. 한 가지 일은 다른 한 가지 일로 연결되는 법이다.

지금 나는 소련 정부와 합작으로 크렘린 광장을 가로지르는 거리에 거대한 초호화 호텔을 짓는 계획에 관해 얘기하고 있는 중이다. 그들로부터 이미 7월에 모스크바를 방문해달라는 요청이 와 있다.

3:00 P.M. 로버트가 들렀다. 우리는 NBC와 웨스트사이드 건에 관련된 몇 가지 문제들에 관해 이야기를 나눈다.

3:30 P.M. 텍사스로부터 한 친구가 전화를 걸어 자신이 하고 있는 거래에 관해 이야기했다. 그는 멋진 생김새에 멋진 옷차림을 한 대단히 매력적인 친구로 우리를 매우 편하게 하는 위대한 텍사스 촌사람 중 하나다. 그는 나를 도니(Donny)라고 부른다. 나는 도니라고 불리는 것을 싫어한다. 그러나 그는 별로 기분 나쁘지 않게 부른다.

2년 전에 그는 다른 거래로 나에게 전화를 했다. 당시 그는 돈 많은 사람을 몇 명 모아서 조그만 석유회사를 인수받도록 주선하는 작업을 하고 있었다. 그는 이렇게 말했었다.

"도니! 5,000만 달러만 투자할 생각 없어? 틀림없는 사업이거든. 한 달 안에 두 배, 세 배로 만들어줄게……."

그는 그 거래에 대해서 상세히 설명했다. 매우 멋진 거래처럼 들렸다. 나는 해볼 작정을 했다. 관련 서류들도 작성이 됐다. 그러나 어느 날 아침 눈을 떴을 때 나는 무언가 잘못돼가고 있다는 느낌이 들었다.

나는 그 친구에게 다시 전화를 걸어 이렇게 말했다.

"이봐 잘 들어보라고! 개운치 않은 게 하나 있는데 말야, 지금 석유는 땅속에 있지 않나. 따라서 내가 볼 수 없잖아. 더욱이 창조적인 일도 아니고, 아무튼 그만두기로 했어."

그 친구는 이렇게 대답했다.

"오케이, 도니. 그것은 자네가 결정할 일이야. 그러나 좋은 기회를 놓치고 있다는 걸 명심해."

물론 결과는 뻔했다. 수개월 후 석유는 한 방울도 나오지 않았고, 그들이 인수했던 석유회사는 파산하고 말았다. 그들은 투자한 돈을 몽땅 날리고 말았다.

이 경험으로 나는 몇 가지를 배웠다. 첫 번째, 서류상으로 아무리 좋게 보이더라도 우선은 자신의 판단에 충실하라는 것이다. 두 번째는 알고 있는 것을 활용하는 편이 돈을 벌기가 쉽지, 모르는 분야는 어렵다는 것이다. 세 번째는 때에 따라서는 투자하지 않는 게 최선의 투자일 수 있다는 것이다.

투자를 하지 않았기 때문에 나는 5,000만 달러를 건질 수 있었고, 우리는 계속 친구 관계를 유지할 수 있었다.

이런 일도 있고 해서 나는 오늘 그의 새로운 제안을 면전에서 거절하고 싶지는 않다. 대신 관계 서류를 보내달라고 얘기한다. 사실 썩 마음이 내키지는 않는다.

4:00 P.M. 주디스 크란츠(Judith Krantz)에게 전화를 건다. 그녀는 확실히 내가 전화를 걸 만한 사람이다. 연속해서 세 권의 넘버원 베스트셀러를 쓴 작가가 얼마나 되겠는가? 그녀는 게다가 매우 멋진 여자다. 그녀의 최신작 『맨해튼은 나의 것(I'll Take Manhattan)』은 우리 트럼프 타워가 무대로 되어 있고 나도 등장인물의 하나다. 그녀의 요청에 따라, 그 책이 TV 미니시리즈로 제작되는 동안 그 시리즈에서 트럼프의 역할, 곧 나 자신의 역할을 내가 맡기도 했다. 그 시리즈는 트럼프 타워에서 촬영되었다.

그녀가 전화로 "발레리 베르티넬리와 함께한 그 장면이 매우 잘 어울린다"고 한다. 그런 말을 듣게 돼서 기쁘다. 물론 직업을 바꿀 생각은 없지만. 전국적인 TV 네트워크를 통해, 그것도 한 주일을 휩쓰는 높은 시청률이 보장된 미니시리즈로 트럼프 타워를 선전한다는 것은 과히 나쁘지 않다고 생각한다.

4:30 P.M. 마지막으로 폴 홀링비에게 전화를 건다. 그는 증권회사 베어 스턴스에 있는 나의 파트너로서, 1985년에 우리가 애틀랜틱시티에 있는 두 군데의 카지노를 위해 채권을 발행했을 때 5억 5,000만 달러를 다룬 인물이다. 우리는 트럼프 펀드(Trump Fund)를 세우는 일에 관해 이야기를 나눈다. 트럼프 펀드를 통해 우리는 파산 위기에 빠져 있거나 저당 잡혀 다른 사람에게 넘어가는 부동산을 최저 수준의 헐

값에 구입하려고 한다. 특히 남서부의 부동산을 헐값에 사려고 한다.

홀링비는 설립 취지서를 생각하고 있으며, 공공 증자를 통해 5억 달러는 쉽게 모을 자신이 있다고 말한다. 그 펀드 건에서 내 마음에 드는 점은 어떤 부동산을 구입하더라도 내가 큰 몫을 차지하는 한편, 만약 거래가 잘못된다 하더라도 혼자서 위험에 빠지지는 않을 거라는 것이다. 그러나 나는 나 자신과 경쟁하는 것은 좋아하지 않는다. 예를 들어 개인적으로 구입하고 싶은 부동산이 있다고 치자. 그런데 그 부동산은 우리 펀드(재단) 입장에서도 역시 구입할 만한 부동산이다. 이럴 경우 어떻게 하는가? 내가 먼저인가? 펀드가 먼저인가? 아무튼 설립 취지서를 검토해 봐야겠다.

5:00 P.M. 60번가에 있는 헬기장으로 달려간다. 제시간에 헬기를 타야 30분 후에 트렌턴에서 있을 칵테일 파티에 델 수 있다.

목요일

9:00 A.M. 에이브 허시펠드와 자리를 함께했다. 에이브는 쿠오모 뉴욕 주지사가 부지사 후보 선출에서 자신을 밀어낸 데 대해 몹시 기분이 상해 있다. 나는 그의 기분을 이해할 수 있다고 말하고, 그러나 "쿠오모 주지사는 좋은 친구야. 더욱이 이제까지 민주당이었던 자네가 갑자기 등을 돌려 공화당을 지지한다고 생각해봐. 얼마나 우스꽝스

럽겠어?"라고 말해준다. 나는 또, "실질적으로 따져도 쿠오모는 주지
사 선거에서 대승을 거둘 거야. 따라서 패자보다는 승자 쪽에 서는 것
이 훨씬 나아"라고 충고한다.

에이브는 꽤 고집이 센 친구다. 그러나 마침내 이렇게 말한다.

"좋아! 그럼 네가 쿠오모에게 연락해서 나에게 전화하도록 해줄
래?"

나는 최선을 다해보겠다고 다짐한다. 에이브는 항상 어렵게 느껴졌
다. 그러나 나는 그와 그의 가족을 아주 좋아한다.

10:15 A.M. 앨런 그린버그가 전화를 했다. 증권시장이 개장 한 시간
만에 25포인트나 떨어졌으며, 모두가 주식을 팔려고 내놓고 있다는
것이다. 거의 모든 주식이 떨어지고 있다고 한다. 그러나 홀리데이 주
식만은 여전히 강세라고 한다. 기뻐해야 할지 슬퍼해야 할지 순간 결
정할 수가 없다. 내 마음 한쪽으로는 홀리데이 주식이 더 떨어졌으면
하는 생각도 있다. 그럴 경우 더 싼값으로 주식을 사들일 수 있기 때문
이다. 반면에 올랐으면 하는 생각도 있다. 이미 산 주식을 되팔면 나는
앉아서 큰돈을 벌 수 있다. 주식 값이 1포인트, 1포인트 오를 때마다
큰돈이 벌리고 있는 것이다.

10:30 A.M. 하비 마이어슨이 찾아왔다. 그는 우리 USFL을 위해 독
점금지법 소송을 담당하고 있는 변호사다. 하비는 믿을 수 없을 만큼
뛰어난 법정 변호사다. 그는 누구도 우리를 위해 기도하지 않았을 때

이 사건을 맡아 독점금지법 위반으로 힘겹게 승소했다. 비록 승소의 대가로 상징적인 손해배상밖에는 못 받아냈지만.

재판이 시작되면서 나는 그가 일부 배심원들에게 너무 날카롭게 대립하는 것이 아닌가 하는 의구심을 갖기도 했었다. 그는 매일같이 멋진 정장 차림으로 상의 포켓에는 흰 손수건을 꽂은 채 나타나곤 했다. 나는 지금도 우리 일이 얼마나 잘된 것인지 확신이 안 선다. 그러나 전반적으로 그가 다른 사람들만큼 훌륭히 우리 일을 해냈다고 생각한다. 나는 앞으로의 항소심에서도 그가 우리의 최고 희망이라 믿고 있다. 그 역시 항소심에서도 분명히 승소하리라 확신하고 있다.

11:30 A.M. 스티븐 하이드가 전화를 걸어 왔다. 나는 트럼프 플라자 호텔에 대한 홀리데이 인 사의 주식과 애틀랜틱시티의 카지노를 사들여 지난 6월에 경영권을 인수한 이래 스티븐을 고용, 그 설비를 운영하도록 해왔다. 스티븐은 당시 골든 너기트(Golden Nugget) 사의 스티븐 윈을 위해 부사장으로 일하고 있었다. 스티븐은 이 세상에서 가장 뛰어난 승부사 중 한 사람이다. 나의 철학은 항상 최고 중의 최고 인물을 고용한다는 것이다.

오랜 줄다리기 협상 끝에 나는 하이드에게 더 좋은 자리와 더 많은 보수를 주겠다고 제안했다. 그는 수락했다. 그로서도 나를 위해서 일한다는 것이 마음에 들었으리라고 생각한다. 그는 또 스티븐 윈의 곁을 떠난다는 사실에 그다지 구애받지 않았으리라고 믿는다.

윈은 매우 영리하고 매끄러운 사람이다. 그러나 또한 대단히 이상한 데가 있는 친구다. 두 주 전쯤에 그가 나에게 전화를 했다.

"도널드! 말해줄 게 있어서 전화했어. 나, 마누라와 이혼하기로 했어."

"그거 안됐군."

"오, 아냐. 유감스러워할 거 없어. 우리는 아직 서로 사랑하니까. 단지 우리는 더 이상 결혼한 상태로 있고 싶지 않을 뿐이야. 사실 아내도 바로 옆에 있어. 전화 바꿔줄까?"

나는 정중하게 거절했다.

하이드는 방금 도착한 플라자 호텔 8월분 수지결산을 보고하기 위해서 전화를 했다. 그는 나에게 총 영업이익은 903만 8,000달러로 1년 전 같은 기간의 343만 8,000달러보다 크게 신장했다고 말한다. 1년 전에는 홀리데이 인 사가 나와 동업자로 플라자 호텔의 설비 운영을 맡고 있을 때였다.

"나쁘지 않군. 우리는 아직 주차 시설이 없는데도 말이야."

그러나 나는 그를 좀 들볶고 싶다.

"이제부터 할 일은 호텔을 완전히 새롭게 바꾸는 거야."

나는 까다로울 정도로 깨끗한 것을 좋아하는 사람이다. 지난번 호텔에 갔을 때 내 기분은 썩 좋지가 않았다.

"벌써 작업을 하고 있습니다. 많이 좋아졌습니다. 사장님."

그는 기분 좋게 말한다.

12:00 noon 울먼 스케이팅 링크의 콘크리트 작업을 보기 위해 링

크로 갔다. 오늘 아침 모든 신문이 우리의 기자회견 기사를 실었다.

링크에 도착하자 마치 군사작전에 참여하는 트럭들처럼 긴 시멘트 트럭 행렬이 나를 감쌌다. 이 환상적인 공사를 맡고 있는 건설회사는 HRH 사다. 그러나 좀 더 멋지게 보일 필요가 있다. 수십 대의 트럭들이 잇달아 이 거대한 링크에 수천 톤의 젖은 시멘트를 부어대는 광경이야말로 지금까지 보아온 것 중 가장 멋진 광경이어야 한다. 그것은 마치 이 세상에서 가장 큰 케이크를 얼리는 것처럼 보인다. 어제 기자회견이 있었지만 오늘도 많은 사진기자들과 카메라맨들이 곳곳에 몰려있다. 이것은 확실히 모든 사람이 기다려온 공사다.

1:30 P.M. 경제전문지 「포춘」지 기자와 자리를 함께했다. 그는 부동산과 새 세법안에 관한 기사를 준비하고 있는 중이다. 내 얘기를 커버스토리로 다루자고 한다. 많은 사람들이 생각하는 것과는 달리 나는 기자회견을 즐기지 않는다. 나는 같은 질문을 100만 번 이상 받아왔다. 나는 내 개인 생활에 관해서 이야기하는 것을 별로 좋아하지 않는다. 그렇지만 언론을 가까이하는 것이 거래에 도움이 된다는 것을 안다. 따라서 개인 생활에 관해서도 이야기하는 것을 꺼리지는 않는다. 다만 매우 선별적으로 이야기하려고 노력할 뿐이다.

노마는 세계 각처로부터 들어오는 인터뷰 요청을 일주일에 20건씩이나 거절해야 한다. 나 역시 인터뷰를 할 때면 항상 짧게 한다. 이 기자도 온 지 20분도 채 안 돼 돌아갈 것이다. 나 스스로 시간을 제한하지 않으면 기자회견하느라 생애를 다 보내버릴 수도 있을 것이다.

2:45 P.M. 크게 성공해서 잘 알려진 화가 친구가 전화를 했다. 나를 자신의 전시회 개장식에 초대하겠다는 것이다. 나는 이 친구가 무척 재미있다. 내가 만난 다른 예술가들과는 달리 그는 허세를 부리지 않는다.

몇 달 전에 그는 나를 화실로 초대한 적이 있었다. 우리가 잡담을 나누며 서 있을 때 그는 갑자기 나에게 이렇게 말했다.

"점심 먹기 전에 말야, 내가 눈 깜빡할 사이에 2만 5,000달러를 버는 것을 볼래?"

"그래."

나는 대답을 했으나 그가 무슨 말을 하는지 이해하지 못했다. 그는 옆에 있는 페인트 통을 들더니 마룻바닥에 깔려 있는 캔버스 위에다 퍼부었다. 그리고 또 다른 페인트 통을 들더니 다시 캔버스 위에다 대고 부었다. 네 번쯤 이렇게 했다. 2분 정도나 됐을까. 이 일이 끝나자 그는 나에게 고개를 돌리고 이렇게 말했다.

"바로 이거야. 이게 바로 2만 5,000달러짜리 작품이야. 나는 2만 5,000달러를 벌었어. 자, 점심 먹으러 가지."

그는 웃고 있었다. 그러나 그는 또 매우 진지했다. 그가 말하고 싶은 요점은 이거였다. 많은 그림 수집가들이 이렇게 만든 2분짜리 작품이나 그가 정말로 신경을 써서 그린 작품이나 그 차이를 모른다는 것이었다. 그들은 단지 그의 이름을 사는 데만 관심이 있다는 것이다.

나는 항상 많은 현대미술이 사기라고 느껴왔다. 또 가장 성공한 화가는 예술가이기에 앞서 남보다 뛰어난 세일즈맨이거나 판촉 요원이라고 믿어왔다. 나는 가끔 그림 수집가들이 내 친구가 그날 오후에 그의 화실에서 한 행동을 봤다면 어떻게 했을까 생각하곤 한다. 그러나 그런 사실이 밝혀지면 그의 그림 값은 더 치솟을지 모른다. 그만큼 예술의 세계란 우스꽝스러운 것이다.

4:00 P.M. 우리 그룹이 웨스트사이드의 최종 계획을 검토하기 위해서 회의실에 모였다. 우리는 최종 계획을 내일 아침 뉴욕 시 당국에 보이기로 돼 있다. 도시계획위원회의 허브 스터즈가 참석하지 못한다고는 하나 다른 핵심 시 직원들이 참석할 것이다.

오늘 모임에는 15명가량이 모였다. 로버트를 포함해 하비 프리먼, 그리고 알렉산더 쿠퍼와 그의 팀이다. 알렉산더는 2개월 전에 우리 계획의 디자인을 맡기기 위해서 고용한 도시건축 기획 전문가다. 원래는 건축가 헬무트 얀이 맡았으나, 그가 우리 계획을 시 당국과 잘 조정하지 못해서 교체한 것이다. 나는 헬무트가 독일 스타일이어서 그런건지 아니면 뉴욕보다 시카고에 본거지를 두고 있기 때문인지 그것도 아니면 너무 영리해서인지 좌우간 시와 매끄럽지 못한 이유를 모르겠다. 아마 그는 도시계획위원회와는 어디서도 성공적으로 일하지 못했을 것이다.

그와는 대조적으로 알렉산더는 자신이 전 시 계획위원이었고, 그 사무실에서 거의 전설적인 인물이었다. 언론의 각광을 받고 있는 배터리 파크 시티를 디자인한 사람 역시 그였다. 정치적으로 따져 그는 헬무트 얀보다는 훨씬 나은 친구다. 나는 실제적인 사람이니까.

우리는 지난 2개월 동안 매주 이런 모임을 가져왔다. 이 모임에서는 우리 웨스트사이드 계획이 광범위하게 논의된다. 주거용 빌딩은 어디에 들어서야 하며 도로는, 공원은, 또 쇼핑센터는 각각 어디에 자리 잡아야 하는가가 집중 논의된다. 오늘은 알렉산더가 우리가 동의한 구상에 대한 예비 도면을 가지고 왔다. 그 도면에 의하면 남쪽 끝에는 NBC 스튜디오가 들어서고 그 옆에 바로 세계에서 가장 높은 빌딩이 선다. 그리고 북쪽으로 쭉 가서 동쪽으로는 주거용 빌딩이 거리를 굽어보고 서쪽으로는 여덟 블록 길이의 거대한 쇼핑센터가 강을 바라보며 위치한다. 각 아파트마다 최고의 전망을 자랑하는데 나는 바로 이 점이 결정적이라고 생각한다.

새로운 설계가 대단히 만족스럽다. 알렉산더도 기뻐하는 것처럼 보인다. 나는 높은 빌딩들이 우리 계획을 특별한 것으로 만든다고 생각한다. 물론 토지구획 문제가 있다. 우리는 마지막에 가서 뉴욕 시 측에 어느 정도 양보를 해야 할 것이다. 그러나 만약 시가 우리 계획 중 경제적으로 중요한 어떤 부분을 승인해주지 않는다면, 나는 시장이 바뀔 때까지 기다렸다가 다시 시도할 것이다. 그 자리는 더 가치 있는 것이 들어서야 할 곳이다.

6:00 P.M. 이쯤에서 양해를 구해야겠는데, 이른 저녁 식사에 가기로 돼 있기 때문이다. 늦어서는 안 될 초대다. 나와 아내 이바나는 오코너 추기경(John Cardinal O'Connor)의 세인트패트릭 대성당 만찬에 초대를 받았다.

7:00 P.M. 우리는 1년 내내 다양한 사람을 만난다. 하지만 추기경의 초대를 받아 세인트패트릭 대성당의 개인 만찬회장에서 명망 있는 주교들 및 사제들과 저녁 식사를 한다는 것은 믿을 수 없을 만큼 특별한 경우다. 경외감이 들지 않는다면 이상한 일이다.

우리는 정치와 뉴욕 시 그리고 부동산과 그 밖에 대여섯 가지를 화제로 이야기를 나눴다. 정말 매혹적인 밤이었다. 대성당을 떠날 때 나는 추기경으로부터 얼마나 깊은 인상을 받았는지 이바나에게 이야기했다. 그는 아주 따뜻한 사람이었으며 또한 뛰어난 정치적 본능을 가진 사업가이기도 했다.

금요일

6:30 A.M. 「뉴욕 타임스」지를 펼치다가 내가 울먼 링크에 콘크리트를 쏟아붓고 있는 커다란 사진을 본다. 경제면 1면에 실린 큰 사진이다. 앞으로 울먼 링크 이야기가 그치지 않을 것이다.

9:15 A.M. 웨스트사이드 계획을 가지고 시 관계자들과 만났다. 어제 모임에 참석했던 사람들이 대부분 다시 모였다. 우리는 4명의 시 계획위원들과 자리를 함께했다. 그중에는 레베카 로빈슨, 콘 하우 등 우리 계획의 평가를 맡은 사람들도 끼어 있다.

알렉산더가 계획을 설명한다. 아주 잘했다. 그는 대부분 시가 좋아할 것들, 즉 공원이라든가 부둣가의 접근로, 교통 문제가 쉽게 해소되도록 우리가 고안한 방법 등을 강조한다. 건물들의 조밀성이 문제가 됐을 때, 즉 저쪽에서 빌딩들이 얼마나 높이 올라가느냐고 물었을 때 알렉산더는 "현재 계획 중"이라고 간단히 받아넘긴다. 브리핑이 끝났을 때 우리 모두는 매우 잘됐다는 데 의견을 같이했다.

10:30 A.M. 사무실로 돌아온다. 건설 중인 콘도미니엄인 트럼프 파크(Trump Parc)의 공정에 관한 회의가 기다리고 있다. 나는 센트럴파크 남쪽에 있는 바비즌플라자 호텔(Barbizon-Plaza Hotel)의 강철 골조를 그대로 활용해 이 콘도미니엄을 짓고 있다. 믿을 수 없을 만큼 좋은 위치다. 이 콘도미니엄은 크게 성공할 것이다.

오늘 회의에는 그 계획의 건축 담당자 프랭크 윌리엄스, 계획 담당 매니저 앤드루 웨이스, 판매 담당 실무부사장 블랜치 스프래그 등이 참석했다. 프랭크는 말투가 부드럽고 대단히 훌륭한 건축가다. 그리고 내가 '블란셰트'라는 별명으로 부르는 블랜치 부사장은 매우 고전적인 여자다. 그녀는 결코 포기하지 않는 입을 가진 사람인데 아마 그 점 때문에 세일즈에 뛰어난 게 아닌가 싶다. 나는 그녀에게 함께 살기에는 매우 거친 여자임에 틀림없을 것이라고 말하곤 한다. 그러나 사실은 매우 재미있는 사람이다.

우리는 창문틀의 색깔을 어떤 색으로 할 것인가부터 논의하기 시작한다. 이런 사소한 것들이 빌딩의 분위기와 외관에 커다란 차이를 가져온다. 약 30분쯤 얘기를 한 후 석재(石材)의 색깔과 잘 어울릴 옅은

베이지색으로 최종 결정을 한다. 나는 원색이 아닌 색조를 좋아한다. 그것은 원색보다 더 풍부하고 우아하다.

11:00 A.M. 프랭크 윌리엄스가 먼저 자리를 뜬다. 우리는 트럼프 파크의 해체 공사로 화제를 돌린다. 앤드루는 그 공사가 아직 끝나지 않았다고 말한다. 공사를 맡은 업자는 우리에게 추가 비용으로 17만 5,000달러를 이미 청구했다. 건설 공사에서 추가 비용이란 흔히 당초 계획을 변경할 때마다 건설업자가 원래 비용에 추가시키는 비용이다. 추가 비용 문제가 생기면 항상 건설업자에게 세게 나가야 한다. 그렇지 않으면 업자들은 우리 옷까지 홀랑 벗기려고 덤빈다.

나는 수화기를 들고 트럼프 파크 해체 공사 담당자에게 다이얼을 돌린다. 그리고 이렇게 말한다.

"이봐, 스티브. 서둘러서 빨리 끝내야겠어. 너무 처져 있어. 당신이 직접 뛰어들었으면 좋겠네."

스티브는 설명을 늘어놓으려고 한다. 나는 그의 말을 도중에 끊는다.

"듣고 싶지 않아. 나는 다만 당신이 이 일을 빨리 끝냈으면 하는 거야. 그리고 나가라는 거야. 이봐, 잘 들어, 스티브. 당신은 요즈음 이 추가 비용으로 나를 거의 죽이고 있어. 앞으로 앤디와 더 이상 추가 비용 건으로 협상하지 마. 당신이 직접 나와 거래를 했으면 좋겠어. 이 일로 나를 속 썩일 작정이라면 두 번 다시 당신에게 기회를 주지 않겠어. 다시는 당신을 고용하지 않을 거야!"

나의 두 번째 걱정거리는 바닥을 까는 일이다. 앤디에게 콘크리트 공사 책임자의 전화번호를 알아낸다. "좋아, 이거 죽을 각오를 해야겠군……." 나는 반농담조로 말한다. 콘크리트 공사를 하는 친구들은 아주 거칠기 마련이다. 콘크리트 공사 부책임자가 내 전화를 받는다.

"이봐. 당신 사장이 이 공사를 맡겨달라고 애걸복걸했어. 원래 다른 친구에게 주려고 했던 거야. 그 당시 사장이 하도 잘할 수 있다고 졸라대는 바람에 맡긴 건데 어제 가봤더니 바닥이 형편없어. 기존 콘크리트와 평평하게 맞지도 않아. 심지어 어떤 부분은 4분의 1인치까지 차이가 나."

부책임자는 가타부타 말이 없다. 나는 계속 쏘아붙인다.

"앞으로 나 말고 당신들에게 일거리 줄 사람이 있을 것 같아? 다른 사람들이 다 파산해도 나는 건물을 지을 사람이야. 나에게 잘해줘봐. 이번 일 제대로만 해봐."

그가 대답을 한다.

"우리가 쓰는 사람들은 모두 프로입니다. 최고로 좋은 사람들을 쓰고 있습니다. 트럼프 씨."

"좋아, 나중에 전화로 얼마나 잘돼가고 있는지 알려줘."

12:00 noon 앨런 그린버그가 전화를 해 홀리데이 사가 비상수단을 쓰기 시작했다고 보고한다. 빚을 더 얻어서 버틸 때까지 버텨볼 심산이란다. 인수하려고 하는 회사가 빚을 더 지게 되는 경우 인수 대상으로서 매력은 그만큼 없어진다. 그러나 걱정하지 않는다. 일단 내가 하고 싶어서 결정한 일이다. 어떠한 비상수단도 홀리데이 사 인수를 막

지 못할 것이다.

증권시장은 계속 떨어지고 있다. 어제 하루에만 80포인트가 떨어졌고, 오늘 또 25포인트가 하락했다. 그러나 홀리데이 사 주식은 단지 1포인트만 하락했다. 앨런은 우리가 현재 홀리데이 사 전체 주식의 거의 5%쯤 사들였다고 보고했다.

12:15 P.M. 앤디가 떠난 후에 블랜치가 트럼프 파크를 위한 인쇄 광고물 중 마음에 드는 것을 선택하라고 제안하기 위해서 들른다. 어떤 것도 마음에 들지 않는다. 그녀는 몹시 화가 나 있다. 그녀는 센트럴파크의 전경과 트럼프 파크 빌딩들을 선화(線畵)로 처리한 광고물을 사용하고 싶어한다. 그녀는 선화로 하는 아이디어가 마음에 든다고 말한다. 그녀에게 이렇게 말한다.

"나는 싫어. 빌딩에 관해 더 많은 것을 보여주는 그림으로 하고 싶어. 센트럴파크는 훌륭해. 그러나 궁극적으로 나는 센트럴파크를 팔려는 게 아냐. 나는 빌딩과 아파트를 팔려는 거야."

12:30 P.M. 노마가 네바다 주에서 카지노 사업 허가를 얻는 데 필요한 서류에 내 서명을 받기 위해 두툼한 서류 뭉치를 들고 온다. 내가 서명을 하고 있는 동안 노마는 추천인으로 누구를 쓰겠느냐고 묻는다. 나는 육군의 미식축구 영웅이며 지금은 시어슨(Shearson) 사의 투자은행가로 일하는 피트 도킨스 장군과 부동산회사 EREG의 회장인 벤저민 할러웨이, 그리고 체이스맨해튼 은행의 콘래드 스티븐슨 등을 추천

인으로 쓰라고 지시하고 여기에 오코너 추기경을 덧붙이라고 노마에게 말한다.

12:45 P.M. 이바나가 전화를 했다. 사무실에 있는데 다음 해 가을에 학교에 들어가는 우리 딸을 위해서 학교 한 군데를 더 보러 가고 싶다는 것이다.

"여보, 가요. 지금 별로 할 일도 없잖아요." 그녀는 정말 그렇게 믿는 듯하다.

"지금 좀 바쁜데."

나는 그녀에게 이렇게 말해보지만 소용이 없다. 3분 후 그녀는 내 방으로 와 내 소매를 잡아당긴다. 나는 서명을 모두 끝내고 그녀와 함께 간다.

2:30 P.M. 빌 푸가지(Bill Fugazy)가 전화를 했다. 나는 그를 '윌리 더 퍼그(Willie the Fug)'라고 부르기를 좋아한다. 그의 사업 품목은 리무진이지만, 중개인을 했더라면 정말 좋았을 뻔한 친구다. 그는 모든 사람을 안다. 리 아이아코카 회장의 절친한 친구이며, 추기경에게 나를 만나서 부동산 얘기도 하고 서로 알아두라고 추천한 장본인이다.

푸가지가 지난밤 세인트패트릭 성당에서 만찬이 어떠했느냐고 묻는다. 나는 정말 멋있었다고 말해준다. 전화를 끊기 전에 주말 골프 약속을 한다.

2:45 P.M. 트럼프 타워 건설 담당 매니저인 존 달레시오가 공사 진척 상황을 논의하기 위해서 설계도면들을 가지고 들렀다. 아이들이 있는 3층과 지붕을 제외하고(지붕 위에다 훗날 나는 68층을 올릴 것이다) 나는 전체 아파트에 대해서 너무 욕심을 부리고 있다. 사실 지나치지 않았나 싶을 정도다. 무엇보다 인접한 아파트를 인수함으로써 원래의 크기를 배로 늘렸다. 지금 진행하고 있는 공사는 20세기의 베르사유 궁전을 짓는다고 할 만큼 최고 일색이다. 모든 것이 특별 주문된 것들이다. 예를 들어 거실에 사용될 이탈리아 수제(手製) 대리석 기둥 27개는 최고의 솜씨로 다듬어져 있다. 어제 도착한 그 기둥들은 너무나 아름답다. 나는 무엇이든지 최고를 쓸 용의가 있다. 그것이 내 아파트에 사용되는데 돈을 아끼겠는가? 돈이 얼마나 들건 나는 최고를 원한다. 나는 존과 함께 설계도면들을 들여다보고 몇 가지 변경 사항을 체크한 후 작업이 어떻게 돼가고 있느냐고 묻는다.

"나쁘지 않습니다. 제대로 되고 있습니다."

"밀어붙이라고. 존, 힘차게 밀고 나가."

3:30 P.M. 그리스의 해운 재벌 한 사람과 통화를 했다. "요즈음 해운 사업은 어때요?" 내가 묻자, 그는 함께 논의하고 싶은 거래가 하나 있다고 말한다. 그러나 어떤 거래인지는 말하지 않는다. 물을 필요는 없다. 큰 거래가 아니라면 그가 내 시간을 낭비하지 않을 것이다. 약속 날짜를 잡았다.

4:00 P.M. 단체용 비행기를 팔거나 대여해주는 한 친구로부터 전화를 받는다. 나는 오래전부터 G-4 비행기를 사는 것을 고려해왔다. 그 비행기는 단체용으로는 제격이다. 나는 아직도 비행기에 관심이 있다고 말해준다. 그러나 그는 보잉 727기에다 시선을 둬야 할 것이다. 727기야말로 내가 정말 갖고 싶은 비행기다.

4:30 P.M. 닉 리비스가 오스트레일리아로부터 전화를 했다. 일이 잘되어가고 있다고 보고한다. 세계 최대의 카지노를 오스트레일리아에 세워서 운영하려는 계획이다. 닉은 자세하게 보고한 후 다음 월요일까지는 더 많은 것들이 분명해질 것이라고 덧붙인다.

"멋지군! 돌아오기 전에 전화하라고."

4:45 P.M. 데이비드 레터먼이 트럼프 타워 중앙 홀 1층에 와 있다고 노마가 보고한다. 그는 시골 관광객의 하루를 필름에 담고 있는 중인데 지나가다 인사나 하고 가겠다고 들렀을 것이다. 레터먼을 만나기 위해서 늦게까지 사무실에 남아 있지는 않을 것이다. 하지만 그는 매우 성미가 급한 사람이다. 5분 후 그가 카메라맨 조수 2명, 그리고 루이스빌에서 온 사람 좋아 보이는 부부와 함께 내 사무실로 들어온다.

우리는 몇 마디 농담을 주고받는다. 나는 루이스빌이 멋진 도시이며 거래를 위해 그곳에 함께 갈 수 있을지도 모른다고 말해준다. 레터먼은 나에게 트럼프 타워의 아파트 한 채를 사려면 얼마나 드느냐고 묻는다. 나는 침실 한 칸에 100만 달러는 있어야 살 수 있을 것이라고 대답한다. 그는 곧이들리지 않는다는 듯이 한동안 농담을 하다가 "사실대로 말해달라"고 한다.

"지금 금요일 오훈데, 자네는 예정에도 없는 우리의 방문을 받고 이렇게 노닥거리고 있으니 할 일이 별로 많지 않은 모양이지?"

"정말 그래. 데이비드, 자네 말이 맞아. 정말 나는 할 일이 아무것도 없네……."

나는 이렇게 말한다.

제2장

나의 사업 스타일
11가지 원칙

내가 거래를 성사시키는 방식은 아주 간단하고 분명하다. 목표를 높게 잡은 뒤 목표 달성을 위해 전진에 전진을 거듭할 뿐이다. 때때로 목표에 미달할 때도 있지만 대부분의 경우 나는 원한 만큼의 목표를 달성한다.

나는 거래를 성사시키는 능력은 천부적인 것이라고 생각한다. 말하자면 유전인 셈이다. 그렇다고 똑똑해야만 거래를 잘 성사시키는 것은 아니다. 물론 좀 똑똑하기도 해야겠지만 대부분은 브로커로서의 본능에 좌우된다. 와튼 스쿨에서 전과목 A학점을 받고, IQ 170인 수재라 하더라도 브로커로서의 본능이 없으면 결코 성공적인 사업가가 될 수 없다.

그러나 이런 본능을 가진 사람들도 대부분은 용기가 없거나 그들의 잠재력을 발휘할 기회가 없기 때문에 자신들의 재능을 인식하지 못하는 경우가 많다. 어딘가에는 잭 니클라우스보다 골프를 더 잘 치고, 크리스 에버트 또는 마르티나 나브라틸로바보다 테니스를 더 잘할 수 있는 능력을 가진 사람이 있을 수 있지만 불행하게도 골프나 테니스를 할 기회를 갖지 못해 그들의 재능을 발견하지 못하는 수도 있다는 얘기다. 그들은 직접 운동을 하는 대신 유명 선수들의 경기를 TV로 보면서 만족할 수도 있다.

내가 성공시켰던 거래를 회상해보면, 실패했거나 놓쳐버린 경우에서도 마찬가지지만 몇 가지 공통점이 있다. 물론 부동산 거래업자인 내가 지금부터 소개하려는 교훈만 따르면 곧 백만장자가 된다고 약속할 수는 없다. 내 말만 따르면 천국에 간다고 주장하는 TV 부흥사와는 다르기 때문이다.

인생이란 뜻대로만 되는 것이 아니므로 금방 부자가 되려고 애쓰는 사람이 반대로 쫄딱 망하는 일이 더 많다. 재능과 브로커로서의 본능까지 갖고 있어서 크게 성공할 수 있는 독자들은 내 충고를 그대로 따르지 말았으면 싶다. 왜냐하면 모두 내 충고를 따르게 된다면 내 사업이 더욱 어려워질 테니까 말이다.

크게 생각하라

나는 크게 생각하기를 좋아한다. 사람들은 대개 무언가 결정을 내려야 할 경우 일을 성사시킨다는 것에 대해 두려움을 갖기 때문에 규모를 작게 생각하는 경향이 있다. 그런 점이 나 같은 사람에게는 굉장히 유리하게 작용하지만.

내 아버지는 브루클린과 퀸스에 저소득층을 위한 주택을 지으셨는데, 그때도 나는 더 좋은 장소에 구미가 당겼다. 퀸스에서 일할 때 나는 포리스트힐스 쪽이 유망하다고 생각했으나, 조금 나이가 들어 보니 포리스트힐스보다는 5번로가 훨씬 유리한 장소였다. 그래서 일찍부터 맨해튼 쪽을 노리게 됐는데 이런 것으로 보아 나는 목표에 대한 센스가 있는 것 같다.

나는 좀 여유 있게 산다고 해서 만족하지는 않았다. 뭔가 기념비적인 건물, 큰 노력을 들일 가치가 있는 건물을 짓고 싶었다.

많은 사람들이 자그만 돌집을 사고팔고 하며 싸구려 붉은 벽돌 빌딩을 지었다. 그러나 나는 맨해튼의 서쪽 강변 약 100에이커의 땅에 개발 단지를 짓거나, 파크 애버뉴(Park Avenue)의 중앙역과 42번가 옆에 거대한 호텔을 지으려는 계획에만 마음이 끌렸다.

이와 똑같이 나를 유혹한 곳은 애틀랜틱시티였다. 돈벌이가 되는 호텔을 짓기에는 안성맞춤의 장소였다. 호텔에 커다란 카지노를 붙여 지으면 더욱 좋을 것 같았다. 카지노는 호텔보다 5배나 돈을 벌 수 있기 때문이다. 크게 생각하기 위한 기본 요소의 하나는 집중력이다. 이러한 능력은 꽤 성공한 기업가들에게서 공통적으로 발견할 수 있다. 그들은 집중적이고 충동적이며 외곬으로 생각하며 때로는 거의 편집광적이다. 그러나 이 모든 특성은 그들의 사업으로 집중되고 있다. 다른 사람들이 정신적으로 혼란에 빠지는 국면에서도 이들 성공한 사람들은 정신적 혼란에 의해 오히려 도움을 받는다.

이러한 특성이 행복한 생활이나 더 좋은 인생을 만든다고는 할 수 없지만 목표를 이루기 위해서는 훨씬 유리하게 작용한다. 특히 날카롭고 강인하며 때로는 사악하기도 한 사람들과 맞서야 하는 뉴욕 부동산업계에서는 더욱 그러하다. 나는 이러한 사람들과 맞서서 쳐부수는 것을 좋아하게 됐다.

항상 최악의 경우를 예상하라

사람들은 내가 도박꾼이라고 생각한다. 그러나 나는 도박이라곤 해본 적이 없다. 도박꾼이란 슬롯머신을 '즐기는' 사람이다. 나는 슬롯머신을 즐기기보다는 아예 '소유하는' 것을 좋아한다. 그것은 사업이기 때문이다.

나는 긍정적 사고의 힘을 믿는다고 알려져 있으나 실제로는 오히려 부정적 사고의 능력을 믿고 있다. 의도하지는 않았지만 거래를 할 때는 보수적 입장을 가지게 되었다. 즉 항상 최악의 경우를 고려하는 것이다. 최악의 경우를 예상하고 있으면 막상 일이 닥치더라도 견뎌낼 수가 있다.

내가 살아오면서 이 같은 규칙을 지키지 않은 유일한 경우가 미식축구팀과의 거래였다. 나는 성적이 신통치 않은 팀의 주식을 사가지고 그런대로 괜찮았는데, 그만 독점금지법에 걸려 일이 엉망이 되고 말았다. 그러나 큰 손해를 보지는 않았다.

요점은 이런 방식으로 일에 착수하면 크게 욕심을 내지는 않게 된다는 점이다. 타석에서 볼 하나하나마다 홈런을 노린다면, 그만큼 스트라이크아웃당할 확률도 높다. 가장 좋은 예는 애틀랜틱시티에서 경험이다. 몇 년 전 별로 전망이 좋지 않은 대지 여러 필지를 구입했는데 성공 여부는 이 땅들을 한 필지로 만들 수 있느냐에 달려 있었다. 그리고 그렇게 못하면 벌이도 신통치 않을 판이었다.

그러나 막상 이 땅들을 하나로 묶은 뒤에도 나는 서두르지 않았다. 취득세를 물고 수백만 달러의 경비를 들여가며 도박장 허가가 나오기 전까지 천천히 건물 공사를 진행시켰다.

도박장 허가가 나오자 홀리데이 호텔 그룹에서 동업하자는 제의가 들어왔다. 몇몇 사람들은 "동업할 필요가 없다. 왜 이익금의 절반을 포기하느냐?"고 의문을 제기했다. 그러나 홀리데이 호텔 그룹은 내가 토지를 구입하기 위해 지불한 대금과 함께 건축비용 및 수년 동안 입은 손해까지 지불하겠다는 제의를 해 왔다. 위험 부담을 떠맡으면서 카지노를 혼자 소유하느냐 아니면 한 푼도 들이지 않고 절반만 소유하느냐를 놓고 선택하기란 너무나 쉬운 문제였다.

이와는 반대로 배런 힐튼 씨는 같은 애틀랜틱시티에 카지노를 지었을 때 모험을 했었다. 그는 될수록 빨리 카지노를 개장하기 위해 도박 면허를 신청함과 동시에 4억 달러를 투입해서 공사를 시작했다. 그러나 공사 완공 두 달을 앞두고 그의 도박 면허 신청은 거부되었고, 결국 막판에는 도박장을 내게 팔아야만 했다. 나는 그 도박장의 이름을 '트럼프 캐슬'이라고 지었으며, 현재 전세계에서 가장 영업이 잘되는 호텔 카지노가 되었다.

선택의 폭을 최대한 넓혀라

나는 또한 유연한 자세를 유지한다. 한 가지 거래에만 몰두하지도 않고 한 가지 방식만을 고집하지도 않는다. 많은 공을 한꺼번에 공중으로 던지면 멋있어 보이기는 하지만 일부는 땅에 떨어지기 마련이라는 사실을 초심자 여러분에게 상기시키고 싶다.

일단 거래가 성사되더라도 나는 최소한 대여섯 가지 방법을 동원해서 일을 추진시킨다. 왜냐하면 아무리 계획을 잘 세우더라도 무엇인가 복병이 될 만한 문제가 생길 가능성은 언제나 있기 때문이다. 예를 들어 트럼프 타워 건설을 위한 승인을 받지 못했다면 나는 미련 없이 다른 사무용 건물을 지었을 것이고, 그 일 또한 잘됐을 것이다. 또 애틀랜틱시티로부터 카지노 개설 허가를 못 받았더라면 다른 도박장 면허업자에게 건물을 팔아 이익을 챙길 수 있었다.

내가 맨해튼에서 처음 사업을 벌인 얘기를 소개해볼까 한다. 나는 34번가에 있는 철도 부지를 매입할 수 있었다. 처음에는 정부의 보조를 얻어 주택을 지으려 했으나, 재정 문제가 생겨 공공주택자금을 융자받을 수가 없게 됐다. 나는 재빨리 마음을 바꿔 시의 컨벤션 센터를 건설하기로 계획하고 몇 년에 걸쳐 일을 추진했다. 시 정부는 물론 나의 계획을 채택했고 컨벤션 센터는 결국 완성됐다. 나의 계획이 채택되지 않았다면 물론 나는 제3의 계획을 추진했을 것이다.

발로 뛰면서 시장을 조사하라

시장에 대해 감각이 있는 사람이 있고 그렇지 못한 사람도 있다. 스티븐 스필버그(Steven Spielberg)는 감각이 있는 사람이며 리 아이아코카나 주디스 크란츠도 그런 사람들이다. 우디 앨런이나 실베스터 스텔론(Sylvester Stallone) 역시 시장 감각이 있는 인물들이다.

일부에서는 스텔론을 비난하기도 하지만 그에게 돈을 빌려주면 손해는 보지 않는다. 41살밖에 안됐지만 스텔론은 벌써 '록키'와 '람보'라는 위대한 인물들을 창조했다. 그는 기공되지 않은 금강석이자 천재이다. 그는 대중이 원하는 바를 알고 있으며 그것을 전달하고 있다.

나도 그 같은 본능을 갖고 있다고 확신한다. 나는 다른 사람이 만들어놓은 그럴듯한 시장조사는 믿지 않는다. 언제나 스스로 조사를 해서 결론을 낼 뿐이다. 나는 결론을 내기 전에 사람들에게 의견을 물어보기를 좋아한다.

땅을 살 생각이 있으면 주변에 사는 사람들에게 학교는 어떤지, 도둑은 없는지, 장보러 다니기는 편리한지 물어본다. 내가 사는 지방이 아닐 경우에는 택시를 잡아탄 뒤 운전사들에게 질문을 하기도 한다. 묻고 묻고 또 물어서 의문을 해결한 뒤에야 결론을 내리는 것이다.

신통하게 아무에게든 직접 물어서 얻는 결론이 항상 자문회사의 조사 결과보다 유용했었다. 자문회사는 보스턴에서부터 직원을 보내 뉴욕에 방을 빌린 뒤 10만 달러씩 대가를 받고 조사를 해주지만, 별 신통한 결론이 나지 않을 뿐 아니라 조사가 끝났을 때는 이미 우리의 사업이 완결된 경우가 허다하다.

나는 또 비평가들도 신통하게 보지 않는다. 비평가들이란 서로서로 영향을 주기 위해서 무언가 끄적거릴 뿐이며, 유행에 따라 너무나 잘 변하는 사람들이다. 어느 날은 하늘을 향해 치솟은 유리탑을 칭찬하다가 다음 주가 되면 옛날 건물을 끄집어내 세세한 부분과 장식들을 높이 평가하는 변덕쟁이들이다. 그들은 대중들이 무엇을 원하는가에 대한 생각이 거의 없다.

트럼프 타워도 완성되기 전에는 비평가들로부터 신통한 평가를 받지 못했으나 일반 대중들은 이 타워를 좋아했다. 물론 175년 전에 유산을 물려받아 현재 84번가나 파크 애버뉴에 사는 사람들은 제외하고, 미인 아내와 함께 붉은 페라리를 타고 다니는 이탈리아 부자들에 대한 얘기다. 그런 사람들이 떼를 지어 트럼프 타워에 몰려들고 있다.

트럼프 타워는 새로운 건축 양식을 선보여 흥미를 끌었는데, 비평가들은 이러한 변화가 그 당시에 익숙하지 않았다는 이유로 좋은 평을 하지 않았다. 그들은 아직 그토록 호화로운 빌딩을 본 적이 없기 때문에 좋은 평을 할 수도 없었던 셈이다.

나는 항상 본능을 따를 뿐이지만, 새로운 모습을 보이는 것은 역시 좋은 일이다.

지렛대를 사용하라

거래를 할 때 가장 나쁜 자세는 도저히 가망이 없다고 절망하는 일이다. 그런 태도를 보이면 상대방은 전의(戰意)에 불타게 되고, 당신은 이미 진 것이나 다름없기 때문이다. 최선의 방법은 힘을 내서 거래를 시작하는 것이고, 당신이 힘을 내면 낼수록 그만큼 성공의 가능성은 커진다.

남이 갖고 있지 않은 영향력을 발휘해야 이긴다. 그렇지 않고서는 당신이 남보다 다소 유능하더라도 부족하다. 겨우 남과 비등해서는 일을 제대로 할 수가 없다.

그러나 불행하게도 그것이 전부는 아니다. 때로는 상상력과 세일즈맨으로서 자질이 필요할 경우가 있다. 다시 말해서 거래에서 이익을 얻을 수 있다고 상대방을 설득시켜야 한다.

1974년으로 거슬러 올라가보자. 42번가에 있는 코모도어 호텔을 구입할 때 나는 호텔 주인을 설득해서 그들이 호텔을 폐업할 의사가 있음을 공표하게 했다.

그들이 발표를 한 뒤에 나는 조금도 부끄러워하지 않고 호텔이 문을 닫는 것이 얼마나 큰 불행인지를 강조하면서 다녔다.

홀리데이 호텔 이사회가 애틀랜틱시티에서 나와 동업을 고려하고 있을 때, 그들은 우리 호텔이 다른 호텔에 앞서 건설되리라고 판단했었다. 그래서 실제로는 그렇지 못했음에도 불구하고 나는 호텔 건축이 거의 완료됐다고 역설했다. 결국 내가 일을 성공시킨 힘은 그들이 내 말을 믿도록 확신시킨 행동이었던 셈이다.

웨스트사이드의 철도 부지를 구입한 뒤, '텔레비전 시티'라는 이름을 붙인 것도 우연은 아니다. 이름이 좋아서 택한 것은 아니다. 단지 나의 목표를 강조하기 위해서 '텔레비전 시티'라는 이름을 생각했다. 뉴욕에 TV 방송망을, 특히 NBC 방송망을 갖추는 것이 뉴욕 시민들의 커다란 소망이라는 사실에서 착안한 것이다.

거래를 할 때는 무엇인가 일을 추진시킬 지렛대를 이용해야 한다.

입지보다 전략에 주력하라

부동산 거래에서 가장 잘못된 인식은 입지(location)에 따라 성공이 좌우된다는 생각이다. 보통 자기가 하는 얘기의 명확한 뜻도 모르는 사람들이 이런 말들을 하고 다니지만.

중요한 것은 좋은 입지가 아니라 최선의 거래이다. 좋은 거래를 위한 계기를 마련할 수 있듯이, 부동산의 위치도 선전이나 심리적 효과에 따라 얼마든지 좋다고 판단하도록 만들 수 있다.

트럼프 타워처럼 57번가 5번로에 땅을 가지고 있다면 광고를 많이 할 필요는 없다. 그러나 나는 한걸음 더 나아가 트럼프 타워를 본래의 가치보다 더 좋은 물건으로 평가되도록 광고를 했다. 반대로 현대미술관(Museum of Modem Art) 위에 세워진 뮤지엄 타워(Museum Tower)는 트럼프 타워에서 두 블록밖에 떨어져 있지 않는데 광고를 제대로 못해서 훨씬 낮은 가격에 거래됐다.

위치는 치장하기에 따라 달리 평가될 수 있다. 평범한 위치라도 치장을 잘하면 많은 사람들의 관심을 끌 수 있다. 트럼프 타워를 세운 뒤에 나는 아주 싼값에 사들인 3번로의 부지에 트럼프 플라자를 지었다. 트럼프 타워의 이름값 덕분에 3번로에 세워진 그 건물도 굉장한 물건이 되었다. 많은 프리미엄까지 붙어 돈 많은 사람들의 눈길을 끌었다. 오늘날 3번로는 부유층이 사는 거리가 되었으며, 트럼프 플라자는 대단한 성공을 거두었다.

내 말의 요점은 꼭 좋은 곳의 땅에 많은 돈을 투자한다고 해서 항상 돈을 버는 것은 아니라는 사실이다. 그렇게 하면 입지 조건이 나쁜 땅을 사는 경우와 마찬가지로 쫄딱 망할 수도 있다. 문제는 제일 좋은 입지의 땅을 놓치는 한이 있더라도 과도한 투자는 하지 말아야 한다는 것이다.

언론을 이용하라

이 세상에서 제일 좋은 물건을 갖고 있다 하더라도 다른 사람이 모른다면 아무런 소용이 없다. 프랭크 시나트라처럼 좋은 목소리를 가진 가수가 매일 그의 차고에서만 노래를 부른다면 아무런 소용이 없다는 얘기다. 남의 관심을 불러일으켜 동요를 일으키게 해야 한다.

홍보 책임자를 고용해 많은 돈을 주고 당신의 소유물을 팔리게 하는 것도 한 가지 방법이 될 수는 있다. 그러나 그 방법은 시장조사를 위해 조사원을 고용하는 것과 마찬가지이며 당신 스스로 활동하는 만큼의 효과는 절대로 얻을 수가 없다.

언론은 항상 좋은 기삿거리에 굶주려 있고, 소재가 좋을수록 대서특필하게 된다는 속성을 나는 경험을 통해 배웠다. 당신이 조금 색다르거나 용기가 뛰어나거나 무언가 대담하고 논쟁거리가 되는 일을 하면 신문은 당신의 기사를 쓰게 된다. 따라서 나는 일을 조금 색다르게 처리했으며, 논쟁이 빚어지는 것을 두려워하지 않았고, 이 때문에 내가 관여한 거래는 다소 허황돼 보이기도 했다. 이런 성격 덕분에 나는 아주 젊어서부터 꽤 사업 수완을 보였다. 신문이 나를 주목하게 되어 내 기사를 쓰지 못해 안달을 하게 됐다.

언론이 항상 나를 좋아한다는 얘기는 아니다. 어떤 때는 긍정적인 기사를 쓰지만 어떤 경우에 헐뜯는 기사가 나올 때도 있다.

그러나 순전히 사업적인 관점에서 보면, 기사가 나가면 항상 손해보다는 이득이 많기 마련이다.

수치로 보아도 명백하다. 「뉴욕 타임스」에 1쪽짜리 전면광고를 하려면 4만 달러가 든다. 그래도 독자들은 광고 내용을 의심하는 경향을 보인다. 그러나 「뉴욕 타임스」가 내 사업에 관해 다소 호의적인 기사를 한 줄이라도 쓰면 돈 한 푼 들지 않았지만 그 효과는 4만 달러 이상 나타난다.

흥미로운 것은, 개인적으로 피해를 입게 되는 비판적인 기사일지라도 사업적인 측면에서는 크게 도움이 된다는 사실이다. '텔레비전 시티'가 딱 들어맞는 본보기다. 1985년 내가 대지를 구입했을 때 많은 사람들이, 심지어 웨스트사이드에 사는 사람들까지 거기에 100에이커나 되는 땅이 있다는 사실에 놀랐다.

또한 그 땅에 세계에서 제일 높은 건물을 짓겠다는 계획을 발표하자, 자연 뉴스거리가 되었다. 「뉴욕 타임스」는 1면에 기사를 썼고, CBS-TV의 앵커맨 댄 래더(Dan Rather)는 저녁 뉴스에서 이 기사를 다루었으며, 조지 윌(George Will)은 「뉴스 위크」에 칼럼을 썼다.

모든 건축비평가들이 한마디씩 했고 논설위원들도 견해를 표명했다. 그들 모두가 세계에서 가장 높은 빌딩 건축 계획에 찬성한 것은 아니었지만, 그렇게 해서 많은 관심을 불러일으켰고 사업상으로 커다란 이익을 보게 됐다.

기자들과 얘기할 때 유념해야 할 다른 한 가지는 솔직한 의사 표현이다. 나는 기자들을 속이거나 변명만을 하려들지는 않는다. 사람들은 보통 그렇게 하다가 언론과 불편한 관계가 되고 말지만 나는 기자들이 곤란한 질문을 던지더라도 긍정적인 대답을 하려고 노력한다.

예를 들어 세계에서 가장 높은 건물이 웨스트사이드에 미치는 악영향에 대해 묻는다면, 나는 뉴욕 시민들은 가장 높은 빌딩을 소유할 자격이 있으며, 그 빌딩이 생김으로써 시민들의 긍지가 얼마나 높아질지에 대해 역설하며 화살을 피한다.

왜 부자들만을 위해서 건물을 짓느냐고 물으면, 건물을 신축하면서 수많은 사람들에게 일자리를 주고 뉴욕 시의 세금 수입을 늘림으로써 모든 사람들에게 혜택을 주고 있다고 대답한다. 또 트럼프 타워 같은 빌딩이 뉴욕을 부흥시키는 데 얼마나 지대한 공헌을 했는지도 빠뜨리지 않고 역설한다.

일을 성공시키는 마지막 열쇠는 약간의 허세다. 나는 사람들의 환상을 자극시킨다. 사람들은 자신을 위대하다고는 생각하지 않을 수 있으나, 남들이 그렇다고 부추겨주면 괜히 우쭐하기 마련이다. 약간의 과장은 아무런 손해도 가져오지 않는 법이다.

사람들은 가장 크고 위대하며 특별한 대상을 신뢰하는 경향이 있는데, 나는 그런 속성을 '건전한 과장'이라고 부르고 있다. 그것은 과대망상의 순수한 형태로서 아주 효과적인 선전 수단이 될 수 있다.

신념을 위해 저항하라

긍정적인 면을 강조해야 하지만 어쩔 수 없이 선택을 해야 할 때가 있다. 대부분의 경우 나는 남들과 잘 지내왔고 내게 호의를 보이는 사람에게는 특별히 잘해준다. 그러나 나를 이용하거나 부당하게 대하는 사람이 있으면 치열하게 대항한다. 싸움을 하면 상황이 더 악화될 우려가 있기 때문에 독자 모두에게 이 방법을 추천할 수는 없지만, 내 경험으로 보아 신념을 위해 싸우면 때로 본래의 의도에서 벗어나는 일이 있기는 해도 대개는 최선의 결과를 낳게 된다.

뉴욕 시가 트럼프 타워와 관련, 세금 문제로 부당하게 대우했을 때 나는 6개의 재판을 걸었다. 물론 소송비용이 많이 들었고 승소할 가망도 희박했다. 이길 가망이 없다고 말하는 사람들도 많았다. 그러나 나는 결과에 관계없이 노력해볼 가치가 있다고 판단했고, 끝내 이겼다.

애틀랜틱시티에서 트럼프 플라자 호텔과 카지노를 함께 경영했던 홀리데이 호텔 소유의 한 카지노가 수익이 신통치 않자 나는 끈질기게 그들을 설득, 지분을 사버렸다. 그 후부터는 홀리데이 호텔 전체를 살 생각을 갖게 되었다.

내가 공격적이 아니더라도 나를 목표로 삼는 사람들은 많다. 당신이 성공하면 직면하는 문제 중의 하나가 시샘과 질투다. 상대방을 저지함으로써 성취감을 느끼는 부류의 사람들이 있는데, 나는 그들을 인생의 실패자라고 규정하고 있다. 그들이 만약 진짜 재능을 갖고 있다면 싸우는 대신 무언가 건설적인 일을 할 것이다.

최고의 물건을 만들어라

여러분은 다른 사람들을 오랫동안 좌지우지할 수는 없다. 잠깐 동안은 흥분시킬 수도 있고, 그럴듯한 선전을 할 수도 있고, 온갖 언론을 이용할 수도 있다. 또 좀 떠벌릴 수도 있다. 그러나 좋은 상품을 내놓지 않으면 사람들은 끝내 허실을 알아차리기 마련이다.

지미 카터를 생각해보자. 대통령 선거에서 로널드 레이건에게 진 뒤, 카터가 사무실로 나를 찾아왔다. 지미 카터 도서관을 위한 기부금을 모집하는 중이었다. 내가 얼마를 생각하고 있느냐고 묻자 카터는

"도널드, 500만 달러만 기부해주면 대단히 고맙겠소"라고 하는 것이었다. 기가 막혀 뭐라고 대꾸조차 할 수가 없었다.

그러나 이 경험을 통해 배운 게 있다. 그때까지 나는 어떻게 카터가 대통령이 되었는지 이해할 수가 없었다. 카터는 대통령에 걸맞은 능력은 부족했지만, 특별한 것을 요구할 수 있는 배짱이 있었으며 그러한 점이 다른 모든 능력에 앞서 카터를 대통령으로 만든 것이다. 물론 내가 카터를 만났을 때는 국민들이 카터의 능력이 부족하다고 판단, 선거에서 패배한 뒤였다.

로널드 레이건은 또 다른 본보기다. 그는 능수능란하게 미국 국민들의 마음을 사로잡았다. 임기가 거의 끝나가는 지금에 와서야 그의 웃음 뒤에 무언가 숨겨져 있다고 의심하는 사람들이 하나둘 생기고 있는 것이다.

사업에서도 똑같은 경우가 생긴다. 트럼프 타워가 성공을 거두자 수많은 다른 업자들이 아트리움이 있는 건축 양식을 모방하려고 했다. 디자인을 모방하도록 지시가 내려졌고 설계도 준비가 진행되었으며 건축에 필요한 경비가 투입됐다.

그러나 그들은 청동 에스컬레이터를 설치하려면 100만 달러가 더 들고, 폭포에는 200만 달러, 대리석에는 수백만 달러가 추가로 더 투입돼야 한다는 사실을 알아차렸다. 그들은 결국 수백만 달러가 더 들어야 한다는 결론에 도달하자 꿈을 포기하고 말았다.

문제는 돈이다. 나는 아주 운이 좋아서 최고의 건물을 지으면서 최소의 비용을 들였다. 트럼프 타워의 단점을 선전으로 덮기도 했으나 결론은 최고의 물건을 만들어야 한다는 사실이다.

희망은 크게, 비용은 적당히

쓸 만한 가치가 있으면 돈을 써야 한다. 그러나 적정 규모 이상으로 낭비해서는 안 된다. 저소득층의 주택을 지을 때 내가 고려한 주안점은 건물을 빨리 짓되 임대가 가능하도록 경비를 적게 들이는 방법이었다. 그때부터 일을 벌일 때는 경비를 생각하게 됐고, 결코 돈을 뿌리는 일은 없었다.

나는 아버지로부터 동전 한 푼이라도 일일이 챙겨야 한다고 배웠다. 동전은 곧 지폐가 되기 때문이다. 요즘에도 나는 청부업자가 부당하게 액수를 늘렸다고 생각되면 5,000달러나 1만 달러짜리라 할지라도 전화를 걸어 불평을 하곤 한다.

사람들은 내게 묻는다. "그 정도 하찮은 거래 때문에 골치를 썩어요?" 내 대답은 이렇다. "만약 내가 1만 달러를 절약하기 위해 25센트짜리 전화를 하지 않는 그런 사람이 된다면 그때는 사업을 접어야죠."

얘기의 핵심은 희망을 크게 가지되 적당한 비용을 들여 실현시키라는 것이다.

애틀랜틱시티에 트럼프 플라자를 건축할 무렵, 이제까지 수천만 달러의 경비를 들인 거의 모든 카지노들이 적자 운영을 하고 있었기 때문에 은행들이 융자를 꺼렸다. 그러나 우리는 트럼프 플라자를 적당한 공사비를 들여 적당한 시기에 완성시켰고, 최고 시즌인 전몰장병 추도 주일에 개업을 했다.

트럼프 플라자 바로 옆에 카지노를 짓기 위해 수년 동안 애썼던 펜트하우스(Penthouse)의 보브 구치오네는 우리와는 대조적이었다. 그는 건물 공사를 절반밖에 완성시키지 못해 수천만 달러의 수입을 놓쳤으며 게다가 막대한 유지비를 날려야 했다.

관심을 집중하지 않으면 조그만 일도 제대로 관리할 수 없다. 거의 7년 동안 나는 내 사무실 창문을 통해 센트럴파크에 있는 울먼 링크의 개조 공사를 지켜보았다. 그러나 수백만 달러의 돈을 낭비하고도 시에서는 콘크리트를 걷어내고 공사를 다시 시작하는 일을 반복했다. 보다 못한 내가 이 일을 떠맡았다. 그리고는 4개월 만에 시에서 들인 비용의 일부만을 들여 공사를 끝내버렸다.

사업을 재미있는 게임으로 만들어라

나는 나 자신을 속이지는 않는다. 인생이란 쉽게 변하기 마련이며, 성공한다고 해서 이 원칙이 바뀌지는 않는다. 무엇이든 아무런 예고 없이 변하기 마련이고 그렇기 때문에 나는 일단 발생한 현상을 심각하게 보지 않는다.

내게 돈은 큰 자극이 되지 않는다. 다만 성공하기 위한 수단이 될뿐이다. 진정한 재미는 게임을 한다는 사실이다. 나는 내가 좀 다르게 일을 처리해야 하는 것이 아닐까, 또는 다음에 어떤 일이 생길까 하는 문제에 대해서는 별로 걱정을 하지 않는다.

내가 소개하려고 하는 사업들을 하나로 묶으면 어떤 모습이겠는가 하는 질문을 받는다면 별 신통한 대답이 떠오르지는 않는다. 일을 성 사시키도록 도와준 알맞은 순간들을 포착했을 뿐이니까.

제3장

성장

자라면서 내게 가장 큰 영향을 준 사람은 아버지 프레드 트럼프 (Fred Trump)다. 나는 아버지에게서 참으로 많이 배웠다. 험한 사업을 하며 거칠게 대응하는 법을 배웠고, 사람들을 리드하는 법을 배웠으며, 경쟁과 효율성에 대해서 배웠다. 일을 시작하는 법과 완성하는 법, 그리고 제대로 완성하는 법과 일에서 떠나는 법도 배웠다.

 그러나 그 당시에도 나는 아버지처럼 사업을 해서는 안 되겠다고 생각했었다. 아버지는 퀸스와 브루클린에서 주택임대 사업을 했으나 돈을 벌기엔 힘이 들었다. 나는 뭔가 더 규모가 크고 화려하고 흥미로운 사업을 하고 싶었다. 프레드 트럼프의 아들 이상으로 알려지기 위해서는 독립해서 나 자신의 사업을 해야 한다고 결심했다. 다행히 아버지는 당신의 사업에 만족했고 또 잘 꾸려나가셨기 때문에 내가 맨해튼에서 사업을 시작하는 데는 별 문제가 없었다.

그렇지만 아버지로부터 배운 교훈은 잊을 수가 없다. 아버지의 일생은 아동문학가 호레이쇼 앨저(Horatio Alger)의 작품에 나오는 전형적인 성공담이다(가난한 소년이 근면·절약·정직으로 성공한다는 이야기). 아버지는 1905년 뉴저지에서 태어났다. 할아버지는 어릴 때 스웨덴에서 이민 오셨는데 수입이 괜찮은 식당을 경영하셨다. 그러나 고생을 많이 한 데다 술을 너무 많이 마셨기 때문에 아버지가 겨우 11살 때 할아버지는 돌아가셨다.

할머니 엘리자베스는 세 자녀를 키우기 위해 재봉 일을 해야 했다. 고모 엘리자베스는 그때 16살이었고 삼촌 존은 9살이었다. 아버지는 자식들 중 가운데였으나 큰아들이었기 때문에 가장 노릇을 해야 했다. 할아버지가 돌아가시자마자 아버지는 과일가게 배달에서부터 구두닦이, 건축공사장에서 재목 나르기 등 온갖 허드렛일을 시작했다.

아버지는 건축에 관심이 깊어 고등학교 때는 목수가 되기 위한 야간강좌를 들었다. 설계도 읽기, 측량과 설계를 배웠다. 16살 때 처음으로 이웃집의 주문을 받아 차 두 대가 들어갈 수 있는 차고를 지었다. 그 당시는 중산층의 시민들이 자가용을 구입하기 시작하던 시기로, 아버지는 곧 평판이 좋은 50달러짜리 차고건축회사를 설립했다.

아버지는 1922년에 고등학교를 졸업했으나 가족들을 부양해야 했기 때문에 대학 진학은 꿈도 꾸지 못했다. 대신 퀸스에 있는 주택건축업자의 목수 조수로 일을 시작했다. 아버지는 아주 솜씨가 좋은 데다 다른 장점들도 갖추고 있었다. 매우 총명해서 5개의 컬럼 기사를 한 문장도 틀리지 않고 외울 정도였다. 다른 목수들은 대부분 공부를 하지 못했지만 아버지는 야간에 목수 일을 배웠기 때문에 강철판을 이용해 서까래를 세우는 방법 등 일을 쉽게 하는 요령을 배울 수가 있었다.

더군다나 아버지는 일을 집중적으로 하는 데다 야망 또한 컸다. 동료들은 직업을 가졌다는 사실만으로 만족했으나 아버지는 일을 하되 제대로, 남보다 더 잘하려고 노력했다. 결론적으로 말하면 아버지는 일을 사랑하셨다. 아주 어릴 때부터 아버지는 내게 "인생에서 가장 중요한 것은 네가 하는 일을 사랑하는 것이다. 그렇게 하면 그 일을 잘하게 된다"고 말씀하시곤 했다.

고등학교를 졸업한 지 1년 만에 아버지는 퀸스 가에 있는 우드헤이븐에서 첫 번째 독립주택을 지었다. 5,000달러가 채 못 되는 경비를 들여 7,500달러에 팔았다. 아버지는 자신의 회사명을 '엘리자베스 트럼프 앤드 선(Elizabeth Trump & Son)'이라고 지었는데 그 당시에는 아직 미성년자였기 때문이다. 할머니가 모든 계약에 서명을 했고, 수표도 대신 발행했다. 아버지는 집을 지어 판매한 뒤 나오는 이익금으로 다른 집을 계속 지었다. 주로 퀸스의 노동자 계층이 사는 우드헤이븐과 홀리스와, 퀸스빌리지 등에서 일을 하셨다.

작은 아파트에 몰려 살고 있는 노동자들을 위해 아버지는 가격이 저렴한 벽돌집을 지었다. 벽돌집은 짓기가 무섭게 팔려 나갔다. 본능적으로 아버지는 더 큰 사업을 생각했다. 1929년에 더 큰 시장을 노리고 아버지는 주택보다 훨씬 규모가 큰 빌딩 건축을 시작했다. 아버지는 퀸스의 한 지구에 3층짜리 콜로니얼식, 튜더식, 빅토리아식 빌딩을 지었고, 우리 집도 그곳에 지었다. 공황이 닥쳐 주택 경기가 떨어지자

아버지는 다른 사업으로 관심을 돌렸다.

아버지는 파산한 저당처리회사를 사서 1년 뒤에 상당한 이익을 남기고 팔았다. 다음으로 아버지는 우드헤이븐에 슈퍼마켓을 지으셨다. 셀프서비스 형태의 슈퍼마켓으로서는 최초였다. 정육점 주인, 재단사, 제화업자 등 주변에 있는 모든 업자들을 한 빌딩에 모이게 한 이 사업은 꽤 번창했으나, 건축에 관심이 많은 아버지는 1년도 안 돼 상당한 이익을 남기고 팔았다.

1934년 무렵, 공황이 수그러들기 시작했으나 여전히 자금 사정은 좋지 않았다. 그래서 아버지는 저소득층을 위한 주택 건축을 다시 하기로 작정했다.

아버지는 브루클린의 저개발지역인 폴래트부시를 선택했는데 땅값이 쌀 뿐만 아니라 성장 가능성이 많은 지역으로 판단하신 것이다. 다시 한 번 아버지의 판단은 적중했다. 3주 만에 78채의 집이 팔렸다. 그 후 수년 동안 아버지는 퀸스와 브루클린에서 2,500채의 주택을 더 지었으며 크게 성공을 거두었다.

1936년에 아버지는 어머니 메리 매클리오드(Mary Macleod)와 결혼하셨다. 아버지가 돈을 버셨으므로 삼촌은 대학에 들어갔다. 아버지의 도움을 받은 삼촌 존 트럼프는 MIT에서 박사학위를 받았으며 물리학 교수로서 미국의 유수한 학자가 되었다. 당신이 학위를 갖지 못했기 때문에 아버지는 학위를 받은 사람들을 외경에 가까운 존경심을 가지고 대했다. 대부분의 경우 학위 소지자들은 그만큼의 역할을 하지는 못했지만. 아버지는 상당히 학구적이어서 대학에 갔더라도 공부를 끙

장히 잘하셨을 것이다.

우리 집안은 매우 보수적이었다. 아버지는 엄격하셨으며 생계를 책임지셨고, 어머니는 완전한 가정주부였다. 그렇다고 브리지 게임할 때 옆에 앉아 있기만 하고 전화통에 매달려 있기만 한다는 뜻은 아니다. 우리 형제는 다섯이었는데, 어머니는 우리를 돌보는 외에 요리, 빨래, 양말 수선을 하셨고, 병원에서 자선 활동도 하셨다. 우리는 커다란 집에서 살았지만 부잣집 아이들이라고는 생각하지 않았다. 우리는 단 1달러의 가치도 소중히 하도록 가르침을 받았으며, 열심히 일하는 것의 중요성을 인식하게끔 교육받았다. 우리 가족은 사이가 좋았고, 요즈음도 가장 절친한 친구처럼 지낸다. 우리 부모님은 결코 과장하는 법이 없었다.

아버지는 지금도 브루클린 거리에 있는 작고 허름한 사무실에서 일을 하신다. 그 건물은 1948년에 아버지가 지으셨는데, 다른 곳으로 옮길 생각은 추호도 없으시다.

메리앤 누나는 마운트홀리오크 대학을 졸업한 뒤 어머니의 길을 따라 결혼을 하고, 자녀들이 자라는 동안은 가정에 머물렀다. 그러나 누나는 아버지의 추진력과 야망을 많이 타고났기 때문에 조카 데이비드가 십대가 되자 학교로 돌아가 법학 공부를 시작했다. 누나는 우등으로 대학을 졸업한 뒤 개인 사무소를 차렸으며 법무성에서 5년 동안 검사로 일했다. 4년 전에는 연방 판사가 되었다. 메리앤 누나는 진짜 여장부다.

누이동생 엘리자베스(Elizabeth)는 친절하고 똑똑하지만 꿈이 소박

해 현재 맨해튼에 있는 체이스 맨해튼 은행에서 일하고 있다.

형 프레디(Freddy)는 우리 가족 중 가장 어려운 시절을 보냈다. 아버지는 멋진 남자였지만 사업가였기 때문에 성격이 강하고 거칠었다. 프레디는 아버지와는 반대로 멋쟁이에다 파티를 좋아했으며 온후한 성격에 인생의 멋을 추구했다. 형은 이 세상에 적이라고는 한 사람도 없었다.

당연히 아버지는 장남인 형에게 사업적인 기대를 걸었으나 불행하게도 사업은 형과는 거리가 멀었다. 형은 마지못해 아버지와 함께 일을 했지만 부동산에 대해서는 아무런 관심조차 없었다. 형은 까다로운 청부업자와 맞서거나, 당찬 건축자재 공급자들과 상대할 수 있는 부류의 인물이 아니었다. 아버지가 고집스러웠기 때문에 둘 사이에는 자연히 의견 대립이 생겼다. 그러나 대부분의 경우 형이 불리한 입장에 놓였다.

마침내 우리는 일이 잘못됐음을 깨닫게 됐고, 형은 가장 좋아하는 일인 비행기 조종을 하러 나섰다. 형은 플로리다로 가서 트랜스월드에어라인(TWA)의 파일럿이 되었다. 형은 낚시와 보트 타기도 좋아했다. 그 무렵이 형에게는 아마 가장 행복한 시기였으리라. 그런데 그 무렵 8살이나 아래인 나는 형에게 이런 말을 한 기억이 난다. "형, 도대체 뭐하는 거야? 시간만 낭비하고 있잖아."

지금 생각하면 그런 말을 한 것이 후회스럽다. 아마 형이 하는 일에 대해서 아버지와 내가 얼마나 잘못 생각하고 있는지를 헤아리기에는 너무 어렸나 보다. 내 생각에 형은 강요된 일을 하면서 의기소침해졌고 술을 마시기 시작했으며 쇠약해진 것으로 보인다.

형은 43살에 죽었다. 형과 같이 훌륭한 사람이 자신의 참 자아를 발견하지 못했다는 사실은 매우 슬픈 일이다. 여러 가지 면에서 그는 재능을 보였으나, 특별한 우리 집안의 압력 때문에 뜻을 이루지 못했다. 나는 이러한 사실을 좀 더 일찍 알아차리지 못해 후회스럽다.

다행스럽게 나는 아주 일찍부터 사업에 관심이 끌려 아버지가 일을 하도록 강요할 필요가 없었다. 나는 아버지를 따랐으며 아버지도 그 점을 평가했다. 우리 부자(父子)는 거의 사업상의 거래를 통해 만난 사람처럼 지냈다. 나는 내가 사업가의 기질을 갖지 않았더라면 아버지와 그처럼 잘해나갈 수 있었을지 가끔 자문을 해본다.

초등학교 때부터 나는 공격적이고 단호한 아이였다. 2학년 때 나는 선생님의 얼굴에 멍이 들게 한 일이 있다. 어리석게도 음악 선생님이 음악에 대해 아무것도 모른다고 생각하여 주먹을 휘두른 것이다. 그 일로 하마터면 학교에서 쫓겨날 뻔했다.

그 사건을 자랑하고 싶지는 않지만, 어릴 때부터 자립하려는 생각이 있었으며 폭력적 방법을 통해서라도 내 생각을 알리고자 했던 것만은 분명하다. 지금에 와서는 주먹 대신 머리를 쓰려고 하는 점이 바뀌었을 뿐이다.

나는 항상 주위에서 리더로 군림했다. 지금은 그러한 경향이 더욱 강해져 사람들이 나를 좋아하든 말든 리더가 되려고 한다. 우리 또래 사이에서는 나를 좋아하는 사람들이 많았으며 나 자신 남들이 따르는 인물이 되려고 애썼다. 꽤 큰 뒤에는 일을 꾸미는 데 관심이 많았다.

왜냐하면 사건을 일으켜서 남들을 시험하는 것이 재미있었기 때문이다. 나는 물이 든 볼을 던지거나 종이를 씹어 던지는 장난을 쳤고 학교 운동장과 생일파티에서 소동을 일으키기도 했다. 그러한 장난은 공격적이기는 했으나 아주 못된 짓은 아니었다. 동생 로버트(Robert)는 내가 어렸을 때 장난친 일을 즐겨 이야기한다.

2살 아래인 로버트는 나보다 조용하고 얌전했지만 무척 다정히 지냈다. 어느 날 우리 둘은 우리 집 놀이방에서 나무 벽돌로 집 짓는 놀이를 했다. 나는 높은 건물을 짓고 싶었지만 나무 벽돌이 모자라 동생에게 빌려달라고 말했다. 동생은 "좋아, 그렇지만 다 만든 뒤에 돌려줘야 해"라고 말했다.

나는 내 벽돌과 동생의 벽돌을 모두 써서 멋진 건물을 지었다. 만들어놓고 보니 하도 멋있어서 그만 벽돌들을 접착제로 붙여버렸다. 이것이 동생 벽돌의 마지막 운명이었다.

13살이 되자 아버지는 군사교육이 내게 도움이 될 것이라고 판단, 나를 군사학교에 보내기로 작정했다. 나는 그 계획에 대해 전혀 겁내지 않았으며 아버지의 생각은 옳았음이 판명됐다.

8학년 초에 나는 뉴욕 군사학교(New York Military Academy)에 들어갔다. 거기서 지내면서 규율과 투쟁적인 성격을 실행으로 옮기는 방법을 배웠다. 상급반에서는 주장으로 뽑히기도 했다.

그 학교에서 내게 큰 영향을 준 특별한 선생님을 만났다. 전직 해병 상사인 시어도어 도비어스인데 아주 강인하고 거친 사람이었다. 헬멧을 쓴 채 골포스트에 돌진하면 머리가 깨지는 대신 골포스트를 부술 만한 사람이었다. 그는 어느 누구의 부탁도 들어주지 않았으며 특권층 자녀에 대해서도 아무런 배려를 하지 않았다. 줄이 틀리면 누구든 후려쳤다. 재빨리 나는 그런 사람은 육체적으로 다루어서는 안 된다고 간파했다. 운이 나쁜 동료들이 몇몇 그 방법을 택했다가 도비어스의 눈 밖에 나고 말았다. 동료들의 대부분은 반대 방식으로 접근, 바보들이 되고 말았다. 도비어스가 무엇을 시키든 고분고분했다.

나는 제3의 방식을 선택했고, 머리를 짜내 도비어스를 살폈다. 어떻게 그를 내 편으로 끌어넣을까 궁리했다. 내가 운동을 잘한 것이 도움이 됐다. 그는 야구 코치였고, 나는 팀의 주장이었기 때문이다.

나는 그를 다루는 방식을 터득했다. 그 방법이란 내가 그의 권위를 존중하고 있음을 넌지시 알리는 것이었다. 도비어스는 나를 억지로 위협하지 않았다. 미묘한 균형이 지속된 셈이다. 힘이 센 사람들이 보통 그렇듯이 도비어스도 약점을 발견하면 뒤통수를 노리는 습관이 있었다. 반면 상대방이 강하지만 공격할 의사가 없음을 눈치채면 상대방을 남자로서 대접했다. 사고에 의해서라기보다는 본능적으로 이러한 사실을 간파한 뒤 우리는 아주 친해졌다.

열심히 노력했다고는 할 수 없어도 나는 괜찮은 학생이었다. 공부에 크게 흥미가 있는 편은 아니었기 때문에 학교에서 잘 지낸 배경에는 운이 좋았던 측면도 있다. 일찍부터 나는 학업이란 졸업 후에 행할 메인 이벤트를 위한 예비 단계에 불과하다는 사실을 깨닫고 있었다.

걷기 시작할 무렵부터 나는 아버지와 함께 건축 공사장에 가곤 했다. 로버트와 나는 함께 붙어 다니며 빈 소다수병을 찾아 가게에 넘겨

주고 푼돈을 받기도 했다. 십대 때 방학이 되어 집에 돌아오면 아버지를 따라다니며 청부업자를 다루는 일이나 건물들을 살피는 일 또는 새로운 건축용 토지를 사기 위해 흥정하는 방법 등을 배웠다.

임대용 건축을 짓는 아버지의 사업은 몹시 힘들고 어려운 일이다. 이익을 남기기 위해서는 비용을 줄여야 했으며 이 때문에 아버지는 항상 가격을 따져야 했다. 아버지는 걸레나 마루에 칠할 왁스의 공급업자와 상담할 때도 큰 물품의 청부업자와 거래할 때처럼 심혈을 기울였다. 게다가 아버지는 모든 물건의 가격을 훤히 꿰뚫고 계셨다. 아무도 아버지에게는 바가지를 씌울 수가 없었다. 예를 들어 여러분이 동 파이프를 설치할 때 40만 달러가 소요된다는 사실을 알고 있다면 어느 정도 선에서 계약을 체결해야 될지를 알고 있는 셈이다. 즉 청부업자에게 전혀 가망이 없는 30만 달러에 공사를 하라고 하지도 않을 것이며, 반대로 60만 달러에 공사를 맡기지도 않게 된다.

아버지가 청부업자로 하여금 좋은 가격으로 일을 하게 만드는 다른 방법은 신용을 지키는 것이었다. 아버지는 비교적 낮은 가격을 제시했으나 다음과 같은 말로 청부업자들을 안심시켰다. "나와 함께 일하면 틀림없이 약속한 기일에 대금을 받는다. 다른 사람과 일하면 돈을 구경조차 못하는 경우도 있지 않느냐?" 아버지는 계속 건물을 지었기 때문에 곧 시작할 공사에 참여시킨다는 약속을 할 수 있었다. 이런 여러 가지 요인으로 아버지의 말은 대단한 설득력을 가졌다.

아버지는 또 믿을 수 없을 만큼 지독한 일벌레였다. 매일 아침 6시마다 어김없이 공사장에 나가 억척스럽게 일을 시작했다. 원맨쇼를 하는 거나 마찬가지였다. 누군가 아버지 생각대로 일을 하지 않으면 당장 뛰어들어 일을 끝내버리기 일쑤였다.

어떤 일이 똑같이 반복되는 것을 보면 흥이 나지 않을 수가 없다. 아버지가 플래트부시에서 빌딩을 짓기 시작했을 때 근처에서 두 명의 경쟁 업자가 건물 공사를 시작했었다. 변함없이 아버지는 경쟁 업자들보다 3, 4개월 앞서 공사를 마무리 지었다. 그럼에도 아버지가 지은 아파트는 경쟁 업자의 아파트보다 외양이 멋진 것은 물론 공간도 훨씬 넓었다. 임대가 잘 안 되는 때였으나 아버지가 지은 아파트는 곧 임대가 완료됐다. 마지막에는 경쟁 업자들이 하나둘 또는 전부가 파산하기 마련이고, 그럴 쯤에 아버지가 끼어들어 경쟁 업체를 매입해버린다. 나는 이 같은 시나리오를 여러 번 목격했다.

1949년, 내가 3살 때 아버지는 쇼어 헤이븐 아파트를 짓기 시작했다. 아버지를 뉴욕 교외에서 제일가는 건축업자로 만든 대규모 아파트 단지 중 첫 번째 사업이었다. 아버지는 이 아파트를 매우 효율적으로 완성했기 때문에 성과가 특히 좋았다. 그 당시에 정부는 저소득층과 중간소득층을 위한 주택 건축에 융자를 제공하고 있었다. 아버지는 1,030만 달러를 융자받았는데 여기에는 연방 주택관리국이 평가한 건축업자의 이익 7.5%가 포함됐다.

그러나 아버지는 청부업자들을 독려하고 자재공급업자들과 열심히 상담을 벌인 덕분에 공기(工期)를 예정보다 단축했을 뿐 아니라 건축비도 예상보다 거의 100만 달러나 절약했다.

'횡재'라는 말은 아버지 같은 사람들이 노력과 경쟁을 통해 얻는 이익을 묘사하는 데 딱 들어맞는 표현이다. 그러나 그런 이익이 아무 때나 생기는 것은 아니다. 아무튼 아버지는 오늘날에는 생각조차 할 수 없는 저소득층과 중산층을 위한 아파트를 수천 채 지었다. 오늘날은 수익성이 신통찮고 정부의 보조금마저 없어져 그런 건축 사업을 벌이기가 힘들어졌다.

오늘날까지 퀸스와 브루클린에 있는 트럼프 아파트는 뉴욕에서 가장 가격이 적당한 주거지역으로 평가받고 있다. 1964년에 뉴욕 군사학교를 졸업한 뒤 나는 사우스캘리포니아 대학의 영화학교에 들어가고 싶은 생각에 한동안 빠졌었다. 영화의 멋에 매료된 데다 샘 골드윈, 대릴 자누크, 그리고 특히 루이스 메이어 같은 사람들을 존경했기 때문이다. 그러나 결국 부동산이 훨씬 더 좋은 사업이라고 결심하게 됐다.

집에서 멀리 떠나기 싫었기 때문에 우선 브롱크스에 있는 포덤 대학(Fordham University)에 다니기 시작했다. 나는 학교를 경영하고 있는 예수회 선교사들과 아주 사이가 좋았다. 2년이 지난 뒤 학교에 다니는 동안에는 최고가 돼야 한다는 생각을 품게 되었다.

그래서 펜실베이니아 대학의 와튼 파이낸스 스쿨(Wharton School of Finance)에 응시해서 합격했다. 그 당시 와튼 스쿨은 사업을 하려는 사람들에게는 필수 코스였다. 하버드 비즈니스 스쿨(Harvard Business School)도 많은 경영인을 배출했으나 진짜 사업가들은 와튼에서 배우고 싶어했다. 솔 스타인버그, 레너드 로더, 론 퍼플먼 등 이 학교 출신 사업가들은 헤아릴 수 없을 만큼 많다.

와튼에서 배운 가장 중요한 것은 아마 학문적인 업적에 크게 영향을 받지 말라는 사실일 게다. 얼마 되지 않아 나는 동급생들이 두려워할 대상도 아니며 뛰어나게 특별하지도 않다는 사실을 알아차렸고, 그들과 순조롭게 실력을 겨루게 되었다.

또 하나 중요한 사실은 내가 받은 와튼의 학위다. 나는 그 학위를 특별하게 생각하지는 않았으나 거래를 하는 많은 사람들은 상당히 높은 평가를 했고 그 때문에 굉장한 특권을 가진 것으로 여겨졌다. 그래서 나는 와튼에서 공부한 것을 매우 기쁘게 생각하고 있다. 학업을 마친 것이 다행한 일이다. 학업을 마친 뒤 집에 돌아온 나는 곧 아버지와 함께 사업을 시작했다. 그 무렵 많은 것을 배웠으나 아버지와 다른 일을 해볼까 하는 생각이 들었다.

초심자인 나에게는 아버지의 일이 육체적으로 몹시 힘들었다. 예를 들어 임대료 징수인들과 돌아다닌 일이 생각난다. 임대료를 걷는 일은 체력 면에서 힘이 든다. 돈을 내지 않으려는 사람들로부터 임대료를 받기 위해서는 머리보다 힘이 필요하기 때문이다.

임대료를 받으러 다니면서 제일 먼저 배운 요령은 노크를 할 때 대문 앞에 서서는 안 된다는 것이었다. 대신 벽 쪽에 서서 손을 뻗어 노크를 해야 했다. 처음에 임대료 징수인이 그렇게 해야 한다고 설명을 해주었으나 나는 도무지 무슨 말인지 알아차릴 수가 없었다. "왜 그래야 하지?"라고 묻는 나를 그는 미친 사람을 보듯 쳐다보았다. "이유는 옆쪽에 서면 손만 위험에 노출되기 때문이야. 엉뚱한 시간에 남의 집 문을 두드렸다가 총탄 세례를 받을지 누가 알아?" 하지만 지금도 나는 그의 말을 확신할 수 없다.

아버지는 임대료 수금하는 일에 큰 부담을 주지는 않았지만 그래도 그 일에 관심이 끌리지는 않았다. 이제 막 와튼을 졸업해서 어떻게 보면 폭력적이고 좋게 봐도 유쾌하지 않은 일에 빠져들었기 때문이다. 예를 들면 우리 임대 아파트에 사는 몇몇 주민들은 쓰레기를 소각로에 버리는 대신 창밖으로 집어던지곤 했다. 그래서 한때는 소각로 사용법을 교육하는 강좌를 마련하기도 했다. 대부분의 주민들은 좋은 사람들이었지만 일부 주민들에게는 주의를 기울여야 했고, 내게는 그 일이 가치 없는 노력으로 생각됐다.

흥미를 끌지 못한 두 번째 요인은 낮은 이윤이었다. 아버지의 아파트 임대 사업은 동전 몇 푼 버는 정도였고 호화스러운 요소가 없었다. 아파트 건물의 디자인은 다른 업자들의 아파트보다 훌륭했으나 사방의 벽과 그리고 똑같은 벽돌로 된 전면이 곧게 세워진 양식은 천편일률적이었다. 붉은 벽돌은 황갈색 벽돌보다 장당 1페니가 쌌기 때문에 별 수 없이 사용했다.

나는 지금도 아버지가 반쯤 공사가 진행 중이던 트럼프 타워를 방문하셨던 그날을 기억하고 있다. 트럼프 타워의 전면은 유리로 장식됐는데 물론 벽돌보다 비용이 훨씬 많이 들었다. 더구나 우리가 사용한 유리는 최고급인 '브론즈 솔라'였다. 건물을 둘러보신 아버지는 이런 말씀을 하셨다.

"너는 왜 저 망할 놈의 유리만 쓰느냐? 4층이나 5층까지만 유리를 쓰고 나머지 위층은 벽돌로 짓는 게 어때? 아무도 꼭대기까지는 쳐다보지 않아."

아버지가 잔돈 몇 푼을 절약하기 위해 애쓰는 것은 옛날 방식이다. 물론 그러한 정신력에는 감동받았으나 따로 독립해야겠다는 결심을 하는 계기가 되었다.

아버지의 사업이 육체적으로 고되고 금전적으로 수지가 맞지 않는다는 사실 말고 진짜 독립하게 된 이유는, 내가 꿈과 비전을 가진 인물이었기 때문이다. 그 꿈과 비전을 실행하기 위해서는 교외에서 주택 건축업을 하는 것으로는 불가능했다.

옛날을 돌아보면 나는 어머니로부터 쇼맨십을 물려받은 듯하다. 어머니는 극적이고 위대한 것에 대한 육감을 가지고 계셨다. 물론 보수적인 가정주부였지만 어머니는 외부 세계에 대한 감각도 가지고 계셨다. 어머니는 스코틀랜드에서 태어났으나, 엘리자베스 여왕의 대관식을 TV를 통해 온종일 꼼짝 않고 시청하신 적이 있다.

어머니는 화려한 광경에 매료되었고 충성심, 영광 등의 느낌에 푹 빠진 듯하셨다. 아버지는 옆에서 안절부절못하시며, "됐어. 이젠 그만 봅시다, 예술가들이나 좋아할 내용 아니오?"라며 채근하셨지만 어머니는 꼼짝 않으셨다. 아버지와 어머니는 그런 의식에서는 정반대였다. 어머니는 화려하고 우아한 것을 좋아했으나 아버지는 몹시 현실적이어서 경쟁과 효율성을 따지는 일에만 흥미를 느끼셨다.

제4장

신시내티 촌놈
부동산 사업에 눈뜨다

대학 시절에 친구들이 신문의 만화나 스포츠 기사를 읽고 있을 때 나는 연방 주택관리국(FHA)의 저당권 상실 명단을 살펴보곤 했다. 정부에서 융자를 받았다가 저당권을 잃은 건물의 목록을 살피는 취미는 이상하게 보일지도 모르지만, 내가 노린 점은 바로 그것이었다. 그런 식으로 나는 스위프튼 빌리지를 찾아냈다. 나는 대학 재학 중 아버지와 함께 그 건물을 사들였는데 내가 벌인 최초의 큰 사업인 셈이다.

스위프튼 빌리지는 오하이오 주 신시내티에 있는 1,200가구의 아파트 단지로 좀 문제가 있는 물건이었다. 800가구나 임대가 되지 않아 비어 있었고, 건축업자가 망해서 정부가 저당권을 압류해버렸다. 그러나 우리가 보기에는 조건이 괜찮아 보였고 잘하면 굉장한 이득을 올릴 것 같았다.

정부 부처와 저당권이 압류된 물건을 거래해보면 정부는 될 수 있으면 빨리 손을 떼고 싶어한다는 사실을 알게 된다. 정부에서는 일을 떠맡을 입장이 아니기 때문이다. 스위프튼 빌리지의 경우 일이 워낙 악화돼 있어 아무도 입찰을 하려고 하지 않았다.

오늘날에도 선벨트(Sun Belt)에 가보면 석유 경기가 좋을 때 지어진 주택들이 똑같은 처지에 빠져 있는 것을 볼 수 있다. 30~40%까지 비어 있는 거대한 주택단지마저 있다. 건축업자들은 은행이 저당권을 압류해버렸기 때문에 자살할 지경에 빠져 있을 게 뻔하다. 그러나 똑똑한 사업가들에게는 그런 사업이 절호의 기회가 된다. 믿을 수 없을 만큼 싼 가격으로 살 수 있으니까.

아버지와 나는 최소한의 가격으로 입찰을 했고, 낙찰이 됐다. 우리는 600만 달러가 채 못 되는 경비를 들였는데, 불과 2년 전 그 주택단지를 지을 때는 두 배나 되는 건축비가 들었었다.

우리는 즉시 우리가 들인 경비에 10만 달러를 덧붙인 금액을 받고 아파트를 저당 잡혔다. 다시 말하면 우리 돈을 한 푼도 들이지 않고 사업을 시작한 셈이다. 우리가 할 일은 신시내티로 가서 사업을 하는 것뿐이었다. 임대를 절반쯤 주었을 때 저당 잡힌 금액을 쉽게 상환할 수 있었다. 그 사업은 아버지와 나의 흥미를 끄는 큰 규모였기 때문에 시간에 관계없이 모든 노력을 다 기울였다. 1,200가구가 훨씬 더 큰 성공을 거두게 할 수는 있지만 50가구에 들이는 노력과 1,200가구에 들이는 노력은 마찬가지다.

아파트 단지를 인수한 뒤 성공 여부는 관리 및 임대에 따라 결정된다. 임대를 주되 그곳에서 오랫동안 거주할 좋은 고객들을 선택하는 것이 문제다. 내가 아파트를 인수할 당시 그곳 입주자들은 아파트를 망치고 있었다. 많은 입주자들이 켄터키의 산악 지방 출신이었는데, 그들은 매우 가난했고 아이들이 7, 8명씩 딸려 있었으며 재산도 없고 아파트 단지에는 살아본 경험이 없는 사람들이었다. 그들은 방이 1개나 2개 달린 아파트를 빌려 식구들이 한데 살았다. 아이들은 난폭해지기 일쑤였고 아파트를 부수고 시설물들을 망가뜨렸다.

입주자들은 아파트를 아끼지 않았을 뿐만 아니라 그들 중 대부분은 임대료를 낼 능력이 없었다. 독촉을 하면 몰래 도망치는 사람도 있었다.

그들은 임대료를 내지 않기 위해서 트레일러를 빌려 새벽에 아파트 앞으로 끌고 온 뒤 가재도구를 모두 싣고 야반도주를 하곤 했다. 내게는 나쁜 일이 아니었으나 임대료만은 확실하게 받고 싶어 트레일러 감시인을 고용, 순찰을 돌게 했다.

나쁜 입주자들을 내보낸 뒤 우리는 아파트를 좀 더 매력적인 거주지로 만들기 시작했다. 당시로서는 꽤 큰돈인 80만 달러가 들었지만 그만한 가치가 나타났다. 뉴욕에서는 보수를 하더라도 임대료를 올릴 수 없게 법으로 제한돼 있지만, 신시내티에서는 그것이 가능해 우리는 즉시 임대료를 올려 수입을 늘렸다.

창문에 멋진 흰색 덧문을 설치하는 공사를 제일 먼저 벌였다. 별일 아닌 것처럼 들리겠지만 덧문을 달고 보니 차갑게만 보이던 붉은 벽돌 건물이 따뜻하고 아늑해 보였다. 1,200가구가 각각 8개 내지 10개의 창문이 있었으므로 덧문을 다는 공사에는 엄청난 자금이 투입됐다.

다음에는 값싸고 보기 흉한 알루미늄 현관문을 떼어버리고 멋진 콜로 니얼 스타일의 흰색 문을 달았다.

이쯤 보수를 하자 아파트 전체가 깨끗해졌고 관리도 제대로 돼갔다. 전에도 말했지만 나는 청소에 관해 각별히 신경을 쓰고 있고 매우 훌륭한 투자라고 생각한다. 예를 들어 차를 팔고 싶을 때 5달러를 들여 닦고 광을 내고 반질반질하게 만들면 400달러를 더 받을 수 있다. 더러운 차를 팔려고 내놓은 사람은 손해를 볼 수밖에 없다. 차를 조금 더 좋게 보이게 하기란 아주 손쉬운 일이다.

부동산 역시 다를 바가 없다. 잘 관리된 건물은 형편없이 관리된 건물보다 훨씬 가치가 나가기 마련이다. 최근 몇 년간 뉴욕에서는 부동산에 대한 열기가 넘쳐 다소 사정이 다르기는 했지만 그러나 경기가 좋을 때만 생각하는 것은 실수다. 시장은 항상 변하고 경기가 나빠질 때면 깨끗한 건물이 값이 나가게 된다.

우리는 복도를 다시 칠하고 마루를 깨끗이 닦았으며 특히 비어 있는 아파트는 더욱 청결히 유지했고 조경도 개선했다. 또 신시내티에서는 부동산 광고를 하는 사람이 거의 없을 때였지만 신문광고를 냈다. 사람들이 몰려오기 시작했고 평판이 점점 좋아졌다. 결국 1년도 되지 않아 아파트 전체가 임대됐다.

우리는 6명이나 되는 관리인을 채용한 뒤에야 적임자를 찾아냈다. 처음에 채용한 관리인들은 정직했으나 머리가 둔했다. 일부는 똑똑했지만 경영에 대해서는 ABC도 모르는 사람들이었다. 다행히 나는 사람들의 능력을 재빨리 간파했기 때문에 그 사람들을 장기간 채용하지는 않았다.

마침내 나는 어빙이라는 멋진 사람을 채용하게 됐다. 그는 65살로 진짜 물건이었다. 그는 내가 만난 사람 중 최고의 허풍쟁이였으나, 논리가 정연한 유능한 세일즈맨이었고 놀랄 만한 경영 수완이 있었다. 어빙은 하루에 1시간밖에 일하지 않았으나 12시간을 꼬박 일하는 사람들보다 훨씬 성과가 좋았다. 나는 그로부터 얼마나 오래 일하는가보다는 일함으로써 무엇을 얻는지가 더 중요하다는 사실을 배웠다.

그런데 문제는 어빙이 믿을 만한 위인이 못 된다는 점이었다. 처음부터 의심하기는 했지만 그에게 채권을 맡긴 뒤 그러한 사실이 실제로 확인됐다. 보험대리인이 수표를 점검하고 나서 나를 불렀다. "도널드, 채권에 속임수가 있습니다. 어빙은 전과자예요."

실제로 어빙은 여러 가지 전과가 있었고 사기꾼이었으며 종종 법을 위반했다는 사실이 확인됐다.

나는 누군가가 도둑질하는 장면을 목격하면 그가 훔친 돈 보다 10배가 들더라도 주도면밀하게 그의 뒤를 살펴야 한다는 원칙을 갖고 있었다. 도둑질은 제일 나쁜 짓이다. 그러나 어빙에 관해서는 딜레마에 빠지지 않을 수 없었다. 그는 정직한 다른 관리인들보다 훨씬 더 유능했고, 그가 책임을 맡고 있으면 아무도 훔칠 생각을 못했기 때문이다. 이 말은 어빙을 감시하기만 하면 된다는 뜻이었다. 나는 종종 그에게 "나는 5만 달러와 그리고 당신이 빼돌리는 돈을 보수로 지급하는 셈이오"라는 농담을 던졌다. 아마 그는 몹시 당황했을 것이다.

그를 범행 현장에서 적발하면 즉시 해고시켜야 했지만 나는 그렇게 하지 않았다. 지금도 나는 어빙이 1년에 5만 달러쯤 빼돌렸을 것으로 추산하고 있지만 설사 그렇더라도 그를 고용함으로써 그만큼의 이득은 있었다고 생각하고 있다.

어느 날 사무실에 들어가 보니 여직원 한 명이 울고 있었다. 이유를 물어보니 동료가 죽었을 때 조화를 사기 위해 여직원들이 모아둔 80달러를 어빙이 빼돌렸다는 것이다. 나는 어빙에게로 가서, "어빙, 이 나쁜 놈. 네가 여직원들의 돈을 빼돌렸지?"라고 호통을 쳤다. 물론 그는 그런 일이 없다고 발뺌을 하고 나서 여직원들을 혼내주겠다며 반 시간 동안이나 난리를 쳤다. 나는 여직원의 말이 진실이었다고 믿는다.

아무튼 문제는 있었지만 어빙은 가치 있는 인물이었다. 그가 어떻게 일을 처리했는지 예를 하나 들어보겠다. 그는 작고 통통한 체구에 머리가 벗겨진 사나이였다. 두꺼운 돋보기를 썼으며, 두 손은 펜만 만지작거릴 뿐 육체적인 일은 전혀 못하는 사람들의 손처럼 여리기만 했다.

그러나 그는 입심이 믿기 어려울 만큼 셌다. 앞서 얘기했듯이 초창기에는 임대료를 내기 싫어하는 입주자들이 꽤 있었다. 어빙은 가끔 아파트에 가서 직접 임대료를 받아오곤 했다. 그는 아파트에 찾아가서 누가 문 앞으로 나오면 미치기 시작했다. 얼굴이 붉으락푸르락해지며 생각할 수 있는 모든 욕과 위협을 퍼붓는 것이다. 그런 행동은 연극이었지만 아주 효과적이어서 보통 입주자들은 그 자리에서 임대료를 내기 마련이다.

어느 날 어빙이 밀린 임대료를 받기 위해 한 집의 문을 두드리자 10

살쯤 된 여자아이가 나왔다. 어빙은 다짜고짜 "아버지한테 가서 임대료 내라고 해. 만약 내지 않으면 엉덩이를 차버리겠다고 전해"라고 소리쳤다. 그러자 여자애의 어머니가 무슨 일인가 하고 문 앞으로 나왔다. 그녀는 굉장한 미인이었다.

어빙은 본래 여자에게 약한 면이 있었는데 굉장한 미인을 보자 상황이 금세 바뀌었다. 재빨리 어빙은 여자에게 추근대기 시작했다. 그는 여자에게 저녁을 사겠다고 제의했다.

그녀의 남편은 트럭 운전사 아니면 공사장의 인부였는데 그 여자는 어빙 같은 남자를 만나 본 적이 없기 때문인지 어쩔 줄을 몰라 했다. 그녀가 어빙에게 관심을 기울일 리는 없었고, 마침내 어빙은 단념한 채 그 집을 떠나야 했다.

한 시간쯤 지나 어빙과 내가 사무실에 앉아 있을 때 갑자기 240파운드쯤 되는 거한이 뛰어 들어왔다. 그는 자기 딸에게 욕을 하고 아내에게 추근댄 어빙에게 달려들었다. 그의 눈엔 살의가 번뜩였다. 지각이 있었다면 어빙은 '걸음아 날 살려라' 하고 도망쳐야 할 형편이었다. 그런데 오히려 어빙은 두 손으로 삿대질을 하며 그 사내에게 호통을 치기 시작했다. "사무실 밖으로 나가. 죽여버리겠어. 내 손은 경찰서에도 등록된 살인 무기라는 사실을 알아둬."

그 사내도 어빙을 마주 쳐다보며, "밖으로 나와, 이 뚱보야. 확 불 질러버릴까 보다"라고 소리쳤다. 나는 어빙이 위험하다고 생각했으나 어빙은 전혀 그런 기색이 없었다. 오히려 "좋아. 아무 때라도 맞서주마. 그러나 싸움은 위법이야"라고 소리쳤다.

어빙의 손은 결코 힘을 쓸 것처럼 보이지는 않았다. 그러나 그는 사자 조련사 같은 데가 있었다. 150파운드밖에 나가지 않는 어빙 같은 사람이 800파운드짜리 사자가 웅크리고 있는 우리로 들어간다고 상상해보라. 들어오는 사람에게서 약점이나 두려운 기색을 눈치챘을 때 사자가 조련사를 덮치는 것은 시간문제다. 그러나 조련사가 채찍을 휘두르며 당당하게 접근하면 사자는 놀랍게도 그의 말을 듣는다. 똑같은 상황이 어빙과 그 사내 사이에서 벌어졌다. 단지 채찍 대신 입담으로 남자를 후려쳤을 뿐이다.

그 남자는 분을 삭이지도 못한 채 사무실을 나가야 했다. 어빙은 호기를 보임으로써 목숨을 건졌고 그 사건은 내게 생생한 감동을 주었다. 여러분도 겁낼 필요가 없다. 무슨 일이 벌어지든 당신의 자리에서 당당히 일을 하면 된다.

어빙이 일을 잘했으므로 나는 스위프튼 빌리지에서 별로 신경 쓸 일이 없어졌다. 그래서 처음에는 1주일에 한 번, 나중에는 한 달에 한 번 꼴로 들렀다.

처음부터 나는 스위프튼에 세들어 사는 입주자 한 사람과 매우 친하게 지냈다. 유대인인 그는 폴란드의 강제수용소에서 지냈던 노인이었다. 그는 미국으로 이주한 뒤 푸줏간의 점원으로 출발, 자신이 일하던 가게를 샀고 내가 그와 만날 무렵에는 대략 14개의 푸줏간을 소유한 제법 부유한 사람이었다. 그와 그의 아내는 아파트 두 채를 빌려 벽을 터서 한집으로 사용하며 행복하게 지냈다. 나는 그 사람을 매우 존경하게 됐다. 몇 년 뒤 어느 날 신시내티에 들렀다가 우연히 그와 마주쳤다. 서로 인사를 나눈 뒤 그가 나를 구석으로 끌고 가더니 속삭였다. "도널드, 친구니까 하는 말이지만 이 아파트를 팔아야 되겠어." 이유를 묻는 나에게 다음과 같은 설명을 해주었다.

"사업은 괜찮지만 주변 지역이 점점 나빠지기 때문이야. 주변에 몰려드는 사람들의 질이 좋지 않기 때문에 당신 사업이 머지않아 큰 피해를 입게 될 거야. 그들은 남이 망하는 것을 즐기는 부류의 사람들이지."

그의 표현은 정확했고, 나는 그 말을 영원히 잊을 수가 없다. 지금도 나는 존경하는 사람들의 말은 따르고 있지만 당시에도 그의 말을 듣지 않을 수가 없었다. 그러한 판단은 시장조사에 의한 것이 아니라 본능에 따른 결과였다.

이틀을 신시내티에서 더 머무르며 주위를 둘러보니 분명히 문제가 커지고 있었고 주위 환경이 거칠어지고 있었다.

나는 즉시 아파트를 내놓았고 곧 원매자가 나타났다. 우리는 스위프트 빌리지를 잘 운영한 데다가 아파트의 규모에 비해 부채는 상대적으로 적은 편이었고 임대 수입만 연간 70만 달러나 되었기 때문이다. 그러나 매각은 몹시 힘든 일이었다.

원매자는 푸르던트 부동산투자회사(REIT)였다. 당시는 부동산투자회사가 날로 성장하던 시기로 은행들이 다투어 융자를 제공했다. 문제는 부동산투자회사를 경영하는 사람들의 상당수가 사업 수완과 경쟁력이 없었다는 점이다. 그들은 가보지도 않은 채 푸에르토리코에 투자를 하는 사람들이었다. 그들은 자신들이 투자한 빌딩이 지어지지조차 않았다는 사실을 나중에야 발견하고 가슴을 쳐야 했다.

그들은 우리 아파트를 구입하기 전에 젊은 남자를 보내 아파트를 둘러보고 자산평가를 하도록 했다. 그 남자는 내 또래였지만 십대처럼 보였다. 나는 그처럼 큰 사업을 젊은 사람에게 맡긴 부동산투자회사의 결정에 적잖이 놀랐다.

그 남자는 일보다는 점심 식사에 온통 관심이 쏠렸었다. 그는 미국에서 가장 훌륭한 식당으로서 5위 안에 드는 곳인 메조네트가 신시내티에 있다는 얘기를 누군가로부터 듣고는, 스위프튼 빌리지를 보러 오겠다고 전화를 하면서 예약을 부탁했었다. 물론 거절할 이유가 없었다.

그는 예정 시간보다 조금 늦어 정오경에 도착했다. 나는 그를 아파트로 데리고 가 우리의 사업 현황을 설명했다. 당시에도 우리 아파트는 100% 임대가 돼 있었으나, 그는 별로 관심이 없는 듯 특별한 질문은 하지 않았다. 메조네트 식당에 갈 생각만 하는 듯했다.

스위프튼에서 메조네트까지는 1시간 30분 거리였는데, 우리는 거기서 3시간에 걸쳐 식사를 했다. 내가 보통 하는 방식과는 완전히 정반대였다. 만약 내가 스위프튼과 같은 큰 사업을 살피기 위해 하루밖에 시간이 없었다면 식사도 거른 채 하루 종일 구입할 물건에 대해 속속들이 알아보려고 애썼을 텐데…….

점심 식사를 끝내자 4시가 거의 다 되어 그를 비행장으로 데리고 가야 했다. 그는 점심 식사를 하고 기분이 좋아져서 뉴욕으로 돌아갔고, 스위프튼을 구입하라고 적극 추천했다. 그는 상급자들에게 아파트 주변 지역도 괜찮아 스위프튼을 사면 큰 이익이 된다고 역설했다. 마침내 1,200만 달러에 거래가 이루어졌다. 약 600만 달러의 이득을 본 셈이다. 단기투자로서는 대단한 것이었다. 우리는 곧 계약서에 서명했다. 그때쯤 나는 일이 심상치 않다는 것을 눈치챘다. 계약 만기일이 다가오는 입주자들이 상당히 많았으며 그들 중 대부분이 계약을 갱신할 의사가 없었다. 우리는 계약서에 모든 조건은 부동산 매각일이 아니라 계약 당일 기준이라는 내용을 삽입했다. 다시 말하자면 우리는 계약 당시 아파트가 100% 임대되어 있는 사실을 책임지려 했던 것이지 3, 4개월 뒤인 매각일의 상황을 책임지려 한 것이 아니다. 나는 또 계약서에 잔금 청산을 보장하되 그렇지 못할 경우 상당한 보상금을 지불하라는 내용을 넣도록 우겼다. 일반적으로 매입자는 10%의 보증금을 예치하고 계약 위반이 있을 경우, 보증금을 떼이는 것이 관행이었기 때문에 내가 내건 조건은 특별한 요구였다. 솔직히 말해 부동산투자회사 사람들은 좀 더 신중했어야 했다. 부동산투자회사는 사업이 너무 바빴기 때문에 잔금을 신속히 치를 수가 없었다. 결국 잔금을 다 받았을 때 아파트에는 빈집이 상당수 생겨났다.

제5장

웨스트사이드 스토리

1968년에 와튼 스쿨을 졸업하자 나는 맨해튼으로 눈을 돌렸다. 하지만 그 시기에는 이미 맨해튼의 부동산 경기가 한참 달아올라 가격이 비싼 것 같았으며, 내 형편에 맞는 거래 즉 당시 내가 갖고 있던 돈으로 살 수 있는 부동산을 찾을 수가 없었다.

아버지는 자수성가한 사람치곤 꽤 성공한 축에 속했지만 자식들에게 거금을 빌려주는 일만은 하려들지 않았다. 대학을 졸업했을 때 내 수중에는 약 20만 달러에 달하는 재산이 있었지만 대부분이 브루클린과 퀸스에 있는 빌딩에 묶여 있었다. 나는 기다렸다. 아버지의 사업을 계속 도우면서 나는 가능한 한 많은 시간을 맨해튼에서 보냈다.

1971년, 마침내 절호의 찬스가 찾아왔다. 나는 맨해튼에 아파트를 하나 임대하기로 결심했다. 3번로 75번가의 한 빌딩에 위치한 이 아파트는 숙식과 사무를 겸할 수 있는 곳이었다. 공교롭게도 이 아파트는 옆 건물의 꼭대기 층과 매우 가깝게 위치해 있었기 때문에 나는 우스 갯소리로 '옥상주택'이라고 불렀다. 방이 좀 더 커 보이도록 하기 위해 칸막이를 댔으나 우중충하고 작기는 마찬가지였다.

하지만 나는 이 방을 좋아했다. 이 방으로 이사할 때의 기분은 15년 뒤에 센트럴파크를 굽어보는 5번로 57번가의 트럼프 타워 빌딩 꼭대 기 3개 층으로 이사할 때의 기분보다 훨씬 흥분되는 일이었다.

이때의 내 기분이란! 퀸스 출신으로 브루클린에서 일하고 있던 어 린애에 불과했던 내가 어느 날 갑자기 어퍼 이스트사이드(Upper East Side)에 아파트를 하나 갖게 된 것이었다.

그러나 진짜 중요한 것은 이사 덕분에 맨해튼과 훨씬 더 친해졌다 는 사실이었다. 단순한 방문이나 사업상 맨해튼에 오는 보통 사람의 걸음걸이와는 판이한 모습으로 나는 거리를 쏘다니기 시작했다. 좋은 부동산들도 거의 다 알게 되었다. 나는 이제 시골 출신의 어린애가 아 니라 도회지 놈이 돼버린 것이다. 이때의 나는 세상에서 최고였다. 젊 은 데다 대단한 정열을 갖고 있었으며, 일을 하기 위해 브루클린으로 통근을 해야 했지만 그래도 맨해튼에 살고 있지 않은가.

내가 맨해튼에서 했던 첫 번째 일은 당시 그곳에서 가장 인기가 있 었고, 한창 전성기 때의 '스튜디오 54'처럼 대단히 배타적인 클럽인 '레 클럽(Le Club)'에 가입하는 것이었다. 이 클럽은 이스트 54번가에 위치하고 있었다. 이 클럽에는 세상에서 가장 성공한 남성들과 가장 아름다운 여성들이 멤버로 가입돼 있었다. 이 클럽은 이를테면 75세 의 부유한 노인네가 스웨덴 출신의 금발 미녀 세 명을 데리고 들어오는 모습을 볼 수 있는 그런 곳이었다.

이 클럽에 들어가기 위해 얼마나 애를 썼는지를 나는 결코 잊지 못할 것이다. 하루는 '레 클럽'에 전화를 걸어, "제 이름은 도널드 트럼프입니다. 댁의 클럽에 가입하고 싶은데요"라고 말했다. 그러자 전화의 상대편은 웃기만 하더니, "농담하지 마시오" 하면서 전화를 끊었다.

아무도 내 이름을 모르는 게 당연했다. 다음 날은 생각을 바꿔 다시 전화를 건 뒤 상대편에게 "저, 댁의 회원 명부를 볼 수 없을까요. 혹시 아는 분이 계실까 해서요"라고 말했다. 그러자 상대편 남자는 "미안하게 됐지만 우리는 그런 것 없소"라며 또 일방적으로 수화기를 내려놓았다.

다음 날 나는 또 전화를 걸어, "클럽의 회장님과 통화를 하고 싶습니다. 보내드릴 것이 있거든요"라고 말했다. 그러자 어떤 이유에서인지는 모르지만 상대편은 나에게 회장의 이름과 사무실 전화번호를 일러주었다.

나는 그에게 전화를 걸어 내가 누구인지 소개했다. 나는 아주 정중하게, "제 이름은 도널드 트럼프입니다. 레 클럽에 가입하고 싶습니다"라고 말했다. 그러자 그는 "클럽에 누구 친구나 가족 되는 분이라도 있소?"라고 물었다. 나는 "아뇨. 아무도 아는 사람이 없습니다"라고 대답했다.

그는 "그런데 어떻게 회원이 되려는 생각을 하게 됐소?"라고 물었다. 내가 얘기를 하고 또 하자 마침내 이 사나이는 내게 말했다. "나도 한마디하겠소. 내가 보건대 당신은 멋진 젊은이인 것 같구려. 젊은 회원을 몇 사람 두는 것도 좋겠지. 내일 밤 21번가에서 한잔하지 않겠소."

다음 날 밤 우리는 한잔하기 위해 만났다. 그런데 조그만 문젯거리가 하나 생겼다. 나는 지금도 마찬가지지만 술을 마실 줄 모를 뿐만 아니라 술좌석에 오래 버티고 앉아 있는 데도 그렇게 능하지 못하다. 그렇지만 상대방은 술 마시길 좋아했고, 더구나 술 마시기 좋아하는 친구까지 한 명 더 데리고 나왔다. 그들은 술을 마시고 나는 마시지 않으면서 두 시간 동안 함께 있었다. 더 이상 참을 수가 없게 된 내가 "저, 댁까지 모셔다 드렸으면 하는데요"라고 말을 했더니, 그들은 "아냐, 한잔만 더 하지"라고 대꾸했다.

하지만 나는 그런 자리에 익숙치 못했다. 나는 매우 곧고 엄격한, 언제 봐도 바위와 같은 아버지를 두었다. 아버지는 매일 저녁 7시면 집으로 돌아와 저녁 식사를 하고, 신문을 읽고, TV 뉴스를 보곤 했다. 그리고 나 역시 아버지와 버금갈 정도로 바위와 같은 인간이다. 그런데 이건 완전히 다른 세계였다. 나는 그때 맨해튼에서 성공한 모든 사람들이 대단한 음주가인가 하고 의아스럽게 생각했던 걸로 기억된다. 그렇다면 오히려 나는 유리한 고지에 설 수 있을 것으로 생각했다.

결국 10시쯤 되자 그들은 만취했으며 그들을 집에까지 데려다주어야 하는 일이 실제로 벌어지고 말았다. 그런데 두 주가 지나도록 회장으로부터는 아무런 연락이 없었다.

참다못해 내 쪽에서 먼저 전화를 걸었는데 그는 내가 누군지조차 알지 못했다. 하는 수 없이 처음부터 도로 시작할 수밖에 없었다. 우리는 다시 21번가에서 만났다.

그러나 그는 이번만은 지난번처럼 술을 많이 마시지 않았다. 마침 내 그는 나를 회원으로 가입시켜주는 데 동의했다. 그런데 나에 대해 한 가지 염려를 했다. 그는 내가 젊고 잘생긴 데다 몇몇 나이든 회원들 이 젊고 예쁜 부인을 두고 있기 때문에 행여 내가 부인네들을 유혹하 지나 않을까 염려된다는 것이었다. 그는 내게 그 같은 짓은 하지 않겠 다고 약속할 것을 요구했다.

나는 도무지 무슨 얘기를 듣고 있는지조차 알 수가 없었다. 어머니 역시 아버지처럼 바위 같으신 분이다. 어머니는 평생 아버지를 위해 헌신을 다했다. 아버지와 어머니는 최근 금혼식을 가졌다. 나는 그런 분위기 속에서 자랐다. 그런데 이 사람은 지금 내가 남의 부인네를 도 둑질할까봐 염려하는 얘기를 하고 있지 않은가.

어찌되었건 나는 약속했다. 이렇게 해서 클럽에 가입이 허용 되었 고, 이것은 사회적으로 또 직업상으로 나에게 큰 전환기가 되었다. 나 는 아리따운 미혼 여성을 많이 만났고, 거의 매일 밤을 밖에서 보냈다.

그러나 그들 중 어느 누구와도 깊은 관계는 맺지 않았다. 그들은 아 름답기는 했으나 대부분이 보통 수준의 대화조차 이끌어 갈 수 없는 여성들이었다. 몇몇은 머릿속이 텅 비어 있었고, 다른 몇 명은 반쯤 미 쳐 있었으며, 일부는 거칠기 짝이 없었다. 이들 대부분은 애완동물과 다름없었다.

나는 이들을 나의 방으로 데려갈 수 없다는 것을 재빨리 간파했다. 이들의 기준으로 볼 때 내가 가진 것이라곤 초라하기 짝이 없는 것들 이었다. 그들의 세계에서는 화려함이 전부였기 때문이다. 결국 결혼할 때가 되었을 때 나는 매우 아름다우면서 우연히도 아버지, 어머니처럼 바위 같은 여성을 아내로 맞이했다.

레 클럽에 나가는 동안 또한 성공한 사람들과 그리고 돈을 많이 가진 사람들을 만났다. 나는 밤마다 밖에 나가 즐거운 시간을 가졌지만 그것 역시 일의 연장이었다. 뉴욕이라는 곳이 어떻게 움직이는지를 배울 수 있었으며, 뜻하지 않던 사람을 만나 거래를 틀 수 있었다. 또 유럽과 남미 같은 곳에서 온 갑부들을 만났는데 이들은 나중에 트럼프 타워와 트럼프 플라자에서 가장 비싼 방들을 사들였다.

내가 처음 로이 콘(Roy Cohn)을 만난 것도 레 클럽에서였다. 나는 그의 명성을 익히 알고 있었으며, 그의 이미지는 싸움을 두려워하지 않는 그런 사람으로 비쳤다.

어느 날 밤 나는 우연히 그의 옆 테이블에 앉게 되었다. 우리는 서로 인사를 나누었고, 잠시 얘기를 나누다 그에게 도전을 했다. 나는 사실 사람들을 시험하길 좋아한다.

"나는 변호사들을 좋아하지 않습니다. 생각해보면 그들이 하는 일이라고는 거래를 성사시켜주기보다는 지연시키는 것이고, 그들이 하는 대답이라고는 '노'뿐이며, 그들은 싸우기보다는 항상 화해하기만을 바라고 있는 것 같습니다."

그는 내 말에 동의한다고 대꾸했다. 나는 기분이 좋아서 이번엔, "나는 그런 식으로 생겨 먹지는 않았습니다. 나는 굽히기보다는 차라리 싸우겠습니다. 왜냐하면 일단 한 번 굽힐 경우 잘 굽히는 사람이라는 평판이 나기 때문이죠"라고 말했다.

나는 로이가 흥미 있어 하는 것을 알 수 있었지만, 내 말의 요점을 전부 이해하고 있는 것 같지는 않았다. 마침내 그가 물었다.

"단순히 학문적으로 하시는 말씀인가요?"

"아닙니다. 이건 결코 학문적인 얘기가 아닙니다. 정부가 인권에 관한 법률을 내세워 우리 회사뿐 아니라 다른 많은 회사들을 상대로 소송을 제기한 일이 있지요. 정부의 주장은 우리가 몇몇 주택 개발을 추진하면서 흑인들을 차별 대우했다는 것입니다."

나는 그에게, 그날 오후 내내 아버지와 함께 월 가의 어마어마하게 규모가 큰 한 회사에서 변호사들과 얘기를 나눈 일과 변호사들이 우리에게 타협을 지으라고 충고했던 일을 설명했다. 그 같은 방식은 정부가 뭔가로 시비를 걸 때 대부분의 사업가들이 행하는 바로 그런 방식이었다. 왜냐하면 사업가들은 설사 그들이 승산이 있다고 믿고 있을지언정 나쁜 평판이 나는 것을 원치 않기 때문이다.

사태를 '원만히' 수습해야 한다는 것은 생각조차 하기 싫었다. 사실 우리는 빌딩의 일부를 흑인들에게 임대해주고 있었다. 단지 백인이건 흑인이건 간에 복지사업 관계의 일을 하는 사람에겐 임대를 해주지 않고 있을 뿐이었다. 나는 역시 같은 건축업자인 새뮤얼 르프라크가 정부의 압력에 못 이겨 하는 수 없이 복지사업 관계의 일을 하는 사람들을 받아들였을 때 어떤 일이 일어났는지를 똑똑히 알고 있었다. 그들은 르프라크의 건물들을 망쳐버린 것이나 다름없었다.

우리는 임대료를 제대로 지불할 수 있고, 말쑥하고 깨끗하며, 좋은 이웃이 될 수 있고, 임대료보다 적어도 4배 가량의 소득이 있어야 한다는 우리의 요구 조건을 충족시킬 수 있는 그런 임차인들을 원했다. 그래서 나는 로이에게 물었다.

"어떻게 하면 좋을까요?"

"내 생각으로는 정부 관계자들에게 욕지거리를 퍼부은 다음 법정에서 시시비비를 가리도록 하는 게 좋을 듯합니다. 그리고 그들더러 당신이 인종차별을 했는지를 입증하라고 하세요. 당신이 흑인들에게도 빌딩 임대를 해준 사실로 보건대 입증하기가 쉽지는 않을 것입니다."

그는 이렇게 말하고 이어서, "당신이 백인이건 흑인이건 간에 원치 않는 사람에게까지 임대를 해줄 의무는 없다고 생각합니다. 그리고 정부도 당신의 사업에 대해 이러쿵저러쿵 간섭할 권리는 없는 것입니다"라고 말했다.

이때 나는 로이 콘이 이 소송을 담당하기에 적임자라는 생각을 굳혔다. 당시만 해도 나는 별로 지명도가 없을 때였다. 그는 멋진 승부 놀음을 좋아했기 때문에 기꺼이 나의 소송을 떠맡아주었다. 우리는 함께 법정에 나갔으며 정부의 주장에 맞서 싸웠다. 결국 정부는 우리가 인종차별을 했다는 것을 입증하지 못했다. 우리는 아무런 불이익 처분도 받지 않고 소송을 마무리 지었다. 대신 우리는 일정 기간 동안 몇 번 지방신문에다 모든 사람에게 동등한 기회를 부여하는 빈 사무실 임대 광고를 내는 데 동의했다. 이것으로 소송 문제는 일단락됐다.

이 기간 동안 나는 로이로부터 많은 것을 배웠다. 그는 훌륭한 변호사였으며 당시 그 자신도 훌륭한 변호사가 되고 싶어했다. 그는 전혀 메모 없이 소송을 이끌 수 있었다. 그는 마치 사진으로 찍은 듯한 놀라운 기억력의 소유자였으며 머리 회전이 뛰어났다. 사전에 치밀한 준비를 하고 변론에 임하는 날에는 거의 무적에 가까울 정도였다.

하지만 항상 사전에 준비를 하는 편은 아니었다. 그러나 그런 경우에도 더러 소송을 승리로 이끌 수 있을 만큼 뛰어난 변호사였다. 물론 그가 항상 승리를 하는 것은 아니었고, 때로는 패배를 맛보는 경우도 있었다. 이 때문에 나는 재판 날짜가 임박할 때마다 그에게 준비 여부를 묻곤 했다. 만약 그가 준비가 돼 있지 않을 경우엔 재판 자체를 연기시켰다.

나는 지금 로이를 놀려주고 있는 것이 아니다. 그는 보이스카우트에 가입할 만큼 어린 소년이 아니었다. 언제인가 그는 자신의 인생 중 3분의 2 이상을 이런저런 소송 일로 보냈다고 나에게 말했다. 그 말은 나를 무척 놀라게 했다. 나는 그에게 "로이, 한 가지만 말해주겠어요? 정말 당신은 그렇게 많은 소송을 맡았었나요?"라고 물었다. 그는 나를 빤히 쳐다보더니 미소를 지으면서, "도대체 당신은 지금 무슨 생각을 하고 있는 겁니까?"라고 되묻는 것이었다. 믿을 수가 없는 일이었다.

로이에 관해 무슨 말이 오가든 간에 그는 매사에 매우 엄격한 사람이었다. 그에게는 엄격함이 신 다음으로 세상에서 가장 중요한 것처럼 보였다. 예컨대 로이의 모든 친구들은 그가 게이임을 알고 있었으며, 누구나 사교 모임에서 그를 만나면 그의 곁에는 예외 없이 매우 잘생긴 젊은 사내가 붙어 있음을 볼 수 있었을 것이다.

그러나 정작 로이 자신은 그 점에 관해 한마디 얘기조차 하지 않았다. 자신이 다른 사람들에게 그와 같은 이미지로 비치는 것만은 좋아하지 않았던 것이다. 그는 일반인들이 게이를 무기력한 인간으로 이해하고 있음을 잘 알고 있었다. 무기력한 인간으로 비치는 것만은 그가 결코 원치 않는 일이었다. 이 때문에 그는 이 같은 이미지를 모면하기 위해 거의 극단으로 치닫기도 했다. 만약 게이의 권리를 보장하는 문제가 거론된다면 그는 앞장서서 이 문제에 대해 소리 높여 외쳤을 것이다.

로이는 엄격한 것에 비해 친구가 많은 편이었으며, 나 역시 그중 하나였다고 부끄럽지 않게 얘기할 수 있다. 그는 진실로 신뢰할 수 있는 인간이었다(신의는 그에게 명예와 관련된 일이었다). 또한 그는 매사에 빈틈이 없어 누구나 소송을 맡기기에 썩 좋은 인물이었다. 설사 그가 개인적으로는 어떤 사람의 의견에 반대하고, 또 어떤 사람을 변호하는 것이 그에게 반드시 좋은 일만은 아니라 해도, 누구나 그를 믿고 대신 타석에 서도록 부탁할 수 있는 바로 그런 인물이었다. 그렇다고 그가 두 개의 얼굴을 가진 것은 결코 아니었다.

완전무결한 일관성을 떠벌이며 출세의 길을 걷고는 있지만, 신의라고는 전혀 없는 수백만의 '존경받는' 인간들과 그를 비교해보라. 그들은 자신들에게 가장 유리한 것만을 생각할 뿐, 친구에게 문제가 생겼을 때는 그의 등에 칼을 꽂는 일을 서슴없이 행할 것이다. 내가 로이 콘을 좋게 본 것은, 그러면 당연히 그 반대일 것이라는 점 때문이다. 로이는 친구가 병원 침대에 누워 있을 때 다른 모든 사람들이 떠나고 난 뒤에도 오랫동안 남아 임종을 지켜볼 그런 위인이었다.

어쨌든 나는 맨해튼으로 옮겨 오면서부터 많은 사람들을 알게 됐으며, 또 부동산에 대해서도 눈을 떠갔다. 그러나 여전히 내가 원하는 가격에 살 수 있는 그런 부동산은 찾을 수 없었다. 1973년, 갑자기 맨해튼에 찬바람이 몰아닥쳤다. 나는 예전부터 시장은 언제든지 식을 수 있는 것으로 이해해왔다. 왜냐하면 모든 일에는 주기가 있기 마련이고 부동산 또한 예외는 아니기 때문이었다. 그러나 그렇게 사정이 악화될 것이라고는 예상하지 못했다.

맨해튼의 찬바람은 복합적인 요인들의 결합으로 나타난 것이었다. 첫 번째 요인은 좀전까지만 해도 특히 도시와 같은 곳에는 무진장으로 베풀어주던 주택 건설 보조금을 잠정 중단한다는 연방정부의 발표였다. 이와 동시에 수년 동안 안정세를 유지해옴으로써 대다수의 사람들이 그 움직임조차 잊어버렸던 금리가 오르기 시작한 것이다. 더욱 상황의 악화를 초래한 것은 인플레이션, 특히 건설 비용의 인상이었다. 건설비는 물론 인플레이션이 전혀 없는 나라에서도 오르는 경향이 있기는 하다. 그러나 정작 가장 큰 문젯거리는 뉴욕 시 자체가 안고 있었다. 뉴욕 시의 부채는 모든 시민들이 신경질적인 반응을 촉발시키는 수준까지 불어나고 있었다. 처음으로 사람들은 도시가 파산할 것이란 얘기를 들을 정도였다. 공포는 더욱 큰 공포를 불러일으켰다. 그로부터 얼마 후 뉴욕은 신뢰의 상실이란 위기를 겪게 됐다. 사람들은 뉴욕 시를 믿지 않았다.

이것은 새로운 부동산 개발에 이로운 조짐이 아니었다. 1973년에 처음 9개월 동안 뉴욕 시는 다섯 개 구(區)에 1만 5,000채의 아파트와 단독주택을 짓도록 허가해주었다. 그러나 1974년 9개월 동안 그 수는

6,000채로 줄었다.

다른 사람들과 마찬가지로 나 역시 뉴욕 시의 장래에 대해 걱정을 했지만 그렇다고 밤잠을 못 이룰 정도는 아니었다. 나는 원래가 낙천주의자인 데다 솔직히 말해서 나로서는 당시 뉴욕 시가 안고 있는 문젯거리를 오히려 좋은 기회로 보고 있었다. 나는 퀸스에서 자랐기 때문에 맨해튼이 항상 살기에 가장 좋은 곳, 또 세계의 중심지가 될 것을 거의 광신에 가까울 정도로 믿고 있었다. 뉴욕이 단기적으로 볼 때는 어려움을 겪을 수 있겠지만, 결국에 가서는 상황이 반전되고야 말 것으로 믿어 의심치 않았다. 어느 다른 도시가 감히 뉴욕의 위치를 대신 차지할 수 있을 것인가.

뉴욕에 있는 여러 부동산들 중 가장 나의 마음을 매료시켰던 것은 59번가부터 시작해서 72번가까지 허드슨 강을 따라 쭉 이어진 거대한 철도 부지였는데, 그것은 당시만 해도 쓸모없는 땅으로 방치되어 있었다. 웨스트사이드 고속도로를 따라 드라이브를 할 때마다 나는 그곳에 무엇을 세우면 좋을까를 항상 생각하곤 했다.

100에이커에 달하는 강변 부지가 그것도 맨해튼에 있는 땅일진대 엄청난 잠재 가치를 갖고 있으리라는 것은 누구나 쉽게 알아차릴 수 있는 일이었다. 그러나 당시 뉴욕 시가 재정적으로 위험한 처지에 놓여 있었기 때문에 그같이 거대한 땅덩어리를 개발한다는 것은 감히 생각조차 할 수 없는 일이었다.

나는 누구나 저렴한 값에 좋은 땅을 살 수만 있다면 결코 후회하는 일은 없을 것이라고 믿는다. 그 당시 웨스트사이드 근처의 많은 지역들은 일반적으로 사람이 살기에는 위험한 곳으로 여겨졌다. 모든 간선 도로변에는 당국이 빈민들을 위해 복지사업용으로 건설한 모텔들이 있었으며, 또한 공원이란 공원은 마약거래업자들로 득실거렸다. 나는 「뉴욕 타임스」가 센트럴파크 웨스트와 84번가에 있는 콜럼버스 애버 뉴 사이에 위치한 이 블록에 관해 장문의 기사를 쓴 것을 기억하고 있 다. 얼마나 거친 곳이었던가.

설사 그렇다고 해도 이 모든 것들이 얼마나 쉽게 변할 수 있는가를 보려고 한다면 그렇게까지 멀리 바라볼 필요도 없다. 웨스트 84번가 는 거칠기 짝이 없는 거리들이었지만 그래도 센트럴파크에서 불과 몇 발자국 떨어진 곳에는 적갈색 사암(砂巖)으로 지은 역사가 깊고 장엄 한 건물들이 있었다. 또 특히 센트럴파크 웨스트나 리버사이드 드라이 브와 같은 대로들에도 큰 방들과 좋은 경관을 가진 아름답고 오래된 빌딩들이 있었다. 단지 시간이 좀 걸려서 그렇지 사람들은 언젠가는 그 가치를 찾아내기 마련이다.

1973년 여름 어느 날, 나는 파산한 회사들에 관한 방대한 서류철 중 간에서 '펜센트럴 레일로드'라고 하는 한 철도회사에 관한 신문 기사 한 편을 우연히 찾아냈다. 이 기획 기사의 내용은 펜센트럴 사의 법 정 관리인들이 이 철도회사의 자산 처분을 위해 빅터 팔미에리(Victor Palmieri)라는 사람이 대표로 있는 한 회사와 용역 계약을 체결했다는 것이었다. 자산 중에는 웨스트 60번가에 있는 방치된 철도 부지와, 이 보다 더 넓은 웨스트 30번가에 있는 철도 부지가 포함되어 있었다.

빅터와 펜센트럴 사의 계약은 빅터 사가 그 자산을 사려는 사람들을 주선시켜줄 경우, 판매 대금의 일정 비율을 그 대가로 받는다는 것이었다.

빅터 팔미에리라는 이름은 처음 들어봤지만 순간적으로 내가 만나고 싶었던 바로 그런 사람임을 깨달았다. 그의 대리인에게 전화를 걸어, 내 이름을 소개하고 60번가에 있는 철도 부지를 사고 싶다고 말했다. 가장 단순한 접근이 때로는 가장 효과적인 경우가 있다.

생각건대 그들은 나의 단도직입적이고 적극적인 태도를 좋게 보았던 것 같다. 당시까지만 해도 나는 내 힘으로 이룬 것이라곤 아무것도 없었지만, 그래도 나보다 나은 처지에 있는 사람들이 전혀 생각조차 해보지 못한 일들을 해보려는 적극성만은 갖고 있었다.

나는 빅터를 만나러 나갔고 우리는 처음부터 서로의 이미지가 괜찮았다. 그는 매우 부드러우면서도 매력적인 남자였으며, WASP 즉 앵글로색슨 계통의 신교도 백인처럼 생긴 이탈리아인이었다. 나는 그에게 60번가에 있는 철도 부지가 얼마나 형편없는 땅이고, 게다가 그 근처는 문제가 많은 곳이며, 또 뉴욕 시도 마찬가지로 문제투성이라는 것을 말했다. 그러면서도 나는 그 땅에 대해 대단한 관심을 갖고 있다고 솔직히 털어놓았다.

만약 당신이 무엇인가를 사기를 원한다면, 상대방에게 그가 현재 갖고 있는 물건이 가치로 볼 때 별로 대단치 않음을 확신시켜주는 것이 대단히 유리하다.

내가 빅터에게 두 번째로 말해준 것은 그렇게 큰 미개발 땅을 몇 개의 구획으로 나눈다는 것이 시 당국으로부터 승인을 받기가 정치적으로 얼마나 어려운가 하는 것이었다. 나는 더 구체적으로 각 지역위원회는 어떠한 개발도 반대할 것이라는 점과 도시계획위원회와 시 평가국까지 올라가는 과정이 얼마나 복잡한지를 말해줬다.

내가 세 번째로 한 일은(아마 이것이 가장 중요한 것일 게다) 나 자신을 빅터와 그의 사람들에게 판 것이다. 나는 그에게 보잘것없는 나의 경험과 업적을 팔 수는 없었기에 대신 나의 정력과 의욕을 팔았다.

빅터는 사람들의 말을 잘 믿는 편이라 나에게 모험을 걸기로 결정을 내렸다. 그는 나에게 60번가뿐 아니라 30번가에 있는 철도 부지까지 개발할 것을 제안했다. 사실 나는 그에게 나 자신을 너무 비싸게 팔았는지 모른다. 달리 방법이 없었다. 나는 그 당시 27살이었고, 아버지도 그랬지만 나 자신도 맨해튼에 아무것도 세워본 적이 없었다. 빅터가 나를 대단히 좋아하긴 했으나 그래도 우리 회사가 크고 막강하다는 것을 그로 하여금 믿도록 하지 않았더라면 그렇게 쉽게 그가 나의 말에 따라줬을 것으로는 생각지 않는다.

내가 빅터를 처음 만났을 때 우리는 공식적인 회사 이름조차 갖고 있지 않았다. 그래서 나는 멋대로 우리 회사를 트럼프 오거니제이션(Trump Organization)이라고 둘러댔다. '오거니제이션'이라는 단어는 회사가 대단히 크다는 인상을 풍겨주었다. 당시 사람들은 트럼프 오거니제이션이 브루클린의 애버뉴에 두 개의 조그만 사무실을 내고 있는 보잘것없는 회사라는 사실을 아무도 모르고 있었다.

그 밖에 내가 추진한 일은 1973년 11월 뉴욕 시장으로 선출된 에이브러햄 빔(Abraham Beame) 같은 정치인들과 관계를 맺는 것이었다. 아버지 역시 에이브 빔(에이브러햄 빔의 약칭)을 배출한 민주당 클럽에 소속돼 있었기 때문에 두 분은 이전부터 서로 잘 알고 있었다. 모든 부동산 개발업자들이 그렇듯이 아버지와 나는 빔과 그 외 다른 정치인들에게 돈을 건네주었다. 정치인들에게 돈을 건네준다는 것은 뉴욕 시의 부동산 개발업자에겐 매우 상식적이고 관행화된 일이었다.

그러나 우리는 대다수의 다른 부동산 개발업자들이 건네주는 액수 이상을 빔에게 주지는 않았다. 사실 나는 가끔 우리가 빔을 개인적으로 잘 알고 있기 때문에, 오히려 그가 우리에게 특혜를 베풀고 있다는 인상을 풍기지 않기 위해 애써 노력하고 있다는 느낌을 받았다.

대신 나는 빔이 시장으로 재직하고 있던 4년간을 거의 대부분 웨스트 34번가에다 컨벤션 센터를 건설하기 위해 그 지역을 개발하는 일로 동분서주하며 보냈다. 당시 가치로 보건대 그 지역이 컨벤션 센터 건설지로 가장 적합한 곳이었다. 이에 대해서는 뉴욕 시의 거의 대부분의 거물급 사업가들이 우리의 생각을 지지했다. 그러나 정작 빔은 시장직을 그만두기 몇 주일 전까지도 우리의 생각에 전혀 지지를 나타내지 않았다. 공식 승인을 해주지 않은 것은 물론이었다.

1978년에 에드 콕이 새로 시장으로 선출됐다. 우리의 부지를 컨벤션 센터 건설지로 최종 지정해준 장본인은 바로 그였다. 내가 아는 한 어느 누구도 도널드 트럼프와 에드 콕이 개인적으로 친밀한 친구 사이라는 것을 거론하는 사람은 없었다.

처음부터 빅터와 긴밀한 관계를 맺음으로써 나는 단순히 그의 바이어라기보다는 사실상 그의 대리인으로서 일할 수 있게 되었다. 그것은 나에게 대단히 놀라운 것이었다. 우리는 60번가와 30번가의 철도 부지 구매에서 내가 독점권을 갖는다는 계약을 맺었다. 다만 그 땅을 구획화하고, 펜센트럴 사의 파산 문제를 취급하고 있는 법원의 승인을 받아야 하며, 내가 미리 돈을 내놓아야 한다는 것을 제외한 모든 것에 승복한다는 것을 조건으로 달았다.

펜센트럴 사는 심지어 나의 개발비용까지 대신 부담하기로 약속했다. 아직 확정되지 않은 구매자에게 판매자가 개발비용까지 대준다는 것은 정말 놀라운 일이었다. 더구나 당시는 어느 누구도 부동산 개발을 원치 않고 있었으며 또 뉴욕 시마저 죽어가고 있을 때였다. 오늘날의 시각으로 본다면 그것은 참으로 어리석은 거래로 보일 것이다. 하지만 우리는 멀리 내다봐야 한다.

한편 팔미에리는 나에게 언론과의 신뢰를 쌓는 데 도움을 주었다. 어느 날 그가 「배런스」지 기자로부터 왜 다른 사람들을 제쳐두고 트럼프를 선택했느냐는 질문을 받았을 때 그는 이렇게 대답했다.

"그 땅은 정체를 알 수 없는 블랙홀에 불과할 따름이다. 우리는 그 땅에 흥미를 갖고 있는 거의 모든 사람들을 만나보았다. 그러나 그들 중 어느 누구도 우리가 무엇을 추진하려 하고 있으며, 또 무엇을 필요로 하고 있는지 상상조차 하려들지 않았다. 그러나 이제까지 이 젊은 친구 트럼프는 잘해왔다. 그는 마치 부동산 개발업자로서 19세기로 되돌아간 사람 같았다. 그는 실제보다 그릇이 더 큰 인물이다."

한때 내가 언론에다 나의 계획들을 과장되게 떠벌여대면서 실제로는 아무것도 보여주지 못하고 있을 때 뉴욕의 한 거물급 부동산업자가 나의 절친한 한 친구에게, "트럼프는 대단히 허풍을 떨고 있는데, 도대체 벽돌과 회반죽은 어디에 있는가"라고 비아냥거렸다고 한다.

나는 그 말을 듣는 순간 대단히 화가 났으며 그래서 1년 이상 그와 말을 하지 않은 것으로 기억한다. 그러나 돌이켜 생각해보면 그가 옳았던 것 같다. 자칫했으면 그 모든 것이 연기 속으로 사라질 수 있었다. 만약 그 최초의 사업들 중 하나라도 이루지 못했던들, 또 시로 하여금 웨스트 34번가에 있는 나의 땅을 컨벤션 센터 건설 부지로 선정하도록 설득하지 못했던들, 그리고 곧이어 그랜드 하얏트를 개발해나가지 않았던들 나는 아마 지금쯤 브루클린으로 되돌아가 임대업이나 하면서 지내고 있을 것이다. 나는 첫 번째 사업에 너무나 많은 것을 걸고 있었다.

1974년 7월 29일, 우리는 트럼프 오거니제이션이 펜센트럴 사로부터 웨스트 59번가에서 웨스트 72번가까지, 또 웨스트 34번가에서 웨스트 39번가까지에 이르는 두 개의 강변 부지 구매권을 6,200만 달러에 따냈음을 발표했다. 이 얘기는 「뉴욕 타임스」의 1면을 장식했다.

나의 당초 계획은 그곳에 중산층들을 위한 임대주택을 건설하는 것이었다. 임대료는 방당 110달러 내지 125달러, 지금의 기준으로 보면 터무니없이 싼 편이지만 당시에는 상당히 비싼 것으로 여겨졌다. 나는 미첼라마 프로그램으로부터 자금을 조달받을 계획을 하고 있었다. 당시 뉴욕 시는 이 프로그램을 통해 건축업자들에게 낮은 이자로 장기 담보 융자를 해주고 있었으며 또한 세금 감면 혜택까지 베풀고 있었다.

이 프로그램은 원래 중산층들을 위한 주택 건설을 장려하기 위해 마련됐던 것이다. 빅터와 나 그리고 몇몇 빅터의 사람들은 발표 한 달 전에 우리의 개발계획에 관한 에이브 빔의 의중을 알아보기 위해 함께 그를 만났다. 그는 계속 우리를 격려했지만 막상 우리가 발표하고 난 뒤부터는 시의 각종 기관들, 이를테면 도시계획위원회, 시 평가국, 그리고 지역위원회가 이 문제를 공식적으로 거론하기 전까지는 이에 대해 어떤 입장도 취할 수 없다며 거부 반응을 보였다. 그는 정치인이 었으며 그래서 자신이 어떤 입장을 취하기 전에 바람이 어느 쪽으로 불고 있는가를 보고 싶어했던 것이다.

나의 계획이 공식 발표되자마자 그 철도 부지를 사겠다는 신청자들이 갑자기 튀어나오기 시작했다. 우리가 브루클린에 있을 때 스타레트 시티(Starrett City)의 주택 사업에 우리와 함께 참여했던 스타레트 하우징이라는 회사는 재정 지원과 시의 승낙을 조건으로 1억 5,000만 달러의 입찰금을 제시했다. 외관상으로만 본다면 그들이 제시한 금액은 내가 제시한 것보다 많은 액수였다.

처음으로 인정하는 것이지만 나는 매우 경쟁을 좋아하고 또 승리를 위해서라면 합법적인 테두리 내에서 거의 모든 일을 마다않고 행하는 사람이다. 항상 그렇다는 것은 아니지만 타협을 하고 거래를 행하는 것은 다소 경쟁심을 훼손시키는 부분이 있다. 그러나 이 경우에는 스타레트가 합법적이지 못하고, 또 그의 회사가 결코 그 사업에 가까이 가지도 못할 것이며, 설사 그 사업을 따낸다 하더라도 그 부지를 성공적으로 개발해내지 못할 것이라는 확신을 나는 갖고 있었다.

사실 누구나 입찰은 할 수 있는 것이다. 특히 모든 다른 부대 조건이 갖춰진다면……. 나의 사업에 관해서도 마찬가지다. 나는 그때 이미 많은 노력과 시간을 들여 내가 매우 진지하고 또 약속을 꼭 지키고야 마는 성미라는 것을 팔미에리의 사람들에게 확신시켜준 뒤였다.

결국 나는 스타레트를 상대로 모험을 하는 것보다는 나의 6,200만 달러 제안을 계속 고수하는 편이 훨씬 지각 있는 일이라는 것을 팔미에리에게 확신시켜주었다.

그러나 공교롭게 내가 그 부지에 대한 계획을 발표하고 경쟁을 물리친 지 1년도 채 못 돼서 뉴욕 시의 경제 사정이 훨씬 더 악화되었다.

1975년 2월, 채권을 팔아 공공주택 사업에 자금 지원을 해주던 도시개발공사(UDC : Urban Development Corporation)가 1억 달러 이상의 채권에 대해 원금 지불을 중단해버렸다.

1975년 9월, 재정 위기 때문에 뉴욕 시가 사실상 거의 모든 신규 주택 건설 사업에 대한 재정 지원을 중단할 것이라고 시장인 에이브 빔이 발표했다.

1975년 11월, 뉴욕 주 또한 향후 5년간 저소득 및 중산층을 위한 주택 사업에 제공해오던 재정 지원을 전면 중단할 것이며 여기에는 이미 가승인을 받은 수많은 건수의 시 개발계획도 포함된다고 발표했다.

아침에 눈을 뜰 때마다 뉴욕 시의 재정 위기에 관한 새로운 신문 기사들을 읽는 것이 습관화되다시피 했다. 그러나 이 기사들은 나로 하여금 진정으로 뉴욕 시의 장래에 관해 염려하도록 하지는 않았다. 나는 앞으로 주택 건설에서 어떠한 보조도 받지 않겠다는 것을 분명히 했으며, 이에 따라 새로운 방향을 모색하기로 결심했다.

나는 항상 웨스트 34번가의 부지가 새로운 컨벤션 센터를 건설하기에는 완벽한 곳일 거라고 생각했었다. 문제는 대부분의 다른 사람들이 다른 생각들을 갖고 있다는 것이었다. 뉴욕 시는 지방의 유력한 사업가들로부터 많은 지원을 받으면서 허드슨 강변의 다른 부지인 44번가를 개발하기 위해 3년 이상이나 연구를 해왔다. 뉴욕 시는 계획 단계에서만 1,300만 달러가 소요됐다고 실토했으나 내가 아는 사람들은 그 액수가 실제로는 3,000만 달러에 달한다고 말했다.

한편 뉴욕 시가 신규 주택 사업에 대한 일체의 재정 지원을 해주지 않겠다고 발표한 수주일 뒤, 빔은 또한 44번가 지역의 개발에 대해서도 뉴욕 시는 더 이상의 지원을 동결할 것이라고 밝혔다. 나는 구획 책정 전문가인 동시에 그때까지 44번가 지역에서 일해온 새뮤얼 린덴범이라는 다재다능한 변호사를 즉시 스카우트했다.

컨벤션 센터를 세우는 데 도움을 줄 만한 사람 중 내가 고용한 또 다른 사람은 특별히 정치 쪽으로 인맥이 있는 루이스 선샤인(Louise Sunshine)이라는 매우 헌신적인 여성이었다. 루이스는 휴 캐리(Hugh Carey)가 1974년 뉴욕 주지사에 출마했을 때 그의 재무담당관이었다. 그녀는 또한 당시 뉴욕 주의 민주당 회계관이기도 했다. 처음에 그녀는 실질적으로 한 푼의 봉급도 받지 않고 나를 위해 봉사했다. 그 후 그녀는 우리 회사의 이사가 되었다.

내가 이처럼 부지를 개발하기 위한 팀을 모으고 있을 때, 뉴욕 시와 뉴욕 주는 자신들 나름대로 대안을 생각하고 있었다. 즉 컨벤션 센터를 맨해튼 남쪽 세계무역센터 맞은편에 있는 배터리 파크 시티에 세운다는 것이다. 내 생각으로는 웨스트 44번가와 배터리 파크 두 곳은 모두 매우 잘못된 선택이었다.

그러나 나의 입장을 내세운다는 것은 또 다른 문제였다. 공개적으로 싸움을 벌이기를 원했지만 당시 나는 무명인에 불과했다. 나의 부지에 대한 일반인들의 관심을 끌고 그들로부터 지지를 받으려면 우선 나에 관한 프로필을 높여야만 했다.

나는 최초의 기자회견을 갖기로 결심했다. 루이스와 뉴욕 시의 홍보 담당 책임자인 하워드 루벤스타인이 몇몇 영향력 있는 인사들의 지지를 이끌어내는 데 도움을 주었다. 개중에는 뉴욕 주 상원의 다수당 리더인 맨프레드 오렌스타인(Manfred Ohrenstein)과 뉴욕 정치계에서 대단한 영향력을 갖고 있는 노사 문제 담당가 시어도어 킬(Theodore Kheel)도 포함돼 있었다.

킬은 기자들에게 회견의 요점을 전달해주었다. 그는 "배터리 파크에 새로운 컨벤션 센터를 세우는 것은 공동묘지에다 나이트클럽을 세우는 것과 같다"고 말했다. 우리 쪽에서는 '34번가에 기적을'이라는 기치를 내걸었다. 수많은 기자들 앞에서 나는 뉴욕 시가 책정한 비용보다 약 1억 1,000만 달러 내지 1억 5,000만 달러를 덜 들이고 컨벤션 센터를 세울 자신이 있다고 말했다.

그것이 몇몇 사람들의 눈썹을 치켜세웠고, 그로 인해 우리가 언론으로부터 다소의 관심을 끌게 됐다는 것은 놀랄 일이 아니었다. 그러나 정치인들은 거의 관심을 기울이지 않았다. 그때 나는 처음으로 정치인이라는 사람들은 어떤 일에 비용이 얼마나 드는가 하는 것엔 그다지 관심을 쏟지 않는다는 사실을 알았다. 왜냐하면 그들의 돈이 드는 것이 아니기 때문이다.

그 부지를 개발하기 위해 나는 가는 곳마다 그곳에 컨벤션 센터를 세우는 것이 얼마나 중요한 일인가를 제일 먼저 지적했다. 많은 사람들은 뉴욕 시의 재정 위기를 감안해볼 때 최선의 해결책은 아이디어 자체를 완전히 폐기시키는 것이라고 말했다.

나에게 그것은 전형적인 근시안적 사고로 보였다. 예를 들면 판매고가 줄어들 경우 대부분의 회사들은 광고비를 삭감한다. 그러나 사실 사람들이 사지 않고 있을 때 필요한 것이 바로 광고다. 본질적으로 내가 컨벤션 센터에 관해서 말하고 싶었던 것도 그것이다. 나는 건물을 하나 짓는다는 것은 뉴욕 시의 이미지를 회생시키고, 나아가 궁극적으로는 경제까지 원상회복시키는 데 결정적인 기여를 할 것이라고 주장했다.

또한 나의 얘기를 들을 기회가 있는 모든 사람에게 나의 부지가 얼마나 훌륭한 곳이며, 반면에 뉴욕 시가 후보지로 내정하고 있는 부지들은 얼마나 형편없는 곳인가를 설명했다. 나는 44번가에 컨벤션 센터를 건설한다면 연단은 물 위에 세워야 할 것이라고 지적했다.

또한 그렇게 된다면 비용이 더 많이 들고, 불안하기 짝이 없을 것이며, 공사 기일도 결국 더 많이 소요될 것이라고 덧붙였다. 나는 44번가의 부지가 너무 좁으며 또 더 이상 확장시킬 여유 공간이 없다는 것과 아울러 그것이 허드슨 강 위에 있기 때문에 그곳으로 가려면 곧 무너질 것 같은 웨스트사이드 밑을 가로질러 가야 한다는 것을 지적했다.

마지막으로 나는 44번가 부지 위에 건축을 하려면 '통행불능 허락(nonnavigable permit)'이라는 것을 받아야만 한다는 점에 승부를 크게 걸었다. '통행불능 허락'이라는 것은 어떤 수로 위에 건축을 하려면 연방정부의 승인이 있어야 한다는 규정으로, 그것을 얻어내기 위해서는 의회의 조치가 필요하다. 그런데 나는 이미 그에 관해 전문가나 다름 없었다.

배터리 파크의 부지에 대해서도 나는 마찬가지로 완고한 태도를 보였는데 뉴욕 시의 최남단에 위치한 그곳은 한층 더 터무니없는 곳이었다. 나는 그곳이 지리상으로 중심지에서 너무 외진 곳에 떨어져 있고, 호텔과 각종 위락 시설로부터 너무 멀리 떨어져 있으며, 대중교통을 이용하기에 너무 불편하다는 것을 지적했다. 또한 배터리 파크에 컨벤션 센터를 건설하는 것은 그곳으로 이르는 웨스트사이드 고속도로의 대대적인 개축과, 객실이 적어도 2,000개에 달하는 호텔의 추가 건설이 필요할 것이라고 결론 내린 뉴욕 주의 한 연구보고서를 배포했다.

나는 또 이것들에 비하면 웨스트 34번가가 얼마나 좋은 곳인가를 얘기했다. 그곳은 고속도로의 오른편 즉 동쪽에 위치해 있어서 접근이 쉽다. 그곳은 뉴욕 시가 점지하고 있는 곳들보다 전철과 버스정류장에 더 가깝다. 나는 계속해서 내 부지 위라면 영세민들의 소유권을 박탈하지 않고도 더 싼값에 컨벤션 센터를 건설할 수 있다는 근거들을 제시해나갔다. 또한 부지가 매우 넓기 때문에 장차 확장시킬 경우에도 충분한 여유가 있었다. 뉴욕 시의 자문관인 로버트 와그너가 지도하고 있던 대학원생들이 자체적으로 조그만 연구 활동을 벌여 우리 부지가 컨벤션 센터 건립에 최적지라는 평점을 주었는데 나는 용케 그 보고서를 입수하여 '와그너 리포트'라는 이름을 붙였다. 그러나 그 같은 명명은 별다른 효과를 가져오지는 못했다.

일은 절대적으로 중요한 몇몇 사람들의 지지만 받지 못했을 뿐 모든 것이 나에게 유리하게 진행되었다. 에이브 빔이 나를 지지하고 있지 않은 사람들 중 가장 대표적인 사람이었다. 일단 그는 웨스트 44번가를 포기했으나 곧 배터리 파크로 기울었다. 내가 나의 부지를 옹호하는 많은 주장들을 내놓았지만 그는 양보하려들지 않았다.

또 다른 반대자 중 중요 인물은 빔 밑에서 일하고 있는 부시장 존 주코티였다. 그는 온 시내를 돌아다니며 나의 부지에 대해 악평을 해댔다. 그가 그렇게 하고 다닌 이유는, 언뜻 봐도 아무런 쓸모가 없는 곳에다 수백만 달러의 공공자금을 쏟아넣었고 또 그의 인생 중 적어도 몇 년을 그곳에다 허비했다는 것을 인정하고 싶지 않았기 때문이라고 나는 확신한다.

나는 바로 그 점을 공개적으로 지적했다. 그의 이기적이고 편협한 점과 그 밖의 몇 가지 다른 결점들을 비난했다. 그는 대단히 화를 냈다. 그와 나의 싸움은 언론의 상당한 관심사였으며, 지금 생각해보면 그것은 오히려 나를 이롭게 하는 결과를 낳았다. 그것은 생각지도 않은 방법으로 나의 부지가 갖고 있는 이점들을 널리 선전해주었다.

결국 우리는 모든 다른 사람들을 꺾고 승리했다. 우리는 결코 포기하려들지 않았고 그로 인해 반대자의 목소리는 서서히 사그라지기 시작했다. 그러나 1977년 빔은 다른 대체 부지들을 연구할 새로운 위원회를 구성했다. 그 위원회는 우리가 가장 적합한 부지를 갖고 있다는 결론을 내렸다. 이에 근거하여 빔은 그해 말 시장직을 떠나기 직전, 마침내 우리를 지지했다. 그러나 끝까지 그의 지지를 공식화해주는 서명만은 하지 않은 채 떠났다.

1978년 1월, 에드 콕이 시장직을 이어 받았다. 그는 컨벤션 센터 건설을 위한 부지 물색에 독자적인 연구를 하기로 결정했다. 나는 모든 것이 원점으로 되돌아가버린 것으로 생각했다. 그러나 사태는 빠르게 움직였고 다시 한 번 우리의 부지는 선두에 나섰다.

1978년 4월, 마침내 뉴욕 시와 뉴욕 주는 34번가 부지를 구입하여 그곳에다 컨벤션 센터를 건설하기로 결정했다. 이것은 금전적으로보다는 상징적인 의미에서 나의 승리였다. 내가 투자한 그 모든 시간에 비한다면 나는 당연히 받아야 하는 것보다 훨씬 적은 대가를 받았을 뿐이다.

펜센트럴 사와 거래가 형식적인 골격은 갖춘 것이었기 때문에, 나는 뉴욕 시와 펜센트럴 사 간에 합의된 부지 대금 1,200만 달러 가운데 약 83만 3,000달러를 보상금으로 받게 됐다. 그러나 나는 만약 뉴욕 시가 컨벤션 센터의 이름을 우리 가문의 이름을 따서 짓는다면 이 돈을 전부 포기할 수 있다고 제안했다. 이 제안으로 비난을 많이 받았지만 결코 변명 따위는 하지 않는다. 만약 트럼프 가문이 없었더라면 뉴욕에 새로운 컨벤션 센터는 존재하지 않았을 것이다.

더욱 중요한 것은 뉴욕 시가 컨벤션 센터의 건립을 나에게 맡겼더라면 상당한 경비를 절약할 수 있었을 것이라는 점이다. 사실 컨벤션 센터의 건립을 맡고 싶었다. 그런데 에드 콕 시장은 내가 그 땅의 매매를 주선한 장본인이기 때문에 건설을 맡는 데는 문제가 있다고 결정했다.

도대체가 이해할 수 없는 논리였다. 결국 나는 좀 터무니없는 노릇이긴 했지만 뉴욕 시에 한 가지 제안을 했다. 나는 2억 달러 미만으로 건설을 해낼 수 있다고 말했다. 그리고 만약 그 액수가 초과된다면 초과액은 나 자신이 전부 부담하겠다고 말했다. 이 같은 식으로 스스로를 내던지는 건축업자는 좀처럼 볼 수 없을 것이다.

건설 감독은 뉴욕 시와 뉴욕 주가 맡기로 결정됐다. 그런데 오히려 그것은 건축업 사상 최대의 건설 지연과 건설비 초과 부담이라는 무시무시한 결과만을 낳았다. 도시개발공사의 대표 리처드 칸이라는 사람이 감독 임무를 맡았는데, 그는 상당히 멋진 사람이었고 제2의 로버트 모지스가 되려는 꿈을 갖고 있었다. 하지만 그가 건축의 경험과 재능을 갖고 있었는지는 분명치 않다.

칸이 행한 첫 번째 일 중 하나는 건축가로 I. M. 페이를 고용한 일이었다. 페이는 대단한 명성을 갖고 있는 사람이다. 하지만 내가 보기에 그는 문제 해결에 가끔 가장 값비싼 해결책을 찾는 사람이기도 하다. 페이는 지체 없이 센터의 입체 골조(space frame)를 설계하기로 결정했다. 그러나 입체 골조라는 것은, 전문 건축업자라면 누구나 말하는 것이지만, 건설하기가 가장 어려울 뿐 아니라 특히 비용 초과의 주범이 될 수도 있는 구조 체계다. 특히 컨벤션 센터에 걸맞은 거대한 입체 골조를 만들 때는 더욱 그렇다.

처음부터 나는 칸과 그의 사람들에게 주차장 건립을 동시에 시작하는 것이 절대 필요하다고 말했다. 주차 시설이 없는 컨벤션 센터라는 것이 있을 수 있는가. 그들은 주차 시설을 주변 환경에 미치는 영향 때문에 시에서 허락해주지 않을 것이라고 말했다. 그래서 나는 "이보시오, 늦으면 허락받기 더 힘들다는 것을 모르나요"라고 핀잔을 주면서, "더 늦기 전에 주차장 건립 신청을 해둬야 나중에라도 시작할 수 있는 겁니다"라고 말했다. 그들은 나의 말을 무시했다. 그 결과 지금 컨벤션 센터에는 주차 시설이 없을 뿐 아니라 가까운 장래에 만들어질 가망성도 없다.

입구를 내는 문제 또한 마찬가지로 잘못되었다. 만약 서쪽으로 입구를 냈다면 컨벤션 센터 전체가 경관이 매우 아름다운 허드슨 강을 마주하게 됐을 것이다. 그런데 그들은 건물의 동쪽에다 입구를 냄으로써 교통지옥인 11번로를 마주보게 했다.

이 모든 실수들이 행해지고 있는 것을 보자 나는 대단히 화가 났으며 심히 낙담하고 말았다. 1983년 이미 공사가 공기 지연과 비용 초과에 돌입했을 때 나는 당시 리처드 칸 대신 도시개발공사 사장직을 맡고 있던 윌리엄 스턴에게 편지를 썼다. 나는 이번엔 한 푼의 보수도 받지 않겠다며 나에게 지금이라도 그 공사의 감독을 맡겨준다면 즉시 그리고 더 이상의 경비 초과 없이 끝마치겠다고 제의했다.

나의 제의는 거절되었고 결국 일은 더욱 크게 꼬였다. 지난 해(1986년) 결국 공사가 끝나긴 했으나 예정보다 4년이나 지연됐으며 비용 초과는 2억 5,000만 달러에 달했다. 그러나 이자 즉 공사 기간 동안의 선불경비(자산이 이익을 올리지 않는 기간 동안 발생하는 일종의 이자 비용)까지 계산한다면 전체 공사 비용은 7억 달러가 초과된 10억 달러쯤 될 것이다.

그 공사는 엄청난 망신거리였다. 그 일에 대해 칭찬하는 사람은 아무도 없었다. 1986년 나는 개막식에 초대받았지만 거절했다. 뉴욕 시와 뉴욕 주는 컨벤션 센터가 성공적인 것으로 평가받는다 해도 그것을 건설하는 데 불필요하게 탕진된 돈은 되찾을 수 없을 것이다.

34번가에 그처럼 많은 시간과 정열을 쏟았건만 한 가지 재미있는 것은, 그래도 나는 34번가의 땅이 60번가의 땅보다 더 값어치가 있다고는 보지 않았다는 점이다. 문제는 60번가를 개발하기가 34번가를 개발하는 것보다 훨씬 더 어렵다는 것이었다. 지역 주민들의 반대가 34번가에서보다 훨씬 심했으며 구획 책정도 더 복잡했다. 게다가 은행들은 여전히 파산 직전에서 비틀거리고 있는 뉴욕 시에다 대규모 주거용 주택을 건립하는 일에 금융 지원을 해주길 한사코 꺼려하고 있었다.

1979년, 별로 내키는 일은 아니었지만 나는 60번가의 부지 구입권이 시효 만료되는 것을 그냥 내버려두었다. 그럼으로써 대신 더 짧은 시간 내에 그 대가를 보상받을 수 있을 것으로 보이는 다른 사업에 정신을 집중시킬 수 있었다.

그 첫 번째 사업은 죽이 잘 맞는 빅터 팔미에리와 펜센트럴 사와 함께 코모도어 호텔을 매입하는 일이었다.

제6장

그랜드 하얏트 호텔
뉴욕 중심가를 부활시키다

웨스트사이드의 두 군데 부지에 뭔가를 이루어보려고 씨름을 하는 동안 나는 빅터 팔미에리 그리고 그의 사람들과 더욱더 친해졌다. 1974년 말 어느 날 나는 빅터의 사무실을 찾았다. 나는 그에게 반농담조로, "저 말이죠, 나는 지금 펜센트럴 사가 갖고 있는 두 군데 부지의 구입권을 갖고 있습니다만, 회사가 갖고 있는 다른 땅들 중에서 공짜로 살 수 있는 땅은 없을까요?"라고 물었다.

"사실 당신이 흥미를 가질 만한 호텔을 몇 개 갖고는 있습니다만……" 하고 빅터는 대답했다.

펜센트럴 사는 뉴욕 중심가에서 서로 몇 블록 떨어져 있지 않은 곳에 빌트모어, 바클레이, 루스벨트, 코모도어 등 몇 개의 호텔을 갖고 있었다. 앞의 3개는 상당히 영업이 괜찮게 되는 편이라 그것들을 사려면 내가 계산 잡고 있는 것보다 많은 돈을 지불해야 할 것 같았다. 그러나 마지막 것은 사실 다소 문제가 있었는데 그때까지 계속 적자를 봐왔으며 그로 인해 수년 동안 재산세마저 못 내고 있는 형편이었다. 이 같은 얘기들은 빅터가 나에게 전해줄 수 있는 최대의 뉴스였다. 나는 재빨리 뉴욕 중심가인 42번가와 파크 애버뉴에 위치해 있고, 또 그랜드센트럴 역에 인접해 있기 때문에 코모도어 호텔이 4개의 호텔 중 어느 다른 호텔보다 위치상으로 가장 장래성 있을 것이라는 결론을 내렸다.

나는 지금도 빅터가 나에게 처음으로 코모도어 호텔에 관한 얘기를 하던 날, 그곳을 찾으려고 이리저리 돌아다녔던 일을 기억하고 있다. 그 호텔뿐 아니라 주변의 다른 건물들까지 믿을 수 없을 만큼 초라했다. 건물들 중 절반가량은 이미 건물로서 가치를 상실한 것이었다. 코모도어 호텔의 바깥쪽 벽면은 대단히 불결했으며 로비도 말할 수 없을 만큼 우중충해 마치 복지사업용으로 지어놓은 호텔 같았다. 1층에는 싸구려 도떼기시장 같은 상점들이 영업을 하고 있었는데, 상점마다 널빤지로 칸막이를 하고 있었으며 입구마다 쓰레기들이 널려 있었다. 누가 보더라도 대단히 실망스런 모습이었다.

그러나 호텔로 다가가면서 내 눈을 사로잡는 전혀 색다른 무엇인가를 발견했다. 그때가 아침 9시경이었는데 코네티컷과 웨스트체스테에서 온 말쑥한 차림의 수천 명에 달하는 통근자들이 그랜드센트럴 터미널과 지하 전철역에서 쏟아져 나오고 있었던 것이다.

뉴욕 시가 파산 직전에 처해 있다고 하지만 내가 본 곳은 대단히 화려한 곳이었다. 만약 뉴욕 시가 글자 그대로 죽어가고 있지만 않으면 매일 수백만 명에 달하는 인파가 이 지역을 지나가고도 남을 것이다. 문제는 그 주변이 아니고 호텔이었다. 만약 내가 코모도어 호텔을 개조할 수만 있다면 히트를 칠 것이 틀림없었다. 편리함 그 자체만으로 그것을 보장해줄 수 있을 터였다.

나는 돌아와서 빅터에게 코모도어 매입에 흥미가 있음을 말했다. 그는 대단히 기뻐했다. 그럴 것이 다른 모든 사람들은 그 호텔을 적자 기업으로 생각하고 있던 터였기 때문이다. 나는 아버지한테 가서 뉴욕 중심지에 있는 거대한 호텔을 매입할 수 있는 기회를 잡았다고 말씀드렸다. 처음에 아버지는 나의 진심을 믿으려들지 않았다. 훗날 아버지는 한 기자에게 내가 코모도어 얘기를 꺼냈을 때, "심지어 크라이슬러 같은 빌딩도 파산으로 법정 관리인의 손으로 넘어가는 판에 지금 코모도어를 산다는 것은 마치 '대서양에서 침몰한' 타이타닉 호의 좌석권을 서로 먼저 끊으려고 싸움질을 하는 것과 같다"는 반응을 보였다고 솔직히 고백했다.

나는 고지식한 인간이 아니었다. 나는 장래성을 보았고 그러나 또한 파산할 수 있음도 인정했다. 커다란 홈런을 머릿속에 그려볼 수도 있었지만 만약에 실패할 경우 나는 매장될 수도 있었다. 그날부터 바로 매입하는 일에 착수했다. 위험을 극소화시키려고 계속 노력한 결과 금전적으로는 성과를 봤다. 그러나 날이 갈수록 거래는 점점 더 복잡하고 어렵게 돼갔다. 나는 계속해서 더 많은 시간과 정열을 투자했지만 어려움은, 그것도 돈과 관계없는 이유들로 해서, 커져만 갔다. 큰소리를 칠 수 있었던 것은 잠깐이었다. 결국 나는 부동산업계에, 언론에,

또한 아버지에게 내가 기대에 어긋나지 않음을 입증해보여야만 했다.

코모도어 매입은 근본적으로 요술과 같은 것이었으나 내가 애당초 상상한 것보다는 훨씬 기술을 요하는 것이었다. 먼저 나는 되도록 오랫동안 현금을 내놓지 않으면서도 내가 그 호텔을 틀림없이 구입할 것이라는 인상을 팔미에리 사람들에게 심어놓아야만 했다. 동시에 매입 전에 경험이 있는 호텔 경영인 한 사람을 구해 나와 동업하도록 설득해야만 했다.

그렇게 하는 것이 은행에 금융 지원을 요청했을 때 더 신뢰받을 수 있다는 사실을 익히 알고 있었기 때문이었다. 그러나 훌륭한 파트너가 있다는 것만으로는 충분치 않았다. 나는 또한 뉴욕 시 공무원들을 찾아가 나에게 전례가 없을 정도로 파격적인 세금 감면 혜택을 주는 것이 결국은 시의 입장으로 봐서도 유리한 것임을 계속 설득해야만 했다.

재미있는 일은 당시 뉴욕 시의 절망적인 상황이 오히려 나에게는 최대의 무기가 되었다는 사실이다. 팔미에리를 상대할 경우에, 죽어가는 시에 위치해 있을 뿐 아니라 그 주변까지 쇠퇴일로를 걷고 있는 적자 호텔을 사려는 부동산 개발업자는 나밖에 없다는 것을 주장할 수가 있었다. 그리고 시 공무원들을 상대로 해서는 대대적인 세금 감면 혜택을 줄 경우에 그 대가로 건설과 서비스업 분야의 새로운 일자리 수천 개를 창출해낼 수 있고, 호텔 주변 지역을 살릴 수 있으며, 궁극적으로는 호텔이 벌어들이는 이익금을 시와 나누어 가질 수 있다는 것을 논리적으로 설명했다. 은행을 상대로는 뉴욕 시를 다시 정상 궤도에 올려놓기 위해서는 새로운 개발 분야에 자금지원을 해줘야 한다는 그들의 도덕적 의무감을 자극할 수가 있었다.

1974년 늦가을, 나는 팔미에리와 거래에 관해 진지하게 얘기하기 시작했다. 8~9개월 전에 펜센트럴 사는 방금 대형 교통사고를 당한 승용차에 왁스를 칠하는 것처럼 코모도어를 개축하는 데 200만 달러를 투자했었다. 이 같은 개축으로 펜센트럴 사는 1974년에 대단한 적자를 감수해야만 했다. 더구나 적자액에는 호텔이 지고 있는 세금 미납액 600만 달러는 포함조차 되지 않았다. 코모도어 호텔은 가뜩이나 파산한 기업에 현금을 유출시키기만 하는 하수구와 같았다.

짧은 시간에 우리는 거래를 위한 기본 골격을 만들어냈다. 세금 감면과 금융 지원 그리고 호텔 영업 파트너를 가질 수만 있다면, 즉 호텔 매입을 이것들과 싸잡아서 한꺼번에 할 수만 있다면 호텔 매입권에 1,000만 달러를 지불할 수도 있었다. 또 몽땅 날릴지 모르지만 계약금 조로 25만 달러를 내놓을 수도 있었다.

그런데 다만 한 가지 문제는 운이 따라야 하는 거래에 25만 달러를 내놓기가 여전히 선뜻 마음이 내키지 않았다는 것이다. 1974년도에 25만 달러라면 나에겐 상당히 큰돈이었다. 그래서 망설였다. 계약은 체결됐지만 변호사들을 동원해 이리저리 시비를 걸 만한 조그만 법적 꼬투리라도 찾아내도록 했다. 그러면서 나머지 부수적인 조건들을 거래에 포함시키기 위해 계속 노력했다.

먼저 나에게 필요한 것은 사람들을 흥분시킬 수 있는 진짜 근사한 설계라고 마음을 굳혔다. 나는 데르 스쿠트(Der Scutt)라는 젊고 재능 있는 건축가와 만날 수 있는 기회를 만들었다. 우리는 금요일 밤 맥스

웰 플럼에서 만났으며 나는 금세 데르의 진지한 열정을 좋아하게 됐다. 내가 마음속에 품고 있던 생각들을 말하면 그는 즉시 여러 메뉴 중 하나를 스케치하기 시작했다.

내가 데르에게 말한 요점은 완전히 새로운 것으로 보이는 무엇인가를 만들어내야 한다는 것이었다. 나는 코모도어가 죽어가고 있는 이유의 절반은 너무 침울하고 어두우며 우중충해 보이기 때문이라고 확신하고 있었다. 처음부터 내 생각은 벽돌 맨 위에다 바로 새로운 피부, 가령 경제적으로 가능하다면 동이나 아니면 유리를 입히는 것이었다. 나는 매끈하고 현대적인 모습의 무엇인가를 원했다. 그래서 놀라움과 흥분으로 사람들이 발걸음을 멈추고 주시할 수 있도록 하고 싶었다. 데르는 내가 마음속에 간직하고 있는 것들을 분명히 이해하고 있었다.

식사를 마친 후 데르와 다른 한 친구를 내가 사무실 겸 침실로 사용하고 있던 3번로의 조그만 아파트로 데리고 갔다. 그리고 그에게 방안의 가구들이 어떠냐고 물었다. 다른 사람들 같았으면 단순히 "근사해, 대단한걸"이라고만 말했을 것이다. 그러나 데르는 그렇게 하지 않았다. "방에 비해서 너무 많은걸" 하면서 가구를 이리저리 옮기기 시작했다. 심지어 가구 몇 개를 홀 쪽으로 밀어내기도 했다. 그가 일을 마쳤을 때 아파트는 훨씬 더 커보였다. 썩 마음에 들었다. 나는 데르를 고용해 돈을 주면서 우리가 뉴욕 시와 은행에 선물용으로 줄 수 있는 스케치를 그려 오도록 했다. 또한 그에게 그 그림을 구입하는 데 돈푼깨나 들인 것처럼 보이도록 그릴 것을 당부했다. 모양이 좋은 선물은 그만큼 값어치가 있는 법이다.

1975년 봄, 설계가 거의 완성 단계에 있었다. 그런데 4월 중순경 어느 날 저녁 데르는 나에게 전화를 걸어 그가 지금까지 일해오던 건축회사에서 해고됐음을 알려왔다. 이전부터 그가 상사들과 별로 사이가 좋지 않다는 것을 알고 있었다. 그렇게 되자 그 계획을 계속 추진하고 싶지가 않았다. 나는 이 정도 크기의 일을 하려면 적어도 대기업의 각종 지원과 권위가 필요하다고 느끼고 있었다. 그래서 데르가 새로운 기업과 제휴를 맺을 때까지 잠시 일을 중단하려고 생각했다.

그러나 그는 의외로 빨리 '그루젠 앤드 파트너스'라는 회사와 다시 제휴를 맺었다. 나는 이를 오히려 나에게 유리한 상황으로 이끌 수 있었다. 앞서의 오바타 그룹은 당초 그들이 맡았던 일을 필사적으로 계속하고 싶어했고, 또 제휴선을 다른 곳으로 바꾼 데르도 마찬가지였다.

경쟁은 나에게 더 낮은 건축비를 놓고 협상할 수 있도록 기회를 제공해주었으며, 실제로 나는 소기의 목적을 달성했다. 결국 나는 데르와 손을 잡았으며 그에게 매우 적정한 비용을 지불했다. 나는 그에게 이 일을 할 경우 결국에 가서는 대단한 대가를 되돌려받게 될 것이라고 말해줬다. "이것은 기념비적인 일이 될 것이며 또한 당신을 스타로 만들어줄 것"이라고 말했다. 데르는 자신의 보수에 흡족해하지 않았지만, 하얏트와 트럼프 타워의 일을 할 수 있었던 것은 이때 쌓은 경력 덕분이었다며 나의 말이 옳았음을 나중에야 인정했다.

1975년 초 같은 시기에 또 호텔 경영인을 물색하기 시작했다. 사실 나는 호텔 경영에 관해 아무것도 모르고 있었다. 그때 이후 많은 것을 배웠으며 그래서 지금은 나 스스로 호텔을 경영하고 있다.

그러나 그 당시 나는 27살에 불과했으며 심지어 호텔에서 잠을 자본 적도 거의 없었다. 그럼에도 불구하고 150만 평방피트에 달하는 그 괴물 같은 호텔을 사려 하고 있었던 것이며, 또 그때로부터 25년 전에 뉴욕 힐튼 호텔이 세워진 이후로는 객실 수로 볼 때 최대인 1,400개의 객실을 만들겠다고 장담하고 있었던 것이다.

나는 분명 경험 있는 경영인이 필요했다. 또한 이 호텔이 거대한 호텔 체인들 중 하나에 속해야만 할 것으로 생각했다. 그리고 그 생각은 전적으로 틀리지 않았다. 체인이라는 것이 비록 대단히 흥미로운 것은 아닐지 몰라도 전국적인 방의 예약 체계, 훌륭한 위탁 경영, 기본적인 경영 기법 등을 접해볼 수 있는 기회를 제공해준다.

처음부터 하얏트가 나의 체인 목록 중 최상위에 올라 있었다. 힐튼은 다소 사양길을 걷고 있고 또한 오래된 것 같았으며 쉐라톤 또한 유사한 여러 이유들로 나의 흥미를 끌지 못했다. 그리고 홀리데이 인과 라마다 인은 충분한 객실을 갖고 있지 못했다. 나는 하얏트의 이미지를 좋아했다. 하얏트 호텔들은 현대식 모습에다 밝고 깨끗했다. 게다가 다소 번쩍거리기까지 했다. 그 같은 모습들은 내가 건축상으로 코모도어에 적용시키고 싶어하던 것이었다. 더구나 하얏트는 각종 회의장으로 많이 이용된다는 강점을 갖고 있었는데 그것이야말로 그랜드 센트럴 지역에 있는 호텔로서는 대단한 영업이 아닐 수 없었다.

나는 또한 거래에서 하얏트라면 내가 더 유리한 위치에 설 수 있을 것이란 이유 때문에 하얏트를 좋아했다. 힐튼이나 쉐라톤과 같은 체인들은 이미 뉴욕 시에 호텔들을 갖고 있었으며 따라서 그들은 새로운 호텔을 그것도 쓰레기 더미 속에 빠진 도시의 호텔들을 그다지 갖고 싶어하지는 않았다. 반면에 하얏트는 다른 도시들에서는 꽤 성공을 거두고 있었으나 뉴욕 시에서는 여전히 간판 호텔을 갖고 있지 못한 터였다. 그리고 나는 그들이 뉴욕 시에 체인 하나를 갖고 싶어 몹시 안달하고 있다는 얘기를 전해 들은 적도 있었다.

1974년 늦게 나는 하얏트의 회장인 휴고 프렌드(Hugo M. Friend) 2세라는 사람에게 전화를 걸어 만나기로 약속했다. 나는 프렌드 2세로부터 어떤 대단한 인상은 받지 못했지만 뉴욕에 하얏트의 대표적인 호텔 하나를 갖고 싶어한다는 얘기가 옳음을 확인할 수 있었다. 그래서 우리는 코모도어 호텔의 동업 문제를 논의하기 시작했다. 우연치고는 너무도 빨리 그와 나는 잠정적인 거래 관계를 갖기로 합의했다. 나는 매우 흡족했으며 나 자신이 자랑스러웠다.

그러나 이틀 뒤 내가 전화를 걸었을 때 그는 "안됐지만 우리는 그런 식으로는 거래를 할 수가 없습니다"라고 뚱딴지 같은 말을 했다. 거래에서 이 같은 방식은 하나의 패턴이 되다시피 했다. 가령 우리가 새로운 조건들을 협상한 뒤 서로 악수를 나누고 헤어질 경우, 며칠이 지나면 또다시 그 거래는 갑자기 취소되고 만다. 이런 패턴을 되풀이하다가 결국에 가서는 하얏트 측 사람들 중에서 나와 친해진 한 고위 인사가 나에게 전화를 걸어 왔다. "한 가지 제안을 하고 싶다"고 말문을 연 뒤, "내 생각으로는 제이 프리츠커(Jay Pritzker)를 만나 직접 그와 거래를 하는 것이 좋을 듯합니다"라고 일러주었다.

나는 프리츠커에 관해 거의 들어본 적이 없었다. 그만큼 나는 당시까지만 해도 어렸다. 프리츠커 가(家)가 하얏트의 지배적인 이권을 장악하고 있다는 것을 어렴풋이 알고는 있었지만 그것이 전부였다. 하얏트의 친구는 나에게 프리츠커가 그 회사의 실질적인 경영인이라고 설명해주었다. 그 말을 듣는 순간 갑자기 왜 지금까지 협상이 그토록 허공을 맴돌았는지를 이해할 수 있었다. 중요한 협상을 하려면 최고위층과 만나야 하는 법이다.

또 한 가지 알게 된 것은 회사의 경우 최고위층 밑에 있는 모든 사람들은 단지 고용인에 불과하다는 사실이다. 고용인은 타인의 거래를 위해서 싸움을 하려들지 않는다. 고용인은 자신의 임금 인상이나 혹은 크리스마스 보너스를 위해서는 기꺼이 싸운다.

그러나 고용인이 가장 하기 싫어하는 일은 자기가 모시고 있는 보스를 화나게 만드는 것이다. 때문에 고용인은 타인과 협상에서 실질적인 의견을 제시하지 못한다. 거래의 상대방에게 매우 열의를 갖고 대하지만 막상 그의 보스에게는 "저, 뉴욕에서 온 트럼프라는 사람이 이런저런 거래를 하고 싶어하는데, 여기 찬성과 반대의 두 가지 안이 있습니다만 어떻게 하시길 원하시는지요?"라고 말을 할 것이다. 만약 그의 보스가 그것을 좋게 생각한다면 그 역시 지지를 보낼 것이다. 그러나 만약 그의 보스가 그것을 좋지 않게 생각한다면 그는 "그렇지요, 저도 그렇게 생각하고 있었습니다만 단지 이런 것이 있다는 것을 알려드리고 싶었을 뿐입니다"라고 대꾸할 것이다.

1975년 이른봄이었다. 나는 제이 프리츠커에게 전화를 걸었다. 그는 나로부터 연락을 기다리고 있었는지 대단히 기뻐했다. 하얏트는 시카고에 본점을 두고 있었지만 프리츠커는 자신이 다음 주 뉴욕으로 갈 것이니 그때 만나자고 제안했다. 나는 공항까지 그를 마중 나갔다. 당시 나는 리무진을 굴리지 않았기 때문에 그냥 내가 사용하던 차로 그를 안내했다. 그런데 불행히도 그날따라 날씨가 대단히 무더웠으며, 차 속은 불편하기가 이를 데 없었다. 프리츠커는 매우 짜증이 났겠지만 그것을 겉으로 나타내지는 않았다. 나는 그때 직감적으로 사업에 관한 한 프리츠커는 전혀 흐트러지지 않는 사람임을 깨달았다. 여유가 있을 때 그는 노는 것도 좋아할 줄 아는 인간이지만 대부분은 엄격하고 날카로웠으며 딱딱했다. 그러나 다행스럽게 나는 그런 것들에 대해 전혀 개의치 않았으며 따라서 우리는 아주 친해졌다. 프리츠커에 관한 또 한 가지 특징은 그가 사업 관계로 만나는 사람은 그다지 신뢰하지 않는다는 것이다. 그 점은 나와 비슷했다. 우리는 서로가 서로를 경계했지만 그래도 처음부터 상대방에 대한 존경심을 갖고 있었다.

우리는 짧은 시간에 용케 거래를 매듭지었다. 동등한 동업자가 되기로 합의했다. 나는 호텔을 건설할 것이고 일단 그것이 완성될 경우 경영은 하얏트 측이 맡기로 했다. 잠정적인 합의를 이루어냈다는 사실보다 더욱 중요한 것은 이후 어려운 문제가 생길 때마다 내가 직접 프리츠커와 협상을 벌일 수 있게 됐다는 것이다. 비록 의견 충돌이 있기는 했지만 맞대놓고 얘기를 나눌 수 있었기 때문에 오늘날까지 유대가 강한 동업 관계를 유지해올 수 있었다.

1975년 5월 4일, 우리는 공동 기자회견을 갖고, 우리가 금융 지원과 세금 감면 혜택을 받을 수 있다는 가정 하에 동업자로서 코모도어 호텔을 구입하여 내부를 수리하고 개축을 행하기로 합의했다고 발표했다. 데르의 기초 설계와 개략적인 건설비용 산정이 하얏트와 동업 관계를 맺는 데 큰 도움이 됐으며, 또 하얏트와의 동업 관계 발표는 결과적으로 나에게 은행 접근을 가능케 해주는 강력한 무기가 되었다. 그때쯤 나는 금융 부문에 특별한 전문 지식을 갖고 있는 부동산 중개업자 헨리 피어스(Henry Pearce)를 고용했다.

헨리 피어스는 '피어스, 메이어, 앤드 그리어'라는 회사의 대표였으며 매우 환상적인 사람이었다. 그는 60대 후반의 나이였으나 20대보다 더 정력적이었다. 그리고 자신의 일을 위해 금융 조달을 하는 일에는 한 치의 틈도 없는 사람이었다. 그의 인내할 줄 아는 태도는 도움이 됐다. 우리는 도널드 트럼프라는 이름을 전혀 들어본 적 없는 매우 보수적인 은행을 찾아갈 때도 함께 동행했다. 많은 면에서 나는 헨리보다 훨씬 더 보수적이었지만, 이렇게 함으로써 은행들은 과거부터 줄곧 거래를 해왔고 또 앞으로도 계속할 이 백발의 노인네와 나를 동일시하게 되었다.

우리 관계의 진전은 내가 처음 빅터 팔미에리를 만났을 때와 흡사했다. 나는 거대한 트럼프 오거니제이션과 또 과거 우리가 해왔던 모든 일에 관해 얘기를 하곤 했다. 또 은행들은 자칫 훌륭한 조건의 대출마저 못하게 할 우려가 있는 지출 초과에 대해서 대단히 겁을 집어먹고 있다는 사실을 잘 알고 있었기 때문에, 우리가 시간과 돈을 들여 그들과 구축해온 관계를 나는 매우 열심히 이끌고 나갔다.

우리는 이 은행들에 내가 건설하기로 계획한 거대하고 화려한 새 호텔의 설계와 모델들을 보여주었다. 우리는 또 새 호텔을 건설함으로써 어떻게 주위가 변화해나갈 것이며, 어떻게 수천 개의 일자리들이 창출될 수 있을지에 관해서도 얘기를 했다. 계속해서 우리는 환상적이고 견줄 데 없는 하얏트 사에 관해 얘기를 했다. 그리고 심지어 뉴욕 시로부터 받고자 희망하는 대폭적인 세금 감면 문제까지 거론했다. 마지막 것은 통상 다소의 흥미를 자아내게 하지만 불행히 우리는 『캐치-22』(조지프 헬러의 소설)의 어디엔가 빠져버리고 말았다(모순된 상황에 처했다는 뜻).

뉴욕 시는 우리가 금융 지원을 확보할 때까지는 세금 감면 문제를 진지하게 논의하고 싶어하지 않았다. 반면 은행들은 우리가 세금 감면을 받을 경우에 한해 금융 지원 문제를 논의하고 싶어했다.

결국 우리는 새로운 방법을 취하기로 결정했다. 긍정적인 방법으로의 접근이 제대로 먹혀들지 않는다는 것을 깨달았기 때문에 우리는 그들의 죄의식, 공포심, 도덕적 의무감 등을 자극하려고 애썼다.

그러나 오해가 없기를 바라는데, 우리는 다만 뉴욕에 살고 있는 사람이면 누구나 뉴욕에 빚을 지고 있다는 것을 주장했을 뿐이다. 뉴욕 시는 지금 어려움에 처해 있다. 하지만 여전히 큰 도시고 또한 우리의 도시다. 만약 우리가 이 도시를 믿지 않고 투자를 하지 않는다면 어떻게 이 도시가 다시 회생할 것을 기대할 수 있겠는가? 우리가 제3세계 국가들이나 우리 시를 벗어난 지역의 쇼핑센터 등에 수백만 달러를 대여해준다고 해서 우리 시에 대한 의무감에서 벗어나는 것은 아니다.

잘되어가는 일이라곤 아무것도 없는 것처럼 보였다. 한때 우리는 기꺼이 '예스'라고 말할 듯이 보이는 한 은행을 찾아내기도 했다. 그러나 막판에 가서 책임자라는 작자가 몇 가지 사소한 기술적인 문제를 제기하여 협상 전체를 무산시켜버렸다. 이 사람은, 아무런 감정도 없는 사람들을 가리켜 내가 흔히 부르는, '제도화된 인간'이었다.

그에게 협상은 순전히 하나의 일에 지나지 않을 뿐이며, 그가 원하는 것이라곤 오후 5시면 집으로 돌아가서 그 일을 까맣게 잊어버리는 것이다. 감정을 가진 살인자와 협상을 하는 편이 오히려 나을지 모른다. 차라리 그런 사람이라면 '노'라고 얘기할 때 다른 얘기를 끄집어내어 계속 대화를 할 수 있을 것이다. 그리고 내 쪽에서 고함을 치면 그도 맞대놓고 고함을 칠 것이지만 결국에 가서는 협상을 잘 마무리 지을 것이다.

그러나 기계 같은 인간이 '노'라고 얘기할 때는 그것은 매우 완강한 것이다. 우리는 이 작자에게 할 수 있는 모든 주장들을 했지만 그는 얘기를 다 들은 뒤에도 전혀 겁을 집어먹거나 또 감정상의 미동도 보이지 않았다. 그는 다만 처음엔 매우 천천히 그리고 점점 빨리 "대답은 '노'입니다, 도널드 씨. '노' '노' '노'란 말입니다"라고 대꾸했다.

그런 경험을 한 후 나는 헨리에게 "이 협상을 걷어치워버립시다"라고 말했던 것으로 기억한다. 그러나 헨리는 포기하길 거부했다. 그와 나의 변호사인 제리 슈레이저는 나에게 계속하길 종용했으며 그래서 우리는 협상을 계속 밀고 나갔다.

내가 금융 지원을 받을 수 있는 유일한 길은 뉴욕 시가 세금 감면 혜택을 베풀어주는 것 외에 달리 없다는 것이 점점 확실해져갔다. 희망은 뉴욕 시가 1975년 초에 채택한 '사업투자촉진정책(BIIP)'이라고 불리는 프로그램에 달려 있었다. 이 프로그램은 시장의 경기가 나쁜 시기에 개발업자들에게 세금 감면을 베풀어줌으로써 민간 개발을 격려하기 위한 목적으로 만들어진 것이었다. 나는 아직 금융 지원을 받지 못하고 있었지만 뉴욕 시를 찾아가 보기로 결심했다.

대다수 사람들에게는 그것이 매우 터무니없는 일로 보였을 것이다. 그러나 나는 그것을 한걸음 전진으로 보았다. 퇴짜를 당하더라도 돌격 그 자체는 나름대로 충분한 의미가 있다는 가정 하에 나는 일단 시로 찾아가서 전례가 없을 정도의 대폭적인 세금 감면을 요청했다.

그런데 재미있게도 그것은 마치 거금이 걸린 포커 게임에서 어느 누구도 막강한 패를 가지고 있지 않은 채 서로 상대방에게 허풍을 떠는 꼴과 같았다. 이쯤 되자 나는 신뢰를 유지하기 위해서라도 협상을 그만둘 수가 없었다. 그런데 다행스럽게 뉴욕 시는 개발을 장려하는 문제에서 종전보다 훨씬 더 적극적이었다.

1975년 10월, 처음으로 나는 뉴욕 시에 직접 나의 입장을 분명히 밝혔다. 코모도어는 계속 적자를 보고 있었고 점점 빠른 속도로 황폐해져갔다. 또 그랜드센트럴 주변 지역은 이미 슬럼가로 변해가고 있었다. 하얏트 호텔 측은 뉴욕으로 진출할 채비를 하고 있었지만 우리는 뉴욕 시가 재산세에 대한 다소의 감면 혜택이라도 주지 않을 경우 새로운 호텔에다 수백만 달러를 투입할 재간이 없었다.

뉴욕 시의 경제개발 문제를 취급하는 사람들은 사실상 우리가 파트너가 될 수 있는 한 프로그램을 만들기로 의견의 일치를 보았다. 뉴욕 시는 우리에게 향후 40년간 재산세를 완전 면제해주기로 했다. 그 대신 우리는 뉴욕 시에 매년 호텔에서 나오는 이익금의 일부를 지불하기로 했다. 이 메커니즘은 말처럼 그렇게 단순한 것이 아니고 대단히 복잡한 것이었다.

우선 나는 1,000만 달러를 펜센트럴 사에 지불하고 코모도어를 사야 하는데, 1,000만 달러 가운데 600만 달러는 그동안의 체납 세금으로 뉴욕 시에 즉각 지불돼야 하는 액수다. 그러고 난 뒤 나는 1달러에 그 호텔을 뉴욕 시에 팔아야 하고 뉴욕 시는 다시 그것을 99년 동안 나에게 임대해준다. 재산세 대신이랄 수 있는 임대료는 처음엔 매년 25만 달러를 지불하게 되나 40년째부터는 270만 달러로 오른다. 또한 나는 이익금의 일정 비율을 시에 지불해야 할 것이다. 결국 나는 뉴욕 시와 거래를 맺을 당시에 평가된 호텔의 가치에 따라 뉴욕 시가 책정한 재산세의 상당액을 몽땅 지불하게 되는 셈이다.

이 모든 계약은 뉴욕 시에 속한 평가국의 승인이 필요했다. 평가국은 1975년 12월 늦게 이 건을 심의하기 위한 최초의 회합을 가졌다. 회합이 있기 일주일 전, 나는 빅터 팔미에리를 찾아가 만약 뉴욕 시가 우리의 세금 감면 문제를 더 진지하게 다루기를 바란다면, 코모도어가 현재 대단한 곤경에 처해 있으며 그로 인해 더 이상 버티기가 어려울 것 같다는 점을 뉴욕 시에 명확히 인식시켜주는 것이 유리할 것이란 사실을 설명했다. 그는 나의 의견에 찬성했다.

이에 따라 12월 12일 팔미에리는 펜센트럴 사가 1975년 한 해 동안 코모도어에서 120만 달러의 손해를 보았고, 더구나 1976년에는 사정이 더 나빠져 손해액이 더 커질 것으로 우려되며, 이 같은 결과로 늦어도 1976년 6월 30일 이전까지 호텔 문을 완전히 닫을 생각까지 하고 있다고 발표했다.

그 이틀 뒤에는 내가 전혀 예상치 못했던 또 다른 중요한 발표가 있었다. 타임스 스퀘어에 거대한 새 호텔을 짓기 위해 지난 2년 동안 끈질기게 금융 지원을 요청해온 포트먼 어소시에이트라는 회사가 은행의 지원을 이끌어낼 길이 없어 결국은 호텔 설립 계획 자체를 포기하기로 했다고 발표해버린 것이다.

어쨌든 그것은 나에게 나쁜 소식이었다. 왜냐하면 당시 나는 뉴욕 시에 투자를 하는 일이야말로 센스가 있는 일이라는 것을 입증시켜줄 증거들이 가능한 한 많이 필요했기 때문이다. 그러나 다른 한편으로 뉴욕 시를 상대로 협상을 하는 데서는 포트먼 어소시에이트의 경우가 오히려 도움이 되었다. 나는 뉴욕 시에 대해 포트먼의 실패를 예로 들면서 내가 금융 지원을 이끌어낼 수 있는 유일한 길은 뉴욕 시가 세금 감면 혜택을 주는 것이라고 강조했다.

1976년 초 뉴욕 시 평가국은 세금 감면 프로그램의 내용을 변경키로 결정했다. 이에 따라 호텔을 뉴욕 시에 판 다음 다시 그것을 시로부터 임차하는 대신, 나는 도시개발공사를 상대로 모든 거래를 하게 됐다. 그렇게 된 이유는 기술적인 것이었지만 어쨌든 실질적으로 나에게는 오히려 이롭게 된 셈이다.

뉴욕 시와 달리 도시개발공사는 빠른 시간 내에 그리고 효과적으로 주민들의 퇴거를 명할 수 있는 합법적인 권리(소위 재산수용권)를 갖고 있었다. 이 문제로 인해 개인 개발업자들은 몇 달, 심지어는 몇 년을 끄는 경우마저 있다. 그러나 그해 4월까지도 평가국은 나의 세금 감면 문제에 대한 논의를 끝내지 않았다.

그럴 즈음 이에 대한 반대가 거세게 일기 시작했다. 가장 강한 반발은 다른 호텔업자들로부터 나왔다. 뉴욕 시의 호텔협회 회장인 앨버트 포미콜라는 나에게만 세금 감면 혜택을 주는 것은 세금을 내고 있는 다른 호텔업자들에 비해서 불공정한 특혜를 베푸는 조치라고 비난했다. 힐튼의 대표인 앨폰스 샐러몬은 나에게 10년 정도의 세금 감면 조치를 해주는 것은 이해가 가는 일이지만 그 이후에는 모든 사람들이 동등한 입장에서 경쟁할 수 있도록 해야 한다고 말했다. 호텔업계에서 다른 사람보다 성공을 거두었고 그로 인해 대다수의 다른 업자들보다는 질투를 덜 내고 있는 해리 헴슬리까지 뉴욕 시와 나의 협상이 다소 터무니없는 것처럼 보인다고 말했다.

시 평가국이 결정을 내리기 바로 직전 3명의 시위원회 위원들은 코모도어 호텔 앞에서 협상을 비난하는 기자회견을 가졌다. 나는 그것을 별로 대수롭지 않게 여겼다. 왜냐하면 그들은 어디까지나 정치인이기 때문이다. 그들은 이 문제가 유권자들이나 언론의 지지를 받을 것으로 감지한 것이며 그래서 유리한 쪽으로 붙어선 것뿐이다.

나는 반대 여론이 늘어나고 있는 데 대해 걱정은 됐다. 하지만 그래도 공개적으로 내가 취할 수밖에 없는 입장은 반대 여론에 맞서 싸우고 비판자들에게 전혀 양보를 하지 않는 것이었다. 훗날 한 기자가 나에게 어떻게 40년간 세금 면제를 받게 됐느냐고 물었을 때 나는 "왜냐하면 50년을 요구하지 않았기 때문이다"라고 답변했다.

우리에게 반대하는 주장들의 기본 요지는 뉴욕 시가 나를 상대로 너무나 후한 협상을 하고 있다는 것이었다. 세금 면제의 기한은 단지 그중 일부에 지나지 않았다. 그 외에도 반대자들은 내가 뉴욕 시와 나누기로 한 이익금에 대해서만은 세금 감면 혜택을 베풀지 않아야 한다고 주장했다.

또 내가 물어야 할 전체 임대료가 1974년의 호텔 평가 가치를 기준으로 산정한 재산세와 같다고 한다면 부동산 가치 즉 평가액 자체가 세월에 따라 상승한다는 것을 고려해야 하지 않겠느냐고 그들은 반문했다.

만약 나 자신이 협상을 책임 맡고 있는 뉴욕 시 공무원이었다고 해도 아마 같은 주장들을 했을 것이다. 그러나 다른 호텔업자들은 험담을 하는 데만 능했을 뿐이지 어느 누구도 코모도어를 위한 대안을 내놓지 못했다. 분명 대부분의 사람들은 내가 그 부동산의 독점 매입권을 갖고 있는 것으로 여기는 것 같았다. 그 덕택에 뉴욕 시는 그 문제를 꼬투리 삼지 않았다.

몇 개월 전에 한 시 공무원이 나더러 펜센트럴 사와 체결한 매입권 협정의 사본을 보내달라고 요청한 적이 있었다. 나는 그대로 했다. 그런데 사실 그 협정서에는 내 서명만 있었을 뿐 그 철도회사의 서명은 없었다. 그럴 수밖에 없었던 것이 아직 내가 25만 달러의 계약금을 지불하지 않았기 때문이다. 어느 누구도 그것을 눈치채지 못했다. 그러나 그로부터 2년가량이 지났을 때 이 거래에 관한 기사를 쓰고 있던 한 기자가 뉴욕 시에다 협정의 원본을 보자고 요청함으로써 사실이 밝혀지고 말았다.

평가국이 나의 계획에 대한 결정을 내리기 위해 세 번째 회합을 갖기로 예정한 2주일 전쯤에 마침내 코모도어에 대한 하나의 대안이 제시됐다. 이 대안은 지리상으로 별 가치도 없는 장소들에다가 싸구려 호텔들을 수없이 많이 지어놓고 있는 한 기업체가 내놓은 것이었다. 그들은 만약 뉴욕 시가 코모도어의 소유권을 갖게 된다면 자기네들이 기꺼이 시로부터 그 호텔을 사서 수백만 달러를 들여서라도 개축을 할 것이며, 또 모든 이익금을 시와 나누는 것은 물론 특혜도 받지 않을 것이라고 말했다. 그러나 이것은 문제투성이 회사가 내놓은 설익은 제안이었기 때문에 오히려 나의 입장만 유리해졌다.

확신하건대 결정타를 날린 것은 팔미에리와 펜센트럴 사였다. 당시 어느 누구도 코모도어가 셔터를 내리고 문에 빗장을 지르는 일만은 원치 않았다. 그해 5월 12일, 팔미에리는 펜센트럴 사의 결정에 따라 코모도어 호텔은 앞으로 6일 이내에 완전히 문을 닫게 될 것이라고 발표했다.

그런데 시한의 마지막인 6일째 되는 날은 평가국이 나의 세금 감면 문제에 대한 결정을 위해 네 번째로 회동하기로 예정한 바로 전날이었다. 반대자들은 즉시 이 발표가 뉴욕 시에 압력을 가하기 위한 계략이라고 주장했다. 나는 6일이라는 시한에 조금도 불안을 느끼지는 않았다. 그런데 사실 펜센트럴 사는 이미 6개월 전에 다가올 여름까지 호텔 문을 닫을 계획이라고 발표한 적이 있었다. 더욱이 1976년 한 해

동안의 총적자액은 460만 달러로 예상되었다.

5월 19일, 뉴욕 시에서 발간되는 모든 신문들은 1면에 코모도어 호텔을 떠나는 마지막 임차인들과 새로운 직장을 물색하고 있는 수백 명의 호텔 종업원들 및 호텔의 폐점으로 불안에 떨고 있는 인근 상점 주인 등에 관한 기사들을 가득 실었다. 그 기사들은 분명 나를 다치게 하지는 않았다. 5월 20일, 마침내 평가국은 8 대 0의 만장일치로 나에게 전면적인 세금 감면 혜택을 베풀어주기로 결정했다. 40년의 기간 동안 그 같은 세금 감면 혜택 덕분으로 나는 수천만 달러를 절약할 수 있게 됐다. 그 싸움은 예상 이상으로 값어치가 있었다.

나의 계획에 반대했던 사람들이 어떻게 느꼈는지는 모르지만 10일 뒤에 나온 「뉴욕 타임스」지의 한 사설은 나의 계획을 더할 나위 없을 정도로 좋게 평가했다. 그 사설은 "대안은 오직 코모도어가 빗장을 지르고, 세금 미납 상태에 빠지는 것"이라고 적고 있었다. 이렇게 될 경우, 뉴욕 시는 세금 손실 이외에도 노른자위 지역 중 한 곳에 금방 눈에 띄는 생채기를 내고 심각한 의기소침 상태에 빠질지 모르는 일이다.

그러나 믿을 수 없게도, 세금 면제를 받게 된 사실을 가지고도 은행들에 우리가 생명력이 펄펄한 호텔을 하나 갖게 됐다는 것을 확신시켜줄 수가 없었다. 돌이켜 생각해봐도 당시 우리가 계산해낸 수치들에 대해 은행들이 의구심을 갖고 있었다는 것은 도대체가 믿을 수 없는 노릇이다.

그러나 그것은 당시 상황이 그만큼 어려웠다는 것을 말해준다. 1974년의 경우 코모도어는 객실당 하룻밤에 평균 20달러 80센트를 받았다. 이때는 투숙률이 40퍼센트를 넘어서야 겨우 수지가 맞았다. 호텔을 완전히 개축했을 경우 우리는 객실당 하룻밤에 평균 48달러를 받고, 투숙률은 평균 60퍼센트 정도를 유지하기로 계획하고 있었다. 이것은 결코 그렇게 과한 수치들이 아니었지만 은행들은 우리가 지나치게 낙관적이라고 주장했다.

1980년 9월, 우리가 호텔 문을 열었을 때 판정은 내려졌다. 우연하게도 이때는 또 뉴욕 시가 그동안의 침체에서 벗어나기 위해 막 기지개를 켜고 있을 때였다. 그 덕분에 우리는 투숙률 평균 80퍼센트 이상에다 객실당 115달러의 요금을 받을 수 있었다. 1987년 7월 현재 우리는 객실료를 175달러로 올렸으며 투숙률은 평균 90퍼센트가량을 유지하고 있다.

결국 우리는 두 곳으로부터 금융 지원을 받아냈다. 하나는 본업 외에 많은 부동산까지 소유하고 있는 에퀴터블 생명보험협회(Equitable Life Assurance Society)였다. 에퀴터블 부동산회사의 대표인 조지 피콕은 그랜드 하얏트(코모도어의 개칭)를 위해 3,500만 달러를 내놓기로 동의했다. 그들이 그렇게 하기로 결정한 일차적인 이유는 그것이 곧 뉴욕 시를 위해 이로운 일이라고 생각했기 때문이다.

다른 하나는 바워리 저축은행(Bowery Savings Bank)이었다. 길을 사이에 두고 코모도어와 마주보는 곳에 본사를 두고 있는 이 은행은 4,500만 달러를 빌려주기로 동의했다. 그들은 또 그들 나름대로의 실질적인 동기를 갖고 있었다. 즉 자신들의 은행 주위가 지옥 같은 곳으로 변하는 것을 원치 않았던 것이다.

나는 완전히 새로운 빌딩을 세우는 대신에 단지 코모도어를 개축함으로써 수백만 달러를 절약할 수 있었다. 사실 거의 모든 사람들은 내가 대대적인 개축에 지나치게 많은 돈을 쓰는 것에 대해 반대했다. 우리가 코모도어의 벽돌 벽면을 반사가 잘되는 유리로 완전히 덮어버리려는 계획을 발표한 바로 그날부터 반대자들과 보존옹호론자들은 신경질적인 반응을 보였다. 그들은 내가 그랜드센트럴 역이나 그 외 석회암과 벽돌로 지은 42번가의 다른 사무실 빌딩들의 고전적인 건축양식과 전혀 조화를 이룰 생각을 안 하고 있다고 화를 냈다.

　그러나 내 생각으로는 옛날 모습을 그대로 둔다는 것은 자살 행위나 다름없는 짓이었다. 나는 이들 반대자들에게 "여보시오 친구들, 부탁컨대 이 거대한 기념물에 대해 얘기들을 하지 마세요. 크라이슬러 빌딩이 파산함으로써 그 주변은 황폐화됐고 제대로 돼가는 것이라곤 아무것도 없습니다. 내가 코모도어의 벽을 그대로 두리라고 생각한다면 미친 생각입니다. 달리 방법이 없습니다"라고 말했다.

　이상하게 들릴지 모르지만 모든 것은 변할 수 있다. 나의 빌딩에 대해 당초 저주에 가까운 생각을 하던 사람들도 지금은 그것을 사랑한다. 그들은 대단히 반사력이 좋은 유리를 벽면 재료로 선택함으로써 건물의 네 면을 거울로 만든 것을 대단히 놀라운 착상으로 여겼다. 42번가를 가로질러 가거나 파크 애버뉴 진입로로 올라가면서 그랜드 하얏트를 올려다볼 때, 우리는 이 호텔의 유리벽에 비친 그랜드센트럴 터미널과 크라이슬러 빌딩, 그리고 그 외 다른 특징적인 것들을 볼 수 있을 것이다. 호텔 벽을 유리로 덮지 않았더라면 결코 우리는 그런 모습들을 볼 수 없었을 것이다.

극적인 효과를 가져다준 또 다른 것은 호텔 로비였다. 뉴욕 시에 있는 대부분의 호텔 로비들은 단조롭기 짝이 없어 별다른 흥미를 자아내지 못한다. 나는 우리 호텔의 로비를 사람들이 방문해보고 싶은 명소로 만들 결심을 했다. 우리는 마룻바닥 재료로 갈색 대리석을 선택했다. 또 우리는 기둥과 난간에 동을 사용했다.

이외에도 우리는 과거에 어느 누구도 시도한 적이 없는, 42번가를 굽어볼 수 있도록 170피트(약 51.8미터) 길이의 유리로 사면을 둘러싼 레스토랑을 만들었다. 만약 코모도어를 오래되고 단조로우며 별다른 특징이 없는 옛날 모습 그대로 두었더라면 아무런 감흥도 자아내지 못할 뿐 아니라 지금과 같이 사업이 번창하지도 못했을 것이다.

1980년 9월, 그랜드 하얏트는 마침내 문을 열었다. 개점 첫날부터 대호황이었다. 지금의 연간 총 영업 수익은 3,000만 달러를 초과한다. 호텔 경영은 하얏트 측이 담당하기로 되어 있었기 때문에 개점과 함께 실질적으로 나의 역할은 끝났다. 그러나 현재도 나는 50퍼센트의 지분을 갖고 있으며 그렇게 본다면 엄밀한 의미에서 아직 내가 완전히 손을 뗀 것은 아니다.

이것이 처음에는 다소 문제를 일으켰다. 나는 일이 어떻게 되어가는지 알아보기 위해 종종 책임자 한 사람을, 대개는 나의 아내를 보내곤 했다. 그런데 하얏트 측은 그 점에 대해 불쾌해했다. 어느 날 나는 모든 하얏트 호텔의 대표자격인 패트릭 폴리로부터 전화를 받았다.

"도널드 씨, 한 가지 문제가 있습니다. 그 호텔의 매니저가 불평을 해대는군요. 당신 부인이 호텔에 들러 로비의 구석에 있는 먼지를 찾아내고, 현관 수위를 불러서 그것들을 깨끗이 청소하라고 시키기 때문이죠. 또 그렇지 않으면 당신 부인은 다리미질을 하지 않은 제복을 입고 있는 수위에게 옷을 깨끗이 세탁해서 입으라고 말하곤 하죠. 애석하게도 그 매니저는 여자들과 함께 일하기에는 문제가 있는 사람입니다. 그러나 그의 입장을 생각해본다면, 그는 1,500명의 종업원을 거느리고 호텔을 경영하고 있는 사람입니다. 이와 같은 사업은 어떤 식으로든 명령 계통이 서 있어야지 그렇지 않으면 운영이 잘되지 않습니다.”

그래서 나는 패트에게 “당신이 하는 얘기를 이해합니다. 그리고 문제가 있다는 말에 동감합니다. 그러나 내가 그 빌딩의 지분 중 50퍼센트를 갖고 있는 한 나는 어떤 식으로든 관여하지 않을 수 없으며 일이 잘돼가지 않을 때는 잘되도록 해야 할 것입니다”라고 대답했다. 이 말을 들은 패트는 다음 주에 만나자고 제안했다. 나는 패트를 좋아하고 존경하며 또 그를 특출한 경영인으로 생각하기 때문에 이 일이 잘 해결되길 바랐다.

패트는 아일랜드인 특유의 개성들을 갖고 있다. 그는 아마 워싱턴 D. C.의 하얏트 리전시(Hyatt Regency)나 아니면 플로리다 주의 웨스트 팜 비치(West Palm Beach)를 거닐곤 할 것이다. 그리고 그는 모든 이의 이름을 알고 있고 또 그들의 가족들까지 기억할 것이다. 그는 요리사에게 키스를 해주고, 현관 수위에게 좋은 일을 하고 있다고 격려를 해줄 것이며, 경호원이나 하녀들에게 “헬로” 하며 인사를 건네곤 할 것이다. 그가 호텔에 한 시간쯤 머물다 떠날 때쯤이면 모든 사람들은 자신들의 키가 10피트쯤 되는 듯한 우쭐한 기분을 느낄 것이다.

내가 패트를 만났을 때 그는 "어떻게 할지를 결정했습니다. 매니저를 바꿀 작정입니다. 내가 가장 아끼는 사람 중 하나를 쓸까 합니다. 그는 동유럽 사람인데 당신 부인을 좋아합니다. 그는 또 매우 융통성이 있는 사람이라 부인과 괜찮은 관계를 유지할 겁니다. 그렇게 된다면 부인께선 호텔에 마음 놓고 들어오셔서 원하는 사람 누구와도 대화를 할 수 있을 것이고, 또 다른 사람들도 기분이 좋을 것입니다"라고 말했다.

아니나 다를까 패드는 정말 매니저를 교체했고, 그의 새 매니저는 여러 가지 면에서 탁월한 능력을 발휘했다. 그러나 그는 사소한 일로 우리를 골탕먹였다. 일주일에 서너 차례씩 전화를 걸어, "도널드 씨, 14층의 벽지를 갈려고 하는데 허락해주시기 바랍니다"라든가 "레스토랑 한 군데에 새로운 메뉴를 들여왔으면 하는 데요"라든가 "세탁소 이용을 다른 곳으로 바꿀까 생각 중입니다"라고 얘기하곤 했다. 또한 우리를 그들의 모든 경영 회의에 초대하곤 했다.

그 사람은 지나칠 정도로 우리의 의견을 구하려고 했고 또 호텔 일에 우리를 끌어들이려 했기 때문에 결국 나는 "제발 나를 괴롭히지 말고 그냥 좀 놔둬요. 모든 일은 당신이 원하는 대로 하세요"라고 말했다. 그는 완벽한 역할을 하려고 했다. 그는 자신이 원하는 것을 싸움을 통해서보다는 우호적이고 부탁조로 또 긍정적인 방법으로 취하곤 했다.

우리의 동업 관계가 성공적이었던 것은 협정 중에 포함된 한 조항 덕택이었다. 언뜻 보면 별것 아닌 것처럼 보일지 모르나 나에게는 그 조항이 내가 갖고 있는 그랜드 하얏트의 지분 50퍼센트보다 더 값진 것처럼 생각됐다. 그것은 독점 계약 조항으로 내 허락 없이는 뉴욕의 어디에도 하얏트 측이 경쟁 호텔을 세울 수 없도록 영원히 금지한 것이다.

처음에 협상을 할 때 나는 제이 프리츠커로부터 그 계약 조항을 얻어내려고 애썼으나 그는 거절했다. 제이는 미래를 내다보는 눈을 가진 사람이기 때문에 세계에서 가장 큰 도시에 속하는 뉴욕에 장차 더 이상의 호텔을 세울 수 있는 길을 봉쇄당하고 싶어하지 않았다. 우리는 결국 이 문제를 미결 상태로 남겨둔 채 협상의 막바지를 맞았다. 협정 체결을 위해 우리 모두가 자리를 같이하기 직전에 나는 홀로 은행에서 나온 책임자를 만났다. 나는 그에게 이번 협상은 은행이 대부를 해주는 협상치고는 다소 덩치도 크고 위험 부담도 많은 것임을 우선 지적했다.

그리고 난 뒤 나는 은행의 대부금을 더 확실하게 보호할 수 있는 방법은 하얏트 측에 제약을 가하는 조항을 계속 고수함으로써 하얏트가 2년 뒤에 바로 42번가에다 또 다른 호텔을 짓는 것을 막는 것이라고 그에게 말했다. 그 은행가는 즉시 말뜻을 알아챘다. 그는 하얏트 측에서 온 사람들이 앉아 기다리는 방으로 뛰어 들어가 "여러분, 우리 은행은 지금 수천만 달러를 투자하려 하고 있습니다. 많은 돈입니다. 그래서 우리는 하얏트 당신네들이 더 이상 뉴욕에 어떠한 호텔도 갖지 않겠다는 것을 다짐하는 계약 조항을 협정에 삽입시켜주지 않는 한 대부를 해줄 수가 없습니다"라고 외쳤다.

자칫 잘못하는 날이면 모든 금융 자금 지원이 날아갈 판국이었기 때문에 내가 기회를 잡고 있었다. 그러나 나에게 다행스러웠던 것은 제이 프리츠커가 그 마지막 회담에 참석하지 않았다는 것이다. 하얏트 측을 대표하고 있는 책임자는 제이와 접촉하려고 애를 썼다. 그러나 그때 그는 산악 등정을 위해 네팔로 떠나고 없어 접촉이 불가능했다.

은행 측은 하얏트 측에게 결정할 수 있는 한 시간의 여유를 주었다. 그 시간이 지나면 금융 지원은 끝장이었다. 기다리는 동안 나는 직접 계약문을 작성했다. 그 계약문은 사실상 하얏트 측이 두 군데의 공항을 포함해서 뉴욕 지역에 우리와 경쟁이 될 만한 어떠한 호텔도 가질 수 없도록 명시하고 있었나. 유일한 예외는 하나의 조그만 고급 호텔을 지을 수 있음을 인정해주는 권리였다. 그러나 그것은 나의 판단으로 경제적 타당성이 없는 것이었다. 한 시간이 다 지나기 전에 그들은 내가 작성한 서류에 서명하기로 합의했다.

나는 지금 계약의 상대방 측 행동을 제약시키는 한 조항을 내 수중에 갖고 있다. 이것은 나의 상속인이 그렇게 영리하지 못할 수 있다는 가정을 해볼 때 대단히 중요한 것이다. 나는 내가 죽은 뒤에라도 행여 어떤 멋지고 부드러운 하얏트 측 사람이 나의 상속인 중 한 명을 찾아와서 "저, 우리는 케네디 공항에 조금도 당신에게는 해가 안 되는 호텔을 하나 세우려고 하는데 괜찮으시겠지요"라고 말을 건넬까 심히 우려하고 있다. 하얏트 측은 뉴욕에 호텔을 더 갖고 싶어하는 게 사실이다. 그러나 '예스'나 '노'라고 대답할 권리는 전적으로 내가 갖고 있다. 나는 대단히 귀중한 것을 갖고 있는 셈이다.

나는 이전부터 하얏트 측이 뉴욕에 호텔을 더 갖고 싶어한다는 증거를 갖고 있다. 프리츠커 가문의 원로였으나 최근에 세상을 떠난 A. N. 프리츠커라는 사람은 뉴욕에 들를 때마다 종종 나에게 전화를 하곤 했다. A. N. 프리츠커와 그의 아들인 제이 프리츠커는 서로 성격이 판이하다. 한 가지 공통점이 있다면 둘 다 두뇌 회전이 빠르다는 것이다. 제이는 자신에게 대단히 충실한 사람이었으나 A. N. 프리츠커는 감정이 격하고 노골적이며 마치 '장난감 곰' 같았다. 그들은 완벽한 조화를 이루었다. A. N. 프리츠커는 빈손으로 회사를 창립했을 때 은행들로부터 많은 도움을 받았다.

그러나 그가 은행의 도움을 받아낸 것은 많은 재산을 갖고 있었기 때문이 아니라 은행들이 그를 좋아했기 때문이다. 지금 그의 회사는 거대한 기반 위에 서 있다. 대단히 냉철한 개성을 갖고 있는 그의 상속인 제이는 더 이상 은행들이 그를 좋아하는 것을 원치 않을 정도로 성장했다. 지금은 은행들이 오히려 그와 거래하기를 원하고 있다.

어쨌든 A. N. 프리츠커는 뉴욕에 자주 왔고 올 때마다 전화를 걸어, "안녕하시오, 돈(도널드의 애칭). 지금 뉴욕에 와 있습니다. 잠깐 들러 인사나 나눴으면 하는데요"라고 말하곤 했다. 그러면 나는 "A. N., 나는 당신이 뭘 하려는지 잘 압니다. 뉴욕 어디에다 새 호텔을 하나 짓고 싶으신 거죠?"라고 대꾸했다. 그러면 그는 또 "그렇게 해주시면 좋겠습니다. 돈, 왜냐하면 그것은 당신을 해롭게 하지는 않을 것입니다. 오히려 그것은 우리에게 이로운 것이고 모든 사람에게 이로운 일입니다"라고 말했다. 그리고 난 뒤에도 A. N.이 계속 그 문제를 거론할 경우 나는 화제를 바꾸어버리곤 했다. 왜냐하면 나는 그를 대단히 좋아했기 때문에 직접 대놓고 그에게 '노'라고 말할 자신이 없었다.

내가 그렇게까지 생각해주는 사람은 매우 드물다. A. N.은 1986년에 죽었는데, 시카고에서 그의 장례식이 있던 날 나는 사무실에서 사업상 대단히 중요한 상담을 갖기로 되어 있었다. 그 상담은 내가 무척 바라던 것이었고 몇 개월 동안이나 준비를 해온 것이었다. 상담에 참석키로 한 사람들이 속속 도처에서 날아들었다. 그러나 나는 시카고로 가기 위해 그 상담을 취소했다. 결국 그 상담을 할 수 없었던 것은 물론이다.

그러나 나는 후회하지 않는다. 살다 보면 우리는 이떤 대기를 비리서가 아니라 존경하고 싶은 사람들을 몇 명 만나게 된다. 하얏트 측과 나와의 동업 관계가 그처럼 강하게 지속될 수 있었던 것은(물론 그랜드 하얏트가 대단히 성공적이었다는 이유도 있었겠지만) 결국 내가 A. N. 프리즈커에게 항상 애정을 느꼈기 때문이다.

제7장

트럼프 타워
우리는 환상을 팔고 있다

프랭클린 자먼(Franklin Jarman)과 만난 것은 불행의 시작이었다. 1971년 내가 맨해튼에 사무실을 얻어놓고 거리를 둘러보았을 때 본위트 텔러(Bonwit Teller)가 들어 있는 11층 건물이 내 관심을 끌었다. 그 건물은 5번로 57번가에 있었는데 그 위치도 위치지만 넓은 대지가 맘에 들었다. 그 위치와 면적으로 뉴욕 시에서 가장 값진 부동산이 될 만했다. 최상의 위치에 최대의 건물을 세울 가능성이 있었던 것이다.

본위트는 제네스코(Genesco) 사의 소유였다. 제네스코 사는 1950년대 후반 맥시 자먼(W. Maxey Jarman)이 설립한 회사로 그는 이 회사를 대기업으로 키웠다. 처음 맥시는 신발회사로 출발했는데 그 후 다른 신발회사를 사들이기 시작해 피터니, 헨리 벤델, 그리고 본위트 텔러 등을 소유하면서 점차 소매점으로 손을 뻗쳐나갔다.

그러나 1970년대 중반 맥시와 그의 아들 사이에 싸움이 일어났다.

그들 부자(父子)는 나름대로 고집 있는 사람들로 모두 자신이 경영권을 잡길 원했다. 싸움은 격렬해져서 그들 부자는 주주총회에서 서로 치고받는 지경에까지 이르렀다. 나는 아버지와 사이가 좋았기 때문에 그것이 믿기지 않았으나 결국 프랭클린이 자신의 아버지를 밀어내고 경영권을 장악했다. 그래서 1975년 본위트에 대해 상담하려고 내가 전화한 상대는 프랭클린이 되었던 것이다.

그때까지 나는 아무 실적도 올리지 못했다. 나는 그랜드 하얏트 호텔 문제로 애쓰는 한편 내 컨벤션 부지에 대해 싸우고 있는 중이었으나 어떤 것도 마무리된 것이 없었다. 어떤 이유에서인지 프랭클린 자먼은 기꺼이 나를 만나주었다. 나는 그를 만나자마자 단도직입적으로 본위트 텔러와 그 건물을 사고 싶다고 말했다. 이것이 팔리기 어렵다는 것을 알고 있었기 때문에 좀 더 좋은 조건을 제시하려고 애썼다. 그가 상점 문을 열 수 있도록 하겠다고 제안했다. 그것은 실현 가망성이 없는 제안이었으나 나는 아무튼 그곳을 차지하기 위해 모든 방법을 동원했던 것이다.

그러나 프랭클린은 내 말을 터무니없는 것으로 여기고 있었다. 내가 말을 마치자 그는 정중하게 그러나 매우 단호하게 말했다. "이 값진 땅을 우리가 팔 것이라고 생각한다면 미친 사람이지요."

악수를 나누고 그곳을 떠나면서 나는 어느 누구도 이 땅을 살 수 없을 것이라고 생각했다. 그것은 이미 결정 난 것이나 다름없었다.

그렇다고 나는 포기하지 않았다. 프랭클린 자먼에게 편지를 쓰기 시작했다. 처음에는 나를 만나준 데 대한 감사의 편지를 썼고, 두 달

후에 다시 편지를 보내 나의 제의를 고려해보지 않겠느냐고 물었다. 그러나 답장을 받지 못한 채 몇 달이 흘러갔고 나는 다시 그를 방문하고 싶다는 편지를 보냈다. 좀 더 시간이 흐른 다음 나는 또 편지를 써서 거래를 성사시킬 만한 새로운 방법을 제안했다.

나는 완전히 기가 꺾인 상태에서도 어떤 일이건 집요하게 물고 늘어졌는데 그것은 굽힐 줄 모르는 인내가 성공과 실패를 결정짓는 일이 많기 때문이다. 그러나 이 경우에서만은 프랭클린 자면은 자신의 본 위치로부터 움직일 줄 몰랐다. 그러나 모든 일이 그렇듯이 내가 쓴 편지들이 점차 효과를 나타냈다.

내가 처음 프랭클린을 본 지 3년이 지났을 무렵 제네스코는 매우 심각한 재정적 어려움을 겪기 시작했다. 처음에 나는 그것에 대해 별로 관심을 기울이지 않았다. 그러나 1978년 6월 어느 날 저녁 우연히 「비즈니스 위크」지에 실린 제네스코의 경영 변화에 대한 기사를 읽게 됐다. 제네스코를 파산 선고로부터 구하려는 은행들은 최고 업무집행자가 그 책임을 맡아야 한다고 주장했다. 그 사람이 바로 존 해니건이었는데 다재다능한 인물이었다. 그는 막 물거품이 될 뻔했던 AMF 브룬스윅 사를 파산으로부터 구한 참이었다.

그의 특기는 이른바 '가지치기'였는데 그것은 회사들을 해체시키는 방법이었다. 즉 회사의 자산을 팔아치워 빚을 갚고 은행과 관계를 청산하는 것이다. 해니건과 같은 사람에게서 나타나는 특징은 회사 직원이나 상품에 대해 아무런 애착 없이 회사를 상대한다는 점이다. 따라서 그는 무자비하게 일을 처리하는 데 조금의 거리낌도 없었다. 그는 강인하고 영리하며 철저히 결과 지향적인 사람이었다.

기사를 읽은 다음 날 아침 9시 정각, 나는 제네스코에 전화를 걸어 해니건과 통화했다. 그는 이제 막 새로 맡게 된 일을 시작하고 있었는데 놀랍게도 다음과 같이 말했다.

"당신이 무슨 용건으로 전화했는지 알겠습니다."

"알고 있다고요?"

"물론입니다. 당신이 바로 본위트 텔러를 사고 싶다고 그 많은 편지를 보낸 사람 아닙니까? 언제 오시겠습니까?"

"가능한 한 빠를수록 좋습니다."

"30분 안으로 오실 수 있습니까?"

거래라는 것은 시간이 맞아떨어져야 한다는 것을 보여주는 예였다. 다른 사람이 나보다 몇 주 혹은 며칠만 먼저 전화를 걸었어도 모든 일은 완전히 다르게 돌아갔을 것이다.

나는 그에게 곧 달려가 얘기를 나누었다. 회사가 현금을 몹시 긴급히 필요로 한다는 것은 분명했다. 또 그는 본위트건 다른 어떤 것이건 회사의 자산을 판다는 데 조금도 주저하지 않았다. 그것은 마치 염가 판매와 같았다. 나는 자리에서 일어서면서 지금이 거래를 빨리 성사시킬 수 있는 기회라는 데 생각을 굳혔다.

그러나 그 후 예기치 않은 일이 벌어졌다. 잭 해니건이 갑자기 나의 전화를 받지 않겠다고 한 것이다. 다음 며칠간 계속 열댓 번이나 전화를 했지만 한 번도 통화할 수 없었다. 나는 다른 구매자가 나타났다고 판단하고 어떤 경우든 골치 아픈 일이라고 생각했다.

나는 루이스 선샤인에게 전화를 걸어 그녀의 친구인 마릴린 에번스에게 다리 좀 놔달라고 부탁했다. 마릴린의 남편 데이비드는 신발회사를 갖고 있었는데 몇 년 전 제네스코에 팔았던 것이다. 그는 제네스코의 막강한 주주였고 따라서 제네스코에 영향력을 행사하고 있었다. 그들 부부는 나 대신 해니건에게 전화를 걸어 말을 해주었고, 해니건은 곧 나에게 전화를 걸어 왔다. 왜 이제까지 지체되었는지 알아낼 수는 없었으나 해니건은 다시 한 번 만나자고 제안했다.

이번에는 내 개인 변호사 제리 슈레이저를 동행하여 거래를 성사시킬 수 있었다.

일은 간단했다. 제네스코는 본위트 건물을 소유하고 있었으나 그 대지는 제네스코의 것이 아니었다. 그들은 대지에 대해 앞으로도 29년이 남은 임차권을 가지고 있었다. 나는 건물 및 대지 임차권을 2,500만 달러에 사기로 결정했다.

그것은 단지 첫 단계일 뿐이었다. 내가 마음속에 그리고 있는 빌딩을 세우기 위해 인접한 다른 토지들을 사 모으고 가까운 많은 지역들을 사들여야 할 일이 남아 있었던 것이다.

이것은 뉴욕 부동산의 경우 흔히 일어나는 일이었지만 이번 경우는 특히 이름난 지역이기 때문에 나는 움직임 하나하나에 신경 쓰면서 세심한 검토를 해야만 했다.

가장 긴급한 문제는 이 거래를 비밀에 부치는 일이었다. 내가 계약서에 서명하기 전에 만일 누가 본위트를 팔려고 내놓았다는 낌새만 채도 결코 거래가 이루어질 수 없으리라는 것은 확실했다. 일단 본위트가 시장에 나가면 여러 사람들이 사려고 덤벼들 것이고, 부르는 값은 하늘로 치솟을 것이다. 그래서 나는 잭과 악수를 교환한 뒤 다음과 같이 말했던 것이다.

"이제 내가 2,500만 달러에 그 건물을 사기로 했고 당신은 이에 따라 팔기로 결정했음을 나타내는 간단한 약정서를 양식에 따라 만들었으면 합니다. 그래야 우리 중 아무도 나중에 딴소리를 하지 않지요."

놀랍게도 잭은 좋은 생각이라며 기꺼이 동의했다. 잭은 매우 영리했으나 뉴욕 사람은 못 됐다. 그는 이 건물이 얼마나 근사한 것인지 깨닫지 못했던 것이다. 그것은 불경기에도 사람들이 사려고 줄지어 설 만큼 가치 있는 것이었다.

제리와 나는 거기서 즉시 계약서를 작성했다. 잭은 그것을 읽어보더니 판매에서 이사회의 승인을 요한다는 구절을 삽입하고는 다시 나에게 계약서를 건네주었다. 나는 말했다.

"이봐요, 나는 이 조건을 받아들일 수 없습니다. 삼사 주일 후 만일 당신이 이사회를 설득해 거래를 승인하지 말도록 압력을 넣는다면 이 계약서의 모든 사항은 물거품이 돼버리고 맙니다."

그러고 나서 상점을 사는 데 정말 이사회의 승인이 필요한지 물어보았다. 그는 필요 없다고 대답했다. 나는 그 구절을 빼자고 제안했다. 그는 조금 생각하는 듯하더니 이윽고 내 제안에 동의했다. 나는 거래를 마쳤고 그 위에다 거래를 뒷받침할 만한 서류까지 챙기고는 그곳을 떠났다.

일단 잭 해니건으로부터 계약 의향서를 받아낸 후 계약을 완료하기 전에 체이스맨해튼 은행에 있는 콘래드 스티븐슨이라는 사람을 만나러 갔다. 아버지는 항상 체이스 은행과 거래를 했었으므로 본위트를 구입하기 위해 필요한 2,500만 달러를 빌리러 맨 먼저 찾아가야 할 곳이라고 생각했던 것이다.

나는 코니에게 내가 본위트 건물과 29년이 남은 토지 임차권을 사려고 하고 있으며, 그 자리에 커다란 고층 빌딩을 짓고 싶다며 그 거래에 대해 설명했다. 그는 곧 다음과 같이 말했다.

"그 대지를 완전히 소유하는 것이 아니라면 융자해 드릴 수가 없습니다."

즉 29년 후 임차 기간이 만료되었을 때 토지 주인에게 넘어가버릴지 모를 대지를 구입하는 데 자금을 조달하는 것이 내키지 않는 모양이었다. 나는 일단 한번 생각해보자고 제안했다. 나는 코니에게 "자, 내가 선택할 수 있는 두 가지 대안이 있는데 그중 하나는 만족하실 것입니다"라고 말했다.

"첫 번째 제안은 그 건물을 개조하여 1층에는 소매점을 두고 나머지는 사무실 빌딩을 만들자는 것인데 비용이 별로 들지 않는 일입니다. 나는 앞으로 남은 임차 기간 중 연간 12만 5,000달러라는, 그때 당시에도 아주 적은 액수의 임차료를 지불할 것이므로, 저당 기간이 끝난 다음은 괜찮은 이익을 올릴 수 있으리라 확신하고 있습니다."

그러나 코니는 전혀 믿지 않았다. 그래서 나까지도 첫 번째 제안을 모든 일이 잘 안 되었을 경우 일어날 상황으로 생각하게 됐다.

나는 또 내가 진심으로 바라고 있는 바는 건물과 토지 임차권만이 아니라 대지까지 사는 것이라고 설명했다. 그렇게 되면 임차 만기가 되어도 그것을 잃어버릴 위험 없이 커다란 빌딩을 지을 수 있을 것이라고 했다.

토지 소유자가 에퀴터블 생명보험회사라고 말했을 때 코니는 처음으로 관심을 나타냈다. 내가 에퀴터블과 매우 가깝게 지냈으므로 토지 소유자가 그 회사라는 사실은 큰 도움이 될 것이라는 데 우리는 같은 생각을 가지고 있었다. 그들은 하얏트에 큰 몫의 보험금을 걸고 있었는데, 그때 호텔은 건축 중이었고 일은 매우 순조로웠으며 모두들 그 거래가 잘될 것이라고 생각하고 있었다.

그다음 내가 한 일은 에퀴터블 부동산 사장, 조지 피콕을 만날 날짜를 잡는 것이었다. 내가 잭 해니건과 접촉하기 시작한 지 꼭 한 달 만인 1978년 9월에 나는 조지와 만났다. 나는 "에퀴터블 토지에 대한 임차권을 본위트로부터 사려고 진행 중에 있는데 토지의 소유주인 당신과 동업하는 것이 우리 모두에게 좋을 것이라고 생각한다"고 말했다. 그 편에서 토지를 제공한다면 내 쪽에서는 그 토지에 대한 임차권을 내놓겠다고 제안했다. 분배를 50 대 50으로 하고 우리가 함께 이 기막힌 부지에 거주용과 사무실용 빌딩을 짓자는 것이었다.

에퀴터블은 본위트의 임차권이 소멸될 때까지 그 토지를 잡고 기다렸다가 완전히 그것을 소유할 수도 있을 것이다. 그러나 한편으로는 임차권이 만료될 그때까지 에퀴터블은 매년 보잘것없는 임대료에 만족해야 할 것이라고 지적했다. 왜냐하면 그 임대료는 뉴욕 부동산 가치가 올라가기 훨씬 전에 결정된 것으로 정말 얼마 되지 않는 액수였던 것이다.

나는 지금의 건물을 개조해 다음 30년간 더 적당하고 짭짤한 이익을 올릴 수 있을 것이라고 덧붙였다. 사실 이 거래에 자금을 조달할 수 있을지 확신이 없었으나 에퀴터블과 동업하는 것만이 내가 선택할 수 있는 유일한 길이라는 것은 조지에게 알리고 싶지 않았다. 그렇게 되면 그는 자기 마음대로 나와의 거래를 힘든 쪽으로 몰고 갈지도 모른다.

다행히 조지는 즉시 동업 제의에 찬성했다. 그는 내가 마음속으로 그리고 있는 거대한 빌딩 신축에 필요한 부지를 확보할 수 있을 것인가에 대해서는 회의적이었으나, 내가 코모도어와 이루어놓은 성과를 인정하고 있었다. 그의 사무실을 떠나기 바로 전 내가 약속을 이행하겠다는 조건으로 계약할 수 있었다. 나는 다시 한 번 임시 계약을 가지고 조작하고 있는 나 자신을 발견했다.

내가 다음에 할 일은 본위트 임차권과 에퀴터블 대지 등의 계약들을 사용해 티파니와 세 번째 계약을 맺는 일이었다. 나는 특히 본위트에 인접한 티파니의 지상권을 손에 넣고 싶었다. 그것은 5번로 57번가의 코너에 있었다. 따라서 티파니의 지상권을 산다면 더 큰 빌딩을 지을 수 있는 병합된 부지를 확보할 수 있었다.

불행하게 나는 티파니에는 아는 사람이 없었다. 주인인 월터 호빙(Walter Hoving)은 전설적인 소매상으로뿐만 아니라 까다롭고 요구 조건이 많으며 변덕스런 인물로 정평이 나 있었다. 소문은 나빴지만 호빙이 만지는 것은 무엇이든 금으로 변화시키는 힘을 갖고 있다고 들었기 때문에 항상 그를 존경하고 있었다. 호빙이 로드 앤드 테일러를 운영했을 때 그것은 최고였고 그가 본위트 텔러를 맞아 운영하게 되자 역시 본위트 텔러도 최고가 되었다. 또한 호빙이 티파니를 경영하는 한 티파니도 최고인 것이 분명했다.

나는 호빙을 파티에서 여러 번 보았는데 그는 머리가 하얗게 센 귀족적인 스타일의 신사였다. 그의 매너에는 흠 하나 없었고 깔끔하게 재단된 양복을 입고 있었다. 만일 티파니 회장에 관한 영화를 찍는다면 월터 호빙이야말로 그 역을 맡아야 할 인물이었다.

나는 단도직입적으로 나가기로 결심했다. 호빙에게 전화를 걸어 나 자신을 소개했다. 나는 정중하고 예의 바르게 용건을 말했다. 그는 나를 만나고 싶다고 말했다. 그때 데르 스쿠트는 내가 티파니의 지상권을 얻지 못할 경우에 그것을 대체할 빌딩 모델까지 완성해놓고 있었다. 나는 이 두 모델을 가지고 그를 만나러 갔다. "나는 당신네 티파니의 지상권을 사고 싶습니다. 당신도 매우 만족해할 만한 더 좋은 빌딩을 신축할 수 있습니다. 나에게 지상권을 팔아야만 당신은 티파니를 영원히 보존할 수 있습니다. 아무도 그 건물 위로 빌딩을 짓지 못하기 때문에 누구도 그것을 허물어뜨릴 수 없을 것입니다."

나는 또 만일 내가 티파니의 지상권을 사지 못한다면, 시 당국은 나에게 기술적인 이유로 티파니 건물 위쪽 55층 이상은 보기에 좋지 않은 철망 씌운 창문을 달도록 요구할 것이라고 하면서 지상권을 팔 것을 설득했다. 또한 티파니의 지상권을 가진다면 티파니를 내려다보는 빌딩 측면에 아름다운 그림 창문을 끼울 수 있을 것이라고 말했다.

이같이 말하면서 나는 호빙에게 두 가지 모델을 보여주었다. 하나는 오늘날 트럼프 타워의 디자인이 된 웅장한 빌딩의 모델이었고 다른 하나는 티파니의 지상권을 사지 못했을 경우를 대비한 보기에 좋지 않은 빌딩의 모델이었다.

"내가 티파니를 보존하게 만들어주면 오히려 나는 500만 달러를 당신에게 지불할 것입니다. 그 대가로 당신은 당신에게는 쓸모없는 지상권을 나에게 파는 것입니다."

나는 월터 호빙에게 이와 같이 말했다.

호빙은 티파니에서 거의 25년 동안 일했다. 그는 그것을 믿기지 않을 정도로 성공시켰고, 따라서 자신이 이룩한 성과에 대해 대단한 긍지를 갖고 있었다. 나는 그것을 노리고 있었다. 곧 효과가 나타났다. 그는 내 생각에 즉시 호감을 표했다.

"자, 젊은이, 나는 당신이 제시한 가격으로 거래하겠소. 나는 단지 당신이 말한 만큼 일을 잘해나가길 바랄 뿐입니다. 왜냐하면 나도 그것에 대해 긍지를 갖게 되길 원하기 때문이오."

그때 마침 조그만 문제 하나가 생각났다. 나는 아내와 함께 이곳을 한 달 동안 떠나 있을 작정이었고 내가 돌아올 때까지는 계속 이 일에 매달릴 수가 없었던 것이다. 나는 걱정스러워지기 시작했다.

"호빙 씨, 문제가 있습니다. 제가 떠나 있는 동안 혹시 무슨 이유에서건 마음을 바꾼다면, 나는 쓸데없이 건축과 구획 작업을 해놓는 셈이 되어버립니다."

월터 호빙은 내가 자기를 모욕했다는 듯이 쏘아보았다.

"젊은이, 아마 오해가 있었나 봅니다. 나는 당신과 악수를 나누고 거래를 마쳤습니다. 그것으로 모든 것이 끝난 것입니다."

나는 할 말을 잃었다. 내가 어디 출신인가를 이해해주어야 한다. 부동산업계에는 확실히 존경할 만한 인물들이 있기는 하다. 그러나 나는 그들과의 악수가 의미 없다는 것을 알고 있어 그런 수고를 들이고 싶지 않은 종류의 사람들에게 더 익숙해져 있었던 것이다. 저차원의 생활, 서명된 계약 외에는 어떤 것도 중요하지 않다는 것은 증오할 만한 일인 것이다.

나는 월터 호빙과 내가 완전히 다른 방식으로 거래를 하고 있었다는 것을 깨달았다. 그는 다른 사람이 자신을 거래에서 약속을 어길 수 있다고 생각한 것에 대해서 정말로 충격을 받았던 것이다. 그만큼 신사였다. 그는 또한 말로 사람을 꼼짝 못하게 하는 방법을 터득하고 있었다. 그래서 정말 내가 우리 거래에서 무엇인가 잘못되지나 않았나 하는 우려를 나타냈다는 사실 자체에 대해서 스스로 얼굴을 붉히게 만들었다.

이윽고 월터 호빙은 돌아갔다. 그가 떠나가자마자 필립 모리스는 내가 티파니의 지상권을 사기로 약속한 가격보다 더 높은 금액으로 그랜드센트럴 지상권을 사기로 계약했다. 그런데 티파니가 훨씬 위치가 좋았다. 그리고 나서 그 달에 몇 차례 더 지상권 거래가 있었는데 모두 매우 큰 거래였다. 뉴욕 시는 순조롭게 회복되어가고 있었고, 부동산 경기는 급상승하기 시작했다. 나는 호빙이 존경받을 만한 인물이라는 것을 알고 있었다. 그러나 나는 그가 다른 거래에 대해 들었을 때 어떻게 생각할까 걱정하지 않을 수 없었다.

그가 돌아가고 며칠 후 우리는 거래에 대해 몇 가지 사항을 의논하기 위해 만났다. 함께 앉아 있는 동안에도 그의 간부 임원 두 명이 부동산 시장의 상황을 지적하며 그에게 거래하지 않도록 설득하기 시작했다. 그는 두 임원에게 이렇게 말했다. "여보게들, 나는 이 젊은이와 한 달 전 악수를 교환했네. 내가 거래를 했다면 그것이 좋건 나쁘건 거래는 성립된 것이네. 그리고 나는 다시 설명할 필요가 없다고 확신하고 있네." 그것으로 끝이었다.

그 후 나는 호빙이 한걸음 더 나갔다고 들었다. 같은 기간 동안 그는 분명히 나와 한 거래보다 더 큰 거래를 하기로 결정했다. 즉 그는 티파니 사를 에이본 주식회사(Avon Corporation)에 팔기로 한 것이다. 나는 에이본은 티파니 같은 고급 상점을 사기에는 다소 처지는 구매자라고 생각했다.

한편 그들은 티파니를 팔기로 한 호빙의 결정에 대해 내가 비난하지 못할 정도의 고액을 지불키로 약속했다. 그리고 에이본은 거래 조건으로 호빙이 나와 지상권 거래를 더 이상 진행시키지 말 것을 원했다. 그러나 호빙은 확고부동했다. 그는 임원들에게 에이본이 지상권 거래를 문제 삼는다면 에이본은 자신의 상점을 살 필요가 없다고 말했던 것이다. 그들은 그 요구를 철회하고 상점을 샀고, 나의 거래는 진행되었다.

월터 호빙은 정말 존경할 만한 일류 신사였다. 그 점이 바로 그를 유명한 소매업자로 만들었던 것이며 따라서 그가 티파니를 떠난 후 티파니는 예전과 같지 않게 되었던 것이다.

티파니의 지상권은 확보했지만 내가 필요로 하는 몫이 하나 더 있었다. 57번가를 따라 티파니에 붙어 있고 본위트가 임차하고 있던 4,000평방피트의 작은 땅이었다. 그런데 그것은 내가 지으려고 마음먹은 빌딩을 신축하는 데 결정적으로 필요한 곳이었다.

구획 규정상 건물 뒤로 최소한 30피트의 공지(뒷마당)를 갖고 있어야 한다. 이 땅이 없다면 우리는 이미 계획한 빌딩에서 뒷마당분을 잘라내야만 할 것이었다.

내가 원하는 땅은 레너드 캔덜(Leonard Kandell)이라는 인물이 갖고 있었다. 모든 본위트 임차권을 사게 됨으로써 나는 그 땅을 효과적으로 사용할 수 있었으나 문제는 임차 기간이 짧다는 것이다. 사용할 수 있는 기간이 20년도 안 되었고 구획 변동을 실제적으로 불가능하게 만드는 규정도 포함되어 있었다. 다행히 레너드 캔덜은 호빙같이 정말 훌륭한 사람이었다.

레너드는 그의 나이 30~40대에 브롱크스에 있는 아파트들을 구입하면서 부동산업을 시작했다. 그러나 다른 대부분의 부동산업자들과는 달리 임대 억제책이 시행될 기미가 보이자 재빨리 그만두기로 결정했다. 그는 아파트를 전부 팔아 맨해튼으로 와서 가장 좋은 부동산 임차권을 사들이기 시작했다. 부동산 건물이 들어선 대지에 대한 경기가 호황을 누리자 레너드는 빌딩들을 직접 운영하지 않고도 많은 돈을 벌었다. 반면 브롱크스에 남아 있던 부동산업자들은 임대 억제책에 큰 영향을 받았기 때문에 망할 지경에 이르렀다.

내가 브루클린과 아버지의 사업에서 손을 뗀 이유는 임대 억제책을 모면해보자는 심산에서였다. 따라서 레너드와 나는 처음부터 유사점을 갖고 있었던 것이다. 문제는 레너드가 그것을 팔려고 하지 않는다는 점이다. 값이 비싸다거나 그가 특별히 57번가 구획에 애착을 갖고 있어서가 아니었다. 단지 레너드는 맨해튼의 부동산 값이 결국 오른다는 논리를 근거로 아무것도 팔지 않겠다는 것이다. 물론 그는 옳았고, 나와 친하게 되었어도 레너드는 조금도 양보하지 않았다.

그런데 어느 날 나는 티파니 거래에서 예기치 않은 보너스를 찾아냈다. 나는 지상권 계약을 검토하고 있었는데 우연히 일정 기간 안에 바로 인접해 있는 캔덜 부동산을 구입할 수 있다는 선택 매매권을 티파니에 부여한 구절을 발견했던 것이다.

나는 "감사합니다, 하나님" 하고 혼잣말을 했다. 이것은 레너드와 거래를 트게 하는 단서가 될 수 있을 것이다. 그래서 나는 월터에게 가서 말했다. "당신은 결코 저 캔덜 토지를 사지 못할 것입니다. 그러니 거래의 일부분으로 내가 당신의 선택 매매권을 사는 것이 어떻습니까?"

월터는 동의했고 우리는 그것을 우리의 거래에 첨가시켰다. 그리고 즉시 나는 그 선택 매매권을 행사했다. 처음에 레너드는 선택 매매권은 티파니의 것이며 양도할 수 없기 때문에 나에게만 그 선택 매매권을 행사할 권리가 없다는 태도를 취했다. 레너드가 옳았을지 모르지만 소송을 통해 내가 선택 매매권을 행사할 권리를 획득할 가능성도 있었다.

내가 이 점을 레너드에게 지적하자, 우리는 다시 머리를 맞대고 20분도 채 안 돼서 두 사람 모두 이익이 되는 거래를 성사시켰다. 나는 선택 매매권 행사를 철회하기로 했고, 그 대가로 레너드는 그 토지에 대한 임차권을 20년에서 100년으로 연장해주기로 동의했다. 이 기간은 그것을 자본으로 만들 수 있는 충분한 시간이었다. 그는 또한 임대권을 새로 작성하면서 재구획을 금지하는 규정을 삭제했다. 그리고 나는 약간 높은 임차료를 내기로 약속했다. 우리는 악수를 나누었고, 계속 좋은 친구가 되었다.

그런데 일 돌아가는 것이 좀 묘해졌다. 레너드는 다소 나이가 많았는데, 지난 2년간 그는 자신의 상속인들과 부동산에 대해 이리저리 마음을 쓰기 시작하고 있었다. 1986년 초에 그는 전화를 걸어 나에게 센트럴파크 하우스에 있는 리츠 칼튼 호텔 대지에 대한 15%의 소유권을 선물로 주고 싶다고 말했다. 리츠 칼튼 호텔 대지는 그가 특별히 소중하게 여기는 재산 중의 하나였다. 그 외에도 그는 29년 후 호텔의 임차권이 만료됐을 때의 대지 처분권을 나에게 주었다.

레너드는 그 대지에서 가장 많은 이득을 얻어낼 수 있는 사람에게 그 대지를 건네주는 것이 자신의 목적이라고 말했다. 그래야 소유권의 대부분을 보유하고 있는 자신의 상속인들에게 이득을 줄 것이라는 설명이었다. 레너드는 매우 관대하고 똑똑한 사람이었다. 나는 캔딜 가(家)를 위해서 열심히 노력할 것이다.

내가 57번가에 있는 캔딜의 부지를 얻게 된 것은 1978년 12월이었는데 그때 나는 미묘한 상황에 처해 있었다. 나는 필요한 모든 부지를 이어 맞추고 그 거래를 완전 비밀로 할 수 있었으나, 여전히 제네스코와는 계약을 끝내지 못하고 있었다. 1979년에 들어서 내 개인 변호사들은 계속 제네스코 측 변호사들과 마지막 몇 가지 문제에 대해 토론을 벌였고 2월 안으로는 계약서에 서명하게 되리라 예상했다. 그러나 1월 중순경에 드디어 제네스코가 본위트 토지를 팔려고 한다는 말이 부동산업계에 새어나가기 시작했다. 내가 예상했던 대로 제네스코는 즉시 그 땅을 사려는 바이어들로 둘러싸였다. 그들 중에는 석유붐으로 태워버릴 만큼 돈을 번 부유한 아랍인들도 있었다. 제네스코는 갑자기 거래에서 뒷걸음치려고 하기 시작했다. 우리의 계약이 준비 중에 있었지만 제네스코가 거래를 깰 방법을 찾으려고만 한다면 그럴 수도 있었다.

그때 나는 나의 행운의 별에 감사했다. 잭 해니건에게서 받은 한 장의 예약서를 갖고 있었던 것이다. 그것이 없다면 우리의 거래가 이루어질 만한 기회란 없었다. 나는 그 예약서가 법적으로 구속력을 갖는지 확신할 수는 없었으나 최소한 그것을 법정에서 다룬다면 몇 년간 본위트 토지 판매를 지연시킬 수 있었다. 당연히 나는 제네스코에게 만일 그들이 나와의 거래 약속을 어긴다면 그대로 할 것임을 알렸다. 나는 제네스코가 자신들을 궁지에 몰아넣고 있는 채권자들 때문에 시간이 많지 않다는 것을 알았다.

2월 20일 아침, 나는 반가운 전화를 받았다. 「뉴욕 타임스」의 기자 디 위드마이어에게서 온 전화였는데, 그는 내가 본위트 빌딩을 사기 위해 제네스코와 거래하려고 한다는 것이 사실이냐고 물었다. 여전히 빠져나갈 길을 찾고 있던 제네스코는 위드마이어에게 가타부타 설명하길 거절했다. 나는 일부러 위험을 무릅쓰기로 결심했다. 실은 가능하면 계약서에 서명할 때까지 그 거래를 비밀에 부치려고 무척 애쓰고 있었다. 왜냐하면 경매 싸움으로 끌고 가길 원하지 않았기 때문이다. 그러나 이제 소문은 돌고 있었고, 판매자는 주저하고 있다. 그래서 나는 위드마이어에게 내가 제네스코와의 거래에 합의했고 그곳에 새로운 고층 빌딩을 지을 계획이므로 본위트는 몇 달 안으로 문을 닫게 될 것이라고 알려주었다.

내 의도는 제네스코가 자신들의 약속을 이행하도록 대중이 압력을 가하는 것이었다. 나는 그 외의 소득에 대해서는 계산에 넣지 않았었다. 다음 날 위드마이어의 기사가 나가자마자 곧 본위트의 우수한 직원들은 새 직장을 찾아 기웃거리기 시작했다. 본위트는 갑자기 엘리트들을 잃기 시작했고, 상점 운영이 불가능하게 되었다. 내가 보기에 그 일이 제네스코에게 압력이 되었다. 「뉴욕 타임스」에 기사가 나간 지 5일 후 우리는 계약서에 서명했다. 제네스코의 초조감이 거래를 성립시킨 것이다.

한편 초조감은 이중의 날을 가진 칼이 될 수 있다. 제네스코는 몹시 긴급히 현금을 필요로 했기 때문에 색다른 계약을 하자는 고집을 부렸다. 전형적인 부동산 거래에서는 10%는 계약시 보증금을 내고 나머지 90%는 계약이 끝날 때 지불하는 법이다. 대신 제네스코는 계약시 50%인 1,250만 달러를 내고 나머지 반은 계약이 끝날 때 낼 것을 요구했다. 변호사들은 그러한 요구에 응하지 말라고 충고했다. 그들은 우리가 거래를 끝내기 전에 그 회사가 파산하는 근거 있는 위험 요소가 있다고 보았다.

내 변호사는 내가 그만한 돈을 그런 위험에 처하게 둔다는 것은 대단히 무모한 짓이라고 충고했다. 그러나 나는 다른 식으로 보았다. 그 거래에 1,250만 달러를 거는 것을 겁내지는 않았다. 나는 내가 제네스코에게 현금을 많이 줄수록 제네스코가 더 많은 빚을 갚아 채권자들을 저지할 수 있을 것이라고 생각했다. 또한 거래를 가능하면 빨리 끝내는 것이 서로에게 이익이 되기 때문에 위험 부담 기간이 비교적 짧아질 것이다. 계약과 결산 사이의 기간은 종종 6개월 이상이 되기도 한다. 그러나 이 경우라면 60일이면 되는 것이다.

더욱이 나는 이미 이 거래에 많은 돈과 시간을 투자했다. 나는 잭 해니건과 만난 후 8월부터 그 대지에 대한 계획에 착수하고 구획 문제로 시 당국과 협상하기 시작했었다. 나는 잭 해니건의 사무실을 나선 후 곧 데르 스쿠트에게 전화를 걸어 본위트에서 만나자고 말했다. 그가 왔을 때 나는 빌딩을 가리키며 어떻게 생각하느냐고 물었다.

"확실히 굉장한 곳이지요. 그런데 나보고 그것에 대해 어떻게 생각하느냐고요?"

나는 데르에게 "뉴욕에서 가장 멋진 빌딩을 짓고 싶은데 내가 적법한 범위 내에서 얼마나 큰 빌딩을 지을 수 있는지 알고 싶으니 당신이 일을 곧 시작해주시오"라고 말했다.

처음부터 빌딩의 규모는 가장 중요한 사항이었다. 저만큼 좋은 장소이고 보면 내가 더 아파트를 많이 지을수록 그 투자에 대한 수익을 더 많이 올릴 수 있을 것이다. 더욱이 내가 건물을 높이 지으면 지을수록 전망도 더 좋아지고 아파트에 대한 값을 더 많이 매길 수 있을 것이다. 현대미술관 출신의 아서 드렉슬러(Arthur Drexler)는 "마천루는 돈 벌기에 좋은 기계"라고 하며 그것을 잘 표현했다. 드렉슬러는 비난 조로 그 말을 했으나 나는 그것을 자극으로 보았다.

석회암이나 벽돌로 지은 낮고 오래된 건물들이 들어찬 5번로와 나란히 해서 유리로 된 대형 고층 빌딩을 지을 것인가? 처음엔 내가 과연 이렇게 할 수 있는 허가를 받아낼 수 있을지에 대해 사람들은 모두 회의적이었다. 나는 하얏트에 대해서도 비슷한 소리를 들었으므로 물론 그 같은 경고를 그다지 심각하게 받아들이지 않았다. 영리라는 목적은 차치하더라도 높은 빌딩이 낮은 빌딩보다 훨씬 더 인상적이라고 생각했다.

곧 데르는 나의 열의에 휩싸였다. 누군가 지역사회 공청회에서 우리가 지으려고 하는 빌딩이 너무 높아 많은 빛을 차단할지 모른다고 불평했을 때 데르는 반농담으로 "햇빛이 필요하거든 캔자스로 가시오"라고 대답했다.

모든 새 빌딩의 축조 높이는 용적률(FAR)에 의해 결정된다. 특히 한 빌딩의 전체 면적은 빌딩 부지 면적의 일정한 배수를 넘지 못한다. 물론 특별 배당을 얻을 수는 있다.

처음에 나는 빌딩의 디자인 자체에 주의를 기울였다. 나는 잊지 못할 기념비가 될 만한 것을 만들고 싶기도 했고, 또한 독특한 디자인 없이는 커다란 빌딩의 신축 허가를 받을 수 없으리라는 것을 알고 있었다. 보통의 사면 유리 박스는 도시 계획에 맞지 않을 것이다. 데르는 일에 들어갔다. 그는 40장도 넘게 제도를 했다. 우리는 함께 각각의 제도에서 가장 좋은 요소를 뽑아내었다.

처음에 우리는 사각형의 석회암 기반 위에 지은 유리 빌딩을 생각했는데 아무래도 좋아 보이지 않았다. 다음에 우리는 세 개의 유리 엘리베이터가 있는 것을 디자인해보았다. 나는 그것이 마음에 들었으나 그것은 장사가 될 내부 공간을 너무 많이 써버리는 것으로 나타났다. 결국 데르는 도로에서 시작해 티파니 빌딩의 높이까지 층층을 이루며 뒤쪽으로 물러서는 일련의 테라스로 되어 있는 제도를 가지고 왔다. 아내 이바나와 나는 벽단(壁段)이 어떤 조화를 이루어줌으로써 평면 벽을 가진 대부분의 고층 빌딩이 주는 부담감을 우리 빌딩에서는 덜 느끼게 될 것이라고 생각했다. 그 이상의 층에는 톱니 디자인으로 만들어 빌딩에 28면을 갖도록 만드는 지그재그 효과를 내게 했다.

그 디자인대로 건축하는 데는 보통의 것보다 훨씬 비용이 많이 들 것임이 분명했으나 그 이익도 그만큼 확실한 것 같았다. 28면을 가진 빌딩이라면 인상적이고 눈에 확 들어오는 빌딩이 될 것이다.

또 다면(多面)은 각각의 방에 최소한 두 개의 전망을 확보해주어 결국 각 아파트에 대해 더 높은 값을 매길 수 있을 것이다. 우리는 가능한 모든 분야에서 최상의 것을 만들고 있는 것이다. 그것은 확실히 훌륭한 디자인이었으며 또한 매우 잘 팔릴 만한 것이었다. 큰 홈런을 날리려면 이 두 가지가 모두 필요하다.

다음 문제는 시 당국이 그 디자인을 허가하도록 만드는 일이었다. 토지사용제한법은 우리가 57번가에서 56번가까지 1층에 남북으로 통하는 통행용 아케이드를 짓도록 요구했다. 그렇게 되면 빌딩의 입구가

5번로가 아닌 57번가로 나게 되는데, 분명히 세상에 더 알려진 것은 5번로였다.

우리는 도시계획국에 우리 부지와 매디슨가 사이에 있는 IBM 빌딩이 이미 남북으로 통행용 아케이드를 만들었기 때문에 우리의 통행용 아케이드는 여분의 것이 된다는 점을 지적했다. 그러므로 우리의 아케이드는 동서로 내어 운용함으로써, 5번로로부터 IBM 아트리움까지 연결하고 더 나아가 매디슨 가까지 완전히 길을 뚫을 수 있다고 제안했다. 모두가 그것이 가장 좋은 해결책이라는 데 동의했다. 그 결과 우리는 화려한 입구를 5번로에 낼 수 있는 토지 변경 허가를 받을 수 있었다.

시 당국이 처음부터 망설인 점은 빌딩의 크기였는데 우리는 최대 용적률이 21.6평방피트인 70층짜리 높이의 빌딩을 제안하고 있었다. 내가 본위트와 거래를 마치기 전인 1978년 12월부터 시 당국은 우리가 생각하고 있는 빌딩이 너무 크다는 점을 우리에게 주지시켰다. 그들은 우리가 우리의 특별 배당을 용적률을 높이는 데 사용하는 것을 반대할 생각이며, 55번가의 작은 주위 건물들과의 조화 문제에 매우 관심이 높다고 말했다.

다행히도 나는 1979년 초 거래를 끝내고 도시계획국과 심각한 토론에 들어갔을 때 나름대로의 비상수단을 갖고 있었다. 처음에 나는 '오른편식(as of right)' 빌딩이라고 부르는 빌딩을 짓겠다고 선택할 수도 있었다. 그것은 어떤 토지 변경도 필요하지 않는 것이었다. 나는 데르에게 도시계획국에 보여줄 '오른편식' 빌딩 모델을 준비하도록 했다.

그러나 그것은 꼴사나운 모습이었다. 티파니 빌딩 위로 캔딜레바 식으로 8층이 솟아 있는 볼품없는 작은 사각 건물이었다. 시 당국이 빌딩 건축을 허가하지 않을 경우, 우리는 이미 '오른편식' 빌딩을 지을 준비가 되어 있다는 것을 보여주기로 했다. 우리는 그들에게 그 모델과 세부 사안을 보여주었다. 당연히 그들은 놀랐다. 그 건물을 지을 것인지 혹은 그것이 과연 지어질 것이라고 그들이 믿었는지 확신할 수 없었으나 그들도 확신할 수 있는 방도는 없었던 것이다.

내가 다음으로 유리하게 이용할 수 있었던 것은 본위트 텔러 그 자체였다. 처음 나는 그 상점을 보수하기만 하면 그것으로 끝나리라 생각했다. 그러나 그것을 사기로 서명한 직후, 앨리드 스토어 주식회사는 플로리다 주의 팜비치에서 캘리포니아 주의 비벌리힐스까지 걸쳐 있는 나머지 12개의 본위트 텔러 분점을 사기로 제네스코와 거래를 했다. 그 후 앨리드의 회장이자 수석 간부인 토머스 마시오스가 나에게 접근했다.

마시오스가 1966년 앨리드를 인수했을 때 앨리드는 파산 직전에 있었다. 그러나 그 후 10년에 걸쳐 그는 앨리드를 전국에서 가장 강한 소매회사 중 하나로 성장시켰다. 마시오스는 자신이 산 본위트 상점들 중 몇 개는 대단히 성공적인 것이지만 맨해튼에 있는 본위트 본점을 그곳에 두는 일이 결정적으로 필요하다는 것을 나에게 설명했다. 그는 5번로 57번가에 있는 그 상점이 55년 동안 거기에 있었기 때문만이 아니라 그 위치가 더할 나위 없이 좋기 때문이라고 말했다.

나는 그에게 전과 같은 공간을 내줄 수 있는 길은 없으나 57번가와 마주하고 있을 뿐 아니라 내가 건물 맨 하층에 지으려고 하는 아트리움과 직접 연결된 좋은 곳을 줄 수 있다고 말했다. 나는 그에게 내 계획을 보여주었고 곧 우리는 거래를 확정지을 수 있었다.

내가 빌딩의 다른 소매상점에게서 받으려고 하는 임대료보다 훨씬 저렴한 가격으로 장기간의 임대계약을 체결했기 때문에 이 거래는 톰(토머스)에게 유익했다. 그러나 또한 이것은 나에게도 매우 좋은 거래였다.

본위트를 받아들인 이유는 무엇보다 본위트가 시 당국이 뉴욕에 유지하기를 몹시 바라는 상점이었다는 점 때문이다. 나는 도시계획위원회에 있는 사람들에게 매우 간단하면서도 설득력 있는 실례를 보일 수 있었다. 만일 당신들이 본위트를 5번로로 되돌아가게 하려면 나의 계획안을 허가해야 할 것이라고 그들에게 말했다.

그러나 이것만으로 인가를 받을 수 있을지는 불확실했다. 지역공동위원회가 그만큼 큰 빌딩 신축에 반대했기 때문이다. 그들은 그 지역에 이미 많은 건물이 들어서 있지 않은가를 연구하기 위해 빌딩 신축에 6개월간의 유예를 제안했다. 갑자기 빌딩붐 통제위원회가 생겨났다. 그러자 정치가들이 이때다 싶어 덩달아 그 일에 달라붙었다.

돌이켜 보건대 나는 정치나 권력이 그다지 큰 영향력을 발휘한다고는 생각하지 않는다. 나는 절대적으로 우리에게 승리를 가져다준 것은 건축 그 자체였다고 확신한다. 그리고 당시 「뉴욕 타임스」의 건축평론가였던 에이다 루이스 헉스터블보다 더 큰 영향력을 가진 사람은 없었다.

도시계획위원회가 나의 계획안을 표결하기 전에 나는 계획적으로 위험을 무릅쓰고 헉스터블을 초대해 계획 모델과 세부 사항을 보여주었다. 「뉴욕 타임스」의 힘은 정말 놀라웠다. 확실히 그것은 세계에서 가장 영향력 있는 기구의 하나다. 헉스터블이 일단 쓴 글은 커다란 영향력을 행사한다는 것을 알고 있었다. 또 그녀가 일반적으로 고층 빌딩을 싫어하며 언제나 오래되고 전통적인 것을 새로운 것보다 좋아한다는 사실도 알고 있었다.

내 계획안이 과연 승인을 얻을 수 있을 것인가에 대해 걱정하고 있었다. 나는 헉스터블이 일을 더 이상 악화시킬 수는 없을 것이며 운만 좋으면 그녀가 도움이 될 만한 글을 쓸 수도 있다고 생각했다.

마침내 헉스터블은 우리의 계획을 보러 왔다. 6월 1일 일요일자 「뉴욕 타임스」 '예술오락면'에는 트럼프 타워에 대한 그녀의 건축 감상 칼럼이 실렸다. 타이틀은 '최고 디자인의 뉴욕 빌딩'이었다. 그 기사는 아마도 내 계획안에 대해 내가 했던 어떤 말이나 행위보다 더 큰 영향력을 행사했을 것이다. 그런데 재미있는 것은 헉스터블이 평론의 일부분에서 빌딩이 너무 크다는 점을 꼬집고 내가 빌딩의 크기를 초대형화하기 위해 온갖 속임수를 쓰고 있다고 암시했다는 점이다.

그러나 그녀는 토지사용제한법이 택지개발업자로 하여금 내가 한 것과 같은 일을 하도록 부추긴다고 말하고 이에 대한 책임은 나보다도 시 당국에 있다며 시 당국에 더욱더 비난을 퍼부었다. 그리고 나서 그녀는 다음과 같이 말을 끝맺었다. "빌딩 디자인에 굉장한 신경을 썼다. 그 빌딩은 틀림없이 매우 아름다울 것이다."

그해 10월에 도시계획위원회는 만장일치로 우리의 계획안을 승인했다. 위원회는 트럼프 타워 정면을 옆 빌딩들과의 조화를 고려하여 석조 건축으로 하는 것이 좋겠다고 건의했으나, 내가 더할 나위 없는 공중의 쾌적함을 제공하고자 하므로 그것을 고집하지는 않는다고 덧붙였다.

결국 우리는 최대 용적률 21.6에 약간 못 미치는 용적률 21평방피트로 낙찰을 보았다. 층수는 내가 애초에 주장했던 것보다 단지 2층만 줄었을 뿐이다. 그리하여 빌딩 안에다 2중 천장에 커다란 아트리움이 들어 있는 68층 빌딩을 지을 수 있게 됐으며, 이렇게 해서 트럼프 타워는 이 도시에서 가장 높은 거주 빌딩이 되었다. 동시에 시 당국은 헉스터블의 토지사용제한법에 대한 언급을 염두에 두게 되었다.

계획안 문제가 해결되자 다음 일은 빌딩을 짓는 일이었다. 그것은 값싸게 되는 일이 아니었다. 일정한 높이 이상으로 지을 경우 건축비는 거의 기하학적으로 늘어나는데 그것은 하부구조 보강부터 배관을 끌어올리는 데까지 모든 것이 더 비싸게 먹히기 때문이다. 나는 최상의 위치를 가졌으므로 그렇게 할 수 있다고 생각했다. 내가 일을 옳게만 한다면 그만큼 프리미엄을 청구할 수 있으므로 나머지 비용은 상관이 없는 것이다.

1980년 10월, 체이스맨해튼 은행은 트럼프 타워 건설에 대한 재정 지원에 동의했다. 나는 HRH 건축과 거래하여 전반적인 청부를 맡겼다. 토지 구입, 세금, 광고 그리고 선전비 등 이 일의 예산은 2억 달러가 약간 넘었다. 건설 감독 개인 대리인으로 고용한 바바라 레스는 뉴욕에서 고층 빌딩을 책임지게 된 최초의 여성이었다.

그녀는 당시 33세였는데 HRH 건축에서 일하고 있었다. 처음 만난 것은 그녀가 코모도어에서 기계감독으로 일하고 있을 때였다. 나는 건축 회의에서 그녀를 보았는데, 누구에게서도 허튼소리를 받아들이지 않는 점이 마음에 들었다. 몸집은 그 거친 남자들의 반밖에 되지 않으나 그들을 책망해야 할 때는 조금도 두려움 없이 나무랐으며 일을 처리하는 법을 잘 알고 있었다.

어머니는 일생을 평범한 가정주부로 지냈다. 그러나 나는 중요한 일자리에 여성들을 다수 고용했고 그들은 매우 일을 잘해냈다. 사실 그들은 주위 남자들보다 더 능력 있는 경우가 많았다. 루이스 선샤인은 10년 동안 우리 회사에서 부사장으로 있었는데 어느 투사보다 강인했다. 블랜치 스프라그는 판매와 빌딩 내부 디자인을 감독한 부사장으로 내가 아는 가장 훌륭한 판매원이자 관리인 중 한 사람이다. 경리부장 노마 포어더러는 아름답고 매력적이고 매우 고전적인 여성이지만 속은 쇳덩어리였다.

아내 이바나는 직원들을 매우 잘 다루는 훌륭한 매니저였다. 그러나 그녀는 또한 매우 도전적이고 경쟁을 좋아했다. 직원들은 그녀가 남에게 엄한 만큼 그녀 자신에게도 엄격하다는 사실을 알고 있기 때문에 그녀를 존경하고 있다.

우리는 1980년 3월 15일, 본위트 건물을 허물기 시작했다. 그런데 곧 건물의 바깥 장식인 두 개의 얕은 양각 아르 데코(Art Deco)에 대한 논쟁에 휘말리게 되었다. 내가 계획을 발표하고 구획에 대한 협상을 시작한 후 1979년 내내 아무도 그 장식벽에 대한 관심을 표명하지 않았었다. 구획 대표나 어떤 지역 예술 그룹에서도 그것을 구하겠다는 암시는 없었다.

마침내 1979년 12월 중순 건축이 시작되기 바로 전에 메트로폴리탄 미술관의 어떤 사람으로부터 장식벽과 철제 격자를 기증할 의사가 있는지 묻는 전화를 받았다. 나는 장식벽을 보전할 수 있도록 그것을 미술관에 기증할 수 있다면 기쁘겠다고 대답했다.

우리가 건물을 허물기 시작하여 그 장식벽을 부술 차례가 됐을 때 직원들은 나에게 와서 다음과 같이 말했다.

"트럼프 씨, 장식벽들이 생각했던 것보다 무척 무겁습니다. 그것들을 보전하기 원하신다면 안전을 위해 특수한 발판을 만들어야 하는데 그러려면 최소한 수주일이 걸릴 겁니다."

작업이 지연되는 데 따른 여타 건축비용은 차치하고라도 건축 대부금에 대한 세금과 보험금은 엄청났다. 나는 그다지 가치가 있다고 생각지 않는 아르 데코 조각품들을 구하기 위해 수십만 달러를 허비할 각오는 돼 있지 않았다. 그래서 직원들에게 그것들을 허물어버리라고 지시했다.

내가 예기치 못했던 점은 여기에서 야기된 반발이었다. 다음 날 「뉴욕 타임스」는 조각품들을 허물고 있는 인부들의 사진을 1면에 게재했다. 나는 곧 내가 현대의 개발업자들에 대한 모든 악의 상징이 되리라는 것을 알았다. 「뉴욕 타임스」는 사설에서 '대중의 감수성을 깔아뭉개는 타산적 현금 범람'이라 묘사하고 다음과 같이 말했다.

"고층 빌딩은 결코 위인을 만들지 못하며 대형 거래가 미술 전문가를 만들지도 못한다는 것은 분명하다."

이러한 비난은 누구라도 받고 싶지 않을 것이다. 돌이켜 보면 그 조각품을 파괴하도록 시킨 것이 후회된다. 그러나 나는 그것들이 정말로 가치 있는 것인지 지금도 확신할 수 없으며 나에 대한 비판은 엉터리나 위선적인 요소가 많다고 생각한다. 그러나 이제 나는 어떤 사건이 상징적인 중요성을 띨 수 있다는 것을 깨달았다. 솔직히 그런 것을 계산에 넣기에는 나는 너무 어렸고 너무나 성급했었다.

아이러니컬하게도 전반적인 논란은 결국 트럼프 타워 판매에서 나에게 유리하게 작용했다. 그 기사들은 한결같이 다음과 같은 식으로 시작됐다. "세계에서 가장 호화로운 빌딩 중 하나를 건립하는 데 길을 터주기 위해." 비록 평판은 거의 전적으로 부정적인 것이었지만 그것에 대한 내용이 매우 많았고 따라서 엄청난 관심이 트럼프 타워에 쏠렸다.

따라서 곧 사무실 판매가 증가하기 시작했다. 그렇다고 내가 이를 좋은 일이라고 말하는 것은 아니다. 사실 이 일은 우리가 살고 있는 문화의 잘못된 점을 말해준다. 그러나 나는 사업가고 그 경험으로부터 하나의 교훈을 배웠다. 즉 좋은 평판은 나쁜 평판보다 낫다. 그러나 나쁜 평판은 때때로 평판이 전혀 없는 것보다 낫다. 간략히 말해서 논란은 장사가 된다는 것이다.

매력 또한 장사가 되는 것으로 나타났다. 건축을 시작하기 전부터 나는 아트리움이 트럼프 타워의 가장 황홀한 부분의 하나가 되리라는 것을 알았다. 처음에 우리는 그것을 소매업자들을 위한 매력적인 장치로 만들기 시작했으나 나는 마지막 도면과 모형을 보면서 그것이 정말로 장관이 될 수 있다는 것을 알았다. 그리하여 그 가능성을 실현시키기 위해 모든 것을 투자하기로 결심했다.

가장 좋은 예는 거기에 쓰이는 대리석일 것이다. 원래 나는 그랜드 하얏트 호텔 로비에 사용하여 성공을 거둔 갈색 파라디시오를 사용하려고 생각했다. 그러나 결국 호텔 로비에 어울리는 것이라 해서 아트리움에도 맞는 것은 아니라고 확신하게 되었다. 데르, 이바나 그리고 나는 수백 개의 대리석 샘플을 보았다.

마침내 우리는 전에 보지 못한 색깔의 희귀한 대리석인 브레시아 퍼니슈라는 대리석을 발견했다. 그 대리석은 장밋빛, 복숭아빛, 그리고 분홍빛이 황홀하게 조화를 이루며 배합되었는데, 정말 깜짝 놀랄 만한 것이었다. 물론 엄청나게 비쌌다. 채석장으로 갔을 때 우리는 그 대리석들의 많은 부분이 하얀 큰 점들과 하얀 돌결을 포함하고 있음을 발견했다. 그것이 나에게 거슬렸고 그 돌의 아름다움을 빼앗고 있었다.

우선 가장 좋은 석판들을 따로 분류했다. 부스러기로 만들어버린 나머지는 전체의 60%쯤 될 것이다. 우리가 일을 끝냈을 때 그 채석장의 상당 부분이 파헤쳐졌다. 다음에 나는 가장 세련된 기술자를 불러 그 대리석을 다듬고 배치하도록 했다. 기술자가 최고가 아니면 들쭉날쭉한 날과 엉터리 배합, 그리고 부조화로 전체 효과를 잃어버리기 때문이다.

우리가 대단히 많은 대리석을 썼다는 것에서 그 효과는 배가되었는데 우리는 바닥 전부와 6층이나 되는 벽에 대리석을 사용했다. 그것은 매우 사치스럽고 사람을 흥분시키기에 충분했다. 사람들은 한결같이 아트리움 특히 대리석 색깔이 친근하고 기분 좋을 뿐 아니라 생기 있고 활기를 준다고 말했다. 즉 사람들이 쇼핑할 때 느꼈으면 하고 바라는 편안함뿐만 아니라 돈을 쓰도록 자극하는 모든 것이 있다는 것이다.

물론 대리석은 그 일부분일 뿐이었다. 아트리움 전체가 매우 인상적이고 특이했다. 난간을 값싸고 실용적인 알루미늄으로 만들지 않고 금빛 찬란한 황동을 사용했다. 황동은 훨씬 값이 비쌌지만 우아했고 대리석 빛깔과 놀라울 정도로 잘 어울렸다. 그러고 나서 우리는 많은 반사거울을 사용했는데 특히 에스컬레이터 양쪽 벽면에 이것을 썼다. 반사거울은 작은 중심 공간을 훨씬 크고 더욱 인상적으로 만들었기 때문에 결정적으로 중요했다. 널찍하다는 느낌은 우리가 전체 아트리움에 단지 2개의 기둥만을 사용함으로써 더욱 배가됐다. 그 결과 사람들이 어디에 있든지 시야를 방해받지 않고 볼 수 있었고 개방됐다는 느낌을 갖게 됐다.

아트리움의 인상 효과에 첨가한 세 번째 요소는 내가 싸워 얻은 것이었다. 즉 5번로를 향해 난 입구를 특히 크게 만든 것이다. 토지 이용 규정은 15피트의 폭을 요구했다. 나는 30피트 폭을 강력히 주장하여 보통보다 훨씬 크고 화려한 입구를 얻었다. 이렇게 해서 나는 가치 있는 소매점 공간을 포기했지만 그 대신 화려한 입구를 갖추었으며 이것이 훨씬 가치 있는 것이었다.

아트리움에서 마지막으로 중요한 요소는 동쪽 벽을 타고 흐르는 폭포였다. 높이가 8피트인 그 폭포는 만드는 데만 거의 100만 달러가 들었다. 직원들 대부분은 처음엔 벽에 그림을 걸기를 바랐다. 그러나 그것은 케케묵고 비독창적이며 지극히 재미없는 것이었다. 사실 그 폭포는 그것 자체로 예술품, 거의 조각벽이 되었다. 또한 그것은 매우 뛰어난 미술품을 걸었을 경우보다 훨씬 더 사람들의 관심을 끌었다.

만일 대부분의 쇼핑센터가 비슷비슷하기 때문에 성공하는 것이라면 트럼프 타워 아트리움은 바로 그 반대 이유로 성공했다고 확신한다. 우리의 아트리움은 실제 생활공간보다 비할 데 없이 규모가 크며, 그곳을 따라 걷는 것 자체가 동화 나라 속을 거니는 것과 같은 황홀한 경험을 갖게 한다.

아파트에도 그와 같은 느낌을 자아내려고 애썼다. 물론 우리가 제공할 수 있는 가장 인상적인 요소는 전망이었다. 주거용 아파트가 30층 이상이기 때문에 대부분 이웃 빌딩들보다 높아서 북쪽으로 센트럴 파크, 남쪽으로 자유의 여신상, 동쪽으로 이스트 강, 그리고 서쪽으로 허드슨 강까지 전망을 가졌다. 그러한 전망을 최대한으로 이용하기 위해 아파트의 모든 큰 방에는 거의 천장부터 바닥까지 닿는 커다란 창문을 달았다. 나는 천장부터 바닥까지 쭉 이어지는 창문을 달고 싶었으나 최소한 창문 밑바닥에 약간의 틀이라도 없다면 어떤 사람들은 현기증을 일으킨다는 소리를 들었다.

재미있는 것은 아파트 내부는 많은 다른 요소들보다 덜 중요하다는 것이다. 2개의 침실이 있는 숙소를 100만 달러에 사는 사람이나 4개

침실의 두 세대용 아파트를 500만 달러에 사는 사람이나, 자신의 설계사를 고용하여 아파트 내부를 부숴버린 후 자신의 취향에 맞게 다시 만들기 때문이다.

결국 우리가 아파트 값을 전례 없이 높게 부를 수 있었던 것은 우리가 제공한 어떤 사치스런 내장재 때문은 아니었다. 그것은 디자인, 재료, 위치, 선전, 행운, 타이밍 등을 통해 트럼프 타워가 신비한 향기를 지니게 됐다는 사실에 있다. 많은 빌딩들이 성공을 거둘 수 있으나 나는 오직 하나의 빌딩만이 일정한 때에 최상의 구매자를 만나 최고값을 부를 수 있는 데 필요한 특성을 가질 수 있다고 확신한다.

트럼프 타워 이전에 그러한 신비를 가진 마지막 빌딩은 1970년대에 세워진 5번로 51번가의 올림픽 타워였다. 그 주요 원인은 오나시스(Aristotle Onassis)가 그것을 소유하고 있었다는 사실 때문이다. 그때 오나시스는 굉장한 생활을 하고 있었다. 그는 재키 케네디와 결혼했고 전 세계에 대저택, 거대한 요트 그리고 스코피오스라는 자신의 섬까지 가진 마지막 제트족(제트기로 세계를 돌아다니는 상류계급)이었다. 그는 매우 부유하고 정열적이었다. 올림픽 타워는 특별히 흥미롭거나 매력 있는 빌딩은 아니었으나 그것은 적기에 적임자에 의해 만들어진 적절한 생산물이었다. 그것은 그즈음 이스트 57번가에 세워진 또 다른 고급 빌딩 갤러리아로부터 시장의 정상을 완전히 가로챘다.

알려진 바와 같이 트럼프 타워 또한 잠재적인 주요 경쟁자로부터 시장을 가로챘다. 내가 본위트 부지에 대한 거래를 하기 오래전에 또 다른 택지개발업자가 현대미술관 위로 거대한 콘도미니엄 고층 건물을 세우겠다는 계획을 발표했다. 당연히 그 일은 굉장한 성공이었을 것이다. 그 미술관과의 연관성은 세상에 잘 알려지게 할 것이고 위치는 알맞았으며 건축가 세자르 펠리는 유명한 사람이었다. 그리고 그 개발업자는 최상의 건물을 짓는 데 비용을 아끼지 않겠다고 분명히 말했다.

그러나 트럼프 타워는 뮤지엄 타워보다 훨씬 값이 비싸게 나갔다. 그들보다 우리는 건축을 늦게 시작했으면서도 뮤지엄 타워가 사무실을 팔기 시작한 그 즈음 트럼프 사무실을 팔기 시작했던 것이다. 처음부터 우리가 유리한 점을 가지고 있음을 알았다. 우리는 분명히 5번로에서도 더 좋은 장소를 가지고 있었던 것이다. 게다가 뮤지엄 타워는 사람들에게 생기를 불러일으키지 못했다. 여러 빛깔의 유리로 된 정면은 별로 특이하지 않았으며 로비도 다른 로비들과 똑같았다. 결국 뮤지엄 타워는 형편없이 팔렸다. 광고는 지루했고 열기를 돋우려는 어떤 노력도 없었다. 당연히 그것은 그저 평범한 빌딩의 하나가 되었다.

이와는 대조적으로 우리는 우리만의 강점을 가지고 그것을 최대한 촉진시켰다. 언제부턴가 트럼프 타워를 단지 좋은 장소에 있는 아름다운 빌딩으로서만이 아니라 하나의 사건으로 팔기 시작했다. 우리는 갑부층이 사는 유일한 장소, 즉 도시에서 가장 인기 있는 곳으로 자리 잡았다. 우리는 환상을 팔고 있었다.

우리는 대단히 매력적인 것을 만들고 있다는 점에서 흥행업과 관련된 사람들에게 당연히 인기가 있었다. 유럽, 남아메리카, 아랍, 아시아로부터 온 외국인들은 또 하나의 커다란 시장이었다. 우리는 즉각적인 장점을 제시했다. 트럼프 타워를 팔기 시작할 때 사실상 그것은 뉴욕에서 유일한 콘도미니엄이었다.

뉴욕에서는 당시 대부분 빌딩 형태였던 공동아파트를 사기 위해서 이사회의 승인이 필요했다. 그런데 그들은 엉뚱하고 독단적인 힘을 가지고 있었는데 거기에는 모든 종류의 재정 자료와 신원 증명서, 개인 면담 등을 요구할 권리까지 포함됐다. 그러고 나서 그들은 아무 설명 없이 판매를 거절할 수도 있었다. 가장 나쁜 폐단은 이들 공동아파트 이사회가 자신들의 힘을 과시하기 위해 판매를 거절하는 것이다. 이는 불합리하고 아마 불법적이기까지 한 것이었는데 그것이 우연히 트럼프 타워에 유리하게 작용했다. 많은 부유한 외국인들은 이들 공동아파트에 들기 위한 적절한 신용 조회처가 없거나 캐기 좋아하는 타인들의 조사를 감내하길 원치 않았다. 그래서 그들은 우리에게 왔다.

아파트를 팔기 시작하기 바로 전, 세일즈 직원 한 명이 내 사무실로 뛰어 들어왔던 그날 아침이 생각난다.

"트럼프 씨, 큰일 났습니다. 뮤지엄 타워가 막 가격을 발표했는데 우리보다 훨씬 낮은 가격입니다."

나는 잠시 생각했다. 그리고 실제로는 그 반대라고 생각했다. 즉 뮤지엄 타워는 스스로에게 손해를 입히고 있다는 것이다. 우리가 서로 차지하려고 경쟁하고 있는 대상인 부유층 사람들은 싼 아파트를 찾아다니지 않는다. 그들은 다른 모든 것에서 싼 물건을 원할지 모르나 주택의 경우에는 가장 좋은 것을 원한다. 뮤지엄 타워는 우리 것보다 아파트 가격을 낮게 부름으로써 그것이 트럼프 타워만큼 훌륭하지 않다는 것을 공표한 셈이다.

많은 사람들은 우리가 트럼프 타워에 저명인사를 끌어들이기로 했거나 빌딩을 선전하기 위해 관련 회사를 고용했다고 생각한다. 사실 우리는 대중 관계의 일을 하는 누구도 고용한 적이 없다. 조니 카슨, 스티븐 스필버그, 폴 앵카, 리버러스 등 모든 스타들이 스스로 우리를 찾아와 아파트를 샀다. 나 또한 그들 누구와도 특별한 거래를 한 것은 아니다. 다른 택지개발업자는 스타나 유명인사를 끌어들이기 위해 가격을 싸게 하나, 내가 보기에는 그것은 하나의 약점의 표시일 뿐이다. 정말 굉장한 것이라면 유명인사 스스로가 기꺼이 아파트를 사기 위해 모든 돈을 지불할 것이다.

만일 언론에서 한 유명인이 트럼프 타워를 판촉하는 데 기여했다고 쓴다면 나는 그것이 실제와 다르다고 생각한다. 아파트를 팔기 시작한 후, 찰스 황태자가 트럼프 타워의 아파트를 산 것이 사실이냐고 묻는 기자의 전화를 받았다. 마침 찰스 황태자와 다이애나 비가 결혼한 직후였고 당시 그들은 세계에서 가장 유명한 사람들이었다. 우리의 정책은 판매에 대해 언급하지 않는 것이었고 나는 그 기자에게 그렇게 말했다.

즉 나는 그 소문에 부정도 긍정도 하지 않았다. 그 무렵 찰스 부처는 신혼여행을 떠난 후였고, 그들은 요트 브리타니아를 타고 국외에 있었으므로 버킹엄 대변인은 당연히 내가 했던 식으로밖에 말하지 못했을 것이다. 즉 그들은 그 소문에 대해 긍정도 부정도 할 수 없었다.

그것이 모든 언론들이 원하는 바였다. 부정의 답이 없었으므로 찰스 부처가 트럼프 타워의 아파트 구입을 고려하고 있다는 이야기는 전 세계에 걸쳐 커다란 뉴스가 됐다. 그것은 확실히 우리에게 손해를 끼친 것은 아니었으나 나는 혼자 웃지 않을 수 없었다.

바로 한 달 전 찰스 황태자는 방문차 뉴욕에 왔었고 아일랜드 공화국은 시위를 계속하고 있었다. 찰스 황태자가 어느 날 저녁 음악회에 가기 위해 링컨 센터로 걸어왔을 때 수백 명의 시위자들은 밖에 서서 야유하고 소리치며 병을 던졌다. 이것은 찰스 황태자에게 놀라운 경험이었음에 틀림없었다. 나는 그가 뉴욕에 아파트를 얻기를 몹시 갈망하고 있다고는 생각하지 않는다. 또한 트럼프 타워는 커다란 빌딩이었지만 나는 찰스 황태자가 버킹엄 궁에서 죽 자랐기 때문에 어떤 아파트에라도 적응하기 어렵다는 것을 알고 있으리라 생각한다.

수많은 수요를 가지고 있는 우리의 시장 전략은 파는 데 까다롭게 구는 것이었다. 그것은 역판매 기술이다. 우리는 결코 서둘러 계약서에 서명하지 않았다. 사람들이 들어오면 우리는 그들에게 모델 아파트들을 보여주고 앉아 이야기를 나눈다. 만일 그들이 관심을 보이면 가장 인기 있는 이 아파트를 구입하고 싶어 기다리는 인명부가 있다고 설명한다. 아파트가 사기 힘든 것처럼 보이면 보일수록 더 많은 사람들이 그것을 원하게 된다.

수요가 급증함에 따라 우리는 계속 가격을 인상해 12배까지 올릴 수 있었다. 우리는 그때까지 뉴욕에서 가장 값비싼 빌딩이었던 올림픽 타워보다 더 비싸게 팔기 시작했다. 그리고 얼마 되지 않아 고층의 가격을 거의 2배로 인상했다.

사람들은 2개의 침실이 있는 아파트를 150만 달러에 샀으며 빌딩 건축을 끝내기도 전에 아파트의 대부분이 팔렸다.

트럼프 타워 구매자층은 국제경제가 돌아가는 것을 점칠 수 있는 지표가 되었다. 처음 대(大)구매자는 아랍인들이었는데 그때는 유가가 하늘로 치솟고 있었다. 그 후 물론 유가는 다시 하락했고 아랍인들은 그들의 나라로 돌아갔다.

1981년에는 프랑스로부터 갑작스레 구매자들의 물결이 밀어닥쳤다. 이유는 분명치 않으나 당시 프랑수아 미테랑이 프랑스 대통령에 당선됐기 때문이라는 것을 나는 깨달았다. 약삭빠른 부자들은 미테랑이 프랑스 경제에 파탄을 가져오리라고 생각했던 것이다. 단지 그가 사회당이어서 기업을 국유화하기 시작했기 때문만이 아니라 그가 위험한 인물임이 드러났기 때문이었다. 당신이라면 가장 비싼 값을 받고 핵기술을 팔기 위해 여기저기 돌아다니는 사람을 어떻게 생각하겠는가? 그것은 사람이 할 수 있는 가장 비열한 짓이다.

유럽인들 다음은 남아메리카인들과 멕시코인들의 차례였는데 그때는 달러가 약세로 돌아섰고 그들의 경제는 꽤 튼튼해 보였다. 그러나 그 당시 인플레이션이 시작되어 그들의 통화는 가치가 떨어졌고 그들의 정부는 현금 유출을 막기 위해 안간힘을 썼다. 그것으로 그들도 끝났다.

지난 몇 년 동안 우리는 두 그룹의 새 매입자를 가졌다. 하나는 미국인들로 특히 광란하는 듯한 주식시장에서 단번에 부자가 된 주식중개인이나 투자은행가들 등 월 가 타입의 사람들이다. 그것을 생각하면 우습다. 25살도 채 안 된 주식중개인들이 단번에 1년에 60만 달러를 번다. 왜냐하면 그들이 한 번도 보지 못한 고객들이 그들에게 전화를 걸어 "제너럴모터스 주식 5만 주를 사겠소"라고 말하기 때문이다. 주식중개인은 컴퓨터에 있는 버튼 하나를 누르고 많은 수수료를 받는다. 그러나 세상은 돌고 돌기 때문에 곧 주식시장이 무너질 날이 올 것인데, 그때가 되면 이들 대부분은 직장을 찾기 위해 거리로 뛰쳐나올 것이다.

또 다른 새 매입자들은 일본인들이다. 나는 일본인들이 이룬 경제적 성과에 대해 매우 존경하고 있지만 내 사업에 관한 한 거래하기가 힘들었다. 처음부터 그들은 5명이나 8명 혹은 심지어 12명까지 떼지어 찾아오므로 그들 모두에게 어떤 거래를 성사시키도록 확신시켜야만 한다. 한두 명 혹은 3명 정도까지는 성공할지 모르나 그들 12명 모두에게 확신을 준다는 것은 매우 힘들다. 또한 그들은 거의 미소를 짓지 않으며 너무나 진지해서 사업을 재미로 하지 않는다. 다행히 그들은 쓸 돈이 많고 부동산을 좋아하는 것 같다. 안타까운 점은 수십 년 동안 그들은, 우리의 정치가들이 결코 충분히 이해할 수도 없고 반대할 수도 없는 자기중심적인 무역 정책으로 미국을 압박함으로써 상당히 부유해졌다는 것이다.

트럼프 타워에 있는 263채의 아파트가 이렇게 인기가 있었기 때문에 나는 12채 정도의 아파트를 판매 시장에 내놓지 않기로 결심했다. 그것은 호텔 경영자가 항상 비상시를 대비해 자유롭게 사용할 수 있는 방을 갖고 있는 것과 같다. 그것은 선택의 범위를 넓히기 위한 수단이었다. 나는 꼭대기 층에 있는 모두 1만 2,000평방피트에 달하는 3채의 옥상 아파트 중 하나를 우리 가족을 위해 갖고 있기로 결정했다. 그 옆에 있는 두 아파트 각각에 대해 1,000만 달러를 내겠다는 제안을 받았으나 팔기를 거절했다. 결국 내가 더 많은 공간을 필요로 할지 모른다는 생각에서였다. 그것은 곧 사실로 나타났다.

1985년 중반 나는 당시 사우디아라비아의 억만장자였던 아드난 카쇼기로부터 올림픽 타워에 있는 자신의 아파트에 와달라는 초청을 받고 찾아갔다. 나는 그 아파트에 대해 특별히 호감이 가는 점은 없었으나 방의 크기에 강한 인상을 받았다. 특히 그것은 내가 이제까지 본 중에서 가장 큰 거실을 가지고 있었다.

이제 내 소유의 3채를 터서 만든 아파트에는 널찍한 공간이 있다. 나는 속으로 생각했다. "도대체 왜? 어째서 내가 원하는 아파트를 가져서는 안 된단 말인가? 더욱이 내가 빌딩을 지었는데 말야."

나는 최상의 구매자들에게 트럼프 타워 아파트를 파는 데 성공했듯이, 아트리움에 최상의 소매업자를 끌어들이는 데도 역시 성공을 거두었다. 그것은 최고급 크리스탈과 보석 그리고 골동품을 파는 런던의 애스프리가 200년 만에 최초의 분점을 내기 위해 이 아트리움을 선택하면서 시작되었다. 처음에 그들은 아트리움의 작은 상점에 들었다. 사업이 잘되어 그들은 그 후 더 큰 장소로 확장했다. 양질은 당연히 더 많은 우량질을 끌어들인다. 다음에 우리는 세계의 많은 정상급 소매업자들인 애스프리, 샤를 주르당, 부첼라티, 카르티에, 마르타, 해리 윈스턴 등에게 임대했다.

1983년 4월, 아트리움이 문을 연 직후 폴 골드버거의 칭찬을 받았다는 것은 물론 나쁘지 않았다. 그는 당시 에이다 루이스 헉스터블 대신 「뉴욕 타임스」지의 건축 담당 비평가로서 활약하고 있었다. 그의 비평은 '트럼프 타워에 있는 아트리움은 놀라운 기쁨'이라는 표제를 달고 있었다. 그 비평은 다른 비평가들이 잘못되었다는 지적으로 시작됐다.

골드버거는 "건축상의 특이함을 만들려고 하는 사람들이 한 것보다 이 아트리움이 도시 미관에 더 많은 기여를 하고 있다"고 썼다. 이 비평은 계속해서, "이 아트리움이 앞으로 수년간 뉴욕에서 가장 기분 좋은 실내 공간이 될 것이다. 그것은 따뜻하고 화려하고 기분 좋게 만들어준다. 모든 면에서 올림픽 타워나 갤러리아, 그리고 시티코프 센터 등과 같이 먼저 세워진 공공 아케이드나 아트리움보다 더욱 환영받을 것이다"라고 말했다.

이 비평은 두 가지 긍정적인 효과가 있었다. 먼저 그것은 아트리움의 소매업자들이나 트럼프 타워에 아파트를 산 사람들 사이에 그들이 잘 샀구나 하는 느낌을 강화시켜주었다. 그러나 더 중요한 두 번째는 그 비평에 더욱 많은 사람들이 아트리움에 물건을 사러 왔다는 것이다. 물론 그들이 성공의 열쇠였다.

그런데 이상한 것은 아트리움이 상업적 성공을 거두었다는 것을 아무도 믿지 않았다는 것이다. 개장한 첫날부터 거짓 풍문이 돌았다. 하나는 아트리움이 분명 관광객을 끌기 위한 것이지만 아무도 실제로는 거기서 물건을 사지 않는다는 소문이었다. 또 다른 소문은 유럽의 소매업자들이 거기에 머물고 있는 것은 그 상점들이 손님을 끌기 위해 손해 보고 파는, 단지 선전 수단 구실만을 하기 위한 것이라는 얘기였다. 그 밖에 1층 상점들은 장사가 잘되지만 위층 상점들은 그렇지 않다는 얘기도 있었다. 1986년에 「뉴욕 타임스」지 기자가 분명 아트리움에 대한 욕을 할 준비를 하고 나를 찾아왔다. 그러나 그는 대신 아트리움의 놀랄 만한 성공에 관한 기사로 비즈니스면 첫 장을 장식했다.

보통 교외의 쇼핑센터는 처음 수년 동안 원래의 임차인 중 최소한 3분의 1은 임차권을 양도하기 마련이다. 그러나 트럼프 타워는 처음 3년간 단지 약간의 상점만 양도됐을 뿐이다. 그리고 임차인이 떠나자마자 그 자리는 대기 목록에 있는 55명의 소매업자 중 1명에 의해 교체된다. 세계에서 가장 비싼 상품이 있는 상점들은 그 아트리움에서 번창했다.

모든 우수한 소매업자가 적당한 장소를 찾은 것은 물론 아니다. 가장 좋은 예가 그 아트리움의 첫 임차인 중 하나였던 가죽제품 소매업자 뢰베의 경우다. 뢰베는 아름다운 상품을 가지고 있었다. 그러나 돈 많은 여자가 바로 다음 가게에서 수천 달러를 지불하고 보석이나 이브닝가운을 살지는 모르겠으나, 뢰베의 가죽바지가 얼마나 부드럽고 매끄럽든 간에 그것을 사기 위해 3,000달러를 지불하려고는 하지 않는다는 것이다. 그래서 뢰베는 장사가 잘 안 됐다. 그러나 결과는 모든 사람에게 좋게 되었다. 다음 상점에서 장사를 잘하고 있던 애스프리가 뢰베의 장소를 인수했다. 그러므로 뢰베는 장기 임대차에서 벗어났고, 애스프리는 매우 갖고 싶어하던 4,600평방피트 공간을 더 확보할 수 있었으며, 나는 아주 기분 좋은 새 임대 계약을 했다.

마지막으로 트럼프 타워가 근사한 계약을 할 수 있었던 또 다른 요소는 421-A 면세법이었다. 아이러니컬하게도 421-A를 얻는 데는 토지를 모아 트럼프 타워의 건축을 완성시키는 것보다 더 오랜 시간이 걸렸다.

시 당국은 1971년 택지 개발을 촉진하기 위해 421-A 법을 규정했다. 부지를 개발하는 대가로 택지 개발업자들은 10년간 부동산세 면제를 보장받았다. 2년마다 면세는 20%씩 감소했다. 421-A 면세를 신청한 사람은 사실상 거의 그것을 얻어냈다. 그때 트럼프 타워의 일은 잘되어가고 있었다.

내가 면제 대상이 된다는 것은 의문의 여지가 없었다. 나는 황폐한 10층짜리 빌딩을 인수하여 그곳에 2억 달러짜리 다용도 68층 고층 건물을 짓겠다고 제안하고 있는 중이었다. 모든 세금이 면제된 그랜드 하얏트 호텔에 대해 내가 얻어낸 세금 감면과는 달리, 421-A 프로그램은 그 부지에 계속 부과되고 있는 세금으로부터 나를 면제시키려고 하지 않았다. 그러나 그 부지에 대한 증가된 과세 평가 가치로 말미암은 부가적인 세금은 면제시켜주려고 했다. 트럼프 타워를 건설함으로써 그 부지의 가치가 최대로 이용되었다는 사실을 부정할 사람이 누가 있겠는가?

에드 콕은 할 수 있었다. 그 이유는 내 일의 성격과는 전혀 관련이 없는 것이었다. 그것은 모두 책략이었다. 콕과 대리인들은 자신들이 결코 거부할 수 없는 기회를 알아챘다. 그것은 탐욕스런 개발업자처럼 소비자의 대변인으로 행세하는 것이었다. 공적인 면에서 보면 나는 비난받는 것이 당연했다. 5번로는 정확히 말해 변두리가 아니고, 설령 내가 면세 혜택을 받지 못한다 해도 트럼프 타워는 성공하리라는 것이 분명했다.

그러나 그것은 내 생각에 421-A 면세에 대한 나의 법적 권리와는 아무 관련이 없었다. 1980년 12월, 나는 처음으로 421-A 면세 신청을 냈다. 한 달 후 나는 뉴욕 시 주택보존개발국장 토니 글리드먼을 만나 내 문제를 직접 다루었다. 그러나 글리드먼과 주택보존개발국은 내 신청을 거절했다.

나는 콕에게 전화를 걸어 그 판결이 불공정하다고 생각한다고 말했다. 나는 포기하지 않을 것이며 시 당국은 결국 내가 이길 소송에 많은 돈을 낭비하게 될 것이라고 덧붙였다.

1981년 4월, 나는 주(州) 최고법원에서 소송 중에 있는 '78조'라는 것을 제출하면서 시 당국의 판결을 번복시킬 방법을 강구했다. 최고법원은 내 편이 유리하다고 보았으나 상소법원이 판결을 뒤집었고 그래서 나는 주 최고법원에 내 사건을 가지고 갔다. 1982년 12월 내가 처음 신청서를 낸 지 거의 2년 후에 상소법원은 드디어 7 대 0으로 시 당국이 나에게 면세를 부당하게 거절했다고 판결했다. 그러나 상소법원은 시 당국에 세금 면제를 신속히 처리하라고 명령하는 대신에 내 요구를 재고하라고 했다. 그들은 재고해보고는 또다시 나의 신청을 거절했다.

이쯤 되자 나는 너무나 화가 났다. 소송비용은 문제가 안 되었다. 우리는 '78조'를 다시 제출했고 똑같은 시나리오가 펼쳐졌다. 우리는 최고법원에서 승소했고 상소법원 차원에서는 판결이 뒤집어졌으며 결국 다시 상소법원 앞에 서게 되었다. 내 개인 변호사 로이 콘은 별 메모 없이 7명의 판사 앞에서 논리를 펴는 등 매우 일을 잘했다. 이번에도 상소법원은 또다시 만장일치로 내가 면세받을 자격이 있음을 판결했고, 시 당국에 더 이상 지체없이 그 권리를 주라고 명령했다.

그것은 금상첨화였다. 이때쯤 트럼프 타워는 더할 나위 없이 성공을 거두고 있었다. 그 사건은 나에게 신용과 명성을 얻게 해주었다. 또한 재정적으로도 커다란 성공이었다. 내 생각에 토지, 신축비용, 건축비, 광고 및 선전 그리고 재정 부담 등 전 사업에 거의 1억 9,000만 달러가 들었다. 아파트 판매는 이제까지 2억 4,000만 달러의 수익을 올렸는데, 상점이나 사무실로부터 받는 수익을 포함하지 않고도 트럼프 타워에서 거의 5,000만 달러의 소득을 벌어들였다. 나는 또 트럼프 타워에 있는 아파트 판매 중개인으로서 1,000만 달러 이상의 수수료를 벌었다.

마지막으로 사무실이나 소매 아트리움에서 받는 임대료는 거의 모두가 순수 소득으로 1년에 수백만 달러 이상에 달했다. 나는 거기서 일하고 그 안에서 살고 그것에 대해 각별한 감정을 가지고 있다. 그리고 이처럼 애착을 가지고 있기 때문에 1986년 나의 동업자 에퀴터블 사의 몫까지 사버렸다. 에퀴터블 사는 뉴욕 부동산 경영 책임자로 새 사람을 영입했다. 어느 날 이 사람이 나에게 전화를 걸어 왔다.

"트럼프 씨, 지금 장부를 훑어보고 있었는데 왜 트럼프 타워를 운영하는 데 그렇게 많은 돈을 쓰는지 설명하셨으면 합니다."

사실 우리는 1년에 거의 100만 달러를 쓰고 있었다. 그것은 전에는 거의 들어보지 못한 액수다. 그러나 그에 대한 설명은 간단했다. 최고 수준의 건물은 유지하는 것도 비싸게 먹힌다는 사실이다. 단순한 한 예로, 내 정책은 모든 아트리움 안에 있는 황동을 한 달에 두 번 닦는 것이었다. 그가 물었다. "두 달에 한 번 닦아 돈을 절약할 수 없을까요?"

처음에 나는 친절하게 대했다. 나는 아트리움이 성공할 수 있었던 주된 이유 중 하나는 그것을 그렇게 깨끗하게 잘 운영해온 덕택이라고 설명해주려고 애썼다. 나는 또한 운영 정책을 바꿀 의도는 없다고 말하고, 그 간부에게 자신이 정말로 그 주장을 밀고 나가기를 원하는지 여부를 하루 동안 생각해보라고 제안했다. 그는 24시간 후 나에게 다시 전화를 걸어, 그것에 대해 생각해보았는데 자신은 줄이자는 주장을 계속 고집할 거라고 말했다. 그것이 아마 나와 에퀴터블 간 동업의 마지막이었을 것이다. 나는 에퀴터블을 매우 좋아했지만 단지 몇 푼을 절약하기 위해 그러한 성공 요인을 함부로 바꾸고 싶지는 않았다. 그렇게 하는 것은 완전히 자기 무덤을 파는 일이다.

나는 화가 났지만 또한 이성적이었다. 곧 에퀴터블 사 부동산 사장으로 있는 내 친구 조지 피콕을 찾아갔다. 그리고 문제가 생겼는데 거기서 빠져나올 방법이 없는 것 같다고 설명했다. 나는 에퀴터블 사 소유 주식을 완전히 사버리길 원했다. 곧 우리는 거래를 했고, 이제 나는 트럼프 타워를 완전히 소유하게 됐다. 계약서에 서명한 후 나는 조지 피콕으로부터 편지를 받았다.

"세상 모든 일이 그렇듯이 세월은 변화를 요구하며 그 사실을 받아들이는 것이 최선의 길이지. 그럼에도 불구하고 나는 언제나 내가 트럼프 타워의 탄생에 참여한 것을 자랑스럽게 여기고 우리가 그것을 일으키기 위해 어떻게 일했는지를 흐뭇하게 기억하겠네." 그의 편지는 이렇게 끝맺고 있었다.

그 편지를 받고 매우 기뻤다. 그것은 처음부터 일류였던 합자 사업을 마무리 짓는 멋진 길이었다.

제 8장

카지노 사업을 시작하다

트럼프 플라자

나는 1975년 말 어느 날 최초로 카지노 사업이 경제성이 있다는 사실에 눈뜨게 됐다. 코모도어 호텔에 관한 상담 때문에 차를 타고 가는 동안 흥미로운 뉴스가 라디오 방송을 타고 흘러나오고 있었다. 라스베이거스와 네바다에서 호텔 종업원들이 투표를 통해 파업 결정을 내렸다는 소식이었다. 그 파업에 따른 여러 가지 파급효과가 있었지만 그중에서도 라스베이거스에 2개의 카지노를 운영하고 있던 힐튼 호텔의 주가가 폭락했다는 것에 관심이 끌렸다.

이때까지 호텔 영업에 상당한 지식을 갖고 있다고 생각해온 나에게 이 소식은 적잖은 충격을 준 셈이었다. 도대체 전 세계에 걸쳐 최소한 100개의 호텔을 소유하고 있는 회사의 주가가 그중 겨우 2개의 호텔에서 파업이 일어났다고 해서 그렇게 폭락할 수 있단 말인가.

나는 사무실로 돌아와서 별다른 조사를 해보지 않고서도 이 문제에 대한 해답을 발견할 수 있었다. 힐튼은 전 세계에 걸쳐 150개 이상의 호텔을 운영하고 있었지만 라스베이거스에 있는 2개의 카지노 호텔에서 얻는 수익이 이 회사가 거두어들이는 순이익의 거의 40%를 차지하고 있었다. 맨해튼에서 최대의 호텔 가운데 하나로 내가 항상 대성공을 거두고 있다고 생각해온 뉴욕 힐튼 호텔의 경우 힐튼 사 전체 수익의 1%도 채 올리지 못하고 있는 것과 좋은 비교가 됐다. 냉철한 판단을 내릴 수밖에 없었다.

거의 2년 동안 나는 뉴욕 42번가에 대규모 호텔을 짓기 위해 밤낮을 가리지 않고 뛰어왔다. 나는 스스로의 계획에 확신을 가질 수 없었고 재정 문제도 마음먹은 대로 풀려나가지 않았으며 이 모든 사업이 실패로 끝날 것처럼 여겨져 안절부절못했다. 내가 마침내 세계 최대의 도시에 호텔을 세워 남들이 부러워할 만한 성공을 거둔다 하더라도, 남서부의 조그만 도시에서 적당히 성공적으로 운영되는 카지노 호텔에서 얻을 수 있는 만큼의 수익을 올릴 수 있느냐 하는 문제가 처음으로 머리에 떠올랐다.

이때까지 엄청난 시간을 투자하고 착수해온 코모도어 호텔 사업을 포기할 마음은 추호도 없었다. 그러나 이 라디오 방송을 들은 직후 나는 바로 애틀랜틱시티로 떠났다. 1년 전 뉴저지 주 전역에 걸쳐 도박을 합법화하는 안건이 주민투표에 부쳐져 압도적인 표차로 부결된 적이 있었다. 하지만 내가 그곳으로 떠날 당시에는 애틀랜틱시티에 국한하여 도박을 합법화하자는 수정안이 제기돼 이듬해인 1976년에 주민투표에 부쳐지기로 예정돼 있었다.

이러한 사실은 확실히 검토해볼 만한 가치가 있는 것으로 생각됐다. 나는 도박에 대해 도덕적인 저항감을 별로 느끼지 못했는데 그 이유는 도박에 대한 반대 의견이 대부분 위선적으로 보였기 때문이다. 나는 뉴욕 증권거래소야말로 오히려 세계 최대의 도박장일 수 있다는 생각을 해왔다. 뉴욕 증권거래소가 보통 도박장과 구별되는 유일한 점은 도박사들이 푸른 줄무늬 양복을 입고 가죽가방을 가지고 다닌다는 것뿐이었다. 만약 세계의 모든 카지노에서 거래되는 판돈을 합친 것보다 훨씬 더 많은 돈이 거래되는 증권거래소라는 도박장이 법으로 허용되고 있다면, 사람들이 블랙잭, 크래프스(주사위 2개로 하는 노름), 룰렛 게임에 돈을 거는 것도 마찬가지로 허용돼야 할 것이다.

나에게 애틀랜틱시티에 도박을 합법화하는 것과 관련하여 관심 있는 문제는 경제성 여부였다. 투자 시기는 언제가 적당할까. 투자 금액은 어느 정도가 알맞을까. 입지 조건은 어디쯤이 적합할까. 애틀랜틱시티는 뉴욕으로부터 120마일 떨어진 뉴저지 주의 해안 도시로 옛날부터 휴양지와 집회 장소로 명성을 떨쳤었다. 그러나 최근 들어 이러한 시설들이 기후가 따뜻한 더 큰 도시로 옮겨가기 시작하면서 애틀랜틱시티는 불경기를 맞고 있었다. 나는 상황이 얼마나 악화돼 있는가에 관한 사전 지식이 거의 없었다. 애틀랜틱시티는 불타다 남은 건물과 폐업한 상점들로 마치 유령이라도 나올 듯한 분위기였다. 실업자들이 우글거리는 이 도시에서 느껴지는 것은 절망감뿐이었다.

그러나 도박이 합법화될 전망이 보이기 시작하자 애틀랜틱시티 해안도로 주변의 땅값은 하늘 높은 줄 모르고 치솟았다. 대규모 회사의 직원에서부터 야간열차를 타고 온 사기꾼에 이르기까지 온갖 투기꾼들이 까마귀떼처럼 모여들었다. 1년 전에 팔았더라면 5,000달러를 채 받지 못했을 가정집 한 채가 순식간에 30만 달러에서 50만 달러로 폭등했고 나중에는 심지어 100만 달러를 주고도 사기가 어려울 지경이 되었다.

이러한 부동산 투기는 비웃음을 사기에 족했다. 나는 결코 투기꾼은 되지 않겠다고 결심했다. 순수한 투기 자금으로 많은 돈을 번다는 것은 애당초 나의 사전에는 있을 수 없는 일이었다. 예를 들어 내가 주민투표가 시행되기 전에 50만 달러를 주고 땅을 산다고 가정해보자. 만약 이러한 투기가 실패한다면 내가 투자한 돈은 바로 그 다음 날로 고스란히 물거품처럼 날아가버릴 것이다. 만약 주민투표에서 가결된다면 투기한 대가로 투자한 돈의 4배인 200만 달러를 벌 수 있을지도 모른다.

그러나 나의 소신은 더 확실한 대상에 더 많은 돈을 투자하는 것이 훨씬 유익한 결과를 낳는다는 것이다. 카지노 사업을 성공적으로 이끌 수만 있다면 그 경제성은 엄청날 것이기 때문에 비용이 다소 더 들더라도 입지 조건이 좋은 땅을 구하는 것이 현명하다는 판단이 내려졌다.

예상했던 대로 애틀랜틱시티에서 도박을 합법화하는 것에 관한 주민투표는 1976년 11월에 통과돼 1977년 중반에는 법으로 확정됐다. 그랜드 하얏트 계획이 마침내 착수된 것은 그때쯤이었으나 애틀랜틱시티의 부동산 가격은 예상할 수 없을 만큼 천문학적으로 폭등했다. 나는 5년 전 맨해튼에서 부동산 가격이 엄청나게 뛰어올랐을 때 그랬던 것처럼 조금 더 관망해보기로 작정했다. 인내심을 갖고 사태를 주시해보면 반드시 더 좋은 기회가 불현듯 찾아온다는 것을 나는 경험으로 알고 있었다.

거의 3년이 지난 1980년 겨울 마침내 애틀랜틱시티의 한 건축업자가 나에게 전화를 걸어 왔다. 그는 내가 그토록 갖고 싶어 했던 해안도로변의 전망이 좋은 부동산을 구할 수 있게 됐다는 사실을 알려 왔다. 도저히 놓칠 수 없는 기회라는 느낌이 들었다. 카지노 사업에 관한 환영이 미친 듯이 나를 덮쳐 왔고 시간이 흐를수록 더욱 강렬한 의욕을 솟구치게 했다. 리조트, 골든 너기트, 시저스 등 몇 개 안 되는 카지노 업체는 놀랄 만한 수익을 얻고 있었으나 새로 시작한 카지노 사업은 여러 가지 난관에 부딪혔다.

애틀랜틱시티에서 가장 최근에 만들어진 카지노인 밸리는 예산을 최소한 200만 달러는 초과해 만들어졌다. 라마다 계열에서 소유하고 있는 트로피카나 카지노는 건축 공사가 엄청나게 지연돼 출혈을 감수해야만 했다. 펜트하우스 사장인 보브 구치오네는 해안도로변에 카지노를 만들 계획을 발표했으나 부지를 구입한 뒤에야 도저히 재정 부담을 극복할 수 없다는 것을 알게 됐다. 플레이보이 호텔 카지노를 만들려던 휴 헤프너의 계획은 카지노관리위원회에서 허가를 받지 못해 수포로 돌아갔다. 그 밖에 청운의 꿈을 품고 애틀랜틱시티로 몰려 들어온 많은 무명인사들이 재정 문제 혹은 허가받는 문제로 카지노 호텔 창설의 꿈을 버려야 했으며 그중 몇몇은 호텔 카지노를 짓는 데 드는 엄청난 비용에 아예 겁먹은 표정으로 발길을 돌렸다.

애틀랜틱시티의 명성은 FBI의 앱스캠 스팅 작전에서 적발된 뇌물 제공 문제로 한때 타격을 받기도 했다. 1980년에 한 투자가가 카지노 허가를 받으려고 했다. 그는 한 지방 정치인에게 10만 달러의 뇌물을 제공했는데 카지노관리위원회의 부회장이었던 케네스 맥도널드가 현장에 함께 있었던 사실이 밝혀져 사임하는 사태까지 발생했다. 설상가상으로 1980년 겨울에는 애틀랜틱시티에 혹독한 한파가 닥쳐 1, 2월에 해안가에 서 있기도 힘들 지경이었다.

몇 년 동안 계속 호경기로 떠들썩했던 애틀랜틱시티는 문자 그대로 된서리를 맞은 듯 얼어붙어버렸다. 새로 카지노를 짓겠다고 말을 꺼내는 사람은 아무도 없었다. 애틀랜틱시티에서 카지노 사업을 한다는 것은 메뚜기 한철인 격이며 기존의 카지노만으로도 공급과잉이라는 생각이 팽배해져갔다. 그러나 나의 생각은 이러한 일반적인 견해와는 완전히 달랐다. 최악의 순간에서 때때로 더 나은 도약을 위한 최선의 기회가 창출된다.

내가 연락을 받은 2.5에이커의 부동산은 고속도로와 애틀랜틱시티를 연결하는 간선도로에서 얼마 떨어지지 않은 해안도로변의 요충지였다. 게다가 그 땅은 대규모 집회와 연회가 개최될 수 있는 컨벤션 센터 바로 옆에 있었을 뿐 아니라 옆에 세워진 카지노 호텔들과 컨벤션 센터를 연결하는 통로에 해당했다. 나는 이곳이야말로 애틀랜틱시티에서 구할 수 있는 최적의 카지노 장소라고 확신했다. 그러나 공교롭게도 이 땅은 한 개인이 아니라 많은 사람들이 분할 소유하고 있는 탓에 카지노 호텔 건축에 필요한 이 땅 전체를 사들인다는 것은 거의 불가능에 가까운 일로 여겨졌다.

1980년까지 많은 사람들이 이 땅을 사들이려고 노력해봤으나 복잡한 법률 분쟁에 휘말렸을 뿐이었다. 그 땅에 얽혀 있는 법률적 분쟁은 해결할 엄두가 나지 않는 것은 물론이려니와 어떤 상태인지 이해조차 되지 않을 만큼 복잡했다. 내가 자문을 구해본 모든 변호사들과 부동산 중개업자들은 한결같이 애틀랜틱시티에 카지노를 세우려는 게 진심이라면 이미 정리가 된 땅을 구입하는 것이 훨씬 유리할 것이라며 극구 만류했다. 나는 그 충고에 귀를 기울이기는 했으나 납득할 수는 없었다.

무엇보다 적당한 가격에 구할 수만 있다면 최적지에 카지노 호텔을 세워야 한다는 것이 신념처럼 나의 마음에 자리 잡고 있었다. 다른 한편으로는 복잡한 거래에 대한 평소 나의 강한 애착이 작용했다고 볼 수 있다. 나는 복잡한 거래일수록 더 흥미를 느꼈을 뿐 아니라 어려운 거래를 성사시키고 나면 더 많은 수익이 보장된다는 것을 경험으로 알고 있었다.

내가 1976년에 같은 장소를 구입하려 했다면 이야기가 완전히 달랐을 것이다. 당시 나는 뉴욕에서 호텔 공사를 벌이고 있었지만 그때만 해도 내가 누구인지를 아는 사람은 별로 없었다. 그러나 1980년에는 하얏트 호텔이 거의 완공 단계에 들어갔고 새로 트럼프 타워 건설 계획을 발표하는 등 잇따른 사업 추진으로 나에 대한 평판이 한층 높아졌고 신용도 그만큼 좋아졌다. 6번씩이나 이 세상을 다 줄 듯한 약속을 받았지만 아무것도 얻은 게 없는 사람들과 협상할 때처럼 신용이 소중할 때도 없다.

이 땅은 두 투자 단체가 각기 소유한 땅, 그리고 이민 집단의 여러 세대가 분할 소유하고 있는 땅, 세 부분으로 크게 나눌 수 있었다. 이들이 각기 소유하고 있는 땅을 모두 사들이는 것이 거래의 핵심으로 내가 이곳에 카지노를 세울 수 있느냐 여부는 이 거래에 달려 있었다. 내가 가장 골칫거리로 여겼던 것은 많은 돈을 투자하고도 마지막까지 계약을 안 하고 버티는 것이 최선이라고 생각하는 토지 소유자들에게 질질 끌려가는 상황이었다.

이러한 일은 이 땅 바로 옆에서 공사를 착수했던 보브 구치오네에게서 실제로 일어났었다. 지금까지도 공사가 중단된 현장의 녹슨 철골 아래에는 구치오네가 끝내 사들이지 못한 집이 한 채 덩그러니 서 있다. 만약 그가 재정에 문제가 없었더라도 그는 이러한 난관에 봉착해 골머리를 앓았을 것이다. 300~400만 달러를 들여 지은 휘황찬란한 카지노 호텔 옆에 낡은 판잣집이 서 있는 광경을 상상해보라.

신용을 지렛대로 하여 나는 이 문제의 해결에 착수했다. 나는 먼저 이 땅의 소유자들에게 나 자신은 공정한 거래를 할 준비가 돼 있으며 일관된 자세로 거래를 성사시키도록 노력하겠다고 약속해 이 땅을 탐냈던 그 밖의 사람들과는 다른 면모를 보여줬다. 나는 부동산 개발에 관한 나의 이력을 그들에게 자세하게 설명했다. 그리고 이 자투리 땅들을 한 덩어리로 합쳐 개발할 의향이 있는 사람은 이제 나밖에 없다는 사실을 내비쳤다. 나는 그들에게 만약 나와 거래가 성사되지 못하면 앞으로 몇 년간 소유하고 있는 땅을 놀릴 수밖에 없을 것이라고 말해줬다.

　이 거래의 핵심은 SSG, 매그넘, 네트워크III로 각각 알려진 세 그룹이 소유하고 있는 땅을 한꺼번에 손에 넣을 수 있느냐에 달려 있었다. 이 거래를 성사시키기 위해 직접 각 그룹의 책임자들과 협상에 나섰다. 단번에 이 땅 전체를 구입하려는 것보다 우선 이 땅에 대한 장기 임차 계약을 맺은 뒤 계약 조건 속에 장래의 어느 시점에 구입한다는 매매 예약을 해두는 것이 유리해 보였다. 나의 투자 전략은 당면한 투자 규모를 가능한 한 감소시키는 것이었다. 그 까닭은 애틀랜틱시티의 발전에 대해 은행이 회의적인 반응을 보이고 있었기 때문에 무리하게 자금 조달에 나서지 않기 위해서였다. 임차에 드는 비용은 혼자서도 충분히 부담할 수 있었다.

　나의 계획은 어떻게 보면 단순한 것이었다. 가능한 한 빨리 그리고 법적 분쟁의 여지를 남겨놓지 않고 그 땅을 전부 사들일 수 있는 준비를 해나갔다. 그 대신 그들은 나와 협조해야 할 뿐만 아니라 그들 상호 간에도 이견을 조정해야 했다. 왜냐하면 어느 한쪽에서라도 협조가 이뤄지지 않을 경우에는 모든 거래가 동시에 중단될 가능성이 높았기 때문이다. 그들은 또한 그 땅을 공동으로 임차 혹은 매매하기 위해서 그 땅과 관련해 그들 서로 간에 복잡하게 얽혀 있던 소송을 취하하는 사전 작업이 필요했다. 나는 가급적이면 이들의 법적 분쟁에 관련되지 않도록 노력했다.

　내가 즉석에서 구입한 부동산은 모두 개인이 소유하고 있는 가정집들이었다. 이들 중 상당수가 영어에 능숙하지 않고 부동산 거래에도 익숙하지 않은 이민 세대들이어서 이들과 협상을 위해서 특별히 현지인을 고용하는 방법을 사용해 효과를 봤다. 몇 년 전에 카지노 호텔 사업에 뛰어든 사람들은 길목이 좋기만 하면 별로 크지 않은 집 한 채를 사들이는 데만 100만 달러 이상을 들이기도 했었다. 그러나 내가 부동산을 사들이기 시작할 때는 불경기가 심화됐을 때였으므로 거의 모든 부동산을 적당한 시세에 살 수 있었다.

1980년 7월이 되어서야 모든 자투리 땅을 사들일 수 있었다. 나는 그날을 아직도 잘 기억하고 있다. 우리는 애틀랜틱시티의 한 변호사 사무실에서 역사적인 작업을 마감할 수 있었다. 모든 계약이 체결되고 서명하는 데 걸린 시간만 무려 28시간이었다. 마지막 계약이 끝나는 순간 방을 가득 채우고 있던 모든 사람들은 피곤에 지쳐 있었으나 기뻐서 어쩔 줄 몰라 했다. 드디어 애틀랜틱시티의 최고 요충지가 나의 손에 들어온 셈이었다.

그러나 카지노 호텔 건설에 착수할 수 있으려면 먼저 재정 문제를 해결해야 하고 건축 허가와 카지노 운영 허가를 각각 받아내야 했다. 그리고 과연 지금이 이 거대한 사업을 시작할 적당한 시기인가 하는 근본적인 결정을 내려야만 했다.

이때까지 투자한 돈만 해도 변호사 수수료, 설계도 초안 작성료, 직원들에게 지급한 임금, 대지 구입 및 임차 비용 등을 합해 모두 수백만 달러에 달했다. 그러나 계획을 변경해 내가 확보한 카지노 호텔 부지를 다른 사람에게 팔기로 마음먹으면 당장에라도 투자한 자금의 몇 배 이상을 건질 수 있다는 확신을 갖고 있었다. 최상의 물건을 사려는 사람은 항상 있기 마련이다.

그 당시 나의 주된 관심사는 카지노관리위원회로부터 카지노 사업 허가를 취득하는 것이었다. 나는 애틀랜틱시티와 잦은 접촉을 갖게 됨에 따라 카지노 사업 허가를 받는 과정이 얼마나 힘든 일이며 오랫동안 시간과 정력을 들이고도 그 결과를 예측하기조차 어렵다는 것을 알 수 있었다.

플레이보이의 휴 헤프너는 맨해튼에 있는 플레이보이 클럽의 주류 판매 허가를 얻기 위해 20년 전에 뇌물을 제공했다는 소문이 나도는 바람에 카지노 사업 허가를 받지 못했다. 헤프너는 뉴저지 주에서 열린 청문회에서 뇌물 제공 사실을 부분적으로 시인하면서도 자신과 플레이보이 사가 결코 그와 관련해 기소된 적은 없었다고 증언했다. 결국 그의 신청은 기각됐다. 헤프너를 심문한 뉴저지 주의 한 관리는 그후에 카지노관리위원회에 속한 상당수의 위원들이 그의 증언하는 태도를 문제 삼았다고 밝혔다. 나는 뉴저지 주의 트렌턴에서 열린 청문회 석상에 그가 파이프담배를 피우면서 실크옷을 입고 금발 미인을 데리고 나온 것이 화근이었다고 생각했다. 카지노 사업 허가를 내리는 위원회의 결정은 매우 주관적인 것이므로 헤프너가 그의 재치 있는 딸 크리스티를 데리고 나왔다면 아마 결과가 다르게 나왔을지 모를 일이었다.

헤프너의 경우보다 훨씬 치명적일 수 있는 조직범죄에 개입하고 있는 것으로 소문이 난 신청자들이 거뜬히 카지노 사업 허가를 받아낸 것만 봐도 능히 짐작할 수 있다. 시저스와 밸리가 그러한 경우에 속하지만 둘 다 별다른 문제 없이 영업 허가를 취득했다. 카지노 사업 허가를 받는 전과정을 지켜보면서 내가 느낄 수 있었던 것은 그 과정이 피를 말리는 듯한 초조함의 연속이라는 것이다.

신청자들이 영업 허가를 얻는 대신 최소한 한 사람을 속죄양으로 삼아야 한다는 것이 규칙처럼 지켜지기도 했다. 시저스 월드의 경우 펄먼 형제들이 회사를 그만두어야 했고, 밸리의 경우 윌리엄 오도넬이 회사와 손을 끊어야 했다. 그러나 지명도가 높은 그러한 회사와는 달리 나는 속죄양으로 삼을 만한 사람조차 없는 실정이었다. 아무런 결함도 없는 나의 배경을 무기로 삼아 내보일 수밖에 없었다.

나를 대표할 변호사를 구하는 것이 급선무였다. 닉 리비스(Nick Ribis) 변호사가 변호사업계에서 평판이 높은 뉴하우스 패밀리 법률 사무소의 추천을 받고 나에게 소개됐다. 닉을 만나본 뒤 그의 일솜씨가 상당하다는 것을 알게 됐다. 그는 당시 30세가량 됐으나 보기에는 몇 살 아래로 보일 만큼 젊고 혈기왕성했다. 내가 닉을 처음 만났을 때 던진 말은 "여보게, 자네같이 젊어 보이는 변호사가 이렇게 엄청난 사업을 처리할 수 있겠나?"는 것이었다. 닉은 이 말에 자신 있는 목소리로 말했다.

"트럼프 씨, 내가 부르는 변호사 비용을 부담할 만한 사람으로서 당신만큼 젊은 고객을 만난 일이 결코 없었습니다."

닉과 나는 의기투합해 한 가지 전략을 세우는 데 합의했다. 우리는 카지노 허가를 받을 전망이 확실할 때까지는 어떠한 건축 공사도 유보하기로 했다.

애틀랜틱시티에서 카지노 호텔을 세운 사람들은 땅을 구하고 나면 바로 카지노 허가를 받는 일과 호텔 공사를 동시에 추진했다. 허가를 받는 일은 호텔 공사만큼 시간이 걸리는 게 보통이었으므로 카지노 호텔을 빨리 세우면 세울수록 그만큼 더 빨리 돈을 벌 수 있다는 것이었다. 마침내 카지노 사업 허가를 얻기만 한다면 이러한 논리는 한치의 오차도 없이 들어맞게 된다.

그러나 나는 달랐다. 허가를 받기까지 위험을 무릅쓰고 수백만 달러를 확실한 보장도 없는 공사에 투자할 수는 없는 일이었다. 또한 미리 공사를 착수함으로써 카지노관리위원회와 협상 과정에서 끌려가는 입장에 놓이는 것을 원치 않았다. 일단 거액의 자금을 투자해버리면 그들이 요구하는 어떤 일에든 반대하기가 어려워진다. 카지노 허가를 받기까지 공사를 연기할 경우 이미 취득한 호텔 부지에 대한 관리 비용이 더 들게 되고 카지노 사업이 더 늦어질 수밖에 없기는 하지만 참고 기다리는 게 유리하다는 생각을 굳혔다. 지금까지도 많은 사람들은 뉴저지 주에서 카지노 허가를 받는 일에 진력이나 더 쉬운 네바다 주를 투자지로 선정하고 있다.

내가 선택한 비장의 무기는 애틀랜틱시티에서 새로운 카지노 호텔 공사를 전면 중단 상태에 놓이게 한다는 것이었다. 내가 알기로 뉴저지 주와 애틀랜틱시티의 관리들은 애틀랜틱시티가 여전히 투자 여건이 좋은 곳이라는 평가를 받고 싶어 했다. 건축업자로서 나에 대한 평판이 확고했으므로 나는 뉴저지 주와 애틀랜틱시티의 관리들이 나의 카지노 호텔 사업 계획에 호의적일 것이라는 자신을 갖고 있었다. 누구에게든 애걸하는 처지에 놓이고 싶지 않았다. 최소한 나의 사업과 관련이 있는 모든 사람들과 동등한 입장에서 거래할 수 있기를 바랐다.

동생인 로버트가 나와 한 배를 타고 사업을 할 수 있도록 만들 작정이었다. 로버트는 나와는 달리 가문의 힘을 빌리지 않을 생각으로 대학을 졸업한 뒤 월 가로 진출할 결심을 했다. 그는 키더 피바디에서 재무법인을 설립했다. 3년 뒤에 이스트딜 리얼티로 옮겨 그 후 5년간 부동산을 담보로 자금을 대출해주는 회사를 만들었다. 로버트가 나와 함께 사업을 시작할 결심을 굳힌 시기는 이미 시어슨 로에브 로데스에서 부동산 자금 대출 회사를 그룹으로 확대해 성공적으로 운영하고 있을 때였다. 나는 로버트가 트럼프 가문의 사업으로 언젠가는 돌아와 함께 일하게 될 것으로 믿어왔다.

애틀랜틱시티는 우리가 힘을 합쳐야 할 완벽한 가능성을 보여주었다. 뉴욕에서 120마일이나 떨어져 매일 돌아본다는 것이 거의 불가능한 도시에 자그마치 2억 달러의 돈을 투자하는 문제를 나는 곰곰이 생각해봤다. 이 경우 나에게 반드시 필요한 것은 그 사업을 충실하게 감독할 수 있는 절대적으로 유능하고 정직한 사람이었다. 만약 유능하다는 조건만 갖춘다면 가족 중의 누군가가 가장 적합한 인물임이 틀림없었다. 나는 1980년 5월의 어느 날 저녁에 로버트와 만날 약속을 했다. 우리는 나의 아파트에서 장시간 이야기를 나눴다. 그는 마침내 나와 함께 애틀랜틱시티에서 착수할 사업을 하루하루 교대로 감독하는데 동의했다. 이는 곧 우리가 공동으로 카지노 허가를 얻는다는 것을 뜻하기도 했다.

1982년 2월 어느 날 로버트, 닉, 그리고 나는 뉴저지 주의 검찰총장과 유흥장 허가에 관계하는 관리를 만날 약속을 했다. 나는 예의 바른 태도를 보였으나 또한 의연하게 대처하기로 마음먹었다. 나는 그들에게 뉴저지 주에 주요한 투자 사업을 벌일 목적으로 회사의 자금이 아닌 내 개인 자금을 이미 수백만 달러나 들였다고 말했다.

내가 관계하는 한 어떤 다른 사람이 뉴저지 주에 카지노 호텔을 짓는 것보다 더 나은 결과를 만들어 뉴저지 주의 명성에 보탬이 될 수 있도록 하겠다고 말했다. 카지노 사업 허가를 받기 위해 조사를 받는 과정만 18개월 이상 걸리는 경우가 허다했다. 나는 이미 마련해둔 부지에 카지노 호텔을 세우고 싶은 마음이 강렬하기는 하지만 만약 카지노 허가를 받는 데 너무 많은 노력이 들거나 시간이 소요된다면 미련 없이 애틀랜틱시티에 투자할 계획을 취소할 수도 있다는 입장을 확실히 밝혔다. 그리고 카지노 허가를 받는 결정이 내려질 때까지는 공사를 시작하거나 추가 투자를 하는 일은 결코 없을 것이라고 잘라 말했다.

뉴저지 주의 검찰총장은 "트럼프 씨, 당신은 뉴저지 주에 관해 모르시는군요. 카지노 허가는 신속하게 진행될 수도 있습니다. 우리는 분명히 당신에게 카지노 허가를 내주지 않을 수도 있습니다. 내가 약속해줄 수 있는 유일한 것은 만약 당신이 협조해주기만 하면 가부간에 6개월 내에는 그 결과를 통보해줄 수 있다는 것입니다"라고 말했다. 그는 배석한 유흥장 허가에 관계하는 관리에게 "그렇지 않느냐"고 확인을 구했다. 그 관리는 "최선을 다해 노력하더라도 1년은 걸릴 것"이라고 말했다. 그 말을 듣자마자 나는 벌떡 일어나 "만약 1년이 걸린다면 더 이야기하지 않겠습니다. 나는 충분히 협조할 준비가 돼 있으며, 결과를 기다리며 손가락이나 만지작거리고 있는 일은 없을 것입니다"라고 대답했다. 검찰총장과 그 관리는 동의하는 듯 머리를 끄덕였다. 약속된 기간은 6개월이며 그들이 이러한 약속을 지키기 위해 노력할 것이 분명해졌다.

그다음 우리는 카지노관리위원회 소속 위원들과 접촉하는 일이 남은 셈이었다. 카지노 호텔을 세우기 위해서는 객실의 크기에서부터 카지노장의 설계, 또한 식당의 수로부터 헬스클럽의 크기에 이르는 모든 것을 카지노관리위원회로부터 승인을 받아야 한다. 우리의 생각은 심사관들에게 상세한 건축 계획과 설계도면을 제출하고 공사에 착수하기 전까지 그들이 우리의 계획을 검토해본 뒤 그들의 요구 사항을 밝힐 수 있는 기회를 준다는 것이었다.

카지노 운영에 관한 경험만 있고 호텔 건축에 대해 경험이 없는 사업가들은 미리부터 이런 계획을 세우느라 골치 아픈 일은 없었을 것이다. 그러나 그들은 일단 카지노 호텔을 세워놓고 보려는 욕심에서 최종 승인을 받기도 전에 바로 공사에 들어가 낭패를 본 적이 적지 않았다. 심사관들은 이미 완공된 카지노 호텔의 방 크기가 작아서 곤란하다거나 슬롯머신의 위치가 잘못 놓여 있다는 등 트집을 잡기 일쑤였다. 오랜 경험을 통해서 볼 때 미리 공사에 들어가는 것은 오히려 돈만 더 들며 공사 기간도 길어질 수 있었다.

많은 심사관들과 관계 법규를 모두 충족시켜야 한다는 어려운 문제가 제기됐지만 우리는 전혀 관료적인 조직이 아니라는 이점이 있었다. 대부분의 대규모 사업체에서는 한 가지 문제에 대한 답을 구하는 데 쓸데없이 많은 경로를 거쳐야 하는 비능률을 감수해야 한다. 그러나 우리 조직에서는 의문을 갖고 있는 사람은 나에게로 직접 오면 당장 해답을 구할 수 있었다. 바로 그 점이 내가 다른 경쟁자들보다 훨씬 신속하게 거래를 성공시킬 수 있었던 비결이었다.

카지노 허가와 관련한 조사가 끝난 것은 그들이 약속한 대로 거의 6개월 후인 1981년 10월경이었다. 조사 결과 로버트와 나는 아무런 문제가 없다는 통보를 받았다. 그들이 우리 둘의 명의로 카지노 사업 허가를 내준 것은 물론이었다. 그동안 우리는 건축 공사에 필요한 승인 절차를 차근차근 밟아가고 있었다. 애틀랜틱시티로부터 얻은 건축 허가 가운데는 우리가 세울 카지노 호텔과 바로 옆에 붙어 있는 컨벤션센터 사이에 스카이웨이를 건설하는 것도 포함돼 있었다. 이것은 도로 위로 우리 호텔의 일부를 건설할 수 있는 결과가 되므로 땅을 덜 들이고도 애틀랜틱시티 최대의 호텔을 지을 수 있다는 것을 뜻했다. 해안 도로변에 있는 다른 호텔과는 달리 우리가 세울 호텔의 경우 방과 식당의 위치를 바다가 내려다보이는 곳으로 배치하기로 결정했다. 이렇게 전망이 좋은 곳을 손님들이 찾아오지 않으면 오히려 이상한 생각이 들 정도였다.

두 번째 문제는 재정 문제를 어떻게 해결하느냐 하는 것이었다. 대부분의 은행들은 도박업에 투자하는 것은 좋지 않은 소문이 날 가능성이 많기 때문에 소문나지 않게 은밀하게 거래를 하는 경우가 많았다. 내가 부닥친 문제는 그와는 완전히 반대되는 것이었다. 은행에 대한 우리의 신용도는 매우 양호한 편이었지만, 카지노 사업에 관한 한 우리는 전혀 거래 실적이 없는 신참이라는 것이 문제가 됐다.

그러나 나는 그런 점을 오히려 장점으로 만드는 데 해결책이 있을 것으로 생각했다. 나는 은행과 거래를 트기 위해 의문 속에 싸인 경험 있는 카지노업자보다는 깨끗한 경력을 지닌 전망 있는 회사에 투자하는 것이 유리할 것이라는 말로 은행 관계자들을 설득하기 시작했다. 그리고 우리는 공인받고 있는 건축업자이기 때문에 어떤 카지노 운영업체보다 시간과 비용을 적게 들이고 공사를 완공할 수 있다는 점을 은행가들에게 납득시켰다.

카지노 호텔 등 도박업에 자금 대출을 잘 해주지 않는 것으로 유명한 은행 가운데 메뉴팩처 하노버가 있다. 그랜드 하얏트 호텔 공사를 할 때도 우리에게 자금 지원을 해준 적이 있는 이 은행은 하얏트 호텔 공사시에 우리가 보여준 능력을 높이 산 때문인지 쾌히 자금 지원을 약속했다. 대출 조건은 별로 좋지 않았지만 불만을 늘어놓을 입장은 아니었다. 아무튼 자금 지원을 받게 된 것만도 행운으로 생각해야 했다.

1982년 3월 15일 나는 자금 지원 약속과 공사 관련 허가까지 모두 받은 상태에서 카지노관리위원회에 출두해 카지노 허가와 관련된 최종점인 청문회를 갖기 위해 뉴저지 주의 트렌턴 시로 떠났다. 까다롭기로 유명한 카지노관리위원회의 청문회는 보통 6주에서 길 경우 8주까지 계속되는 어려운 과정이었다. 나는 그날 오전 10시 15분경에 증언대에 섰다. 그리고 17분간 증언을 마친 뒤 정오가 채 못 돼서 관리위원회는 우리가 설립한 법인인 트럼프 플라자 회사에 대해서뿐 아니라 로버트와 나에게도 카지노 허가를 내준다는 결정을 만장일치로 채택했다. 드디어 목표는 한곳으로 모아졌다.

그해 6월의 어느 날 아침에 나는 마이클 로즈(Michael Rose)라고 자신을 소개한 사람의 전화를 받았다. 홀리데이 인의 회장인 로즈는 아주 쾌활한 목소리로 나를 만나기 위해 멤피스로 오겠다고 말했다. 나는 용건도 묻지 않고 쾌히 그와 만날 약속을 했다. 로즈 정도 되는 사람이라면 쓸데없이 만날 약속을 하지는 않을 것이 분명했다. 수화기를 내린 뒤 그가 최근 관심을 갖고 있는 사업 내용이 무엇인지 생각을 정리해봤다.

그는 내가 몇 년 전에 구입한 센트럴파크 남쪽 아메리카스 가의 바비존플라자 호텔을 사들일 계획을 갖고 연락했을 것이라고 짐작했다. 홀리데이 인 그룹은 뉴욕 시의 요충지에 있는 호텔을 사들이는 데 혈안이 돼 있었다. 나는 뉴욕의 부동산업계에 바비존을 적당한 가격에 넘길 의향이 있다는 말을 퍼뜨려놓았음은 물론이었다.

그로부터 일주일 뒤 마이클 로즈가 나를 만나러 왔다. 로버트와 하비 프리먼이 우리와 함께 약속 장소로 갔다. 로즈는 귀가 크고 잘생긴데다가 옷맵시까지 훌륭한 흠잡을 데 없는 신사였다. 나는 단도직입적으로 바비존이 호텔로서 위치가 얼마나 훌륭한가 하는 것에서부터 세세한 것에 이르기까지 입에 침이 마르도록 칭찬을 하며 이런 물건을 사러 온 로즈 역시 안목이 보통이 아니라고 말해줬다. 이런 말을 하면서 정말 나는 바비존 호텔을 팔고 싶지 않다는 기분이 들 정도였다.

거의 10분 동안 있는 말 없는 말을 다해가며 바비존 호텔에 대한 칭찬을 늘어놓고 있는 동안 홀리데이 인의 회장인 마이클 로즈는 한마디도 하지 않고 조용히 듣고만 있었다. 그는 마침내 약간 당황한 표정으로 "도널드, 나는 당신의 말을 이해할 수 없습니다. 나는 바비존플라자에는 전혀 관심이 없습니다. 내가 관심을 갖고 있는 것은 애틀랜틱시티에서 당신이 계획하고 있는 카지노 호텔에 동업자로 참가하는 것입니다. 내가 여기 온 것도 그 때문입니다"라고 말했다.

나는 임기응변에 소질이 있다고 자부해왔다. 나는 카지노 호텔 사업과 관련해 동업자를 구할 생각은 전혀 해본 일이 없었다. 그러나 당장 화제를 바꿔 그동안 구상해온 사업 계획에 관해 아까와 마찬가지로 열변을 토하기 시작했다. 해안도로변의 최적지를 확보한 것, 카지노 사업 허가를 이미 받아낸 것, 카지노 호텔의 설비를 최고품으로 설계한 것 등을 상세하게 설명하면서 앞으로 2년 내에 바로 영업에 들어갈 수 있다고 힘줘 말했다.

홀리데이 인 그룹과 합작이 가능할 경우 두 가지 면에서 이점이 있을 수 있었다. 첫째, 그 회사는 카지노 사업에 관해 많은 경험을 갖고 있었다. 둘째, 그들은 독자적으로 카지노 호텔을 세울 수 있는 재정 능력을 보유하고 있었다. 그러나 로즈가 카지노 호텔 사업에 동업자로 가담하려는 근본적인 이유가 무엇인지는 정확히 파악되지 않았다. 홀리데이는 애틀랜틱시티의 마리나에 하라즈란 유명한 카지노를 갖고 있었다. 물론 그들은 해안도로변에 카지노 호텔을 세울 계획을 갖고 있었으며 이미 엄청난 돈을 들여 부지까지 마련해놓고 있었다. 내가 궁금하게 생각했던 점은 그들이 과연 어느 곳에 호텔을 세우느냐 하는 문제에 관한 것뿐이었다.

아무튼 그가 나를 만나러 온 것은 의심할 수 없는 사실이었다. "나는 카지노 사업과 관련한 모든 문제를 완벽하게 해결했습니다. 솔직히 말해 나는 동업자가 필요하지 않습니다. 당신의 본심이 어떤 것인지 나로서는 전혀 알 수가 없습니다."

로즈는 일단 나의 카지노 호텔이 들어설 장소가 마음에 든다고 운을 떼면서 그보다는 시간과 비용을 최대한 절약하면서 완벽한 시공을 할 수 있는 건설업자로서 나의 명성을 높이 사고 있다고 차근차근 설명해나갔다. 대부분의 다른 카지노 운영업자들처럼 홀리데이 역시 카지노 호텔을 건설하면서 수많은 문제에 봉착했으며 마리나의 하라즈 카지노를 건설하는 데 수천만 달러의 초과 비용을 부담해야만 했었다. 그는 우리가 이미 건설에 착수했다는 사실에 특히 관심을 보였다. 우리와 거래를 할 수만 있다면 이러한 엄청난 초과 비용을 부담하게 되는 위험을 피할 수 있다는 결론을 내린 것 같았다.

로즈는 구체적인 거래를 하기로 결정을 내린 상태였다. 우리가 호텔을 짓고 나면 카지노 호텔 운영은 그들이 책임을 지는 것을 조건으로 이윤을 50 대 50으로 분배하자는 것이 그가 제시한 거래의 골자였다. 그는 또 앞으로 공사에 필요한 자금 중 5,000만 달러를 자신이 투자하며 이때까지 내가 투자한 2,200만 달러를 나에게 모두 상환해주겠다는 파격적인 조건까지 제시했다. 게다가 카지노 호텔이 문을 연 날로부터 5년간의 손해에 대해서는 전적으로 로즈 자신이 부담한다는 조건과 아울러 나에게 건설 공사 수수료를 지급한다고 약속했다.

도저히 믿을 수 없을 만큼 좋은 조건이었다. 나는 얼빠진 사람처럼 로버트와 하비를 물끄러미 쳐다보고만 있었다. 그들도 빙그레 웃기만 했다. 마이클 로즈가 나의 사무실을 떠난 뒤에야 정신을 차린 우리 셋은 손을 마주잡고 기뻐했다. 이러한 동업 계약은 문서화돼야 했고 홀리데이 이사회의 승인을 받아야 효력을 발휘할 것이었다. 나는 그들이 이런 과정에서 상당한 이권을 뽑아낼 것이라고 생각했다.

그러나 그 계약의 주요 골자만 바뀌지 않는다면 그것만 해도 엄청나게 유리한 거래임이 확실했다. 사실 카지노 호텔 운영에 경험이 있는 대규모 호텔 소유 회사와 합작은 절실하게 요청되던 일이었다. 아무튼 대규모 호텔을 운영하는 것에 대해 이때까지 상당한 불안감을 갖고 있었다는 것이 우리의 솔직한 심정이었다.

우리끼리 모든 협의를 마친 뒤 동업 계약에 관해 홀리데이 이사회가 승인을 내리는 일만 남아 있었다. 많은 경우에 이사회의 승인은 요식 행위에 불과한 것이었지만 이번 경우에는 로즈가 이사회를 구실로 동업 계약을 자신에게 유리하게 변경하려고 할 가능성도 배제할 수 없었다.

로즈는 홀리데이의 이사진들이 카지노 호텔이 건립될 장소를 직접 보고 공사의 진척 정도도 판단할 수 있도록 정기 이사회를 애틀랜틱 시티에서 개최할 계획을 세워놓고 있었다. 공사가 예상과 달리 별로 진척되지 못해 이사회 개최일이 다가오는 것이 큰 걱정거리였다. 이사회 개최 일주일 전 한 가지 아이디어를 생각해냈다.

건설 공사 감독관을 불러 그가 애틀랜틱시티에서 구할 수 있는 모든 불도저와 덤프트럭을 즉시 우리 공사 현장에 투입시켜 작업하라는 지시를 내렸다. 나는 그에게 다음 주까지 텅빈 2에이커 남짓 되는 공사 현장을 세계에서 최고로 바삐 움직이는 현장으로 탈바꿈시키라고 다짐받았다. 불도저와 덤프트럭이 무엇을 하는가는 중요치 않고 그것들이 얼마나 많이 움직이느냐가 문제가 되는 셈이었다. 나는 그에게 실제로 공사를 진척시킬 수 있으면 더할 나위 없이 좋은 일이지만 필요하다면 공사 현장의 한군데서 파낸 흙을 다른 곳에다 메우는 일이 있더라도 다른 지시가 있을 때까지는 이러한 작업을 계속하라고 말했다.

감독관은 다소 놀란 표정으로 나에게 수십 년 동안 일해왔지만 이런 이상한 요구를 받기는 처음이라고 말했다. 그는 어쨌든 최선을 다하겠다고 약속했다.

드디어 일주일 뒤 나는 홀리데이 그룹의 경영 간부진과 이사진들을 애틀랜틱시티 해안변 도로에 있는 공사 현장으로 안내했다. 그곳은 마치 그랜드 쿨리펌의 공사 현장처럼 어마어마한 규모로 바쁘게 돌아가고 있었다. 조금 떨어진 곳에서는 지시하기도 힘들 만큼 엄청나게 많은 건설 장비가 공사 현장에 빽빽하게 들어차 있었다. 이런 광경을 본 홀리데이 그룹의 이사진들은 입이 딱 벌어진 채로 할 말을 잃어버린 표정들이었다. 그중 한 명이 나에게로 다가와서 머리를 끄덕이며 보통 사람이 혼신의 힘을 다해 무엇인가를 이루려 노력하는 것이야말로 정말 위대한 일이라고 말했던 것을 결코 잊을 수가 없다.

그로부터 몇 분 뒤에는 다른 사람이 나에게로 걸어와 알 수 없다는 표정으로 어째서 저기 있는 사람들은 자신들이 방금 판 구멍을 도로 메우고 있느냐고 물어왔다. 대답하기 곤란한 질문이기는 했으나 다행히 의심하는 표정이라기보다는 오히려 신기하다는 쪽이었다. 어쨌든 그들은 그것만이 최선의 선택이라고 확신한 채로 공사 현장을 떠났다.

3주일 뒤 1982년 6월 30일 우리는 동업 계약을 최종적으로 체결했다. 공사에 소요될 예산은 모두 2억 2,000만 달러였다. 그 가운데 5,000만 달러는 홀리데이 측이 직접 부담하고, 1억 7,000만 달러는 그들이 보증을 서는 조건 하에 융자받은 자금으로 충당할 예정이었다.

우리는 1984년 5월에 완공한다는 목표를 세웠다. 나는 얼마나 조심스럽게 공사를 추진해 나가느냐에 따라 얼마든지 비용을 절약하면서도 공사를 앞당겨 끝낼 수 있다는 확신을 가질 수 있었다. 비용을 절약할 수 있는 한 가지 방책은 기술 감리를 통해서 얻을 수 있었다. 가령 건축업자가 문 한 짝을 다는 데 4개의 경첩이 필요하다고 말한다. 그러면 신뢰할 수 있는 기술자에게 그것을 검토해보라고 맡겨주면 대개 2~3개의 경첩을 이용해도 충분히 튼튼하게 문을 달 수 있다는 것을 발견하게 된다. 그러면 1개에 10달러짜리 경첩을 모두 2,000짝의 문에서 1개씩만 절약해도 2만 달러를 절약하는 셈이다. 게다가 냉난방을 위한 파이프 설치 작업과 전기 설비를 하는 데도 완벽한 기술 감리를 통해 6개월이나 빨리 공사에 착수할 수 있는 이점도 있었다.

우리가 비용을 절약할 수 있었던 두 번째 방법은 정교한 완성 계획을 미리 작성해놓아 하청업자들에 일의 종류에 따라 적당한 도급액을 매길 수 있도록 한 것이었다. 불완전한 계획으로 작업을 시작했을 경우, 약삭빠른 하청업자들 가운데는 일단 싼값으로 하청을 따놓은 뒤 준공 작업이 시작되면서 공사를 착수했을 때 예상하지 못한 변화가 생기면 이것을 구실로 단단히 한몫 잡으려 드는 경우가 있었다.

그리고 1982년 봄에는 애틀랜틱시티의 건설 경기가 불황을 맞고 있었기 때문에 건설비를 상당히 절약할 수 있었다. 당시 건설되고 있던 유일한 카지노 호텔은 트로피카나밖에 없어 수천 명의 지방 건설업체 사람들은 실업 직전에 놓여 있었다. 이러한 점은 많은 하청업자들과 계약에서 우리에게 많은 이점을 안겨주었다. 그러나 일반적으로 그들에게 불리한 조건을 강요하는 비열한 거래는 엄두조차 내지 않았다. 나는 어디까지나 적당한 가격에서 협상할 수 있기를 바랄 뿐이었다.

5월 14일의 개막식 일정에 맞추어 공사를 끝낼 작정이었다. 그럴 경우 전통적으로 애틀랜틱시티의 카지노업계에서 가장 호황을 이루는 전몰장병기념식 주간의 이점을 최대한 활용할 수 있었다. 공사비 문제도 원래 예상했던 2억 1,800만 달러에 못 미치는 정도에서 해결할 수 있었다. 이런 계획이 그대로 실현된다면, 우리는 최초로 최소한의 시간과 비용을 들여 카지노 호텔을 건설한 기록을 세우는 셈이었다.

5월 14일 카지노 호텔의 문을 열었을 때 예상 외의 대단한 반응이 나타났다. 개업식은 뉴저지 주의 고위 인사들이 대부분 참가한 가운데 수천 명의 하객들로 대성황을 이루었다. 토머스 킨(Thomas Kean) 주지사는 이날의 대표 연사로 나와 우리가 이룬 업적에 대해 입에 침이 마를 정도로 찬사를 늘어놓았다. 하라즈의 회장으로 재임하고 있는 리처드 고글렌은 이 엄청난 공사를 최소한의 시간과 비용을 들여 완공한 점을 두고 '이 시대의 기적'이란 표현을 쓰기까지 했다.

카지노 호텔의 문을 열자마자 수천 명의 인파가 몰려들었다. 다들 최신 카지노 게임을 둘러보느라 정신이 없었다. 그들은 카지노 테이블과 슬롯머신 옆을 3겹, 4겹으로 둘러싼 채 줄지어 서 있었다.

물론 홀리데이 인 그룹과 나는 카지노의 운영을 둘러싸고 많은 점에서 의견을 달리 하는 일이 생겨났다. 그러나 내가 홀리데이 측이 소유하고 있는 주식을 사들이지 못할 경우 이러한 문제에 대해 이러쿵저러쿵 할 입장은 아니었다. 내가 고용하고 있던 변호사들은 한결같이 그 문제에 관해 계약서의 수정 조항에 따라 소송을 제기하면 승소할 수 있다는 의견을 제시했으나 그런 식으로 문제를 해결하고 싶지 않았다. 나로서는 일단 '거래는 거래'라는 생각에서 내가 계약을 통해 합의한 것은 지켜나갈 생각이었다.

1986년 2월 나는 홀리데이 측이 소유하고 있는 주식을 모두 사들여 버렸다. 이 거래는 여태껏 내가 한 거래 가운데서 가장 속 시원한 것이었다.

동업 계약에 불편을 느끼게 된 이유들 가운데 하나는 감가상각비에 관한 문제 때문이었다. 감가상각비는 소유자가 과세 가능한 소득에서 매년 공제하는 것이 허용되는 비용으로 건물 전체의 가치에 대한 백분율로 계산된다. 그 논거는 매년 통상적으로 소모되는 비용을 상쇄하기 위해 건물 유지 비용에 대해서는 과세할 수 없다는 데 있다.

간단히 말해 감가상각비는 소득에 대해 과세 부담을 낮춰주는 역할을 하는 셈이다. 예를 들어 우리가 소유하고 있는 애틀랜틱시티의 카지노 호텔과 부대 시설이 4억 달러의 가치를 지닌다면 1년에 4%의 범위에서 감가상각을 하는 것이 허용된다. 그럴 경우 매년 과세될 소득 중에서 1,600만 달러를 공제받을 수 있다. 바꾸어 말하면 우리가 과세 전 소득으로 1,600만 달러를 벌어들였다면 감가상각 후 우리의 소득은 실제로는 한 푼도 없는 셈이 된다.

대부분의 주주들과 월 가에서는 감가상각을 통해 그만큼 감소된 순이익에만 관심을 갖고 있다. 그것은 물론 기업 경영을 덜 성공적으로 보이게 한다. 결과적으로 경영자들은 감가상각을 별로 좋아하지 않는 경향을 보인다. 내가 월 가의 비위를 맞춰줄 필요는 없지만 감가상각에 대한 평가는 해야 한다. 나와 관련된 문제로는 내가 순이익을 보고하는 것은 아니지만 그것을 파악하고 있어야 한다는 점이다.

그러나 거래의 가장 중요한 부분은 이제 내가 완전히 소유하고 있는 카지노 호텔의 설비에 관한 것이었다. 나는 혼자서 운영하더라도 훨씬 많은 이윤을 벌 수 있다고 확신했다. 게다가 새로운 호텔방과 식당을 만들 계획을 세워놓았다.

물론 이제 자금을 마련하는 일도 전적으로 나의 책임 하에 이루어져야 했다. 이자율은 내가 처음 애틀랜틱시티에서 부동산을 구입하기 시작했을 때와 같은 연 14% 정도였다. 1986년 중반까지 이자율은 9%로 떨어졌다. 그러나 자금 문제는 여전히 골칫거리였다. 내가 자금 융통에 전적으로 혼자서 매달려야 한다는 것이 여간 부담이 아니었다.

나는 신규 사업에는 채권을 발행해 자금을 공개 모집한다는 방침을 결정했다. 이러한 해결책은 채권이 팔리기만 하면 위험을 분산할 수 있는 장점이 있기는 했으나 채권 구매자들을 유치하기 위해서 이자율을 높게 책정해야 하는 단점도 있었다. 마침내 투자은행회사 베어 스턴스는 우리가 발행한 2억 5,000만 달러의 채권을 팔아 홀리데이 측에 지급해야 할 5,000만 달러를 갚은 것은 물론, 나머지 1억 7,000만 달러로 호텔 건물을 담보로 대출한 돈을 상환하고도 새로 주차장 시설을 건설할 수 있는 약간의 여유 자금까지 생겼다. 이에 따른 이자 지급은 매년 약 3,000만 달러에 달했다. 은행에 지급한 것보다 700만 달러가 더 나간 셈이었으나 요긴하게 돈을 쓸 수 있었기 때문에 대만족이었다. 나는 혼자서 지고 있던 재정 부담에서 완전히 벗어날 수 있었기 때문에 잠자리가 편안할 정도였다.

이때 나는 카지노 호텔의 이름을 트럼프 플라자 호텔 앤드 카지노 (Trump Plaza Hotel and Casino)로 고치는 동시에 신임 총지배인을 고용했다. 그다음 나는 경쟁 업체들을 살펴보기 시작했다. 당시 스티븐 하이드는 골든 너기트 사의 스티브 윈 아래서 경영 담당 부사장으로 일하고 있었다. 그보다 전에 그는 카지노업계의 선두 그룹에 속하는 샌즈와 시저스에서 일한 적이 있었다. 내가 애틀랜틱시티의 알 만한 사람들에게 의견을 구했을 때 하이드가 항상 가장 유능한 사람으로 추천됐다.

나는 그와 만나자마자 그가 그렇게 추천되는 이유를 알 만했다. 그는 카지노 운영에 상당한 경험을 갖고 있을 뿐 아니라 두뇌 회전이 빠르고 투지만만한 사람이었다. 그뿐만 아니라 순이익을 어떻게 조절할 것인가에 관해서도 감을 잡고 있는 것 같았다. 많은 카지노 경영자들은 수입을 극대화하는 데만 관심이 쏠려 있었다. 그러나 유능한 사람이라면 수입이 막연히 늘어나는 것뿐만 아니라 수입과 비용의 차, 즉 순이익을 어떻게 늘릴 것인가를 구상할 수 있어야 한다.

나는 스티브를 채용한 뒤 곧 그와 일을 해온 유능한 카지노업계 종사자들을 만나서 함께 일할 것을 권유했다. 나는 경영에 관해서는 아주 단순한 원칙을 갖고 있었다. 경쟁 회사로부터 가장 우수한 사람을 빼내 와 그들이 받고 있던 것보다 더 많은 급료를 지불하고 그들의 업적에 따라 보너스와 기타 특별상여금을 지급한다는 것이다. 그것이야말로 일류 경영자가 될 수 있느냐를 결정하는 관건이라고 할 수 있다.

1985년 하라즈의 1년간 경영 실적은 이자, 세금, 감가상각비를 제하기 전에 약 3,500만 달러의 수익을 올렸다. 1986년 하라즈의 예상 총수익은 3,800만 달러에 달했다. 그들이 카지노 경영을 계속하고 있던 최초의 5개월을 기초로 해볼 때 하라즈의 경영 실적은 예상보다 다소 낮은 수익을 올리고 있는 것으로 나타났다.

우리는 5월 16일에 사업에 착수했다. 1년 동안 우리의 총수익은 하라즈의 예상 수익보다 2,000만 달러 이상 많은 5,800만 달러에 달했다. 6월에 새로운 주차장 건설 계획에 따라 기존 주차장을 폐쇄했음에도 이만한 수익을 올린 것은 대단한 성과였다. 1988년에 우리의 총수익은 9,000만 달러에 달할 것으로 예상됐다.

그러나 이것으로 이야기가 끝나는 것이 아니었다. 해안도로변에서 시작한 카지노 사업이 성공에 성공을 거듭하자 더 많은 기회가 찾아들었다. 특히 나의 관심은 카지노를 소유하고 있는 회사를 사들이는 거래에 집중됐다. 홀리데이 인은 좋은 목표로 떠올랐다. 해안도로변에 있는 카지노 호텔을 나에게 매각하고서도 그들은 애틀랜틱시티에 1개, 네바다에 2개 등 미국 내에 3개의 카지노를 포함해 전 세계에 걸쳐 있는 1,000여 개 호텔에서 카지노 사업을 벌이고 있었다.

애틀랜틱시티의 카지노 호텔을 사들인 지 2개월쯤 지난 8월 중순경에 나는 홀리데이 측의 주식을 사들이기 시작했다. 그리고 9월 9일까지 나는 그 회사 주식의 5%, 약 100만 주를 사들일 수 있었다. 그때쯤 나는 근본적인 2가지의 선택안을 갖게 되었다. 하나는 투자를 목적으로 계속 주식을 보유하는 것이었고, 다른 하나는 경영에 직접 개입하는 것이었다.

그 회사는 확실히 실제보다 낮게 평가되고 있었다. 그러한 이유 중 하나는 그들이 엄청난 부동산을 소유하고 있어 그만큼 감가상각을 하는 부분이 많을 수밖에 없었기 때문이다. 따라서 그들은 실제로 보유할 수 있는 것보다 훨씬 낮게 순이익을 발표할 수 있었다. 1986년 8월 초순에 한 주당 54달러를 기초로 할 때 10억 달러가 채 되지 않는 돈으로 그 회사의 실질적인 경영권을 사들일 수 있다는 결론이 나왔다.

예를 들면 한 가지 시나리오로 약 7억 달러에 상당하는 카지노 시설이 없는 호텔들을 모두 팔아서 3개의 카지노 호텔을 사들일 수가 있었다. 내가 홀리데이 인의 주식을 사들인다는 소문이 나자마자 주가는 뛰어오르기 시작했다. 나는 중개인을 내세워 주식을 사들일 것을 고려하는 한편 내가 직접 경영에 개입하거나 아니면 다른 사람을 내세워 소기의 목적을 거둘 수 있는지를 검토해보았다. 10월 초순까지 주가는 72달러까지 치솟았다.

나는 11월 11일 베어 스턴스 사의 앨런 그린버그로부터 홀리데이 측이 경영권 개입 가능성을 방지하기 위해서 회사 구조를 개편하고 있으며 주주들에게 한 주당 65달러의 배당금을 지급하기 위해 28억 달러를 긴급 융자받으려 한다는 정보를 입수했다. 주가는 76달러까지 폭등했다. 나는 앨런에게 즉시 이때까지 구입한 주식을 몽땅 팔아치우라고 말했으며 그 역시 나의 의견에 동의했다.

나는 지금도 홀리데이 측이 어떻게 방해를 가해 오든 물리칠 수 있다고 생각하고 있지만, 그런 친구들과 소송이나 하면서 아까운 시간을 낭비하고 싶은 생각은 조금도 없었다. 골치 아픈 분쟁에 휘말리지 않고 투자한 것에 비해 훨씬 많은 수익을 건질 수만 있다면 그쪽을 선택하는 것이 나의 취향에 맞는 일이었다. 내가 홀리데이 인의 주식을 모두 팔고 나서 돌이켜 생각해보니 겨우 8주 만에 수백만 달러를 벌어들인 셈이었다. 달리 생각하면 내가 3개월 전에 애틀랜틱시티의 카지노 호텔 주식을 홀리데이 측으로부터 사들이기 위해 지급한 금액을 되찾아 온 것으로 해석할 수 있었다.

전혀 불평할 이유는 없었다. 홀리데이 측과 거래한 사람 가운데 나만큼 이익을 본 사람은 없을 것이다. 더욱이 나의 경우 돈을 주고도 살 수 없는 회사 경영에 대한 직접적인 경험을 얻었다는 점을 간과할 수 없다.

제9장

힐튼 카지노 쟁탈전

1984년 힐튼 사가 애틀랜틱시티에 짓기 시작한 대형 카지노 호텔을 손에 넣을 수 있으리라고는, 엉뚱한 상상을 잘하기로 유명한 나로서도 상상하기 힘든 일이었다. 그와는 반대로 나는 공사가 진행되는 것을 편치 않은 마음으로 지켜볼 수밖에 없었다. 나는 해변도로에 세운 카지노 호텔이 과도한 경쟁 때문에 운영의 어려움을 겪고 있을 때 또 하나의 강력한 경쟁자를 맞을 만한 여유가 없었다.

애틀랜틱시티에 투자를 하느냐의 문제를 놓고 몇 년간 고심하던 힐튼 사가 마침내 결단을 내려 그룹의 운명을 걸고 전력투구하겠다는 소식은 예사로 볼 문제가 아니었다. 힐튼 사는 가늠하기 어려운 상대로만 여겨졌다.

세계 최대의 호텔 체인 가운데 하나인 힐튼 사가 세워진 것은 1921년 창업주인 콘래드 힐튼(Conrad Hilton)에 의해서였다. 그의 아들 배런 힐튼(Barron Hilton)이 회사 경영에 가담한 것은 1950년에 들어와서 였으나 그가 사업을 승계하는 것은 시간문제였다. 그것은 개인의 능력 과는 별개의 문제로, 한마디로 말해 좋은 가문에 태어난 덕택이라고 말할 수밖에 없다.

1966년 콘래드가 마침내 은퇴를 결정하고 배런이 그의 뒤를 이어 힐튼의 새로운 최고경영자 자리를 물려받았다. 아버지에게 물려받은 기업을 경영해 대성공을 거두기란 쉬운 일이 아니다. 창업주의 후계자 들은 선별적인 투자에만 관심을 갖거나 아예 경쟁과는 담을 쌓는 경 우까지 있다. 또 어떤 경우는 자신이 물려받은 범위를 지키는 데 급급 하다. 물론 동일한 사업을 놓고 창업주인 자신의 아버지를 능가해보 려고 애쓰는 사람들도 있기는 하지만 아버지의 이름이 콘래드 힐튼인 경우라면 그게 쉬운 일은 결코 아니다.

배런이 힐튼 사의 경영에 가담한 뒤 최초로 맡은 임무는 그들이 사 들인 카르트 블랑슈(Carte Blanche)라는 신용카드회사를 경영하는 것 이었다. 그는 이 신용카드회사를 엉망진창으로 만들어놓아 수백만 달 러의 적자를 냈다. 힐튼은 마침내 두 손을 들고 이 회사를 시티 은행에 팔아넘겼다.

1967년 배런은 그의 아버지를 설득해 힐튼 인터내셔널 호텔의 일 부를 당시 한 주당 90달러를 호가하던 TWA 항공사의 주식과 교환하 는 방식으로 팔았다. 그러나 한 가지 문제가 생겼다. 힐튼이 TWA를 사들인 것과 거의 동시에 유가가 하늘 높은 줄 모르고 치솟기 시작했 다. 항공산업계가 큰 타격을 받았음은 물론이다. 18개월 뒤에 TWA의 주가는 꼭 절반으로 떨어졌고, 1974년에 한 주당 5달러로 폭락해버렸다. 칼 아이칸이 경영을 맡아 영업이 호전되기는 했으나 여전히 주가는 구입할 당시보다는 많이 떨어진 편이었다.

반면에 힐튼이 팔아치운 인터내셔널 호텔은 최근 10억 달러에 가까운 가격으로 다시 팔리는 운명을 맞기는 했으나, TWA 사는 이 거래에서 엄청난 이익을 건졌다. 그들은 1983년에 힐튼이 미국 전역의 호텔에서 벌어들인 금액과 동일한 7,000만 달러가량을 벌어들였다. 그렇게 된 배경은 과거의 영광만을 고집하던 힐튼 사가 매리엇과 하얏트 같은 경쟁사에 고급 시장의 많은 부분을 잠식당했기 때문이었다. 한때 최고의 명성을 자랑했던 힐튼은 유명 호텔업계에서 이제 명함을 내밀기조차 힘든 상태로 전락했다.

배런 힐튼이 내린 결정 중에서 대성공을 거둔 것도 있었다. 카지노업계에 진출을 선언한 배런은 1972년에 1,200만 달러를 주고 네바다에서 2개의 카지노 호텔을 구입했다. 라스베이거스 힐튼과 플라밍고 힐튼 2개의 카지노 호텔에서 얻는 수입은 날이 갈수록 커져갔다. 힐튼이 한 해 동안 얻는 순수익 중 이 2개의 호텔에서 얻는 수익은 1976년에 30%, 1981년에 40%, 1985년에는 45%(약 7,000만 달러에 달한다)를 차지했다.

이러한 성공에도 불구하고 배런은 애틀랜틱시티에 투자할 것인가의 여부를 쉽사리 결정하지 못했다. 힐튼은 네바다 주에서 도박이 합법화됐을 때 마리나에 있는 땅을 사들인 뒤 사업에 착수했다가 곧 중단한 뒤 다시 사업을 재개하는 등 엉거주춤한 자세를 보였다. 힐튼이 마침내 1984년에 들어서 카지노 호텔 공사에 착수했을 때는 밸리, 시저스, 하라즈, 샌즈, 골든 너기트 등 네바다 주의 주요 경쟁사들은 이미 시설 공사를 끝내고 영업에 들어가 막대한 수익을 올리고 있었다.

나는 힐튼 사에 대해서는 할 말이 많았다. 힐튼 사가 최종 결정을 내렸다면 전력투구할 것은 확실한 일이었다. 힐튼 사는 애틀랜틱시티에서 구할 수 있는 최대의 부동산인 8에이커의 부지에다 웅장한 입구, 높이가 30피트나 되는 천장을 가진 대규모 카지노 호텔을 짓는 것은 물론, 3,000대의 차를 동시에 주차할 수 있는 주차장을 확보한다는 야심만만한 계획을 세웠다.

힐튼은 연례 보고서에서 이 사업을 '역사상 최대의 사업'으로 표현할 정도였다. 약 6만 평방피트의 카지노장과 그 위에 615개의 객실을 가진 초대형 카지노 호텔은, 그때까지 애틀랜틱시티에서 최대 규모를 자랑하던 트럼프 플라자의 하라즈와 크기에서 필적하는 것이었다. 차이가 있다면 힐튼의 최종 계획안은 10만 평방피트의 카지노장과 2,000개 이상의 객실을 마련한다는 2차 확장 계획안을 세워두고 있다는 점이었다.

힐튼은 투자에 따른 수익을 가능한 한 빨리 얻고 싶은 욕심에서 카지노 허가를 신청하는 것과 동시에 공사를 착수했다. 앞에서 설명했지만 나의 경우는 한참 공사를 하는 도중에 카지노 허가 신청이 기각될 것을 우려해 먼저 허가를 받는 데 주력했었다.

그러나 나를 제외한 모든 사람들은 힐튼이 하는 식으로 일을 처리했기 때문에 힐튼이 카지노 사업 허가에 자신감을 보인 것도 무리가 아니었다. 애틀랜틱시티에서 카지노에 첫발을 내딛은 선두 주자들이 별문제 없이 허가를 받았을 뿐만 아니라 그 당시 애틀랜틱시티에서는 한건의 다른 공사도 진행되고 있지 않았으므로 불황을 맞고 있는 이 도시의 개발을 위해서라도 허가를 받을 것으로 기대하기 십상이었다.

힐튼과 같은 유명 업체가 애틀랜틱시티에 진출하는 것은 해당 도시에서는 영광으로 생각해야 한다는 인식도 없지 않았다. 힐튼 사의 관계자들은 카지노 사업 허가를 얻는 절차쯤이야 요식행위에 지나지 않는 것으로 여겼음이 틀림없었다.

힐튼 사의 관계자들이 지나치게 독선에 빠져 있었던 점이 함정이었다. 그들은 떡 줄 사람은 생각도 않고 있는데 김칫국부터 마시는 격으로 마치 자신들이 애틀랜틱시티에 은혜나 베푸는 듯한 자세를 보였다. 카지노 허가를 받으려고 신청한 사람이 누구든지 간에 허가를 받을 자격이 있는지 여부에 대한 입증 책임은 신청자가 져야만 했다. 힐튼은 이 점을 간과하고 너무 자신만만하게 굴었다. 그러나 그것이 결정적인 실수였다.

나는 힐튼이 1985년 초 문제에 봉착했다는 소문을 들었다. 애틀랜틱시티는 매우 정치적인 도시며, 그곳에서 사업을 하려는 사람이라면 이러한 점을 잘 파악하고 있어야 했다. 일을 잘 처리해보려는 생각에서 그랬겠지만 힐튼은 아주 정치적인 변호사를 고용했다. 표면상으로는 현명한 일처럼 보일 수 있었다. 그러나 전후 사정을 잘 알고 있는 사람들의 말에 따르면 그것이 오히려 불리한 결과를 초래했을지 모른다는 것이었다.

힐튼이 저지른 두 번째 실책은 사전에 신청을 받아낸 사람들의 경험을 무시한 점에 있었다. 예를 들면 플레이보이 사는 3년 전에 카지노 허가 신청을 기각당하는 쓴맛을 본 적이 있었다. 플레이보이 사가 기각 처분을 받게 된 한 가지 이유는 조직범죄와 관련이 있는 것으로 소문난 시드니 코샥이란 변호사와의 관계 때문이었다. 그런데 바로 그 변호사가 지난 10년 동안 노사분규를 해결하기 위해 한 해 5만 달러의 보수를 받고 힐튼 사를 위해서도 일해왔던 것이었다. 나는 개인적으로 코샥이 좋은 친구인지 나쁜 친구인지 여부에는 관심이 없으며, 이 경우에 중요한 문제는 카지노 관리위원들을 만족시킬 수 있느냐 하는 것이다. 그들이 코샥을 싫어한다는 것은 명백했다. 그러나 힐튼은 코샥과 관계를 끊기는커녕 1984년 중반에 카지노관리위원회에서 이에 대한 명백한 문제 제기가 있을 때까지 계속 코샥을 고용했었다.

힐튼은 바로 그런 다음에야 그를 해고했다. 배런은 카지노관리위원회에서 "당신들의 명백한 반대 표시 때문에 나는 그를 해고할 수밖에 없었다"고 시인했었다. 그러나 그런 말은 할 필요조차 없었던 것으로 최악의 결과를 가져왔다. 힐튼의 카지노 허가에 반대표를 던진 위원들 중의 한 명은 나중에, "그 회사는 관리위원회의 문을 큰 소리가 나게 발로 찬 뒤에야 겨우 제정신을 차린 격이었다"고 술회했다.

노동조합이 파업을 할 수 없게 방해하지는 않았다고 배런이 나중에 코샥을 대신해 증언했지만 이미 때가 늦은 뒤였다. 증언이 몇 주간 계속된 뒤 코샥은 배런에게 자신이 알고 있는 사실을 언론에 폭로하겠다는 내용의 편지를 보냈다. 그 편지는 그가 라스베이거스에 있는 힐튼 호텔을 위해 해온 일들을 아주 자세하게 담고 있었다. 거기에는 또 배런이 직접 보낸 코샥의 노고에 감사한다는 내용의 편지 사본이 함께 들어 있었다. 코샥이 보낸 편지 끝부분은 배런이 도저히 항거할 수 없는 것이었다. 그는 거기에서 "당신은 나를 회복 불능의 상태로 만들었다. 내가 살아 있는 한 이 사실을 잊지 않겠다. 당신이 애틀랜틱시티에서 카지노 허가를 받기는 쉽지 않을 것이다. 두고보라"고 위협했다.

배런이 좀 더 신중하게 처신하기만 했어도 문제 없이 허가를 받을 수 있었을 텐데 너무 경솔하게 처신했다. 그가 뉴저지 주에 모습을 나타낸 것은 몇 번 되지도 않았지만 대부분 카지노관리위원회에서 증언하기 위해서였다. 청문회 기간 중 힐튼의 경영 간부들은 누구 하나 코빼기조차 내보이는 법이 없었다.

1985년 2월 14일 「애틀랜틱시티 액션」이란 회보를 발행하는 알 글래스고란 사람으로부터 전화를 받았다. 알은 카지노를 위해 죽고 사는 그런 친구였다. 그는 카지노 바닥을 아주 훤하니 꿰뚫고 있었다. 알은 나에게 힐튼에 관한 소식을 들었느냐고 물었다. 전혀 듣지 못했다고 말하자, 그는 방금 힐튼의 신청이 기각당했다고 알려주었다.

나는 처음에는 그가 농담하고 있다고 생각했다. 카지노 허가를 얻기 위해서는 최소한 4명의 관리위원 동의가 필요했다. 힐튼은 다수의 지지를 받기는 했으나, 휴 헤프너처럼 3 대 2로 기각당했다. 아무튼 알이 알려온 소식은 배런이 재신청을 받으려고 노력하기보다는 완공 단계에 들어선 시설을 적당한 값에 팔아치울 가능성이 높다는 것이었다.

힐튼은 12주 이내에 호텔을 개업한다는 계획을 세워놓고 있었다.

그들은 이미 1,000명이 넘는 종업원을 고용해놓았으며 하루에 100명가량을 계속 추가 채용하는 단계였다. 개업일까지 종업원 총수는 약 4,000명에 달할 것으로 보였다. 그만한 규모의 사업에서 수입이 한 푼도 나오지 않는다면 아무리 큰 회사라도 휘청할 수밖에 없는 사태가 벌어질 것이 뻔했다.

최소한 힐튼 사는 카지노관리위원회에 재신청을 하더라도 심각한 시간적인 압박을 받을 수밖에 없는 형편이었다. 그러나 힐튼으로서는 이미 3억 달러나 투자했기 때문에 어떻게 해서든 카지노 허가를 받으려고 노력하지 않겠느냐 하는 것이 나의 생각이었다. 글래스고와 이야기를 나눈 뒤, 다시 애틀랜틱시티의 몇몇 사람과 의견을 교환했다.

그런 뒤 캘리포니아에 있는 배런 힐튼에게 전화를 하기로 결심했다. 그것은 어디까지나 위로의 전화였다. 당신이라면 그런 곤경에 처한 사람을 위로하지 않을 수 있겠는가.

"배런, 어떻게 지냅니까" 하고 내가 말문을 열었다. 배런은 별로 놀라지 않은 목소리로 "별로 좋지 않습니다. 생각대로 일이 풀리지 않아요"라고 대답했다. "이해할 수 있습니다. 하필이면 그런 최악의 결과가 발생했는지"라고 계속 위로했다. 그는 "도널드, 너무 전격적으로 일어난 일이라 아직 실감이 잘 나지 않아요"라고 말했다. 나는 모든 사람이 그러한 결과에 놀랐을 것이라고 이야기하면서 계속 그를 위로하는 식으로 대화를 이끌어갔다.

전화를 끝내기 전에 나는 사업상의 화제를 끄집어냈다. "배런, 나는 당신이 카지노 호텔을 어떻게 할지 알 수 없지만, 값만 적당하다면 내가 그것을 살 마음이 있습니다"고 말했다. 배런은 잘 기억해두겠다고 말한 뒤 전화해주어서 고맙다는 말을 남겼다. 그가 진정으로 고맙게 느낀다는 생각이 들었다.

다른 한편 힐튼의 카지노 호텔 사업 계획은 이미 엎질러진 물이라는 생각도 들었다. 힐튼은 즉시 재신청할 계획을 세우기는 했으나 카지노관리위원회가 한 번 내린 결정을 바꾸기는 쉽지 않은 일이었다.

나는 같은 해 3월 초에 이스트딜 리얼티를 운영하는 벤저민 램버트란 친구에게서 연락을 받았다. 코모도어 호텔의 거래를 위해 호텔 경영 동업자를 구하기 시작하던 10년 전에 램버트를 처음 만났다. 그는 나에게 그 당시 몇 가지 제안을 했고 그 후 함께 몇 가지 사업에 관해 거래를 했었다. 우리는 거래를 하면서 서로 의견이 많이 엇갈렸으나 친구 사이라는 한계를 지켜나갔다.

벤은 그 당시 힐튼의 이사진에 속해 있었다. 힐튼이 카지노 신청을 기각당했을 때, 우리는 당시 벌어지고 있는 상황에 관해 여러 차례 이야기를 나누었다. 벤은 힐튼이 완공 단계에 들어간 카지노 호텔의 매각을 진지하게 고려해야 할 것으로 보았다. 이러할 즈음에 벤은 뉴욕에서 개최될 힐튼 사의 정례 이사회에 앞서 열린 힐튼 이사진이 모두 참석한 한 파티에 나를 초대했다. 그는 나를 초대하면서 지금 나와 배런이 만나는 것은 시기적으로 적절하지 않다고 설명했다.

사실 힐튼 사의 이사진들은 애틀랜틱시티에서 벌어진 사태에 관해 어떤 해결 방식을 채택하느냐 하는 문제를 놓고 의견이 분분한 것이 분명했다. 카지노관리위원회는 힐튼이 카지노 허가를 얻기 위해 재신청하는 문제를 일단 받아들이기로 합의했다.

그러나 벤을 포함한 몇몇 이사들은 적당한 구매자만 나타난다면 팔아치우는 게 더욱 현명한 일이라는 주장을 했다. 그들의 의견은 만약 카지노관리위원회가 입장을 바꾸지 않고 계속 허가를 내주지 않는다면 그 결과는 힐튼 사에 치명적인 타격을 입힐 수 있다는 것이었다. 시간이 흐르면 흐를수록 고용 종업원의 수는 늘어나 감당하기가 더 어려워질 뿐이었다. 그럴 경우 팔려고 내놓아봐야 제값을 받기가 힘들 것이 분명했다.

나는 그 파티에 참석했다. 벤은 여태까지 개인적으로 만난 적이 없었던 배런을 소개해주었다. 우리는 파티석상에서 인적이 드문 정원으로 걸어 나와 조용히 단둘이서 대화를 나누었다. 서로 나눈 대화는 여전히 두루뭉술한 것이었다. 배런은 애틀랜틱시티에서 맛본 좌절감을 털어놓았고 나는 그의 심적인 고통을 이해할 수 있다는 식이었다.

배런은 신중한 사람이었고 천성적으로 내성적인 편이었다. 그는 충동적인 결정을 내리는 사람은 아니었으며 따라서 나 역시 조심스럽게 화제를 이끌어갔다. 우리는 만난 지 하루밖에 되지 않았지만 잘 어울렸으며 나중에 벤은 내가 무척 마음에 든다는 이야기를 털어놓았다. 물론 공격적으로 나가야 할 때도 있으나 신중하게 처신하는 것이 최선의 방책인 때도 있다.

그때로부터 얼마 지나지 않아 골든 너기트의 스티브 윈이 안정을 잃고 있는 힐튼에 대해 총력전을 펼치기 시작했다. 나에게는 그러한 사태가 더할 나위 없이 유리한 것임은 명약관화한 일이었다. 만약 윈이 그렇게 나가지 않았다면, 배런 힐튼이 애틀랜틱시티의 카지노 호텔을 나 혹은 다른 사람에게 팔려고 거래를 시작하지 않았을 가능성이 높았다.

윈은 같은 해 4월 14일에 힐튼의 주식을 주당 72달러로 쳐서 전체 주식의 27%를 사들이겠다고 제안하는 편지를 배런에게 보냈다.

역설적으로 윈은 콘래드 힐튼이 없었더라면 결코 그 회사의 꽁무니도 쫓아가지 못했을 것이었다. 콘래드는 1979년에 인생을 마감하면서 자신의 아들인 배런에게 적지 않은 충격을 안겨주었다. 어쩌면 이렇게 말하는 것은 정확하지 않을 수 있다. 콘래드가 그 회사를 지배할 수 있는 주식을 배런 혹은 최소한 그의 후손들에게 양도할 것이란 가정은 아예 처음부터 성립될 수 없었기 때문이다.

콘래드 힐튼은 그의 자식들과 후손들의 특권을 인정하지 않는 방식을 취했다. 콘래드가 임종에 직면했을 때 그가 소유한 힐튼의 주식은 5억 달러 정도에 불과했다. 그러나 콘래드는 상속된 재산은 도덕성을 파괴할 뿐만 아니라 기업가 정신을 좀먹는다는 신념을 지니고 있었다. 나 역시 그의 생각에 동의하고 싶은 심정이다.

나는 자식들을 위해서는 돈을 그대로 물려주는 것보다 신탁에 맡겨 두는 것이 좋다는 생각을 갖고 있었다. 그러나 콘래드는 더욱 극단적인 면모를 보였다. 그는 배런에게 인사치레의 주식만을 물려주고 손자들에게는 겨우 1만 달러씩을 남겨주었을 뿐이었다. 그는 대부분의 재산을 콘래드 힐튼 재단에 양도했다. 그리고 그 재산에서 나오는 수익의 대부분은 캘리포니아에 있는 수도원의 자선사업에 쓰도록 유언을 통해 못박아놓았다.

이에 따라 배런은 대주주로서 실력을 갖지 못한 평범한 최고경영자의 지위에 놓일 수밖에 없었다. 그가 지난 10년간 힐튼의 최고경영자로 군림해오기는 했으나, 1985년까지 배런이 실제로 소유하고 있던 주식의 수는 얼마 되지 않았다.

배런은 재단이 소유하고 있는 주식에 대한 문제를 놓고 소송에 들어갈 생각도 했었다. 그가 수년간 계속된 그 소송에서 승소할 가능성은 불투명했다. 그는 누구나 피하고 싶은 생각이 들 가톨릭교회의 신부와 수녀 들을 상대로 소송을 할 수밖에 없었다.

콘래드가 유산을 재단 측에 양도하면서 정해놓은 조건은 만약 재단이 그가 남긴 주식을 관리할 수 없는 사태가 발생할 경우, 배런이 1979년의 주식시장 가격을 기준으로 그 주식을 사들일 권리가 있다는 것이었다. 미국의 연방법은 자선재단이나 유관기관이 공공회사의 주식 가운데 20% 이상을 소유할 수 없도록 정해놓고 있었다.

따라서 배런은 그 재단이 합법적으로 보유할 수 있는 20%의 주식을 제외한 7%의 주식을 사들일 권한을 갖고 있다고 주장할 수 있었다. 그러나 배런의 주장은 그 정도를 훨씬 넘었다. 그는 근본적으로 어떤 방법을 쓰더라도 재단이 소유하고 있는 모든 주식을 사들일 수 있는 길을 찾느라 고심하고 있었다. 더욱이 1979년의 24달러를 약간 넘는 가격에 비해 당시 힐튼의 주가는 한 주당 72달러를 호가했으므로 170만 달러를 들여 500만 달러의 주식을 사들일 수 있는 셈이었다.

한마디로 굉장한 거래였다. 그 거래는 배런이 아버지인 콘래드의 의지를 다시 해석하려는 강한 의지의 표현이기도 했다. 그러나 배런이 승소 가능성에 관해 어떤 판단을 내리고 있는가를 알 길이 없었다. 만약 그가 주식을 확보할 수 없게 된다면 그는 힐튼의 경영권을 침해하려는 스티브 윈이나 그 밖의 다른 사람 앞에서 전혀 무력한 입장에 놓이게 된다는 점이 문제로 제기됐다. 그가 카지노 사업 허가를 받지 못한 상태에서 계속 애틀랜틱시티의 카지노 호텔을 보유하려고 할 경우, 그는 주식 보유자들의 소송 제기 등 문제 제기에 방어할 힘을 잃게 될 처지였다.

만약 내가 배런 힐튼이라면 어떻게 반응할 것인가 곰곰이 생각해보았다. 나는 스티브 윈의 경영권 침탈 행위에 끝까지 저항했을 것이며, 재신청을 하는 한이 있더라도 카지노 허가를 받기 위해 계속 노력했을 것이다. 그 경우 내가 승산이 있다고 확신할 수는 없으나 좌절하지 않고 끝까지 밀고 나갔을 것이다. 매사 그런 식으로 결정해왔다. 그리고 나는 다른 사람의 도전을 받았다고 판단하면 아무리 위험한 일이고 어려움이 따르더라도 싸워나갔다.

그러나 그 당시 나는 상장회사를 경영하고 있는 것도 아니었으므로 다음 해 기업 경영 실적을 공개하기 위해 월 가나 주주들 눈치를 볼 필요가 없었다. 내가 기쁘게 해줘야 할 유일한 사람은 바로 나 자신이었다. 나는 배런이 마침내 두 개의 적과 동시에 싸울 수 없다는 결론을 내릴 것이라는 판단이 섰다. 그는 카지노 허가를 얻는 일과 회사의 경영권을 지키는 일, 두 가지 중 후자가 우선되어야 한다는 결심을 굳힌 것으로 보였다.

스티브 윈은 두 가지 면에서 나를 도운 셈이었다. 그가 경영권 문제로 배런에게 압력을 가함으로써 배런은 수세에 몰렸으며 더 이상 카지노 허가를 얻기 위해 재신청 작업을 벌일 여유를 갖지 못했다. 동시에 윈이 공격적인 자세를 취하면 취할수록 방어적인 자세를 취할 수밖에 없는 배런의 입장은 그만큼 더 나를 원군의 입장으로 볼 수밖에 없는 처지로 몰렸다. 나는 그러한 역할에 익숙한 편은 아니었지만 윈은 나에게 유리할 수 있도록 일을 진행시켜나갔다.

윈은 야심적인 도박업자의 아들답게 아버지가 물려준 빙고 게임 업체로부터 성장의 발판을 다져갔다. 그 후 라스베이거스에서 심복들을 만들어간 뒤, 골든 너기트 호텔의 지분을 조금씩 손에 넣기 시작해 마침내는 호텔 전체를 장악할 수 있었다. 그의 활동 무대는 라스베이거스와 애틀랜틱시티에 있는 카지노업계였다. 그는 명배우와 같은 인물이었다. 부드러운 화술의 소유자였으며, 손톱을 청결하게 다듬는 버릇이 있을 뿐 아니라, 옷 한 벌에 2,000달러짜리를 입고 다니며 멋을 부리기도 했다. 윈이 갖고 있는 문제는 지나치게 완벽하게 보이려고 애쓰다 보니 많은 사람들이 그를 멀리하는 경향이 있다는 점이었다. 배런 힐튼은 그를 싫어하는 대표적인 인물이었다.

많은 유형의 사람들 가운데 두 가지 부류를 선택해낸다는 것은 어려운 일이다. 배런은 이른바 명문가 출신 사람이었다. 그는 자신의 옷차림이나 그 밖의 것으로 다른 사람에게 독특한 인상을 풍기는 일을 할 필요가 없었다. 가령 스티브가 그렇게 해서라도 다른 사람에게 좋은 인상을 주려고 노력할 필요가 있는 사람이라고 한다면, 배런은 전혀 그럴 필요가 없는, 원래가 귀족적인 가문에서 태어난 사람이었다.

비록 스티브가 시인하지는 않았지만, 그는 힐튼의 경영권을 장악하려고 시도했을 때 전혀 손해볼 게 없는 상황이라고 확신했던 것 같았다. 나는 스티브가 힐튼의 애틀랜틱카지노 호텔을 적당한 가격에 사들이는 것을 목표로 하고 있다는 것을 파악했다. 많은 사람들이 스티브의 이러한 속셈을 꿰뚫어보고 있었다. 그러한 추측은 상당히 논리적인 데가 있었다. 사면초가의 상태에 놓여 있는 배런은 스티브와 거래를 함으로써 일석이조의 효과를 볼 수 있다는 것이다. 즉 배런이 스티브에게 카지노 호텔을 파는 것을 조건으로 해서 스티브가 힐튼의 경영권을 장악하려는 야심을 포기하는 데 합의하게 만든다는 것이다.

그러나 스티브 윈은 배런이 얼마나 자신을 혐오하는지를 간과하고 있었다. 이 때문에 내가 들어설 자리가 마련된 셈이었다. 윈이 힐튼의 주식을 사들인다는 결정을 내린 후의 어느 날 배런 힐튼은 나와 협상에 더욱 적극적인 자세를 보이게 됐다.

힐튼 측에 2억 5,000만 달러에 사겠다고 운을 뗐다. 나는 배런이 그 정도 금액으로는 팔려 하지 않을 것이란 사실을 잘 알고 있었다. 그는 전에 나와 처음으로 만났을 때 설비 투자에 모두 3억 2,000만 달러를 투자했다고 밝혔던 적이 있었다. 돈이 문제가 아니라 전력을 다해 건설한 카지노 호텔을 팔 수밖에 없는 사실 자체만으로 배런에게는 큰 충격이었으며, 손해를 보면서 판다는 것을 주주들에게 알릴 것을 생각한다면 그러한 제의는 받아들여질 수 없음이 분명했다.

며칠 뒤 나는 3억 2,000만 달러를 내겠다고 통보했다. 이런 종류의 협상에서는 너무 약삭빠르게 굴면 오히려 손해를 볼 가능성이 많으며, 시간적으로도 가능한 빨리 매듭짓는 것이 유리했다. 그 가격으로 사거나 아니면 깨끗이 포기하겠다는 최후통첩을 그에게 보냈다.

사실 내가 처음 제시한 2억 5,000만 달러만 해도 내가 한평생 살아오면서 투자한 최대의 금액으로 손꼽힐 정도인데 3억 2,000만 달러면 엄청난 돈이 아닐 수 없었다. 불과 1년 전 내가 애틀랜틱시티에 카지노 호텔을 세울 때도 2억 2,000만 달러가 채 들지 않았다. 그리고 그때만 해도 홀리데이 측이 재정 부담을 전적으로 짊어지고 5년간의 운영 손실에 대한 보장을 해주는 조건 때문에 한결 마음이 가벼울 수 있었다.

그러나 이번에는 모든 위험 부담을 내가 짊어져야 했다. 나는 3억 2,000만 달러를 가격으로 제시한 뒤 곧장 친한 친구인 메뉴팩처 하노버의 회장인 존 토렐에게 전화를 걸었다. 우리는 많은 거래를 하면서 신의를 굳혀왔으므로 서로 긴 말이 필요치 않은 사이였다.

나는 그에게 "존, 애틀랜틱시티의 힐튼 카지노 호텔을 매입하기로 결정했으니 3억 2,000만 달러만 빌려주게. 가능하면 일주일 내로 빌려줄 수 있으면 더욱 좋겠네"라고 말했다. 존은 나에게 몇 가지 질문을 던진 뒤 "좋아. 그렇게 하지"라고 대답했다. 우리 사이의 거래는 대충 이런 식이었다. 신용이 얼마나 귀중한 재산인가를 여실히 보여주는 좋은 예가 아닐 수 없었다. 그 대신 직접 채무에 대한 보증을 써주는 전례 없는 조건을 제시해 그의 성의에 보답했다.

이 거래는 완전히 나의 배짱에 힘입은 것이었다. 나는 힐튼이 짓고 있는 카지노 호텔을 구경 한 번 하지 않고 거래를 약속한 셈이었다. 동료들은 의아하게 생각하며 호텔 공사에 참가하고 있는 하청업자들로부터 공사에 관한 자세한 내용을 들어보라고 충고했다. 그러나 나는 힐튼이 겪고 있는 혼란 속에 나의 모습을 들이미는 것은 불난 집에 부채질하는 격으로 온당한 일이 아니라고 판단했다. 만약 내가 아버지에게 이런 이야기를 들려주었다면 정신 나간 짓이라고 꾸중했을 것임에 틀림없다.

내가 풋내기 시절에 아버지는 매입을 검토하고 있던 브루클린에 있는 한 건물을 살펴보는 데 나를 데리고 간 적이 있었다. 우리는 그 건물의 매입가를 10만 달러에서 20만 달러 사이로 예상하고 있었는데, 그때 우리는 아주 꼼꼼하게 이곳저곳을 둘러보았다. 몇 시간 동안 건물의 냉방 장치, 싱크대, 보일러, 지붕과 복도 등 살펴볼 수 있는 곳은 거의 다 살펴보았다.

아버지는 어려운 결정을 혼자서 내리려고 하지 않았다. 과거를 돌이켜 보면 내가 결정을 내리지 못하고 계속 검토하고 있는 거래에 관해서는 주위 의견도 항상 엇갈려 나오기 십상이었다. 이번 경우에도 내가 조언을 구한 거의 대부분의 사람들이 이 거래에 반대의 뜻을 표시했다.

반대하는 사람들 가운데는 우리가 해안도로변에 세운 카지노 호텔을 홀리데이 인과 동업하기로 한 거래에서 겪은 어려움들을 문제 삼기도 했다. 게다가 나는 앞으로 2달 내에 이런 엄청난 시설을 개업할 만한 준비조차 제대로 갖추지 못하고 있는 형편이었다.

그리고 엄청난 재정 부담을 혼자서 짊어져야 한다는 것도 가볍게

볼 문제가 아니었다. 나는 매니 해니로부터 구두상의 약속을 받았을 뿐인데 계약서를 최종적으로 작성하는 단계에서 힐튼 측에서 어떤 조건을 추가로 제시할지 혹은 그들이 이 거래와 관련하여 어떤 불안을 갖고 있는지 전혀 알 길이 없었다. 특히 당시는 이자율이 상당히 높은 편이었는데 그러한 부담을 안고서 영업하더라도 별 문제가 없을 만큼 애틀랜틱시티의 카지노 시장 규모가 탄력성을 갖고 있는지 진지하게 검토해보아야 했다. 모든 사람이 나에게 이런 거래를 왜 시도할 생각을 했느냐고 의문을 표시했다.

그러나 이유는 자명했다. 경영만 잘해나간다면 얼마든지 이익을 거둘 수 있을 만큼 애틀랜틱시티 카지노 시장은 잠재력을 갖고 있다는 것이 나의 굽힐 수 없는 신념이었다.

일단 우리는 매입가에 관해서는 합의를 보았으나 정식으로 계약을 체결하기 전에 합의를 보아야 할 문제가 수천 가지는 될 성싶었다. 1985년 4월 14일 우리는 거래를 마무리 짓기 위해 양측 변호사들이 참석한 가운데 파크 애버뉴 101번지에 있는 제리 슈레이저의 사무실에서 만났다.

역시 거래 가운데서 가장 쉽게 해결된 부분은 가격에 관한 문제였다. 이런 경우에 문제를 일으켜 계약을 파기하게 만들 수 있는 것은 완전히 다른 요인들 때문이다. 계약과 그 마무리 과정 사이에서 공사 완공에 대한 보증 책임, 하자 보수 책임, 예치금의 액수, 비용 배당 등의 복잡한 문제가 산적해 있었다. 힐튼은 처음부터 강경 방침을 정해놓고 있었다.

근본적으로 그들은 계약을 체결한 시점의 상태대로 카지노 호텔을 팔고 싶어했다. 그들은 더 이상 책임을 부담하지 않은 채로 애틀랜틱 시티에서 빠져나갔으면 하는 심정이었다. 특히 배런은 뉴저지 주, 특히 애틀랜틱시티에 대해 극도의 혐오감까지 갖고 있는 것처럼 보였다. 그는 이런 지긋지긋한 악몽에서 하루라도 더 빨리 벗어나면 좋겠다는 마음이었다.

그러나 나로서는 공사 완공에 대한 어떤 보장을 받지 못한다면 큰 문제가 아닐 수 없었다. 나는 거래를 다 끝낸 뒤에 발목이 잡히는 불상사를 당하기 싫었다. 예를 들어 나중에 연관 공사나 에어컨디셔너 장치에 결함이 발견돼 보수 작업을 해야 할 경우에는 수백만 달러가 우습게 날아갈 수도 있었다.

협상 초기에는 우려하던 문제들에 관해 우리가 유리하게 거래를 끌어가는 듯이 보였다. 그러나 협상이 중반쯤에 도달했을 때 힐튼의 협상 대표인 그레고리 딜런(Gregory Dillon) 부사장이 샌프란시스코로 돌아가 있던 배런 힐튼으로부터 전화를 받았다. 딜런이 협상 장소로 다시 돌아왔을 때 갑자기 협상의 흐름이 바뀌는 것을 느낄 수 있었다. 확실치는 않지만 배런이 이 거래가 성사되지 않기를 바라는 것 같았고, 최소한 협상의 마지막 순간까지 밀고 당겨 호텔의 매입가를 올려 받으려고 하는 것 같은 느낌이 들었다. 어쩌면 스티브 윈이나 골든 너기트로부터 어떤 새로운 제안이 들어왔을지도 모를 일이었다.

어쨌든 딜런과 힐튼 측의 변호사들은 갑자기 합의를 끝낸 문제들에 관해서도 이의를 제기하기 시작했다. 나는 많은 협상 경험을 통해서

볼 때 그들이 이러한 점들을 협상을 깨뜨리기 위한 방편으로 이용하고 있다고 파악했다. 예를 들어 만약 우리가 공사 완공에 대한 보증 문제를 합의하지 못한다면, 그들은 더 나은 조건을 제시한 사람이 있기 때문에 협상을 깨뜨렸다는 비난을 받지 않고 점잖게 협상 테이블에서 빠져나갈 수 있을 터였다.

우리는 막다른 벽에 부딪힌 꼴이었다. 그때 그레이 딜런은 한 가지 제안을 했다. 그는 "더 이상 진전이 없으니 일단 협상을 중지하고 내일 다시 만나서 이야기를 계속하자"고 말했다. 표면상으로는 사려 깊은 제안으로 보일 수 있었다. 그가 제안을 했을 때는 토요일 아침이었다. 이틀 밤을 꼬박 새며 마라톤 협상을 하느라 협상에 참가한 사람들은 모두 지쳐 있었다. 그러나 나는 만약 협상이 하루 동안 연기된다면 그 거래는 결코 합의를 볼 수 없을 것이란 생각이 들었다. 그래서 나는 몇 시간 휴식을 취하고 오후 1시에 협상을 재개하자는 절충안을 제시했다. 힐튼 측 협상 대표들은 이에 동의했다.

그 당시 우리 측 변호사들은 이 거래를 모양 좋게 파기하는 것이 좋겠다는 말을 하며 나를 설득하려고 했다. 특히 제리 슈레이저는 재정 문제에 신경을 썼다. 그때만 해도 우리는 돈을 빌려주기로 한 메뉴팩처 하노버 측으로부터 공식적인 보증서를 받지 못한 상태였다. 그러나 나와 존 토렐 사이의 신용을 생각한다면 그 점은 그다지 문제될 게 없었다. 그러나 제리가 말한 핵심은 확실히 돈을 빌릴 수 있다손 치더라도 그 때문에 다른 큰 사업을 벌이려 할 경우 자금 융통에 어려움을 겪게 된다는 것이었다.

협상이 진행되고 있는 제리의 법률사무소 안에는 미묘한 상황이 전개되고 있었다. 힐튼과 거래를 파기하려고 하는 쪽이 내가 고용하고 있는 변호사들인지 힐튼 측 변호사들인지조차 잘 분간이 되지 않는 이상한 분위기가 감돌았다. 힐튼 측에서 약속 시간보다 2시간이 훨씬 지나서도 모습을 드러내지 않는 것으로 보아 내가 지닌 힐튼 측에 대한 의혹은 의심할 여지가 없는 것이었다. 그들은 거의 오후 3시 30분이 지나서야 협상 장소로 돌아왔다.

나는 협상을 관철하기 위한 전략으로 그들의 자존심을 건드리는 방법을 사용할 작정이었다. 나는 그들이 계속 애매한 태도를 취할 경우 공격적인 자세로 그들의 그러한 태도를 비난하기로 마음먹었다. 그들이 나와 거래를 하기로 굳게 약속한 뒤 어떻게 그 약속을 파기할 수 있겠는가. 그들은 3일간 계속 협상을 해놓고 한마디 해명도 없이 발뺌할 수는 없는 일이었다.

나는 변호사 비용만으로 이미 수십만 달러를 들였다. 그런데 그들이 계속 거래를 파기하려는 입장을 보인다면 그것은 몰염치한 짓이었다. 아니 비도덕적인 일일 뿐 아니라 명예를 전혀 생각하지 않은 파렴치한 짓이라고 나는 차근차근 따져 들어갔다.

나의 어조는 분노에 찬 것이라기보다는 그들의 폐부를 찌르는 것이었다. 나는 얼마든지 언성을 높여 그들을 나무랄 수 있었으나 이런 경우에는 큰소리치는 것이 역효과를 낼 수도 있었다. 거래의 대부분은 이미 협상을 거쳐 합의점을 찾았기 때문에 공연히 힐튼 측이 빠져나갈 구실을 만들 일은 하지 않는 것이 상책이었다. 물론 그들은 가능한 한 돌발 사고라도 일어나 이 거래를 파기하고 싶은 마음이 굴뚝같았을 것이다. 나는 그들의 이러한 속셈에 말려들지 않으려고 바짝 긴장했다.

마침내 우리는 합의에 도달했다. 그들은 호텔 개업 준비를 마칠 수 있도록 최선을 다하며 아직 공정을 끝내지 못한 부분은 리스트를 작성해 완성할 수 있도록 하는 데 동의했다. 그들은 또 나에게 매입가의 일부인 500만 달러에 대해서는 공사가 최선의 상태로 완성됐을 때 지급한다는 특약을 계약 조건에 삽입했다.

나는 공사가 대체로 무난한 편이라고 가정했다. 만약 이러한 가정과는 달리 사후에 공사의 중요한 부분에 결함이 발견될 경우 3,000만 달러 이상의 추가 비용이 들게 될 것이며, 힐튼 측은 여전히 이와 관련해 법적 배상 책임을 질 수밖에 없다고 확신했다.

1985년 4월 27일 오전 9시에 우리는 악수를 나눈 뒤 정식 계약서에 서명했다. 나는 반환될 수 없는 2,000만 달러의 예치금을 인계한 뒤 60일 후 나머지를 지불하기로 했다.

5월 1일에 처음으로 나는 3억 2,000만 달러라는 거액을 들여 사들인 카지노 호텔로 발길을 옮겼다. 그곳에 들어가자마자 나의 결정이 옳았다는 생각으로 기쁨을 감출 수 없었다. 아직 공사가 완성되지는 않았지만 정말 눈이 휘둥그레질 정도로 굉장한 건물이었다. 즉시 나는 모든 직원들을 공사 현장에 투입시켜 철야 작업을 시작했다.

우리는 남들이 1년 이상 걸려야 해낼 수 있는 일을 앞으로 6주일 이내에 완성할 계획을 세웠다. 우리는 일단 카지노 허가와 관련한 서류

제출을 끝낸 뒤 힐튼 측의 양해를 받아 임시 점유권을 받아냈으며, 힐튼 측이 고용해 공사하고 있는 사람들에 더해 1,500명을 추가로 채용했다. 우리는 호텔의 완공과 카지노의 영업을 동시에 이룰 수 있도록 만반의 준비를 갖춰나갔다.

우리는 이 카지노 호텔에 트럼프 캐슬이라는 이름을 붙이기로 했다. 내가 처음 생각해낸 것은 트럼프 팰리스(Trump Palace)였으나 시저스 팰리스 측이 팰리스란 상호의 독점권을 주장하며 소송을 제기하고 나서는 바람에 그렇게 바꾼 것이었다. 그런 문제로 소송을 한다는 것은 가치가 없는 일이었다. 우리는 사전에 광고 등을 통해 손님을 끌 필요가 있었기 때문에 트럼프 팰리스란 이름으로 수백만 달러를 들여 기껏 광고를 한 뒤에 법원의 결정으로 상호를 바꿀 수밖에 없을 경우 낭패가 아닐 수 없었다.

그러나 문제는 여기서 그치지 않았다. 내가 트럼프 캐슬이란 상호를 사용하기로 결정하자 이번에는 홀리데이 인 측이 동업 계약에 따라 운영되고 있는 카지노 호텔의 상호가 트럼프로 시작한다는 점을 들어 소송을 제기하고 나섰다. 그러나 우리는 몇 주 뒤에 홀리데이 인 측이 제기한 소송에서 깨끗이 승소함으로써 그 문제는 일단락됐다.

트럼프 캐슬의 문을 여는 것과 동시에 나는 메뉴팩처 하노버로부터 융자받고 있는 채무를 채권 발행을 통해 대체하는 방안을 금융기관들과 논의하기 시작했다. 나는 이자가 좀 더 많이 들더라도 내가 혼자서 짊어진 채무 부담의 굴레에서 벗어나고 싶었다. 채권을 발행하는 데서 가장 큰 문제는 트럼프 캐슬이 이제 막 출범한 카지노 업체이기 때문에 어느 정도의 채권을 발행해도 충분히 지탱할 수 있는지를 판단할 자료가 없다는 것이었다. 트럼프 오거니제이션은 카지노 운영에 관한 이렇다 할 영업 실적을 아직 갖고 있지 못했기 때문에 스스로 모든 문제를 판단해서 처리할 수밖에 없는 노릇이었다.

한마디로 트럼프 캐슬이 발행한 사채를 구입하는 사람들은 신용 하나만을 보고 뛰어든 셈이었다. 그들은 우리가 시작부터 엄청난 성공을 거둘 것으로 예측하고 투기를 하고 있었다. 그리고 그것만이 우리가 1년에 4,000만 달러의 채무 원리금을 변제할 수 있는 유일한 해결책이기도 했다. 그런 관점에서 본다면 그 정도의 채무 원리금을 도저히 감당할 수 없는 카지노 업체들이 대부분이었다. 그러나 놀랍게도 많은 금융투자기관들이 우리가 신청한 사채 발행 계획을 적극 지원하고 나섰다. 그들은 전체 신청액의 1%를 수수료로 받고 채권 매입자를 알선해주겠다고 제시해 왔다. 소규모 사채를 집대성해 고소득을 올릴 수 있다는 경영 방침을 고안해낸 업자들이 몇몇 있었지만 그중에서도 드렉셀 버넘(Drexel Burnham)이 적극적인 편이었다. 그러나 그동안 우리와 많은 거래를 해온 베어 스턴스가 필요한 자금의 거의 95%에 달하는 3억 달러의 사채를 모집해주겠다고 제안해 왔다. 베어 스턴스의 앨런 그린버그 회장과 그의 동업자인 폴 홀링비가 나에게 기꺼이 투자하기로 작정했다. 나는 그들을 선택하기로 결정했다.

이런 투기적인 제안이 먹혀들 수 있으려면 대체로 높은 이윤을 보장해주는 조건을 제시할 수밖에 없었다. 그러나 베어 스턴스가 모집한 채권은 보통 카지노업계에서 발행하는 사채의 이자율과 다를 바가 없는 조건이었다. 확실한 경영 실적을 제시할 수 있는 카지노 업체와 동일한 조건의 사채를 발행할 수 있다는 것은 아주 파격적인 일이었다. 스턴스는 아주 멋지게 일을 처리했다. 나에게도 그러한 조건은 유리한 것이었지만 사채를 매입한 사람들도 그것은 마찬가지였다. 우리가 보증한 채권을 사들인 사람들은 많은 배당을 받았으며 지금은 그 채권의 프리미엄도 상당히 오르고 있다.

내가 가장 우려하고 있는 일 가운데 하나는 해안도로변의 카지노 호텔을 개업한 뒤 우리가 부닥친 문제들을 되풀이하는 것이었다. 나는 최고경영자를 외부에서 구하기보다는 아내 이바나에게 책임을 맡기기로 결정했다. 나는 카지노 운영을 하는 데는 카지노 자체에 대한 경험도 필요할지 모르지만 일반적인 훌륭한 경영 능력이 그만큼 더 중요할 수 있다는 생각을 했다. 나중에 나의 생각이 옳았다는 것이 여실히 드러났다.

우리는 6월 15일에 힐튼과 계약을 매듭지었다. 이로써 우리는 곧 닥치게 될 여름휴가 기간을 최대한 이용할 수 있게 됐다. 그 다음 날 우리는 트럼프 캐슬의 문을 열었다. 카지노에는 입추의 여지가 없을 만큼 사람들이 몰려들었다. 예상을 훨씬 넘는 인파가 몰려 엄청난 수익을 거두었다. 카지노에서만 첫날 벌어들인 총수입이 72만 8,000달러에 달했다. 1985년 당시 개업한 날로부터 6개월간의 수입으로 우리는 거의 1억 3,100만 달러를 벌어들였다. 이러한 성과는 세 군대의 경쟁 카지노 업체를 제외하고는 가장 나은 경영 실적으로 우리와 홀리데이가 동업하고 있는 해안도로변 카지노가 같은 기간에 번 수익보다 훨씬 많은 것이었다.

　개업한 지 얼마 안 돼 일어난 문제 중 하나는 카지노 호텔을 일류급으로 완공해 인도한다는 힐튼과 계약 조건에 따른 것이었다. 이 계약서에 따르면 공사가 완전히 끝난 뒤 카지노 호텔을 최선의 상태로 나에게 넘긴 뒤 예치금조로 유보하고 있던 500만 달러를 지급하기로 돼 있었다. 그러나 시간이 지남에 따라 냉방장치, 하수처리 시설, 컴퓨터 시스템, 화재경보장치 등에 눈에 띄는 결함이 발견되기 시작했다.

　나는 배런 힐튼에 대해 좋은 인상을 갖고 있었고, 애틀랜틱시티에서 그가 겪은 고뇌를 마음 아프게 생각했었다. 그래서 가능한 한 그의 처지를 고려해준다는 입장을 취했다. 결과적으로 돈 문제가 골치 아프게 공방전의 양상으로 전개되는 바람에 나는 배런에게 직접 전화를 걸기로 작정했다. 나는 그에게 분쟁이 해결되지 않고 있으니 함께 만나 이성적인 해결 방안을 모색해보자고 제안했다. 배런은 반갑게 나의 전화를 받았다. 그는 오는 월요일이나 화요일에 뉴욕으로 갈 예정이라며 그곳에서 만날 약속을 정하자고 말했다.

　그러나 월요일 아침 내가 사무실로 돌아왔을 때 힐튼 측이 500만 달러를 즉각 지급하라고 소송을 제기했다는 소식이 들려왔다. 나는 그 소식을 믿을 수가 없었다.

　나는 먼저 배런에게 다시 전화를 했다. 나는 그에게 "내가 당신에게 이번 주에 함께 만나서 이 문제를 해결하자고 말했는데도 소송을 제기했다니 도저히 이해할 수 없다"고 말했다. 배런은 완전히 발뺌하는 자세를 보였다. 그는 소송에 관해 전혀 듣지 못했다고 말했다. 그리고 나에게 힐튼의 부사장인 그레그 딜런에게 전화를 걸어 알아보라고 제안했다. 그러나 딜런 역시 소송에 관해 전혀 아는 바가 없다며 같은 입장을 취했다. 사장과 부사장 둘 다 회사가 제기한 중요한 소송을 모르고 있다는 것은 도대체 말이 되지 않는 일이었다.

나는 소송이 불가피하다고 생각했다. 나는 배런이 함께 만나서 해결하자고 말했을 때 그가 약속을 지킬 것이라고 생각했다. 만약 이런 식으로 서로 대화를 통해 해결을 할 수 없는 사정이라면 이야기는 달라질 수밖에 없었다. 그날 이후 나는 더 이상 배런을 변호해줄 필요가 없다고 생각했다. 변호사들에게 즉시 반대 소송을 제기하라고 일렀다.

1986년 4월 2일 우리는 트럼프 캐슬의 공사에 관련한 49가지의 결함을 일일이 조사한 뒤 수리비용에 대한 견적 서류를 정확하게 작성했다. 수리비용은 우리가 힐튼 측에 지급해야 할 500만 달러를 훨씬 초과하는 것이었다. 힐튼 측과 우리가 각각 제기한 소송은 계류 상태였다. 그러나 나는 우리가 절대 승소할 것으로 확신했다.

이러한 약간의 잡음이 있기는 했지만 트럼프 캐슬의 사례는 대단한 성공작이었음에 틀림없다. 아내 이바나는 대단한 공을 세웠다. 그녀의 빈틈없는 일솜씨는 칭찬할 만한 것이었다. 특히 그녀는 애틀랜틱시티의 최고 사람들을 체계적으로 잘 선발해내는 등 인사에 일가견을 보였다. 또한 그녀는 호텔 내부 장식에도 신경을 많이 써 트럼프 캐슬은 어디에 갖다놓아도 손색이 없을 정도로 멋진 내부 구조를 갖게 됐다. 한마디로 카지노 호텔 내부에서는 조그만 흠도 찾기 힘들 만큼 그녀의 세심한 손길이 군데군데 닿아 있었다.

이렇게 뛰어난 경영 수완을 발휘한 덕인지 1986년 한 해 동안 2억 2,600만 달러를 벌어들였다. 이것은 한 해 수입으로는 기록적인 것이었다. 우리는 앞으로 3억 1,000만 달러를 벌어들일 계획을 세워놓고 있으며, 그때는 순수익이 7,000만 달러를 넘게 될 것이다.

이러한 성공은 내가 육감을 믿고 과감하게 투자했기 때문에 가능한 것이었다.

제10장

트럼프 파크
세계가 주목한 초호화 콘도미니엄

가끔은 싸움에서 패배를 맛봄으로써 다음번 전쟁에서 승리할 수 있는 새로운 방도를 찾을 수 있는 경우가 있다. 이때 필요한 것은 충분한 시간과 약간의 행운이 따라주기만 하면 된다. 나는 센트럴파크 사우스 100번지에서 그와 같은 두 가지 요소를 모두 가질 수 있었다.

　지금부터 하고자 하는 이야기는 내가 센트럴파크 사우스 지역에서 낡은 건물을 매입하여 그걸 쓰러뜨리고 새로운 건물을 지으려고 했을 때 그 건물 내에 살고 있던 전세 입주자들이 내게 강력히 항의해 온 일에서부터 시작된다.

　결과적으로 건물 입주자들이 싸움에서 이겼다. 그러나 내가 그들과 수년간이나 치열한 공방전을 벌이는 동안 부동산 가격은 치솟았고 나는 당초 계획을 변경하지 않을 수 없었다. 우연히도 그러한 변화가 오히려 내게는 더 싼 투자와 더 많은 수익을 얻는 결과를 초래했던 것이다.

아이러니컬하게도 부동산 거래에서 가장 쉬운 일은 물건을 사는 일이다. 1981년 초 당시 부사장이었던 루이스 선샤인이 내게 말하길 뉴욕 시내의 아주 좋은 위치에 있는 두 건물을 매입해보는 게 어떻겠냐고 제안했다. 하나는 센트럴파크 사우스와 아메리카 애버뉴 모퉁이에 있는 14층짜리 주거용 건물이었다.

또 하나는 센트럴파크를 정면으로 대하면서 센트럴파크 사우스 100번지 지역을 둘러싸고 있어 건물 동쪽은 아메리카 애버뉴를 향하고 있는 바비즌플라자라고 하는 39층짜리 호텔 건물이었다.

그 두 건물들은 뢰브 은행, 랑베르 브뤼셀 회사, 그리고 헨리 그린버그 씨 3자의 공동 소유 형태로 되어 있었다. 건물 위치가 아주 좋았기 때문에 가격 역시 세계의 어느 부동산보다 비싼 편이었다. 또한 뉴욕 시내의 널찍하고 우아한 거리에 위치하고 있을 뿐만 아니라 두 건물 모두 센트럴파크를 내려다보는 위치에 자리 잡고 있었다.

바비즌플라자 호텔은 약간 낡아 기껏해야 겨우 손익이나 맞출 정도의 중급 호텔이었다. 센트럴파크 사우스 100번지 건물은 당시 임대료 규제를 받는 아파트들로 가득 차 있어 그 정도의 임대료 수준으로는 건물의 운영비에도 미치지 못할 형편이었다.

그러한 불리한 요인들 때문에 나는 매우 싼 가격으로 건물 매입 거래를 할 수 있었다. 또한 그 건물들이 아직 부동산 매매 시장에 나오지 않았다는 점도 크게 도움이 되었다. 다른 경쟁 구매 희망자가 없었기 때문에 건물들이 가지고 있는 약점을 구실로 아주 싼 가격에 거래를 성사시킬 수 있었던 것이다.

뿐만 아니라 그 건물의 소유자들이 모두 부유한 사람들로서 건물을 파는 이유가 돈이 필요해서가 아니라 노후를 대비하여 부동산들을 하나씩 정리하려는 것이었기 때문에 거래를 쉽게 성사시켰던 것이다. 그때 구입 가격으로 얼마를 지불했는가에 대해서는 말할 수 있는 입장이 아니다. 그러나 구입 대금 모두 해봐야 오늘날 맨해튼의 인기 없는 지역에 있는, 그 두 건물 넓이의 3분의 1에 해당하는 빈 공터를 사기에도 부족할 만큼 싼 가격이었다.

나는 그때 두 건물이 벌어들이고 있는 수익에는 관심이 없었다. 그보다는 부동산으로서 가치를 염두에 두었다. 아주 좋은 위치의 부동산을 싼 가격으로 구입했고 거기에서 손해볼 이유는 하나도 없었다.

건물 매입과 동시에 임대료 수입을 얻을 수 있어 그 수입만으로 구입 대금을 충당할 수 있었다. 혹시 상황이 악화되더라도 즉시 되팔아 차익을 얻을 수 있었다. 왜냐하면 아무리 부동산 경기가 나쁜 때라도 일급 위치에 있는 건물을 사고자 하는 사람은 얼마든지 있었기 때문이다.

또 다른 방안은 호텔을 약간 개수함으로써 1층에 있는 점포의 임대료를 올리는 것이다. 더구나 센트럴파크 사우스에 있는 건물의 경우에는 임대료 상한 규제를 받는 아파트에 살고 있는 임차인들이 죽거나 이사를 가면 다른 임차인을 들여 아파트의 임대료를 올릴 수 있었다. 어찌 되었건 나는 투자에 대해 최소한의 이익이나마 얻을 수가 있었다.

그러나 당시 나는 최소한의 이익에 만족하지 않았다. 그 위치의 부동산에서 가장 큰 이익을 얻을 수 있는 방안은 두 건물을 모두 쓰러뜨리고 그 자리에 새로이 아주 멋진 초현대식 콘도미니엄 타워를 건설하는 것이었다.

그 방안에는 두 가지 문제점이 있었다. 그중 하나는 처음부터 미리 알고 있었지만 바비존 호텔 같은 39층짜리 건물을 철거하기란 쉽지 않고 또 그 비용도 꽤나 들 것이라는 점이었다. 그러나 그 위치에 들어설 새 건물의 가격이라면 그만한 추가 비용 정도는 충분히 상쇄하고 남을 것이라고 확신했다.

두 번째 문제점은 나중에서야 알게 되었지만, 건물 내의 임대료 규제를 받는 아파트 입주자들을 쫓아내기가 법적으로 거의 불가능하다는 사실이었다. 입주자들 중 상당수가 이주에 반대할 것쯤은 미리 짐작하고 있었지만 시간은 내 편이라 여겼었다. 일이 지체되는 것이야 얼마든지 참아낼 여유와 준비가 되어 있었다.

그러나 나는 입주자들이 얼마나 강력하게 이주를 반대하고 나설지에 대해서는 과소평가하고 있었다. 그때 나는 비로소 아주 간단한 원칙을 새삼 실감했다. 아파트 임대료가 저렴함에도 불구하고 아파트 넓이가 넓을수록 그리고 그 위치가 좋은 지역일수록 입주자들의 이주에 대한 저항은 더욱 강하다는 사실이었다.

변두리의 낡은 아파트에 살고 있는 사람들을 이주시키기란 어려운 일이 아니다. 마찬가지로 좋은 지역의 아파트를 임대료 규제를 받는 싼 가격이 아니라 시세대로 임차하여 살고 있는 사람을 비슷한 가격에 같은 등급의 다른 아파트로 이주시키는 일도 약간의 금전적인 자극만 주면 얼마든지 가능하다.

그러나 센트럴파크 사우스 가에 살고 있는 입주자들의 경우는 달랐다. 뉴욕 시내의 썩 좋은 위치에 높은 천장과 벽난로까지 갖춘 아름다운 아파트, 게다가 주위 경관까지 멋진 곳에 사는 사람들은 안간힘을 다하여 이주에 반대하고 나섰다.

사실 임대료 규제 하에서 그들은 크나큰 불로소득을 취하고 있었던 것이다. 임대료 규제가 없고 시세대로 임대료를 정할 수 있었다면 그들은 그 당시 실제 지불하고 있었던 임대료의 약 10배 정도를 냈어야 했기 때문이다. 만일 내가 그들 입주자의 한 사람이었더라도 아파트를 비워달라는 요구에 대해서는 스스로 먼저 일어나 저항 운동을 주도했을 법했다.

당시 임대료 규제 제도는 혜택을 받는 일부 사람들을 제외하고는 모두에게 커다란 불평거리였다. 다른 원인도 있었겠지만 임대료 규제 제도 때문에 지난 20년 동안 뉴욕 시내에서는 극심한 주택난이 계속되고 있었다.

정부의 정책이 의도대로 이루어지지 않고 실패를 낳으면 역효과가 엄청나듯, 임대료 규제 제도 역시 본래의 의도와는 정반대의 부작용만 양산하게 된 것이었다.

원래 임대료 규제 제도는 1943년에 연방정부의 시한적인 조치로서 시작되었다. 제2차 세계대전의 퇴역 군인들을 위해 그들이 값싼 아파트에 입주할 수 있도록 미국 내 전역의 아파트 임대료를 한시적으로 동결한 조치였다. 그러한 당초 목적을 달성한 후 규제 조치는 1948년 이전에 건축된 모든 주택 및 아파트들을 임대료 규제 대상에 포함시

컸다. 그로 말미암아 뉴욕 시는 500만 뉴욕 시민 모두에게 양도할 수 없는 권리, 즉 저렴한 주택에 입주할 수 있는 권리를 부여한 셈이 되었다.

그러한 조치는 일견 훌륭해 보였다. 단 하나의 문제점이라면 애당초 시 정부에서는 그 조치에 수반되는 비용을 떠맡을 생각이 없었다는 것이었다. 대신에 시에서는 아파트 소유자들로 하여금 임차인들을 위해 그들 소득의 일부를 떼어 보조케 하는 대안을 생각했던 것이다. 연료비, 인건비 등을 포함한 아파트 관리 및 보수 비용은 계속 상승했건만 시에서는 건물주들이 임대료를 인플레이션율만큼 인상시키는 것을 허용하지 않았다. 자유로이 형성되는 시장 가격에 훨씬 미치지 못하는 수준 그대로 억제시켜놓은 것은 물론이었다.

건물주들의 수익이 갈수록 줄어들자 드디어 그들이 건물을 포기하기 시작하는 사태가 발생했다. 1960년에서 1972년 사이에 줄잡아 30만 채의 주택 및 아파트가 방치 상태에 놓였다. 제일 먼저 방치되거나 방화에 의해 소실된 아파트는 슬럼 지대의 것들이었다.

이 지역의 아파트들은 임대료가 가장 낮았기 때문에 소유주들 역시 가장 적은 수익밖에 올릴 수 없었는데 임대료 규제로 인해 제일 먼저 파산 지경에 이르게 되었던 것이다. 건물의 소유주뿐만 아니라 그러한 지역의 아파트에 입주해 살고 있던 주민들 역시 큰 피해를 보았다. 사우스 브롱크스나 브루클린 지역 전체가 유령 도시가 되어갔다.

시 정부는 그 나름대로 세입에서 수백만 달러의 차질을 빚게 되었다. 왜냐하면 많은 건물주들이 소유하고 있던 건물을 포기해버리자 그만큼 재산세 수입을 거두어들일 수 없었기 때문이다.

임대료 규제 제도에서 가장 큰 문제점은 아마 그 제도가 임대료 규제를 가장 필요로 하는 사람들을 보호해주지 못한다는 사실에 있을 것이다. 임대료 규제를 받는 아파트들은 언제나 특혜처럼 여겨지고 보통 사람들에게는 쉽사리 접근 못하는 물건이 되어버린다. 권력과 지위를 갖춘 사람들이 언제나 우선권을 갖게 된다. 작년에 자유기고가인 윌리엄 터커는 엄청난 사례를 발표한 적이 있다. 그는 73번가의 센트럴파크 웨스트 지역에 있는 것과 같은 멋진 아파트 빌딩 몇 개를 예로 들었다.

웅장하게 설계된 그 빌딩들은 널찍한 아파트 형태를 갖추고 내부 장식도 훌륭했으며 주위 경관 역시 굉장히 아름다웠다. 재산과 취향을 갖춘 사람들이 그런 곳에서 살고 싶어하는 것은 당연한 일이다.

여배우 미아 패로는 그 빌딩 내에서 방이 10개나 되는 아파트를 차지하고 있었다. 그 방들은 모두 센트럴파크를 내려다보는 위치에 있었지만 그녀는 아파트 임대료로 매월 2,000달러를 내고 있었다. 만일 임대료 규제가 없이 그 방들이 완전한 경쟁 상태에서 임대된다면 그 임대료는 아마 매월 1만 달러는 족히 되었을 것이다. 가수이자 작곡가인 칼리 사이먼 역시 같은 건물 내에서 방이 10개짜리인 아파트를 차지하고 있었지만 임대료는 역시 매월 2,200달러밖에 지불하지 않았다.

지미 카터 대통령 시절 유엔 주재 대사였던 저명한 변호사 윌리엄 밴던 휴벨은 5번가 근처의 멋진 빌딩 내에 방 6개짜리 아파트에 살면서 집세는 한 달에 650달러를 지불하고 있었다.

가장 전형적인 예는 뉴욕 시장인 에드 콕에서 찾을 수 있었다. 콕은 그리니치 빌리지에서 경관이 좋은 지역에 테라스가 딸린 방 3개짜리 아파트에서 살고 있었다. 그러나 그는 집세로 시세의 5분의 1 정도밖에 되지 않는 350달러만 지불하고 있었다. 더욱 어처구니없는 일은 콕 자신은 그 아파트에서 살지도 않았다는 것이다. 그는 시장 관사인 그레이시 맨션에서 살고 있었다.

나는 주택 임대료 규제 조치의 폐지를 주장하는 사람은 아니다. 다만 임대료 규제를 받고 있는 아파트에 사는 사람들에 대해서는 그들의 연간 수입을 조사할 수 있는 제도적인 장치가 있어야 한다고 생각한다. 일정 수준 이하의 소득 계층에 속하는 사람들은 현재의 임대료 규제 하에 정해지는 집세만 지불하고 계속 거주할 수 있게 해야 한다. 그러나 일정 수준 이상의 소득을 얻고 있는 사람들은 그 소득에 비례해서 집세를 올려 내거나 아니면 다른 곳으로 이주해 나가든지 둘 중 하나를 선택할 수 있게 해야 할 것이다.

센트럴파크 사우스 100번가에도 똑같은 논리가 적용될 수 있었다. 그 빌딩을 매입한 직후 나는 곧바로 아파트 입주자들의 재산 상태를 조사해보았다. 그 결과는 꽤나 흥미로웠지만 그렇다고 놀라운 것은 아니었다.

입주자들은 세 부류로 나눌 수 있었다. 가장 넓은 아파트를 차지하고 그것도 공원을 내려다볼 수 있는 높은 층에서 사는 사람들은 대부분 사회적으로 성공했고 부유한 계층이었다.

예를 들면 패션 디자이너인 아널드 스카시 같은 이는 공원을 마주

보는 방 6개짜리 아파트에 살면서 한 달에 985달러의 집세를 내고 있었다. 그 정도 집세라면 실제로 방 한 칸이나 얻을 수 있는 가격이었다. 또 다른 입주자인 안젤로 드사피오는 꽤 이름 있는 건축가였는데 공원을 향한 7층의 방 6개를 모두 차지하고 집세로는 한 달에 1,600달러를 내고 있을 뿐이었다.

그들이 살고 있는 아파트들은 실제로 임대료 규제가 없다면 현재 내고 있는 집세의 몇 배나 더 되는 비싼 것들임에 틀림없었다.

입주자들의 두 번째 부류는 소위 젊은 전문 직업인들이었다. 증권 거래자, 언론인, 변호사들로서 반드시 백만장자들은 아니었지만 넉넉한 계층의 사람들이었다. 그들은 대부분 방 1~2개 정도의 아파트를 소유하고 있었다.

세 번째 부류의 입주자들은 좁은 부엌과 빌딩 복도를 향해 창이 나 있는 훨씬 작은 아파트에 사는 사람들이었다. 물론 그들은 중류 이하의 계층임에 틀림없었다. 대부분은 나이 든 사람들로서 사회보장연금에 의존해서 살아가고 있었다. 그들이 내는 집세 역시 시세에는 미치지 못하는 것이었지만 주위의 부유한 이웃들이 받는 혜택에는 미치지 못했다. 시세로 치자면 비슷한 아파트 집세보다 약 절반가량 낮은 수준이었을 것이다.

입주자들의 대표는 존 무어 씨였는데, 그는 딱 꼬집어 말하자면 위의 세 부류 중 어느 곳에도 속하지 않는 사람이었다. 그는 40대로서 원래는 부유하고 사회적 지위를 갖춘 집안 출신이었다. 그의 조부는 티파니 앤드 컴퍼니 회사의 대주주였었는데 나중에 그 회사는 월터 호빙에게 넘어가버렸고 무어 씨 자신은 그의 성공적인 사업을 펼치지 못했다. 때문에 무어 씨에게는 입주자들의 대표 역할을 떠맡은 일이 무척이나 자랑스러웠음에 틀림없었던 것 같다. 물론 거기에는 그 자신이 사적으로 누리고 있었던 소중한 재산이 있었다. 공원이 내려다보이는 방 2개짜리 아파트가 바로 그것이었다.

바비존플라자를 비우는 일은 쉬웠다. 필요한 일이라고는 호텔 예약을 받지 않는 것뿐이었다. 물론 호텔 수입이 중단되기는 했지만 그전에 센트럴파크 사우스 100번지 빌딩에 사는 입주자들을 모두 소개시키면 일은 계획대로 진행되는 셈이었다.

그러나 불행하게도 나는 일의 시작부터 중대한 실수를 범했다. 나 스스로가 그러한 계획의 실천에 직접 나섰어야 했는데 그렇게 하지 않은 것이었다. 과거에는 언제나 스스로 나서서 일을 처리했고 또 그렇게 하는 것이 훨씬 효과적이었다. 그런데도 솔직히 말하자면 입주자들에게 집을 비워달라고 설득하는 따위의 일은 내가 그리 좋아하는 일은 아니었다.

따라서 나는 입주자들을 소개시키는 일을 전적으로 담당해온 한 회사를 시켜 그런 작업을 진행하기로 결정했다. 시터들 매니지먼트 (Citadel Management) 회사가 그런 일에는 적임일 거라고 여러 사람들이 추천을 했다. 나 역시 일을 시끄럽게 만들고 싶지 않았다. 빌딩이 들어서 있는 위치는 도심지로서 많은 사람들의 눈에 금방 띄는 곳이었고 이미 빌딩 내 입주자들이 내게 공격의 화살을 겨누고 있는 터였기 때문이었다. 시터들 사를 고용한 다음 남은 일이란 문제를 만들어내는 것이었다.

나의 당초 계획은 매우 단도직입적이었다. 우리는 빌딩 내 입주자들에게 우리가 곧 그 빌딩을 헐어버리고 그 자리에 새로이 더 큰 빌딩을 지을 계획임을 설명하고자 했다. 그런 다음에는 입주자들이 새로운 거처를 찾을 수 있도록 도와주겠으며 이주 비용도 지불해주겠다고 유인할 생각이었다.

그러나 입주자들은 재빨리 서로 단결했다. 그들은 입주자회를 구성한 다음 그들의 입장을 대변해줄 법률회사를 위촉했다. 위촉에 드는 비용은 문제가 되지 않았다. 입주자들 중 부유층이 얼마든지 비용을 부담할 용의가 있다고 나섰다. 몇 사람은 1년에 8,000달러 정도까지 부담하겠노라고 공언했다. 실제로 그런 비용쯤이야 그들이 새로이 아파트를 구해 나갈 경우 지불해야 할 한 달에 1만 달러 정도에 비하면 오히려 싼 편이었다.

입주자들이 위촉한 법률회사는 퇴거당할 처지에 있는 유사한 사람들을 대변하는 일에서 꽤 이름을 날린 회사였다. 그 회사는 빌딩 주인인 내가 고용하고 있는 법률회사보다 오히려 수지가 더 좋은 상태였다. 그들이 하는 일이란 건물주의 퇴거 요구에 가능한 한 모든 수단을 동원해서 저항하고 모든 일을 법정에 끌어내어 가능한 최대의 시간을 벌면서 그동안에 건물주로부터 될 수 있으면 많은 양보를 얻어내는 것이었다.

나는 센트럴파크 사우스를 헐어버리고 그 자리에 새로운 건물을 짓는 데는 아무런 법률적 하자가 없음을 확신하고 있었다. 임대료 규제를 받지 않고 있는 아파트 입주자들을 퇴거시키기 위해서는 단지 건물주로서 계획, 즉 기존 건물을 쓰러뜨리고 그 자리에 새 건물을 짓겠다는 계획을 통보해주기만 하면 충분했다. 임대료 규제 하에 있는 입주자들을 퇴거시키기 위해서는 좀 더 까다로운 조건을 충족시켜야 했지만 그때 상황으로서는 아무런 어려움도 발견할 수 없었다.

우선 나는 새로이 지을 빌딩은 기존 건물보다 최소한 20% 정도 더 많은 아파트 가구 수를 갖게 될 것이라고 증명해야 했다. 그런 조건은 아주 쉬웠다. 왜냐하면 그 자리에 더 큰 건물을 짓는 편이 내게 경제적으로 훨씬 더 유리했기 때문이다.

둘째로, 기존 건물로는 거기에서 나오는 순수익이 건물 자산 가치의 8.5% 미만임을 증명해야 되었다. 임대료 규제 때문에 그 건물의 자산 가치는 겨우 150만 달러에 불과했는데 그 정도 가치라면 시 정부가 거둬들이는 재산세 수입이 거의 없는 상태라는 뜻이었다. 뿐만 아니라 당시 은행 부채의 원리금 상환액은 비용의 일부로 인정되지 않았지만 그 빌딩 수익률은 8.5%에 미치지 못하고 있었다. 원리금 상환액까지 비용에 포함한다면 그 빌딩 운영은 적자 상태를 나타냈다. 어쨌든 규정대로만 한다면 시에서도 나의 계획을 타당한 것으로 인정하고 입주자들에게 퇴거 명령을 내릴 것이라고 확신했었다.

1981년 초 시터들 사가 그 건물의 운영을 떠맡았을 때 나는 그들에게 두 가지 주문을 했었다. 하나는 가능한 한 많은 입주자들을 위해 다른 아파트들을 찾아보라는 것이었고 또 다른 요구는 입주자들이 입주해 있을 동안에는 필요한 모든 서비스를 중단하지 말고 계속해주라는 것이었다.

다른 건물주들처럼 악하게 굴면 건물 하나쯤 비우게 하는 일은 식은 죽 먹기였다. 악덕 건물주들은 어떤 건물을 매입하고 그 건물 내의 입주자들을 퇴거시키고자 할 경우 대개 가명 회사 이름을 빌려 건물을 구입한다. 그런 다음 폭력배들을 고용하여 쇠망치로 건물의 보일러나 계단 등을 때려 부수거나 때로는 수도 파이프를 터뜨려 건물을 물바다로 만든다. 가끔은 거리의 불량배, 창녀, 강도 따위들을 몽땅 실어다 건물에 입주시킨 다음 기존 입주자들을 공포에 떨게 하는 수법도 쓴다.

나는 그런 협박에 의해 일을 처리하지는 않는다. 왜냐하면 그와 같은 일이 도덕적으로 부당해서가 아니라 실질적으로 문제 해결에 아무 도움이 되지 않기 때문이다. 나는 언제나 내 이름으로 건물을 매입했고 또한 내 명성을 더럽히고 싶은 생각은 추호도 없었다.

센트럴파크 사우스 100번가 입주자들은 계속해서 충분한 난방과 온수를 공급받았다. 다만 사소하더라도 빌딩 내의 몇 가지 규칙 위반에 대해서는 나 스스로가 맞설 작정이었다. 그 당시 그런 정도의 규칙 위반은 뉴욕 시내 동부 지역에서는 거의 보편적인 것이기는 했지만. 하여튼 나는 입주자들에게 내게 저항할 수 있는 약간의 근거를 제공해준 셈이 되었다.

나는 센트럴파크 사우스 빌딩을 파크 애버뉴 거리에 있는 호화스럽고 우아한 빌딩들처럼 운영하지는 않았다. 왜냐하면 집세로 얻어지는 수입으론 도저히 비용을 충당할 수 없어 그와 같은 호화스러운 치장을 할 수가 없었기 때문이다. 물론 그 정도의 낮은 임대료를 내고 있는 입주자들도 그런 호사를 바랄 처지는 못 되었다. 예를 들면 우리가 빌딩을 인수했을 때 빌딩 로비에 공중전화가 있었는데 요금을 지불해야 하는 것이 아니고 자유로이 쓸 수 있게끔 되어 있었다. 물론 그 전화는 비상시에만 사용하게 되어 있었지만 후에 알고 보니 입주자들 중 일부는 그 전화로 그슈타트나 장크트모리츠 등의 먼 지역에 있는 친구들에게 안부 전화를 종종 하곤 했다.

빌딩 정문의 수위들이 입고 있던 화려한 유니폼도 회수했다. 그것은 순전히 유니폼 세탁비를 절약하기 위해서였다. 또한 수위들이 입주자들의 짐을 들어주려고 길거리까지 뛰어나가는 것도 건물 경비가 더 중요하다고 하여 금지했다. 복도에 켜놓은 밝은 전구들도 모두 전력 소비가 낮은 것으로 바꿔버렸다. 건물 운영 비용을 생각하는 물주라면 누구나 전력 요금을 절약하고자 그렇게 했을 것이다. 그런 조치만으로 연간 몇 천 달러를 절약할 수가 있었다.

그러나 우리는 빌딩을 더 경제적으로 운영하려는 우리의 노력이 그들의 퇴거를 강요하는 수단으로 악용되고 있다고 입주자들이 주장하고 나설 줄은 예측하지 못했다. 어떤 점에서 보면 충분히 그럴 가능성이 있었다. 빌딩 내의 부유층에게는 그러한 일련의 조치가 단 30분조차 견디기 힘든 상황이었음이 분명했다. 정말 돈푼깨나 있는 사람들은 조그마한 불편이라도 참아내지 못한다는 사실을 새삼 그때 느꼈다.

입주자들은 우리의 이주 권고를 협박이라고 우겨댈 수 있는 방도를 열심히 연구하고 있었다. 그들은 우리가 자신들을 부당하게 내쫓기 위해 끈질기고 심한 압력을 가하고 있다고 주장했다.

사실 우리는 입주자들을 개별적으로 접촉하여 이주를 권유했고 또 도움을 주겠다고 설득했다. 그러나 우리의 권유는 대체로 거절당했다. 왜냐하면 입주자들끼리 우리의 어떠한 제의도 거절하기로 약속이 되어 있었기 때문이었다. 일부 입주자들은 그들이 입주자회에서 우리의 제의를 받아들여서는 안 된다는 경고까지 받았다고 실토했다.

생각해보면 그때 우리가 같은 입주자들이라도 환경이 나쁜 아파트에서 살고 있던 사람들에게는 좀 더 나은 유인책을 제공했더라면 하는 아쉬움이 있다. 하여튼 그들이 우리의 조치를 협박이라고 우겨댔던 것은 참으로 영리한 수법임을 인정할 수밖에 없었다. 알다시피 뉴욕에서 '협박'이라는 말은 매우 주의를 집중시키는 호소력 있는 어휘였다. 그 말은 곧장 사악한 건물주와, 반대로 그런 건물주에게 피해를 입고 있는 가엾은 임차인들을 연상시키기에 충분했다.

입주자들의 선임 변호사가 대부분 임차인의 입장에 있는 배심원들에게 입주자를 협박하는 부도덕한 건물주의 모습을 심어주고 그들의 정의감을 불러일으키기만 하면 우리의 건물 신축 계획은 수포로 돌아갈 수밖에 없었다. 그렇다면 센트럴파크 사우스 100번가의 입주자들은 이주할 필요가 전혀 없어지는 셈이었다.

그러는 동안에 언론까지 부추겨서 나에 대한 부정적인 이미지가 퍼져나가게 한다면 문제는 더욱 명료해진다. 내가 그들이 주장하는 바를 부인하려고 용을 써보았자 그건 한낱 지어낸 듣기 좋은 사탕발림이라 여겨질 뿐이었다.

불행하게도 우리는 몇 가지 실수를 저질러 입주자들의 발언권만 더욱 강화시키는 결과를 초래했다. 예를 들면 집세를 상당 기간 내지 않아 연체 상태에 있는 입주자나, 또 법률에 의하면 임대료 규제의 혜택을 받기 위해서는 빌딩 내의 아파트를 실질적인 주거지로 사용해야만 하는데도 그렇지 않은 입주자들을 대상으로 퇴거를 위한 절차를 진행시킨 점이었다. 뉴욕 시내 어느 집주인도 그러한 상황에서는 퇴거 조치를 취해왔다. 또한 그런 조치는 합법적이었고 따라서 몇몇 경우에는 우리 측이 성공을 거두기도 했다.

그런데 멍청하게 약간 결함이 있는 몇 가지 경우까지 문제를 제기했던 게 사달의 발단이 되었다. 예를 들면 우리는 입주자 중 한 사람이 집세를 납부하지 않았다고 주장한 적이 있었다. 후에 판명되었지만 그 입주자는 집세를 납부했고 증거로 지불된 수표까지 가지고 있었다. 단지 건물 경영을 맡고 있던 시터들 사의 경리 장부에만 그 사실이 기록되지 않았던 것이었다. 시터들 측에서는 그 사람에게 퇴거 조치를 철회하겠다고 설득했다. 그러나 입주자들의 선임 변호사가 그렇게 좋은 증거를 놓칠 까닭이 없었다.

또 한 경우는 우리가 퇴거 절차를 밟는 데서 법적으로 정해진 일정 기간의 예고 절차를 충분히 거치지 않은 점이었다. 우리 측에서는 절차를 충분히 검토한 후 취한 조치였다고 생각했지만 법정에서 판명된 바로는 법정 예고 기간이 법률 개정으로 더 길어졌다는 사실을 간과했었다.

또 한 가지 실수는 빈 아파트의 창문 유리창들을 모두 색칠한 점이었다. 우연하게도 그런 조치는 뉴욕 시 정부가 시 소유 아파트를 불량배들의 시야로부터 보호하기 위해 모두 색깔 있는 유리창으로 바꾼 조치와 일치했다. 문제는 뉴욕 시 소유의 아파트가 센트럴파크 사우스 지역에는 하나도 없었다는 점이었다. 그런 상황들을 처음부터 치밀하게 고려하고 일을 추진했더라면 일은 훨씬 수월하게 진행되었을 것이고 잡음 역시 많이 줄어들었을 것이다.

그때 발생했던 문제점들 중에서 가장 어려웠고 논란을 불러일으킨 것은 센트럴파크 사우스 지역의 집 없는 사람들을 위해 우리 건물 내의 빈 아파트를 임시로 제공했던 일이다. 내가 그 빌딩을 인수한 지 1년 후, 그러니까 1982년 여름 뉴욕에서는 무주택 문제가 시민의 최대 관심사였다. 그때 어느 날 아침 집 없는 사람들이 센트럴파크 내 벤치 위에서 잠을 자고 있는 것을 본 나는 갑자기 어떤 생각을 떠올렸다.

그때 나는 센트럴파크 사우스 100번지 빌딩에 10개 남짓한 빈 아파트를 갖고 있었다. 빌딩을 해체할 예정이라서 빈 아파트가 생기더라도 다시 입주 계약을 맺어 입주자들을 받아들이지 않았기 때문이었다. 그렇게 비어 있는 아파트들을 시 당국이 한창 고민 중인 무주택 문제의 일시적 해결을 위해 잠시 빌려준다고 해서 문제가 될 소지는 전혀 없었다.

거리의 무주택자들을 잠시나마 입주시켜 현재 그 빌딩 내에 살고 있는 부유한 사람들과 이웃하여 거주케 할 경우 기존의 부유층이 갖게 될 불평이나 불만 따위는 생각해보지도 않았다. 다만 뉴욕의 길거리가 무주택자들로 붐비는 상황에서 빈 아파트를 활용하지 않는 것은 일종의 불명예처럼 여겨졌기 때문이었다.

그런데 그러한 나의 제의는 갑자기 신문 사설과 기고가들에 의해 비판을 받기 시작했다. 시 정부에서도 여론의 향배를 짐작하고 내 제의를 정중히 거절하고 나섰다. 어느 신문사의 칼럼니스트는 내가 폴란드 망명자들이 계속 나의 비어 있는 아파트를 임시로 쓰고 싶다고 요청해 온 것을 거절했다고 내 입장을 일부 변호하려고 했지만, 나의 당초 제의는 시 정부나 여타 사람들에게 그 진실된 뜻이 전달되지 못했다.

사실 그때 나는 내 제의를 철회할 생각이었다. 나의 법률 고문이 상황 파악을 한 후 조언하길, 만일 어느 누구라도 빈 아파트에 입주를 시킨다면 비록 임시변통으로 아파트를 제공하더라도 나중에 그들을 퇴거시키기가 법률적으로 매우 어려워지리라고 했기 때문이다. 그래서 결국 나의 제의는 철회되고 말았다.

그러나 그러한 제의로 인해 여론에 파문이 일자 사태는 더욱 어려워졌다. 문제는 일을 공개적으로 노출시켰다는 데 있었다. 언론매체와의 관계에 대해서는 당시 별로 경험이 쌓이지 못한 상태였다. 하여튼 나는 꽤나 귀중한 교훈을 터득했다. 어떤 일이든 그 일이 가져올 사후의 영향을 충분히 검토한 뒤가 아니면 비록 자선일지라도 순간적인 판단에 따라 처리하지 말아야 말다는 점이었다.

1984년 초 입주자들은 시 정부에 우리가 퇴거를 강요하기 위해 위협적인 방법을 동원하고 있다고 정식으로 고발장을 제출했다. 사실 그들이 말하는 것들은 모두 사소한 사항들이었지만 나는 그들의 불만 사항들을 하나도 빠뜨리지 말고 철저히 파악하라고 지시했다.

그런데 그것마저 부족했다. 1985년 1월 시 정부는 입주자들의 고발 내용을 검토하겠다고 정식으로 발표했다. 우리 측에서 볼 때는 우리가 약간의 실책을 범하기는 했지만 그렇게까지 문제가 확대될 줄은 몰랐다. 내가 보기에는 입주자들의 대응 전략이 워낙 기민했다. 그들도 우리가 진정으로 그들을 위협하고 있다고는 생각하지 않았다. 대신에 그들은 그처럼 싼 가격의 아파트에 계속 눌러 있기를 원했고 최악의 경우 물러나더라도 최대한 유리한 타결점을 찾아내려는 의도였다.

입주자회에서는 그들의 주장을 더욱 소리 높여 외쳐댔다. 거의 50명에 가까운 입주자들이 모두 고발장을 제출하여 각자 나름대로의 불만을 나열했다. 심지어 그들 모두 고발장 끝마무리를 일제히 '도널드 트럼프는 현대판 스크루지다'라고 기술할 정도였다.

나의 고문 변호사가 조사한 바에 따르면 그때 몇 가지 흥미로운 사실을 발견해낼 수 있었다. 고발인들 중 몇몇 부유층들은 사실 같은 내용의 불만들을 30년 전부터 주기적으로 토로해왔고 그때마다 어김없이 임대료를 더 인하해야 한다고 주장하는 것을 빼놓지 않았던 것이다. 센트럴파크 사우스 100번지 입주자들은 모두가 적은 돈을 들이면서 최고의 생활을 영위하는 데 일가견이 있는 사람들이었다.

그러나 입주자들은 나를 잘 모르고 있었다. 나는 여론의 비난 따위가 두려워 계획을 중단하거나 돈 몇 푼을 쓰는 데 인색한 그런 사람이 아니었다. 특히 상대방의 공격이 부당하다고 느낄 때는 더욱 그러했다. 그들과 맞서 싸움을 계속한다면 변호사 비용이 엄청나게 들어갈 것이며 또한 내 계획을 한 번쯤 재고할 수도 있을 터였다. 그러나 나는 결코 그들의 부당한 주장에 쉽게 굴복할 수 없었다.

몇 가지 내게 유리한 일들이 나타나기 시작했다. 가장 중요한 것은 뉴욕의 부동산 가격이었다. 부동산 시세는 1974년 이후 매년 지속적으로 오르고 있었다. 그러던 것이 내가 센트럴파크 사우스 지역의 빌딩 2개를 매입한 1981년 초부터는 부동산 가격 상승세가 주춤했다. 그리고 그 후 2년 동안, 사실 계획대로라면 나의 새로운 빌딩이 거의 완공되었을 기간 동안, 부동산 가격은 점차 하락세를 보이기 시작한 것이다. 많은 사람들이 부동산 붐은 이제 끝났다고 생각했다.

그러나 1984년부터 부동산 경기는 다시 일어나기 시작했다. 경제학으로는 설명하기 곤란한 현상이었다. 1981년 가을경 신혼부부가 살 만한 아파트 한 채가 9만 3,000달러 정도로 값이 올랐다. 그 가격이 1983년 초에는 6만 7,000달러까지 떨어졌다. 그런데 1985년 1월경, 그러니까 나와 입주자들의 싸움이 절정에 달할 무렵, 그 정도의 아파트 가격은 12만 4,000달러까지 뛰어올랐다. 요약해 말하면 입주자들이 나의 계획을 지연시키기 위해 온갖 노력을 다하고 있는 동안, 뉴욕의 부동산 가격은 거의 2배 정도 상승했던 것이다.

바비존에 있는 건물 하나만으로 당초 내가 의도했던 계획보다 훨씬 많은 수익을 얻게 되었다. 뿐만 아니라 이제는 센트럴파크 사우스의 빌딩 내 많은 아파트들이 비워졌다. 결국 법적으로 우리는 비워진 아파트를 시세대로 다시 임대할 수 있게 되었다. 그야말로 나는 돈방석 위에 앉게 된 셈이었다.

또 하나 유리한 상황은 그 기간 중에 건축 양식과 기술이 변화하고 있었다는 점이다. 내가 센트럴파크 사우스 지역에서 건물들을 구입할 당시만 해도 고층 건물의 양식이라곤 길쭉하고 유리로 된 현대식 탑 모양뿐이었다. 트럼프 타워가 아마 전형적인 예가 될 것이다. 그런 건축 양식이 크게 유행했고 또 성공적이었기 때문에 나도 센트럴파크 사우스 지역에 두 건물을 헐어버린 다음 비슷한 양식의 높은 빌딩을 지을 작정이었음은 두말할 필요가 없었다.

그런데 1984년부터 건축 양식에 복고풍의 새로운 바람이 일기 시작했다. 뉴욕 시내에서 고급 아파트를 구입하는 사람들은 유행에 무척 민감하다. 건축 양식도 예외는 아니었다.

나는 실질적인 것을 추구하는 사람이다. 사람들의 기호가 복고풍을 선호해가고 있다면 당연히 그들의 기호에 맞는 상품을 공급할 수밖에 없다. 지어놓고 팔리지 않는 건물 따위에는 관심도 없었다. 1985년 초 나는 바비존플라자 지역에 신축할 건물의 설계를 건축가에게 의뢰했는데, 물론 나의 주문은 예스럽고 고전적인 풍취를 풍기며 옆의 센트럴파크 사우스에 있는 건물과 조화를 이룰 수 있게 해달라는 것이었다.

사실 내가 그러한 새로운 건축 양식을 전적으로 선호했던 것은 아니었다. 나는 건축 양식에서 후기 현대파와 같은, 즉 현대식 디자인에 고전파적인 요소를 가미한 양식을 그리 탐탁지 않게 생각했었다. 내게는 그러한 조화가 마치 현대와 고전 중 나쁜 요소만을 섞어 놓은 듯이 보였기 때문이다.

또한 건축자재나 건축 기술 역시 일류급은 되지 못했다. 왜냐하면 대부분의 시공업자들이 필요한 값을 치르려 하지 않았기 때문이다. 그리고 고전적 요소가 날씬하고 시원스러운 현대식 건축 양식과 조화를 이루기란 무척 어려운 일이었다.

내가 의뢰했던 건축가가 바비존 지역에 지을 빌딩의 도안을 들고 왔을 때 그것은 첫눈에 마음을 끌지 못했다. 새로운 빌딩은 현재 그 자리에 있는 옛 건물과 비교해볼 때 우선 훨씬 규모가 작아 보였다. "도대체 이게 웬일이오?" 하고 내가 그에게 물었다.

"면적상의 제약 때문입니다." 그는 설명하기 시작했다. "원래 바비존이 건축될 때는 그 지역의 건축 면적에 아무런 제약이 없었습니다. 그러나 이제는 건평에 새로운 규제가 있기 때문에 지금보다 더 큰 건물을 짓기는 곤란합니다."

"그렇다면 현재 건물의 외벽 골조와 현관 등은 그대로 놔두고 건물 내부만 모조리 새롭게 다시 개축한다면 아무런 문제가 없다는 말인가요? 그게 아니고 기존 건물을 완전히 쓸어버리고 새로 지으려면 별수 없이 더 작은 건물을 지어야 한다는 이야기인가요?" 내가 다시 물었다.

"트럼프 씨, 정확히 보셨습니다." 그가 대답했다.

"그렇다면 지금 있는 빌딩을 구태여 무너뜨리고 지금보다 거의 반밖에 되지 않는 새 건물을 지을 필요가 있겠소? 그렇게 많은 비용을 투자할 가치가 있겠소? 새로 짓는댔자 지금의 건물이랑 모습도 크게 달라질 것 같지 않은데." 내가 말했다.

"그건 간단한 일입니다." 그가 다시 말했다. "지금 바비존 건물의 창문들은 너무 작아서 도저히 고급 주거용 빌딩에는 맞지 않는 상태이기 때문입니다."

해결책은 명백했다. 현재 건물을 그대로 놔두고 빌딩 출입구와 모든 창문들을 더 크게 만들어 개조하는 것으로 결말이 났다.

우연하게도 나의 건축 양식에 대한 기호 또한 점차 바뀌기 시작했다. 고풍스러운 건물의 장식이라든지 그 우아함 등에 대해 관심을 갖기 시작한 것이다. 그런 변화의 결과에 따라 센트럴파크 사우스 지역에 있는 내 두 건물도 조금은 변하게 되었다. 그리고 두 건물은 센트럴파크 사우스 지역의 고층 빌딩군의 일부를 형성하게 되었다.

바비존을 쓰러뜨리고 그 자리에 새로운 건물을 짓는 데 드는 비용을 우리는 당초 2억 5,000만 달러로 계산했었다. 그런데 건물 외벽과 골조를 그대로 놔두고 내부를 개축하고 창문의 크기를 더 크게 하는 데 드는 비용은 1억 달러 정도로 충분했다. 그리고 거대한 석재 왕관을 꼭대기에 쓰고 있는 바비존의 모습을 그대로 존속시키는 데 드는 비용이란 고작 1,000만 달러에 불과했다. 그렇게 적은 비용을 들이고서도 개축된 건물 모습은 훨씬 돋보였다. 무조건 새로 짓는다고 해서 꼭 좋은 것이거나 효율적인 투자는 아니라는 것을 명심할 필요가 있었다. 뿐만 아니라 건축 디자인 역시 더 훌륭했다.

마지막으로 내게 유리했던 상황의 변화는 나의 모든 거래를 완전히 호전시켜놓았다. 나는 수년 동안 센트럴파크 사우스 100번지 바로 건너편에 있는 세인트모리츠 호텔을 매입하려고 온갖 노력을 다했었다. 건물주는 해리 헴슬리와 로렌스 와인이었는데 그들은 모두 아주 훌륭한 부동산업자들이었다. 문제는 언제나 가격 조건에서 비롯되었다. 그들은 그 호텔의 구입비로 엄청난 돈을 요구했으며 그것은 아무리 생각해도 정상 시세와는 상당히 거리가 있는 가격이었다. 몇 차례 다른 원매자들과 거래 상담이 오고 가는가 싶었다. 그들은 거의 최고 가격으로 거래를 성사시키는 듯해 보였다. 그러나 내가 종종 보아왔듯이 가격에서 끝내 타협을 이루지 못하고 계약을 성사시키지 못했다.

이런 과정을 몇 차례나 지켜본 후 나는 해리 헴슬리에게 전화를 걸었다. "세인트모리츠 호텔을 사고 싶습니다. 아시다시피 나는 거래에서는 정확한 사람입니다. 하지만 당신이 생각하고 있는 가격을 지불하고 싶지는 않습니다"라고 말했다. 그러자 그가 응답했다. "그런데 당신이 제의하는 가격은 너무 낮습니다."

그로부터 상담이 오고 갔다. 몇 차례 밀고 당긴 끝에 우리는 결국 내가 그 호텔의 수입을 기초로 작성해본 적정 가격 수준에서 거래를 성사시킬 수 있었다.

그러나 내게는 숨겨진 깊은 뜻이 있었다. 방이 1,400개나 되는 바비존플라자는 길거리에 바로 면해 있었다. 어느 누구에게도 이야기하지 않았지만 나는 세인트모리츠 호텔을 매입하기만 하면 그 즉시 바비존을 헐기 시작할 작정이었다.

그것은 아주 간단한 논리였다. 바비존 호텔의 문을 닫게 되면 그 호텔의 매니저인 찰스 프라운펠드를 비롯하여 유능한 호텔 직원들을 모두 세인트모리츠로 옮겨다놓는다. 그러고 나면 바비존에 투숙해 있던 고객들 대부분은 별수 없이 그 뒤를 쫓아 세인트모리츠로 옮길 수밖에 없었다. 왜냐하면 세인트모리츠야말로 센트럴파크 사우스 지역에서는 유일한 중류급 호텔이 되기 때문이었다. 바비존을 닫으면 일부 고객을 잃는 대신 대부분을 그대로 세인트모리츠에 흡수할 수 있게 되는 셈이었다. 내 계산으로는 세인트모리츠의 순수입이 하룻밤 새에 최소한 25퍼센트 오를 것으로 예상했다.

은행들도 쉽사리 내 계획에 동의했다. 빌딩 매입에 필요한 자금을 구하러 나서자마자 나는 필요한 액수보다 600만 달러가 더 많은 대출을 즉시 받을 수 있었다. 결론적으로 나는 세인트모리츠를 내 돈 한 푼 들이지 않고서 구입했으며 가외로 600만 달러를 더 내 구좌에 채워넣을 수가 있었다. 모든 일이 거의 마무리될 무렵 해리 헴슬리가 신문들을 통해 일의 전모를 알고 내가 얼마만큼의 이득을 얻었는가를 짐작했다. 그러나 그는 크게 놀라지 않았다. 해리와 래리에게도 그 거래는 큰 이익을 주었다. 왜냐하면 그들도 예전에 그 건물을 거의 자기 돈 들이지 않고 구입했었기 때문이다.

나는 1985년 9월 세인트모리츠를 인수받았고 그 즉시 바비존의 문을 닫았다. 그해 한 해 동안 세인트모리츠의 수입은 내가 당초 예상했던 것보다 약간 더 많은 31%의 증가를 보였다. 실제로 우리는 경영을 더욱 효율적으로 했기 때문에 순이익은 거의 4배에 달했다.

이제 남은 일이란 센트럴파크 사우스 100번지에서 발생한 나에 대한 협박 고발 건이었다. 나는 그 건물을 비우고 무너뜨릴 당초 계획을 더 이상 진척시키지 않았기 때문에 협박이라는 고발 건은 나의 모든 계획에 큰 영향을 주지 않았다. 그러나 그때까지 나의 고문 변호사들은 어쨌든 불편한 상태를 해소하기 위해서라도 적절한 타결책을 모색

해볼 것을 권유했었다. 특히 그들은 나에게 건물을 아예 입주자들에게 1,000만 달러 정도로 팔아버리고 그 대신 그들의 고소를 취하하는 조건을 제시해보라고 했다.

표면상으로는 그러한 거래는 나에게 나쁜 것은 아니었다. 내가 당초 그 건물을 구입한 가격과 비교하면 센트럴파크 사우스를 1,000만 달러에 팔아넘길 경우 꽤 많은 이익을 남길 수 있었다. 그러나 결국 나는 그들의 제의를 거절했다. 왜냐하면 부당한 고소를 통해 그 건물을 시세보다 싸게 사려는 입주자들의 의도를 받아들일 수 없었기 때문이다. 입주자들과 그들의 선임 변호사들은 나의 그러한 강경한 입장 때문에 저절로 굴러 들어올 수 있었던 불로이득을 얻지 못했다. 오늘날 뉴욕 시내의 모든 사람들은 각자의 아파트를 세를 얻기보다는 소유하고자 한다.

그동안 협박 고소 건은 법원에 계류 중이었다. 1985년 8월 뉴욕 주 지방법원은 협박을 입증할 만한 뚜렷한 증거가 없다고 최종 판결을 내렸다. 1986년 12월 드디어 뉴욕 주 최고법원은 하급심의 결정을 만장일치로 지지했다.

양측 변호사들은 계속해서 타협점을 찾고자 애썼지만 1986년 말 결국 입주자들 대부분은 나에 대한 고소를 취하하고 더는 문제를 거론하지 않기에 이르렀다. 나는 더 이상 그 건물을 헐어버릴 계획이 아니었기 때문에 입주자들에 대한 퇴거 절차를 중단하고 그들과 새로운 입주 계약을 맺었다. 입주 계약에 참여한 사람들에게는 그로부터 3개월간의 집세를 면제해주었고 그 대신 그들 중 그때까지 집세가 밀린 사람들은(일부는 1년 이상 집세를 내지 않은 사람도 있었다) 일시에 모두 완납하기로 약정했다. 밀린 집세를 받은 수입만 15만 달러는 되었다.

주 정부 법원에서 나의 고소 건이 해결되었음에도 불구하고 그때까지 뉴욕 시에서는 나에 대한 고소 건을 계속 다루어보려는 집념을 보이고 있었다. 입주자들의 대표였던 존 무어조차 그 사실에 놀라움을 표했다. 시 정부의 그러한 행동에 대해 그는 "그 일은 이미 경주를 마치고 마굿간에 돌아온 경마에게 채찍질을 하는 격입니다"라고 신문기자에게 말했다. 실제로 가장 손해를 많이 입은 사람들은 납세자들이었다. 시 정부에서는 이미 사람들의 뇌리나 관심에서 떠난 사건에 대해 비용을 지불하고 인력을 소모하면서 다른 더 시급한 문제들은 뒷전으로 밀어놓고 있었다. 내가 보기에는 그러한 시 정부의 행동은 뉴욕 시장이었던 에드 콕을 트럼프 타워에서 내쫓았기 때문인 것으로밖에는 해석되지 않았다.

그러는 동안 나는 바비존플라자를 트럼프 파크로 개명하고 개축공사를 개시했다. 여러 가지 급한 일 중에 가장 먼저 착수한 것은 홀즈 회사라는 시공업체를 통해 바비존의 창문들을 넓히는 작업이었다. 다행히 그들의 기술은 훌륭했다. 수주일에 걸쳐 그들은 바비존의 작고 답답한 창문을 탁 트인 시원한 창문으로 바꾸어놓았다. 그 조그마한 작업의 효과는 엄청났다. 밖에 있는 아름다운 경관을 그대로 온통 흡수할 수 있었기 때문이다.

그 당시 일기 시작한 새로운 빌딩 신축 붐 속에서도 우리는 매우 유망한 매물을 가지고 있는 셈이었다. 고전과 현대의 조화물인 바비존이 그것이었다. 바비존의 외부 장식과 겉모습 그리고 꼭대기의 탑 장식은 그대로 놔둔 채였다. 12피트 높이의 천장도 그대로 놔두었다. 그 정도의 천장 높이를 유지하려면 비용이 엄청나서 웬만한 건축업자는 엄두도 못 낼 일이었다. 그리고 건물의 개축은 다른 오래된 건물에 비해 또다른 이점, 즉 새로운 배관 시설, 매끄러운 벽면, 새로운 전기 시설, 더욱 빠른 엘리베이터 그리고 물론 넓은 창문 등 그 이점이 상당했다.

바비존의 개축은 1987년 가을까지 끝내도록 예정되어 있었다. 그러나 1986년 11월까지 공사가 완공되어 그때부터 아파트의 입주가 시작될 수 있었다. 그로부터 8개월 내에 전체 아파트 수의 80퍼센트인 270채의 아파트에 입주가 완료되었다. 어떤 사람은 아파트 몇 채를 한꺼번에 2,000만 달러를 주고 구입하기도 했다. 모든 아파트들이 입주가 끝났을 때 우리는 모두 2억 4,000만 달러의 수입을 올렸다. 그것은 센트럴파크 사우스의 건물과 1층 상가에 어떤 사업도 시작하기 전이었다.

모든 일은 성공적으로 결말이 났다. 센트럴파크 사우스 100번지 입주자들은 그들의 아파트를 계속해서 사용할 수 있었고, 센트럴파크 사우스 지역은 그 유명한 2개의 빌딩을 그대로 보존할 수 있었다. 시 정부에서는 재산세 수입을 더 많이 거두어들일 수 있게 되었다. 나는 최종적으로 1억 달러 이상의 순이익을 얻었다. 모든 사람들이 실패할 것이라고 예견했던 사업에서 그처럼 이득을 본 것이다. 그것은 순전히 입주자들이 나의 계획을 지연시켰기 때문이었다.

제11장

USFL의 봄과 가을

내 일생을 통해 나는 항상 최고의 것에 투자하는 것을 신조로 삼아왔다. 그러나 유나이티드 스테이츠 풋볼 리그(USFL)에 관해서는 전혀 정반대의 길을 선택했다.

1983년 가을 USFL 소속 팀인 뉴저지 제너럴스를 인수할 당시 USFL은 이미 심각한 운영난에 봉착해 있었다. 리그 전체가 3,000만 달러의 손실을 보고 있었다. 제너럴스 팀은 그때 오클라호마의 석유 사업자인 월터 덩컨의 소유였는데 경기마다 수입이 형편없어 이미 200만 달러 이상의 적자를 보고 있었다. 부동산 거래에 빗대어 말하자면 나는 뉴욕 5번로나 57번가의 유망한 매물 대신 사우스 브롱크스 지역의 형편없는 매물을 매입한 셈이었다.

그러나 제너럴스를 매입한 것을 전형적인 부동산 거래 방식으로 생각해서는 안 된다. 나는 더 장기적인 안목에서 그 팀을 선택한 것이었다. 일종의 재미 삼아 그랬던 것 같기도 하다.

나는 미식축구를 무척 좋아했다. 스포츠를 즐겨 했던 내가 나의 팀을 소유한 것은 나의 열정을 어떤 형태로든 실현시켜줄 거라는 생각에서였다. 뿐만 아니라 그때 나는 거의 독점적 지위를 누리고 있던 내셔널 풋볼 리그(NFL)에 대해 어떤 형태로든 공격을 가하고 싶었다. 내 생각에 좀 더 강한 경쟁 리그가 등장한다면 얼마 가지 않아 NFL은 그 독점적 지위를 상실할 것처럼 보였다.

하여튼 장기적인 포석으로 USFL에 운명을 걸어 투자하는 것은 꽤 재미있는 일이었다. 최초의 투자는 상대적으로 적었고 기대 수익은 생각보다 컸다. 당시 NFL 팀을 인수하려면 최소한 7,000만 달러는 들었는데, 600만 달러에 약간 못 미치는 돈을 지불하고 나는 세상에서 가장 좋은 위치에 있는 프로미식축구팀을 인수할 수 있었다. 만일 내가 그 팀을 되살리고 그리고 그 팀이 속해 있는 USFL의 운영 상태를 정상으로 되돌려놓기만 한다면 내 투자의 수배에 달하는 이득을 보게 되리라. 일이 잘못되더라도 최소한 그동안 많은 재미를 얻을 수 있었다.

USFL이 안고 있는 문제는 자명했고 그 치유책도 아주 험난한 것만은 아니었다. 가장 큰 문제는 그 리그가 경기를 봄철에 진행한다는 점이었다. 모든 운동경기는 각자의 시즌이 따로 있다. 미식축구의 경우는 가을이 제철이었다. 많은 프로경기를 스폰서 해온 TV 방송국에서는 봄에 열리는 미식축구 경기에 대해서는 별다른 관심을 보이지 않고 있었다.

내가 제너럴스를 인수할 당시 ABC 방송에서는 USFL의 봄 경기 독점 중계료로 1년에 겨우 100만 달러를 지불하고 있었다. 반면에 ABC를 포함한 미국의 3대 채널은 NFL의 가을 경기에 대해서는 3억 5,900만 달러라는 어마어마한 돈을 지불하고 있었다. 그래서 USFL이 가장 시급히 해야 할 일은 경기를 가을철로 옮기는 것이었다.

두 번째 문제는 USFL의 경기 내용이었다. 경기 내용의 질을 향상시키기 위해서는 많은 돈을 투자하더라도 일급 선수들을 리그 내로 끌어들이는 방법밖에 없었다. 그리하여 경기 수준을 향상시키고 박진감 넘치게 함으로써 NFL의 팬들이나 TV 방송국을 USFL로 끌어들여야 했다.

NFL에 대적하기 위해 전에도 2개의 리그가 새로이 창설되었지만 거기에서 얻은 교훈은 꽤나 값졌다. 아메리칸 풋볼 리그(AFL : American Football League)는 1962년 8명의 아주 의욕적인 사업가에 의해 창설되었다. 그들은 우선 일급 선수들을 계약하는 등 리그의 명성을 높이기 위해 매우 많은 돈을 리그 창설 초기에 투자했다.

1966년 AFL은 NFL로 우수 선수들을 방출하고서도 NFL보다 더 많은 관중을 확보할 수 있었다. AFL의 성가는 높아져만 갔고 NFL의 총재인 피트 로젤(Pete Rozelle)은 곤경에 빠졌다. 그는 두 리그의 통합을 제의했고 결국 오늘날 NFL의 유명한 팀들은 대부분 그 당시 AFL 소속 팀들이다. 그러나 그때 양 리그가 통합되지 않았더라도 AFL은 더욱 높은 인기를 지속할 수 있었을 것이다.

NFL에 대항한 또 다른 리그는 월드 풋볼 리그(WFL : World Football League)였다. WFL은 1973년에 창설되었는데 창설자들이 모두 재력에서 AFL 창설자보다 뒤지고 안목 역시 짧았다. AFL 소속 팀 구단주들과는 대조적으로 그들은 극소수의 일급 선수들만 스카우트했고 리그 소속 팀도 조그만 중소도시를 거점으로 했기 때문에 TV 방송국의 시선을 끄는 데 실패하고 말았다.

2년이 지나자 WFL은 파산했다. WFL의 창설주들은 큰 재산 손해는 입지 않았지만 그것은 큰 투자를 하지 않았기 때문이었다.

나는 USFL의 경기를 가을철로 옮기고 새로운 우수 팀을 육성하면 두 가지 정도의 좋은 결과를 얻게 되리라고 기대했다. 그러한 기대는 상당히 근거 있는 것이었다. 첫 번째로 3대 TV 방송국 중 최소한 1개 방송국 정도는 우리의 USFL과 중계방송 계약을 체결할 것이고 그로 인해 우리는 NFL에 대적할 수 있는 더욱 강한 팀을 키워나갈 수 있게 되리라는 것이었다.

두 번째로는 3대 방송국 모두가 NFL의 독점적 지위에서 소외당하는 것을 두려워하는 나머지 USFL이 아무리 우수한 팀과 질 좋은 경기 내용을 펼치더라도 우리와 계약 체결을 거절할 가능성이 있었다. 그렇게 된다면 우리는 NFL에 대해 독점금지법 위반으로 고소를 할 수 있는 아주 유리한 위치에 설 수 있었다.

물론 두 번째 가상 시나리오대로 사태가 전개된다면 우리가 성공할 가능성은 거의 없어지고 USFL은 고소당할 것이다. 그러나 그때 나는 왠지 우리가 어떤 식으로든 승리할 것으로 믿고 있었다. 고소가 법정으로까지 간다면 우리는 상당한 정도의 피해 보상을 받게 될 것이었고 독점금지법 위반에 따른 손해배상은 손해액의 3배에 달했다. 물론 법정 싸움을 지속할 만큼의 재정적인 뒷받침을 그때 USFL 구단주들은 확보하고 있었다.

또 다른 하나의 가능성은 NFL이 법정 싸움에 드는 비용과 또 패소할 경우 NFL의 명성에 미치는 영향을 미리 감지하여 우리에게 마치 그들이 20년 전 AFL과 타협했던 것처럼 어떤 식의 타결을 모색하고 나올 수 있었다.

나는 내 계획을 비밀리에 감추어두지 않았다. 2년 후 NFL은 법정에서 USFL의 경기를 가을로 옮기려는 나의 계획이 비밀리에 진행되었고 또한 사악한 의도를 내포하고 있다고 주장하려 했다.

그러나 사실인즉 제너럴스를 인수하자마자 곧바로 어떤 신문기자에게든 내가 느끼고 있던 바를 솔직히 죄다 이야기했었다. 제너럴스를 인수한 지 꼭 1개월이 지난 1983년 10월 18일 나는 텍사스 주의 휴스턴에서 열린 USFL 구단주 회의에 처음으로 참석했다. 그 자리에서도 나는 나의 의사를 밝히는 데 부끄러워하지 않았다.

그 회의석상에서 나의 발언 순서가 돌아오자 동료 구단주들에게 내가 제너럴스를 인수한 것은 풋볼 시즌이 아닌 봄철에 운영되는 마이너리그로서의 USFL에 가입하려고 한 짓이 아님을 분명히 했다. 나는 훨씬 많은 관객과 TV 네트워크가 가을철 경기에 관심을 쏟고 있는 사실을 지적했다. 또한 그들에게 마침 NFL이 지난가을 선수들의 파업 사태를 겪었기 때문에 많은 팬들이 불안해하고 NFL에서부터 떨어져 나가고 있다는 사실을 상기시켰다.

그리고 마지막으로 USFL은 NFL의 일급 선수들과 대학을 졸업하는 우수한 신인 선수들을 영입하는 데 좀 더 과감히 나섬으로써 현재 NFL의 수세적 입장을 더욱 몰아쳐야 한다고 역설했다.

그때 USFL 회의에서 내가 범한 유일한 실수라면 동료 구단주들의 능력을 잘못 평가한 데 있었다. 동업자들끼리 협력이 아무리 잘되어 있다 하더라도 각자의 이익에 집착하는 노력보다는 덜한 것이다.

USFL의 몇몇 구단주들은 재정적으로 심리적으로 모두 강한 사람들이었다. 그들은 미시간 팬더스의 알 토브먼, 필라델피아 스타스의 마일즈 태넌밤, 멤피스 쇼보트의 빌리 두나보트, 잭슨빌 불스의 프레드 불러드 등이었다. 그중 토브먼과 태넌밤은 쇼핑센터 건축을 전문으로 하여 많은 부를 축적한 사람이었다.

그런데 애석하게도 나는 많은 USFL 구단주들이 재정적인 뒷받침이 부족하고 또한 강력한 경쟁 의욕도 없어 NFL을 물리치는 데 필요한 일류 팀을 구성하기가 거의 불가능함을 깨달았다. 그들은 NFL과 직접적인 대결을 회피하고 있었으며 그저 봄철에 소규모나마 그런대로 팀을 유지해가는 데 만족하고 있었다. 그들의 관심사는 어떻게 하면 팀 유지비용을 절감하느냐에 있었고 리그 전체의 수준을 향상시키는 데는 거의 무관심한 상태였다.

나의 급선무도 그때 막 인수한 나의 팀에 있었다. 뉴저지 제너럴스는 한마디로 엉망이었다. 지난 시즌에서는 겨우 4게임을 이기고 14게임을 패했다. 팀이 보유하고 있는 유일한 슈퍼스타는 조지아 출신의 하이즈먼 트로피 수상자였던 러닝백, 허셸 워커였다. 하지만 허셸 역시 그의 능력을 전부 다 발휘하고 있지 못했다. 언론매체의 무관심 속에서 한 시즌의 경기를 모두 마친 제너럴스는 사실상 언론이나 팬들의 주목을 전혀 받지 못하고 있는 상태였다.

그러한 상황을 반전시키기 위해서는 제너럴스를 반전시켜야만 했다. 팬들은 승리자에게 환호한다. 그들은 박진감 있고 위대한 경기를 펼치는 스타들을 보기 위해 몰려든다. 허셀은 분명 그런 선수 중의 하나였다. 그러나 미식축구 경기의 승패는 쿼터백에 의해 좌우된다. 앨라배마 대학 출신의 조 나마스를 그 당시 전례가 없던 연봉 40만 달러를 주고 스카우트했던 뉴욕 제츠가 성공했던 것은 순전히 나마스의 공헌 덕분이었다. 나마스는 뉴욕 제츠를 이끌고 AFL에서는 처음으로 슈퍼볼(Superbowl) 경기에서 챔피언의 영광을 안았던 것이다. 나마스는 이미 그전부터 AFL의 가장 화려하고 독자적인 선수로서 최고의 연봉을 받고 있었다.

내가 제너럴스의 쿼터백으로 가장 먼저 염두에 둔 선수는 클리블랜드 브라운스의 쿼터백인 브라이언 사이프였다. 사이프는 수년 전에 NFL의 MVP를 차지한 적이 있었으며 NFL에서 명실상부한 슈퍼스타였다. 그는 또한 계약 기간이 거의 만료되어 가고 있었고 따라서 몇 개월 후면 우리 팀으로 옮겨올 수 있었다. 사이프야말로 제너럴스와 USFL에 동시에 활력을 불어넣고 NFL에 치명타를 날릴 수 있는 최적의 선수였다. 사이프와 협상은 길고도 험난했다. 그러나 1983년 12월 27일 나는 기자회견을 열고 우리가 사이프와 연봉 80만 달러에 장기 계약했음을 발표했다.

사이프를 끌어들일 무렵 우리는 이미 NFL의 몇몇 우수한 선수들을

영입했었다. 첫 번째가 캔자스시티 치프스의 개리 바바로였는데 그와
는 11월 5일에 정식 계약을 체결했다. 바바로의 영입은 꽤 많은 부수
효과가 있었다. 그의 영입으로 우리가 NFL의 우수 선수들을 확보하는
데 진정으로 열정을 쏟고 또 그만큼의 충분한 대우를 할 각오가 되어
있다는 사실을 다른 NFL 선수들에게 과시한 것이다. 11월 28일에는
케리 저스틴과 정식 계약을 맺었다. 그는 시애틀 시호크스의 주전 코
너백이었다.

12월에는 슈퍼볼 챔피언인 샌프란시스코 포티나이너스에서 2명의
라인배커, 윌리 하퍼와 보비 리오폴드를 데리고 왔다. 사이프를 보호
하기 위해 신시내티에서 데이브 레이펌이라는 공격수도 영입했다.

관심을 끌었던 협상 중 하나는 마이애미 돌핀스의 코치인 돈 슐라
와의 접촉이었다. 슐라는 NFL 역사상 가장 성공한 코치였다. 그러나
그 명성에 비해 보수가 적은 편이었다. 나는 즉시 슐라에게 돌핀스에
서 받고 있는 연봉보다 훨씬 많은 연봉을 주겠노라고 제의했다.

나는 그가 요구하는 것은 대부분 수용할 태세가 되어 있었다. 그런
데 뜻밖에도 트럼프 타워에 있는 아파트를 요구했다. 나는 즉시 그의
요구를 거절했다. 아파트 장사를 허술하게 하지 않았기 때문에 미식축
구팀을 인수할 수가 있었는데 아무리 유명한 코치에게라도 아파트를
거저 줄 수는 없었기 때문이다.

하여튼 슐라는 그 때문에 큰 덕을 보았다. 돌핀스에서 그와 계약을
갱신하여 연봉을 대폭 올려주었던 것이다. 뉴욕 자이언츠 소속으로 올
스타 선수이자 아마도 NFL 최고의 라인배커인 로렌스 테일러에 대해

서도 우리는 최대의 관심을 집중시켰다. 1983년 12월 31일 우리는 테일러가 제너럴스와 총 325만 달러를 받는 조건으로 4년의 장기 계약을 맺었다는 사실을 발표했다. 문제는 테일러가 소속된 뉴욕 자이언츠와 계약 만료 기간인 1988년까지는 그를 우리 팀에서 뛰게 할 수 없다는 점이었다.

그러나 어느 의미에서는 그를 당장 우리 팀으로 데려오는 것보다 더 나을 수 있었다. 테일러가 나중에 결국 우리 팀으로 오게 될 거라는 계약 내용을 공개함으로써 우리는 NFL의 어느 선수도, 장기 계약 하에 있는 선수들까지 포함하여, 우리 손아귀에 들어올 수 있다는 가능성을 널리 알리는 결과가 되었다.

테일러와 거래 내용이 알려지자 자이언츠 팀은 크게 당황했다. 2주일 후인 1984년 1월 17일 자이언츠는 테일러에게 6년의 장기 계약 갱신을 제의했고 그 보수로 모두 655만 달러를 주겠다고 했다. 결국은 내가 자이언츠로 하여금 테일러를 3년 후에도 계속 보유하기 위해 연봉을 추가로 300만 달러나 더 테일러에게 지불토록 한 셈이었다. 반면 나로서는 테일러가 제너럴스와 이미 맺은 계약을 파기함에 따라 자이언츠로부터 벌칙금 75만 달러를 얻을 수 있었다.

NFL의 우수 선수들을 확보하려는 나의 적극적인 노력은 곧바로 USFL의 다른 구단주에게 파급되었다. USFL의 선수 배팅을 위한 두 번째 드래프트가 1984년 1월 4일에 열렸다. 피츠버그에서는 네브래스카 출신이며 하이즈먼 트로피 수상자였던 마이크 로지어를 뽑았고 그와 5일 후 정식 계약을 체결했다. 피츠버그 팀의 시즌 경기 표는 갑자기 그 판매량이 6,000매에서 2만 매로 급증했다.

브리검영 대학의 쿼터백인 스티브 영은 대학 미식축구의 슈퍼스타로서 USFL의 로스앤젤레스 익스프레스와 수백만 달러의 계약을 체결했다. 로스앤젤레스 익스프레스의 구단주인 돈 클로스터먼은 그 외에 14명의 선수를 드래프트를 통해 뽑았는데 그들은 모두 NFL에 진출하려 했던 유망주들이었다. 이리하여 USFL의 팀들은 대학 졸업 우수 선수들 중 거의 절반가량을 확보했다. 유명한 스포츠 잡지인 「스포츠 일러스트레이티드」지는 USFL의 성공적인 선수 확보에 대해 해설 기사를 게재하면서 다음과 같은 자명한 질문을 던졌다. "로지어나 영과 같은 우수한 선수들을 앞으로 얼마나 더 NFL이 포기해야 할 것인가?"

그해 1월 17일 USFL의 구단주들이 뉴올리언스에서 회합을 가졌을 때 나는 다시금 USFL의 경기 시즌을 가을철로 바꿔야 한다고 주장했다. NFL의 우수 선수들과 대학 졸업자 중 유망주들을 대거 확보한 그 시점이 경기 시즌을 옮기는 타이밍으로 가장 적절하다고 보았다. 나는 시즌 이동에 관해 즉각적인 표결을 제의했으나 몇몇 소극적인 구단주들이 주저하면서 표결 대신에 다른 해결책을 찾아보자고 제의했다. 그들은 경기 시즌 결정에 관한 장기적인 검토를 위해 특별위원회를 설치할 것을 제의했다.

나에게는 위원회라는 것은 우유부단한 사람들이 어려운 결정을 내릴 때 위험 부담을 회피코자 만드는 조직으로밖에는 여겨지지 않았다. 그러나 하여튼 나는 그때 회합에서 경기 시즌의 이동 문제를 심각히 고려하는 계기를 만들었다. 나는 곧이어 구성된 특별위원회의 일원이 되었고, 얼마 되지 않아 대부분의 구단주에게 가을철 경기야말로 USFL의 최선의 선택이라는 사실을 설득해낼 자신에 가득 차 있었다.

그러는 동안 NFL은 당황했다. 그 증거로 그들은 1984년 2월 매사추세츠 주 케임브리지에서 구단주 모임을 황급히 개최하여 NFL의 장래를 신중히 논의하기 시작했고 특히 USFL의 도전에 대해 많은 의견을 교환했다. 그 모임의 일부로 열렸던 세미나에서는 저명한 하버드 대학 경영학 교수인 마이클 포터가 'USFL 대 NFL'이라는 제목으로 장장 47쪽이나 되는 주제 발표를 했다. 그러한 사실을 우리는 한참 뒤에서야 알게 되었다. NFL의 집행부를 구성하는 65명의 주요 인사들이 그 세미나에 참석, 경청했다. 그들 중에는 NFL 경영위원회의 이사장인 잭 돈런을 비롯한 각 팀의 구단주들이 포함되어 있었다. 포터는 그 자리에서 USFL에 대해 경쟁 제한적 전략을 수립함으로써 USFL과 전면전에 돌입해야 한다고 강력히 주장했고 다각도의 추진 전술을 제시했다. 그의 2시간 반 동안에 걸친 주제 발표는 크게 '공격적인 전략' '게릴라 전법' 그리고 '기원전 500년 전의 중국 전쟁의 전술' 세 부분으로 나눌 수 있었다. 포터는 심지어 ABC 방송국을 설득하여 USFL의 봄철 경기 중계를 포기토록 해버리자는 전략까지 내놓았다. 그럼으로써 USFL 선수들이 노동조합을 결성하여 결국은 USFL 구단의 비용 부담을 높이거나 아니면 USFL 팀 중 영향력 있는 일부 팀에 NFL 참여권을 허용함으로써 USFL 조직을 와해시켜버리자는 것이었다.

1984년 봄 시즌을 시작하면서도 우리는 USFL을 와해시키고자 하는 NFL의 비밀 계획을 전혀 눈치채지 못하고 있었다. 그러나 아마 그러한 낌새 정도는 누구나 느끼고 있었던 것 같다. 우리 측의 재정 상태가 좋지 않은 몇몇 구단들, 특히 시카고, 워싱턴, 샌안토니오 및 오클라호마 등은 그때 재정 형편이 더욱 악화되고 있었다.

우리 리그에 대한 위험은 리그 중 일부 팀이 이탈하거나 파산하는 데 있는 것이 아니라 리그 자체의 공신력이 크게 약화된다는 점에 있었다. 우리가 내부적으로 문제를 안고 있는 한, 언론 등으로 하여금 우리의 보강된 팀 파워에 대해 그들의 시선을 집중시키기란 무척 어려워지기 때문이었다. 스포츠 해설가들은 중소도시에서 우리 리그의 관객 숫자가 점점 줄어들고 있다고 쓰기 시작했고 일부 팀이 겪고 있는 재정의 어려움까지 언급하기 시작했다.

그러는 동안 내가 우려했던 대로 경기 시즌을 이동하기 위한 위원회의 활동은 답보 상태에 있었다. 대부분의 구단주들은 매킨지 앤드 컴퍼니(McKinsey and Company)와 같은 외부 자문회사에 의뢰하여 시즌 이동에 관한 문제를 검토케 했다. 매킨지는 그 방면의 사업에서는 일류급이라 할 수 있었다. 그러나 나는 위원회 조직보다 자문회사를 더욱 싫어했다. 비싼 용역비를 들여가며 운영되어오던 특별위원회는 한창 신속한 결정이 필요한 그즈음에 납득할 만한 상식과 투자된 돈에 상응하는 해결 방안을 제시하지 못했다.

매킨지에 맡긴 자문은 3개월이 걸렸고 비용도 60만 달러나 들었다. 마침내 1984년 8월 22일 시카고에 모인 USFL 구단주들 앞에서 매킨지의 이사인 샤론 패트릭(Sharon Patrick)은 그동안의 용역 결과를 보고했다. 그녀는 USFL로서 최선의 길은 봄 시즌 경기를 그대로 지속하고 우선은 각 팀의 비용 지출을 억제하여 운영이 더 나아진 연후에 다시 시즌 이동 문제를 고려하는 것이라고 결론지었다. 무엇보다 그들의 여론조사에 의하면 대부분의 팬들이 USFL의 봄 시즌 경기에 찬성하고 있더라는 보충 설명까지 곁들였다. 짐작하겠지만 나는 여론조사 따위는 거의 신뢰하지 않는다.

현실은 우리가 단순히 매킨지의 보고를 그대로 수용할 수 없다는 데 있었다. 봄 경기를 치르면서 아무리 비용 절감에 노력한다고 하더라도 수익을 올릴 만한 확실한 전망이 보이지 않았다. 뿐만 아니라 리그 중 허약한 팀들은 더 이상 한 푼도 지출할 수가 없었다.

우리는 더 혁신적인 자세를 취해야만 했다. 그게 내가 그 자리에서 일어나 발언한 요지였다. 패트릭의 2시간에 걸친 보고가 끝나자 나는 다시금 시즌 이동에 관한 문제를 표결에 부칠 것을 제의했고 일단 그 제의는 받아들여졌다. 표결에 부친 결과 시즌을 가을로 옮기자는 의견이 3분의 2 이상의 찬성으로 가결되었다. 그날 오후 우리는 지난 봄 시즌을 끝으로 USFL은 앞으로 가을 시즌을 진행키로 했다고 발표했다.

그 모임에서 논의되었던 또 다른 문제는 NFL에 대한 독점금지법 위반 고소 건이었다. 우리는 총재인 체트 사이먼스(Chet Simmons)로 하여금 일단 NFL 총재 피트 로젤 앞으로 경고 서한을 발송하게 하기로 의견을 모았다. 사이먼스는 우리의 입장을 아주 점잖게 표현했다.

"새로 등장한 스포츠 기업으로서 USFL의 위치와 NFL의 기존 시장 점유율은 모두가 USFL의 사활에 중대한 역할을 하고 있다. 우리는 NFL과 NFL 구단주들이 독점적 지위에 있는 기업 행동을 규제하는 현행 법률과 규제의 범위 내에서 활동해주기를 바라는 바다." 좀 더 직설적으로 표현한다면 우리의 의사는 "만일 당신네가 우리를 해치려고 한다면, 우리는 당신네를 고소하겠다"인 셈이었다.

그해 10월쯤 우리 측과 CBS 및 NBC의 접촉 결과 뭔가가 급격히 변화하고 있음이 분명해졌다. 우리가 경기 시즌을 가을로 이동할 것을 고려하고 있는 동안 그 두 방송국은 우리와 거래에 관심을 갖고 있는 듯이 보였다. 그러나 우리가 시즌 이동에 관한 결정을 공표하자마자 두 방송국은 태도가 돌변하고 말았다. NFL에서 그들뿐만 아니라 우리의 봄 경기 중계권을 가지고 있는 ABC까지 포함하여 우리와 일절 거래를 하지 말도록 강한 압력을 넣고 있음이 분명했다.

피트 로젤은 후에 증언하길 자신은 ABC 스포츠국장인 룬 알레지와 그런 이야기를 나눈 적이 없다고 말했다. 내게는 그의 말이 본말이 전도된 느낌이었다. 로젤과 알레지는 오랫동안 동료이자 절친한 친구 사이였다. USFL이 시즌을 NFL과 같은 가을철로 옮긴다는 사실에 깊은 우려를 갖고 있던 로젤이 그의 친구에게 자신의 견해나 생각을 말한 적이 없다고 한다 해서 그 말을 믿을 사람이 어디 있겠는가? 그리고 ABC 스포츠 프로그램 중 '먼데이 나이트 풋볼'이라는 인기 프로그램을 창안해내어 수백만 달러의 거금을 모은 장본인인 알레지가 로젤의 걱정거리에 대해 아무런 언급도 하지 않을 수 있었을까?

아이러니컬하게도 ABC뿐만 아니라 NBC와 CBS 3개 방송국 모두는 NFL 경기 중계에서 많은 손해를 보고 있었다. 1년에 3억 5,000만 달러를 초과하는 중계료를 제외하고 나면 1985년 한 해만 하더라도 세 TV 네트워크는 수백만 달러씩의 손실을 입고 있었다.

그럼에도 불구하고 그들 세 방송국 중 어느 누구도 NFL과 소원해지는 것을 원치 않았다. 미식축구야말로 TV 스포츠 중계의 꽃이라고 할 수 있으며 그와 같은 중요한 프로그램 경쟁에서 한 치라도 뒤질 수 없다는 경쟁 심리가 3개 방송국에 모두 출혈 상태의 이전투구를 요구하고 있는 실정이었다. USFL로서는 아무런 대안이 없었다.

1984년 10월 17일 우리는 뉴욕 남부 지방법원에 독점금지법 위반 고소장을 제출했다. 고소장에서 우리는 NFL의 TV 중계는 3개 방송국 중 2개 이하에 국한해야 하며, 손해배상으로 13억 2,000만 달러를 요구했다.

그러는 동안 우리는 더 시급한 문제에 봉착해 있었다. 생존경쟁에서 살아남아야 한다는 것이었다. 1985년 1월 3일 USFL은 대학 졸업 예정자를 대상으로 세 번째 드래프트를 실시했다. 제너럴스는 1984년 시즌에 9승 5패로 급격히 팀 성적이 올라갔고 경기당 평균 관중 수도 4만 명 이상을 확보한 반면 다른 팀들은 적자 운영을 면치 못하고 있었다. 우리로서는 무언가 시급한 조치가 필요했다.

나 자신의 해결책은 대학 선수 중 가장 우수하고 박진감이 넘치는 경기를 펼쳐 보이는 선수들을 찾아다니는 일이었다. 어느 선수가 적격인지는 분명했다. 보스턴 대학의 더그 플루티는 하이즈먼 트로피 수상 후보자로서 타의 추종을 불허하고 있었다.

마이애미 대학과 최종전에서 그는 경기 종료 몇 초를 남기고 터치다운으로 이어진 가공할 만한 50야드짜리 장거리 패스를 성공시킴으로써 보스턴 대학에 47 대 45의 승리를 안겨주었다. 그 놀라운 패스로 인해 그는 하룻밤 새에 신화적인 인물로 부상했고 그때의 마지막 역전 패스 장면은 그 후에도 TV나 스포츠쇼 등에서 계속 재방영되는 것을 아마 20번 이상 보았던 것 같다.

플루티가 매스컴에 잘 부합하는 능력을 갖춘 점이 또한 마음에 들었다. 그는 외모가 훌륭했고 말도 썩 잘했으며 다부졌다. 그야말로 언론에서 취재 대상으로 삼기에는 아주 적격인 셈이었다. 그런데 두 가지 문제가 있었다. 하나는 제너럴스가 이미 완숙기에 접어든 브라이언 사이프라는 쿼터백을 보유하고 있다는 것이었다. 또 하나의 문제는 플루티의 신장이 겨우 5피트 10인치고 체중도 170파운드밖에 되지 않는다는 점이었다. 6피트 6인치 이상의 신장과 260파운드의 체중을 갖춘 거대한 수비수들이 날뛰는 프로 세계에서 과연 플루티가 제 기량을 발휘할 수 있을까에 대해 많은 사람들이 회의를 표하고 있었다.

마침내 나는 나의 직관에 따라 일을 처리했다. 브라이언 사이프는 스타로 군림하고 있었으나 이미 나이가 35세였으며 그의 전성기는 지났다고 할 수 있었다. 반면에 플루티는 USFL의 조 나마스가 될 잠재 능력을 보유하고 있었다. 최악의 경우 실제 경기는 부진하더라도 그는 언론의 관심을 집중시킴으로써 제너럴스의 이미지를 높일 수 있을 뿐 아니라 리그 전체의 이미지를 바꾸어놓을 수 있을 터였다. 일이 잘된 다면 경기 내용에도 최고의 스타가 될 수 있을 터였다.

2월 5일 우리는 플루티와 연봉 100만 달러 이상의 5년 계약을 체결했다. 그 정도의 연봉은 내가 보장한 것이었지만 사실은 그렇게까지 높일 필요는 없었다. 하지만 플루티 같은 선수가 운영 상태가 불안정한 리그에서 뛸 수 있게 하려면 그만한 정도의 보장이 있어야만 했다. 만일 리그의 운영이 더욱 악화된다면 나는 그와 계약을 NFL 팀에 팔아넘길 수 있다고 생각했다.

2월 6일 나는 브라이언 사이프를 잭슨빌에 트레이드함으로써 문제의 해결을 보았다. 그리하여 급료는 매우 많이 받으면서 벤치에 앉아 있는 쿼터백을 더 이상 보유하지 않아도 되었다.

플루티는 2월 24일 프로 데뷔 게임을 버밍엄 스텔리온스와의 어웨이경기로 시작했다. 경기 개시 처음에 그는 약간 느렸지만 점차 강해졌으며 제4쿼터에서는 터치다운을 3개나 터뜨리면서 제너럴스를 승리로 이끌다시피 했다. 중계석에서 그의 진가는 예상보다 훨씬 더 발휘되었다. 그 경기는 ABC에서 중계했으며 시청률 9위를 기록했는데 그것은 그전 시즌 평균보다 2배나 높은 시청률이었다.

두 가지 주목할 만한 사건이 시즌 첫 주말에 일어났는데 모두 쿼터백과 관련이 있었다. 하나는 휴스턴 갬블러스의 쿼터백인 짐 켈리가 개막 경기에서 보인 실력이었다. 그는 모두 574야드의 패스를 성공, 5개의 터치다운을 기록하여 NFL이나 USFL 어느 리그의 쿼터백과 비교해도 손색이 없음을 증명했다.

불행하게도 또 다른 쿼터백에 관한 뉴스는 좋지 않은 것이었다. 브라이언 사이프는 잭슨빌에서 치른 첫 경기에서 어깨뼈가 부러지는 부상을 입었고 그로 인해 그해 시즌에, 아니 아마 선수로서 생명에 종지부를 찍는 듯이 보였다.

3월 10일 우리는 로스앤젤레스 익스프레스와 첫 번째 홈경기를 가졌다. USFL 사상 최고의 점수를 줄 만한 경기를 꼽는다면 아마 그 경기였을 것이다. 무려 6만여 명의 팬들이 운집하여 신인 쿼터백 플루티와 USFL 최고의 쿼터백이라고 하는 스티브 영의 한판 대결을 지켜보았다. 두 선수 모두 최선의 기량을 보였고 관중들은 환호했다. 제너럴스는 선두에 나설 수 있었다. 그 경기에서 플루티는 제4쿼터에서 2개의 터치다운을 성공시켜 35 대 24의 승리를 제너럴스에 안겨주었던 것이다.

플루티의 위대한 승리를 장식했던 그 경기 다음 날 나는 새로운 USFL 총재 해리 어셔(Harry Usher)에게 편지를 보내어, 플루티와 계약비용을 모든 USFL 팀들이 공동 부담해야 할 것이라고 제의했다. 왜냐하면 플루티의 성공은 USFL 전체에 대한 기여라고 생각했기 때문이었다. 물론 다른 구단주들이 그러한 제의에 동의할 것이라고는 생각지 않았고 실제로 그들은 동의하지 않았다. 그러나 나의 의도는 분명했다.

플루티, 켈리 그리고 영 등은 모두 USFL에 크게 공헌했다. 그렇지만 여전히 중류급 쿼터백에 의존하고 있는 약한 팀들 때문에 리그 전체가 곤경에 처해 있었다.

리그 내에 그러한 약한 팀들과 같이 소속되어 있다는 불안감은 1985년 시즌 중반에 현실로 나타났다. 존 배셋은 탬파베이에서 USFL의 기득권을 갖고 있던 구단주였다. 과거에 그는 이미 사라져버린 월드 풋볼 리그의 창설자 중 한 사람이었다. 내가 USFL에 가입한 이래 그와는 사사건건 모든 일에서 의견 대립을 보여왔고 특히 경기 시즌을 가을철로 옮기는 건에 대해서는 첨예하게 대립한 적이 있었다.

사실 그때 나는 가까스로 대부분의 구단주들을 설득하여 경기 시즌을 가을로 바꾸는 데 성공했고 배셋 역시 끝내는 찬성표를 억지로 던지긴 했지만 시종일관 저항을 했었다. 우리 둘 사이의 의견 불일치에도 불구하고 나는 그를 개인적으로 좋아했고 특히 그가 처한 어려운 상황에 대해서는 동정심을 갖기도 했다. 3월 말경 어느 일요일 늦은 오후였다. 배셋이 암에 걸려 고통을 겪고 있다는 사실이 리그 내에 쫙 퍼져 있었고, 생명이 위험할 지경에 이르렀기에 그 몇 개월간 그의 행동이 아주 예측 불가능할 정도로 괴팍했다는 사실이 알려졌다.

그런데 배셋의 병이 그의 판단력에 영향을 미쳐서 그랬는지, 아니면 다른 이유에서였는지는 지금도 알 수 없는 일이지만, 그는 그날 ABC의 아나운서인 키스 잭슨과 인터뷰를 했다. 키스는 배셋에게 USFL의 무엇이 문제인지 묻기 시작했고 곧이어 배셋의 장광설이 이어졌다.

그런데 전국의 시청자가 지켜보는 가운데 그는 USFL을 가을철 시즌으로 옮기는 생각이 얼마나 그릇된 일인가를 신랄하게 비난했다. 그는 심지어 리그를 그의 최대 적수라고까지 일컬었다. 그는 USFL은 잘못된 운영 방식으로 큰 피해를 보고 있으며 그 외에 여러 가지 깨끗하지 못한 일을 저지르고 있다고 비난했다.

TV 모니터를 통해 그 장면을 지켜보고 있던 나는 내가 듣고 있는 소리를 믿을 수가 없었다. 문득 배셋이 우리가 제출한 NFL에 대한 독점금지법 위반 고소 건에 대해 NFL을 위해 유리한 증언을 하도록 이용당하고 있다는 생각이 들었다. 그러나 곧이어 그가 다만 처참하게 와해된 그의 일생에 대한 분노를 터뜨리고 있을 뿐이라고 생각하며 마음을 가라앉혔다.

배셋에 의해 입은 상처를 치유하고 리그 내 약팀 때문에 받은 손해를 어떻게든 만회할 수 있었던 사람은 아마 하비 마이어슨(Harvey Myerson)이었다고 생각한다. 그는 우리가 독점금지법 위반 고소 사건 처리를 위해 1985년 중반 무렵부터 고용한 변호사였다. 마이어슨은 법률회사인 핀리 컴플 사의 소송 부문을 책임지고 있었으며 독점금지법 관계 소송에서는 전문가였다. 또한 그는 싸움에 임해 두려움을 모르는 사람이었고, 열세에 처해 있는 사람이 기존 세력과 맞서 싸울 때 가장 필요한 끈질긴 용기와 저력을 갖춘 사람이었다.

USFL 구단주 대부분은 법정 투쟁에서 우리가 승리할 가능성은 거의 희박하다고 믿었다. 그들은 NFL이야말로 견고히 구축된 불멸의 성이라고 여기고 있었다. 그러나 마이어슨이 1985년 4월 처음으로 우리와 대면했을 때 그는 우리의 승산이 매우 높게 느껴진다고 말했다. 그는 우리가 고소 건을 법정 싸움으로 이어지게 하는 데 장애가 되는 모든 요소를 제거하는 일에 최선을 다해야 할 것이라고 역설한 뒤 그렇게만 된다면 우리의 승산은 매우 높다고 다짐했다.

USFL이 그처럼 곤경 속을 헤매고 있을 때 한 가닥 밝은 빛과 같은 낭보가 있었다. 제너럴스, 특히 허셸 워커의 경기 성적이 좋아지고 있다는 소식이 바로 그것이었다. 시즌 첫 2주일 동안 워커는 기용되지 않았다. 그는 낙담하여 내 사무실로 전화를 걸었다. "트럼프 씨, 나를 경기에 출전만 시켜준다면 그 어느 누구보다 잘할 수 있습니다"라고 그는 말했다. 나는 우리 팀 코치인 월트 마이클스에게 길길이 뛰며 고함을 질러댔다. 그러나 그는 쉽사리 내 뜻을 이해하지 못했고 나중에 내가 그를 해고하겠다고 위협할 지경에 이르러서야 겨우 내가 무슨 일로 그러는지 눈치챘다.

시즌 일곱 번째 경기에서 워커는 출장하게 되었다. 그는 그 경기에서 서른 차례나 볼을 가지고 달렸으며 모두 합해 250야드를 돌파했다. 그것은 리그 신기록이었다. 그 후 계속된 십여 차례의 경기에서 경기마다 평균 100야드 이상을 돌파했다. 시즌이 거의 끝날 무렵 그의 총 주파 거리는 2,411야드가 되었다. 그것은 그전까지 NFL의 에릭 디커슨이 보유하고 있던 프로미식축구 최고 기록을 앞지르는 대기록이었다. 나는 그 일에서 크나큰 용기를 얻었다.

뜻밖에도 1985년 시즌 후반에 플루티가 부상을 당했고 우리 팀이 USFL 선수권을 쟁취하리란 전망에 어둠이 드리워지게 되었다. 플레이오프에서 우리는 볼티모어 스타스에 플루티가 출전하지 못한 상태에서 3점 차이로 지고 말았다.

1986년 2월 우리는 USFL 소속 팀 수를 14개에서 8개로 줄이기로 합의했다. 그 축소 과정에서 우리는 재정난을 겪고 있는 구단부터 차례로 걸러내기 시작했다. 그리고 일부 팀들은 합병을 통해 팀의 파워를 강화해나갔다. 예를 들면 휴스턴 갬블러스를 나의 제너럴스에 통합시켰다. 그 결과 제너럴스는 내가 생각해도 최강의 팀이 되었다. 허셸 워커를 주전 러닝백으로 하고 짐 켈리를 쿼터백으로 보강할 수 있었기 때문이었다. 마찬가지로 살아남은 다른 팀 역시 모두 강한 파워와 인기를 유지하고 있던 구단들이었는데 멤피스, 볼티모어, 잭슨빌, 탬 파베이, 올랜도, 애리조나 그리고 버밍엄 등이었다.

그해 4월 좋은 소식이 들려왔다. 연방법원 판사인 피터 레저가 우리 의 고소 건에 대해 다음 달부터 심리에 착수하기로 결정했다는 것이 었다. 그것은 우리가 처음으로 가을 시즌을 시작하려는 마당에 던져진 법원으로부터의 답변이었다. 만일 승소하게 되면 우리는 첫 가을 시즌 을 최대의 성황 속에서 시작할 수 있는 셈이었다. 반면 우리가 패소하 게 되면 USFL이 소생할 가능성은 거의 없어질 것이 뻔했다. 그러나 그 경우라도 우리는 최소한 손실의 일부를 절약할 수 있을 것 같았다.

USFL의 운명은 우리의 고소 건을 다룰 6명의 배심원 손에 달려 있 었다. 배심원 제도는 재판에서 최대의 공정성을 확보하려고 고안된 제 도다. 그러나 무작위로 선출된 배심원들이 고도의 전문적이고 기술적 인 사안에 대해 정확한 판단을 내릴 수 있겠느냐 하는 문제는 쉽사리 해결되지 않고 있다.

그러나 가끔은 그런 문제가 오히려 도움을 주는 경우가 있다. 특히 사건 내용이 가벼운 반면 변호사가 설득력 있는 경우는 더욱 그러하 다. 문제는 장래의 결과에 대한 예측을 전혀 할 수 없다는 데 있었다. 승소할 가능성이 매우 높은 사건에서 패자가 될 수도 있고 패색이 짙 게만 보였던 사건에서 의외로 승리를 거둘 수도 있는 법이다.

법정에서는 우리가 먼저 입장을 개진하게 되었다. 우리는 재빨리 하비 마이어슨을 내세워 NFL에 치명타를 가하자고 합의했다. 마이어슨은 먼저 NFL 총재인 피트 로젤을 증언석에 세워놓고 사정없이 난타를 가했다. 26년 동안 로젤은 NFL을 매우 성공적이고 원만하게 이끌어왔었다. 물론 독점 기업을 운영하는 데 반드시 천재적 재능이 필요한 것은 아니다. 같은 사람이라도 예전에 보지 못했던 강한 경쟁자가 등장할 경우 이야기는 전혀 달라지게 된다.

마이어슨은 서서히 압력을 가했고 로젤은 당황해 어쩔 줄을 몰라 했다. 그는 말을 더듬거렸고 우물우물하기도 했으며 얼굴이 빨개져서 욕지거리까지 섞어 답하기도 했다. 가끔은 눈에 빤히 보이는 거짓말까지 했다. 심문이 일주일 내내 계속되는 도중 그는 드디어 병을 얻어 드러누워버렸다. 안색이 몹시 쇠약해 보여 오히려 미안함을 느낄 정도였다. 같은 이치로 배심원들도 나와 같이 로젤에 대해 미안한 마음이 들 것은 뻔했으며 그렇게 된다면 그것은 NFL에 유리하게 작용할 수밖에 없었다.

로젤은 믿을 수 없는 사람이었다. 하버드 대학 세미나에 관해 심문을 계속하던 도중 그는 명백한 위증을 범했다. 그는 세미나에 대해 전혀 몰랐던 일이라고 답변했다. 세미나가 있은 후 수주일 뒤에야 그런 사실을 알게 되었노라고 했으며 그때 그는 아파서 누워 있었다고 말했다.

"당신의 위에 이상이 있었다고요?"

마이어슨이 전혀 무표정한 얼굴로 물었다.

"그렇습니다." 로젤이 말했다.

"그랬었군요, 그런데 회복하는 데 얼마나 걸렸던가요?"

"반나절쯤 걸렸지요." 로젤이 대답했다. 그런 대화를 방청하면서 로젤의 말을 믿는 사람은 법정 내에 한 사람도 없었을 것이다.

어느 시점에 이르러 마이어슨은 로젤이 1961년 의회 증언에서 발언한 치명적인 유죄성을 띤 내용을 끄집어냈다. 그 당시 NFL의 경기는 유일하게 CBS에 의해 중계되고 있었다. 의회 증언에서 한 상원의원이 로젤에게 물었다.

"모든 TV 네트워크가 오직 한 리그만 집중 중계한다면 다른 리그들은 경쟁 상대로서 심히 불리한 위치에 서게 되는 것 아닙니까?"

"분명히 그렇다고 생각합니다." 로젤이 답변했다. 그러고는 재빨리 덧붙였다.

"우리는 2개 이상의 네트워크를 독점하려는 의도는 전혀 없습니다."

하지만 1987년까지 NFL은 모든 TV 네트워크를 독점해왔다. 그것은 분명히 우리 리그에 대해 경쟁상 불이익을 주고 있었다. 그와 같은 날카로운 마이어슨의 지적에 대해 로젤은 단지 헛기침만 해댔고 "에" "에" 하며 더듬거리는 소리만 연발할 뿐이었다.

로젤의 증언에서 나 스스로가 확실히 모순되는 점을 발견할 수 있었던 부분은 그와 내가 1984년 3월 만났을 때의 일을 이야기하는 대목에서였다. 그 당시에 USFL 구단주들은 경기 시즌을 가을로 옮기느냐는 문제에 대해 격론을 벌이고 있던 중이었다. 하버드 대학에서 포터가 주제 발표를 한 세미나는 그 몇 주 전 이미 개최되었었다. 그때 알려진 바로는 포터는 NFL이 취할 수 있는 전략 중 하나가 바로 USFL 팀 중 가장 유력한 팀을 골라 NFL 참가 권한을 주겠다는 약속을 함으로써 그 팀을 USFL로부터 분리시키고 결국은 USFL을 와해시켜버리는 것이라고 주장했다.

3월 12일에 로젤과 회담을 위해 나는 그가 권유하는 대로 피에르 호텔에 방을 정하고 있었다. 나로서는 가능한 한 모든 대안을 준비해 놓고 있었으며 과연 NFL 총재의 의중에 어떠한 것이 숨겨져 있을까 하는 호기심을 쉽게 억누르지 못하고 있었다. 로젤은 증언석에서 엄청난 거짓말을 했다.

그날 나와 만났을 때 만일 그가 NFL 참가권을 내게 주면 나는 즉시 USFL을 탈퇴하겠노라고 했다는 것이었다. 면전에서 그런 거짓말을 하다니 정말 우스꽝스러웠다. 나는 지금까지 뉴욕 이외의 지역에서 미식축구팀을 운영하는 일에는 전혀 관심이 없었다. 그리고 뉴욕에 있는 2개의 NFL 팀, 즉 자이언츠와 제츠는 결코 인수할 기회가 주어지지 않을 것이라고 생각해왔었다.

실제로 그날 로젤과 만난 자리에서 일어났던 일은 로젤이 무척이나 나를 설득하려 했다는 것이다. 그는 나를 NFL의 유망한 구단주 후보로 생각하고 있다고 말했으며 그 형태는 당시의 제너럴스든 아니면 다른 팀과 합병이 될 수도 있겠지만 아무튼 최선을 다해 내가 NFL에 소속될 수 있도록 도와주겠노라고 했다. 그 대가로 두 가지 조건을 내세웠다. USFL 시즌을 가을로 바꾸지 말 것과 NFL을 상대로 고소장을 제출하지 말 것이었다.

로젤이 그때 무슨 의도로 그랬는지 나는 확실히 알 수 있었다. 그는 우리를 시험해보고 있었던 것이다. USFL 팀 중 한두 개를 NFL로 흡수함으로써 USFL을 제거할 수만 있다면 그는 그렇게 하고도 남음이 있었다. 반면 내가 그의 제의를 거절할 경우에 대비하여 그로서도 일단 어떤 제의를 해놓고 나의 거절에 대해 답변할 구실을 준비했던 것에 불과했다. 이상이 그와 만났을 때 일어났던 일이다. 그는 분명 증언석에서 그런 사실을 완전히 각색하고 있었다.

재판이 시작된 후 한 달 동안 우리는 모두 18명의 증인을 소환했고 그동안 꽤 많은 점수를 얻었다. 마이어슨은 NFL이 어떻게 3개 TV 방송국을 담합시켜 어느 방송도 USFL 중계를 거부하도록 했었는가를 상세히 증명했다. 마이어슨은 또한 그러한 담합 아래서 USFL이 살아남을 수 없음을 설명했다. 그는 쉬지 않고 NFL이 의도적으로 그리고 불법적으로 USFL을 파멸시키려 했던 갖가지 증거를 포터의 연구 발표를 필두로 제시해나갔다.

우리 측 증인 심문을 거의 끝마쳐갈 무렵 언론에서는 점차 우리가 승소할 가능성이 있음을 암시하기 시작했다. 「스포츠 일러스트레이티드」에서 그와 같은 암시를 가장 적절하게 기사화했다.

'USFL, 1라운드 경기를 끝내다'라는 머릿기사 아래 다음과 같은 소제목을 덧붙였다. '13억 2,000만 달러가 걸린 소송에서 신생 USFL이 1라운드를 맞아 NFL에 일격을 가함. 이제부터는 NFL의 공격 차례.'

회고해보면 그때 우리는 용기백배했었고 반대로 NFL의 무기력함은 배심원의 동정심까지 살 정도였던 것 같다. 실크 손수건을 단정히 꽂은 예복 차림의 마이어슨은 특유의 유창한 화술과 항상 이성을 잃지 않는 무표정한 얼굴로 상대방을 압도해나갔다.

반대로 NFL은 이미 패배를 예견하고 있는 듯 탈진한 모습이었다. 심문 도중 병이 났었고 불성실한 답변으로 일관한 로젤처럼 NFL의 선임 변호사 프랭크 로스먼 역시 유약해 보였고 나중에는 얼굴빛이 잿빛으로 변해 법정 내에서 나를 포함한 모든 이의 측은한 마음을 자아냈다. 많은 사람들은 과연 그가 그런 건강 상태로 재판을 끝까지 수행할 수 있겠는가에 대해 의구심을 갖게 되었는데, 결국 그는 심리 절차가 거의 끝날 무렵 중요한 수술을 받으러 병원 구급차에 실려가는 운명이 되었다. 로스먼의 위급한 발병이 배심원들의 동정심을 더욱 자극했음에 틀림없었다.

그런데 나 자신도 문제를 야기시켰다. 증인으로서 나는 말을 잘했고 피트 로젤에 비해 훨씬 원숙한 태도를 보여주었다. 그런데 그것이 오히려 NFL 측의 입장을 변호해주는 결과가 되고 말았다. 나의 증언이 시작된 날부터 NFL 측은 나를 사악하고 욕심 많으며 오직 사리를 위해 남의 희생도 불사하는 마키아벨리와 같은 수전노라고 묘사해댔다. 프랭크 로스먼은 심문 첫머리에서 이렇게 말했다. "USFL은 도널드 트럼프에 의해 지배되고 장악되고 있으며, 그는 NFL 소속 구단까지 사고팔 능력이 있는 사람입니다."

사실 NFL의 재력 있고 힘 있는 구단주들이야말로 그들의 사업 목적 달성에만 만족하며 살아가는 부류들이었다. 돌이켜 생각해보면 우리가 USFL의 군소 구단주들을 증인으로 내세워 그들의 비참한 이야기를 들을 수 있었더라면 우리는 한층 유리한 위치를 점할 수 있었을 것이다.

NFL이 우리를 공격한 또 다른 형태는 국민을 상대로 한 홍보를 이용하는 것이었다. 나는 로젤에게 이 말은 꼭 해주어야 한다고 생각해왔다. 로젤은 그의 리그를 발전시키는 데 언제나 위대한 공헌을 해왔다. 그의 대변인은 조 브라운이라는 사람이었는데 로젤은 브라운을 아주 적절하게 활용했다. 매일 심리가 끝난 후면 브라운은 로비로 나와 기자들에게 아주 능숙한 솜씨로 그날 하루가 NFL에 얼마나 유리하게 전개되었는가를 설명해주곤 했다. 그 모습을 보고 흥분한 내가 우리 리그 총재인 해리 어서에게 "왜 당신은 언론에 대한 홍보를 소홀히 하고 있습니까?" 하고 따졌다. 그러자 그는 답하길 "언론은 별로 중요치 않아요. 우리가 설득해야 될 사람은 배심원들입니다"라고 말했다.

그러나 안타깝게도 일은 그런 식으로 전개되지 않았다. 배심원들은 신문이나 TV 등의 재판에 관계되는 보도나 해설 기사를 읽거나 시청하지 못하도록 되어 있으나 사실상 그런 일은 거의 불가능하다. 더구나 자신이 관계되어 있고 세인의 관심의 초점이 되고 있는 사건이라면 더욱 그러하다.

일부 배심원들은 언론 보도에서부터 자신을 격리시키려고 하나 그들이 사건 진행에 대한 언론 보도를 읽은 친지나 친구들과 엄격히 격리될 수는 없는 노릇이다. 그렇지 않다면 구태여 로젤이나 브라운이 6주 동안 매일같이 기자들에게 로비 활동을 했겠는가?

어쨌든 7월 25일 배심원들이 최종 평결을 준비하고 있을 때 나는 우리가 그동안 효과적으로 대응해왔으며 배심원들이 우리 입장을 잘 이해해줄 거라고 확신했다.

내가 예상치 못했던 점은 우리가 승소하리라는 것, 그리고 승소하면서도 종국에는 패배하리라는 것이었다. 4일간의 숙고 끝에 6명의 배심원들은 7월 29일 최종 평결을 내렸다. NFL은 독점금지법을 위반하여 프로미식축구를 독점하려 했으며 불법적으로 USFL에 손해를 입혔다는 사실을 인정한 것이다. 그런데 배심원들은 뜻밖에도 우리가 입은 손해배상으로 단지 상징적인 1달러만을 인정했다. 그것은 참으로 공허한 승리였다. 손해 사실의 인정 외에는 아무런 쓸모가 없는 결정이었다. 왜냐하면 NFL로서는 법을 어긴 데 대해 아무런 처벌도 받지 않게 된 셈이기 때문이었다.

평결이 끝난 뒤 배심원들이 기자들에게 둘러싸여 있을 때 우리는 비로소 배심원들의 견해가 크게 양분되어 있음을 알았다. 최소한 그들 중 2명은 우리에게 상당한 정도의 손해배상을 인정하려 했던 것 같았다. 그중 한 명인 미리엄 산체스는 교사였는데 우리에게 약 3억 달러 정도의 손해배상 청구가 가능하다고 생각했던 모양이다. 그러나 그녀는 그러한 손해배상 절차를 잘못 이해하고 있었음을 실토했다.

"사실 사전에 알 만큼 교육을 받았는데 제대로 이해하지 못했습니다. 그래서 차라리 재판관의 처분에 맡기는 게 타당하다고 여겼고 그리하면 재판관이 USFL에 더 많은 손해배상을 인정하리라고 기대했습니다."

결과에 대해 나는 만족할 수 없었다. 그러나 일단은 안심이 되었다. 나의 신조는 "최선을 다하라. 그러고도 일이 성사되지 않으면 곧바로 다음 일에 몰두하라"였다. 재판이 진행되는 동안 나는 상당한 재산을 제너럴스를 통해 잃어가고 있었으며 USFL 전체로는 그보다 몇 배 이상 손해를 보고 있었다. 가을철 시즌이 시작되더라도 TV 중계 계약을 맺을 수 없는 상황 아래서는 더 이상 돈을 투자할 필요가 없었다. 대부분의 동료 구단주들도 의견을 같이했다.

법원의 결정이 난 일주일 후 USFL 구단주들은 회합을 갖고 시즌을 연기하기로 합의했다. 동시에 상급법원에 항고키로 결정을 보았다. 그런데 팬들의 실망이 가장 컸다. NFL의 독점적 지위는 더욱 견고해졌다. 구단주들은 그와 같이 어려운 상황에서 새로운 팀을 리그 내로 추가시킬 엄두조차 내지 못하고 있었다.

이런 와중에 NFL 팀들은 USFL의 우수 선수들을 하나씩 뽑아가기 시작했다. 허셸 워커는 댈러스 카우보이에 의해 픽업되었다. 당초 내가 그의 연봉을 개인 자격으로 보장해주었기 때문에 더 이상 미식축구를 하지 않더라도 앞으로 6년 동안은 매년 120만 달러씩 내게서 받아낼 수 있었다. 그러나 허셸은 훌륭한 선수였고 돈 문제는 부차적인 관심사였다. 결과적으로 나는 댈러스와 좋은 해결을 볼 수 있었다. 그들은 내가 워커에게 보증한 보수의 지급을 거절할 수도 있었다.

그러나 댈러스 팬들의 워커를 데려오라는 열화 같은 성화에 그들도 별수 없으리라고 생각한 나는 그들에게 워커를 데려가는 대신 그와 계약상 묶여 있는 나의 보증 문제를 함께 떠맡아달라고 요청했다. 그들이 내 제의에 동의했음은 두말할 필요 없었다. 그렇게 하여 나뿐만 아니라 워커 그리고 댈러스까지 모두 만족스러운 해결을 보았다. 워커는 댈러스에 8월에야 합류하여 호흡을 맞출 시간적 여유가 거의 없었지만 카우보이의 주전 선수로서 위치를 확고히 하면서 그해 시즌을 끝마쳤다.

짐 캘리 역시 버펄로 빌스에서 쿼터백으로서 스타 자리를 굳혔다. 우리 팀의 수비수였던 프레디 길버트는 애틀랜타에 가서 그 팀의 최고 선수로서 위치를 확보했다. 작은 체구 때문에 모두가 NFL에서 대성하기는 힘들겠다고 하던 더그 플루티는 시카고 베어스로 이적했다. 10명 남짓의 USFL 선수들이 NFL로 이적하여 대부분 각자의 팀에서 스타가 된 셈이었다.

지금도 허셸 워커나 짐 켈리 같은 선수들이 경기하는 모습을 보고 있으면 우리 USFL 리그가 그대로 존속되었더라면 하는 아쉬움이 든다. 만일 USFL이 그때 계획된 대로 가을철 경기를 펼칠 수 있었다면 제너럴스는 반드시 최고의 프로팀으로 부상했을 거라고 여전히 확신하고 있다.

나는 지금도 완전한 포기 상태가 아니다. 반드시 재기할 것으로 믿고 있다. 그리고 USFL은 지금 그 우습지도 않은 뉴욕 지방법원의 판결에 대해 항고 절차를 준비하고 있다. 최근 몇 개월 동안 나는 새로운 가을철 리그를 창설해보려는 웅대한 꿈을 가진 어떤 영리하고 끈질긴 사람으로부터 여러 차례 전화를 받고 있다. 그는 나더러 새로운 리그에서 뉴욕 지역의 연고권을 맡아달라고 요구하고 있으며 나는 지금 심각하게 그의 제안을 검토하고 있는 중이다.

제12장

아이스링크의 재건

나는 아무런 기본 계획도 갖고 있지 않았다. 어느 날 무료함에 진력이 난 나는 무언가를 해야겠다고 결심했다.

1986년 5월 22일 아침 「뉴욕 타임스」 1면에는 뉴욕 시 관리들이 센트럴파크에 있는 울먼 스케이팅 링크를 재건하기 위해 모든 노력을 기울이기로 결정했다는 기사가 실렸다. 일이 계획대로 되면 아이스링크는 앞으로 2년 내에 문을 열 것이라고 뉴욕 시 관계자들은 말했다.

나는 이 기사가 믿기지 않았다.

우선 무엇보다 아이스링크에 관한 한 일이 안 되면 안 됐지 잘될 것이라고 믿을 근거가 없었다. 울먼 스케이팅 링크는 1950년에 개장한 후 1980년 6월 개수 작업을 위해 일시적으로 문을 닫았다. 당시 이 개수 작업에는 대략 2년 반 정도가 걸릴 것으로 계획되었다. 이 기간도 스케이트장 하나를 개수하는 데 걸리는 기간치고는 너무 길다는 말들이 많았다.

우연의 일치인지는 몰라도 마침 1980년 6월 나는 6층의 쇼핑센터와 수천 평방피트의 사무실, 263채의 주거용 아파트를 갖춘 68층짜리 마천루 빌딩 트럼프 타워의 신축 공사를 시작했다가 꼭 2년 반 만에 당초 계획했던 시간과 비용을 들여 공사를 끝마쳤다.

새로 세운 트럼프 타워 아파트에서 바로 울면 스케이트장을 내려다볼 수 있었다. 이 아이스링크 쪽을 내려다보는 것은 그리 시원한 느낌을 주지는 못했다. 개수 공사에 이미 수백만 달러가 들어갔지만 멀리서 바라보더라도 어느 곳 하나 공사가 제대로 끝나지 못하리라는 사실이 불을 보듯 뻔했다.

3년이 더 흘러갔고 경비는 수백만 달러가 더 투입되었으며 일은 점점 더 꼬여만 갔다. 실제로 일이 너무나 꼬여서 1986년 5월 뉴욕 시 당국은 이 공사를 처음부터 전면적으로 다시 시작할 수밖에 없는 상황에 이르렀다.

나로서는 스케이트장 공사에 대해서 아는 것이라고는 전혀 없었다. 그러나 건축 분야라면 조금은 알고 있었다. 하나의 마천루 빌딩을 완공하는 데 2년 반이 걸렸다면 200만 달러짜리 스케이트장을 세우는 데는 수개월이면 족할 것이라는 확신이 들었다.

일이 이미 난관에 빠졌을 때인 2년 전에 벌써 나는 이 사업의 뉴욕 시 책임자 헨리 스턴(Henry Stern)에게 전화를 걸어 아무런 대금도 받지 않을 테니 스케이트장 건설 공사를 나에게 맡기라고 제안한 적이 있었다. 그는 나의 제의를 한마디로 거절해버렸다.

요즘의 이 같은 참화를 신문지상을 통해 접한 나는 다시 헨리에게 전화를 걸어 그전과 똑같은 제안을 되풀이했다. 그러나 전과 똑같은 응답이었다.

"뜻은 고맙지만 사양하겠습니다. 우리 스스로 사업을 끝낼 수 있습니다."

나도 한마디 던졌다.

"훌륭하십니다. 다만 2년 전 당신이 내게 한 똑같은 말과 지금의 결과를 빼놓고는 말입니다."

나는 드디어 뉴욕 시장 에드 콕에게 아주 강한 어조의 서한을 보내기로 작정했다. 시 당국의 무능에 격분하지 않을 수 없었다. 나는 이 일을 해낼 수 있을 것으로 확신했다. 그리고 이 스케이트장은 내 자식들을 포함한 뉴욕 시민 전체가 즐길 권리를 갖고 있는 시설이라고 믿었다. 다른 사람들이 어떻게 생각하든 나의 동기는 그렇듯 단순한 것이었다.

"존경하는 시장님." 나의 서한은 이렇게 시작되었다.

"지난 여러 해 동안 나는 뉴욕 시 당국이 울먼 스케이트장을 완공해서 다시 문을 열겠다는 약속을 되풀이해서 이행하지 못해온 사실을 놀라움과 의구심을 갖고 지켜봐왔습니다. 스케이트장 건설에는 4개월 이상의 시간이 필요치 않습니다. 6년이란 시간이 흐른 지금 또다시 2년이 더 걸려야 된다는 말은 울먼 링크에서 다시 스케이팅을 즐기기를 바라는 수많은 시민들로서는 도저히 납득할 수 없는 일입니다.

나를 비롯한 모든 뉴욕 시민들은 울먼 링크의 파국을 되풀이해서 목격하는 일에 지쳐 있습니다. 이 간단한 건설 사업을 둘러싸고 드러난 시 당국의 무능은 귀하가 맞고 있는 최대의 난제들 중 하나로 간주되어야 할 것입니다. 앞으로 2년 안에 울먼 링크에서 일반 시민들이 스케이팅을 즐길 수 없을 것 같아 걱정입니다."

이렇게 쓰고 난 다음 실제 문제로 들어갔다.

"나는 이 스케이트장을 신축하여 금년 11월까지 문을 열겠으며 스케이트장에 새로운 이름을 붙이고 이에 대한 대가를 지불할 것을 제의하고자 합니다. 나는 이 스케이트장을 공정한 임대료를 내고 시 당국으로부터 임대받아 공정하게 운영하고 싶습니다."

이 서한을 1986년 5월 28일 에드 콕 시장에게 보냈다. 그는 나의 서한에 대해 회신을 보내왔다. 회신은 놀랍게도 나의 제의를 얕잡아 보는 것이었다. 시 당국은 내가 문제의 스케이트장을 운영하는 것을 원치 않지만 내가 스케이트장 개수 공사에 300만 달러를 기부하고 공사를 감독해주면 좋겠다고 썼다. 그는 한술 더 떠서 빈정대는 말투로 이렇게 끝맺었다. "본인은 '숨을 죽이며' 귀하의 답신을 기대합니다."

시장이 보낸 회신의 말투는 나를 격분케 했다. 그러나 나는 시장의 회신을 신문에 공개하진 않았다. 얄팍한 인기 전술을 쓴다는 비난을 뒤집어쓸 수 있기 때문이었다. 콕 시장은 그러나 자신의 편지를 공개했다. 내 제안을 공개적으로 조롱거리로 만들어버리면 내가 슬그머니 꼬리를 감출 것이라는 계산을 한 것이다.

그는 언론의 반응을 과소평가했다. 우선 언론은 이 문제를 놓고 갑론을박 논전을 전개했다. 언론은 대단한 성공이든 비참한 실패든 간에 극단적인 얘기들을 좋아한다. 이 스케이트장을 둘러싼 이야기는 두 가지 요소를 다 갖추고 있었다. 아마 가장 중요한 점은 많은 기자들이 자신들은 공중을 보호하는 쪽에 서 있다고 생각하려 한다는 사실이다. 평범한 시민들을 희생시키는 짓만큼 기자들을 격분케 하는 것은 아마 거의 없을 것이다.

울먼 링크를 둘러싼 시 당국의 실책은 그것의 완벽한 전형이었다. 언론이 그처럼 하나같이 내 편을 드는 데 대해 나 스스로 아연실색할 지경이었다. 확실한 것은 그 같은 현상이 그리 흔하지 않다는 사실이다. 그러나 이번에는 불과 사흘 사이에 나의 제안에 대한 콕 시장의 회신을 공격하는 숱한 기사와 논평들이 쏟아져 나왔다.

「데일리 뉴스」지는 사설에서 "콕 행정부는 센트럴파크에 있는 울먼 링크를 개축해서 운영해보겠다는 도널드 트럼프의 제안에 대해 헛기침을 하며 말을 얼버무리고 있다. 무엇 때문에 그럴까. 그의 제안은 아무런 꼬투리도 달지 않은 진지한 것이다. 콕은 이 점을 알고 그토록 오래 끌었고 또한 자금도 많이 쏟아넣은 재앙에서 손을 땜으로써 한시름 놓는 것이 좋을 것이다. 지금까지 시장은 너무나 많은 엉터리 반대를 일삼아왔다. 아마 문제는 '콕 회사'가 울먼 링크에 1,200만 달러라는 어마어마한 자금을 낭비함으로써 곤궁에 처해 있다는 사실일 것이다."

「뉴욕 포스트」지는 이렇게 썼다.

"트럼프는 스케이트장을 개축해서 11월까지 문을 열게 하겠다는 울먼 프로젝트 인수 제안을 내놓고 있다. 13년에 걸쳐 수백만 달러의 자금을 그대로 탕진한 뒤 그들이 환호작약하고 있을 것으로 생각될 수도 있다. 그러나 그렇지 않다.

시청 관리들은 사업을 성취시키려 하기보다는 사업이 더 이상 진척되지 않도록 하는 데 더 관심을 기울이고 있는 것처럼 보인다. 시는 도널드 트럼프에게 어서 빨리 사업 계획을 설명할 기회를 주어야 한다. '울면 코미디'는 너무나 오랫동안 계속되고 있다."

수년 동안 정치인들과 만나면서 내가 배운 것이 있다면 그것은 그들을 움직이도록 보장하는 것은 언론 또는 더 특정적으로 꼽는다면 '언론에 대한 공포'라는 사실이다. 여러분은 정치인들에게 갖가지 압력을 넣거나 온갖 청원과 위협을 하거나 그들의 선거운동에 많은 돈을 대줄 수 있다. 하지만 일반적으로 돌아오는 것은 거의 아무것도 없다.

그러나 그들에게 악평을 게재할 수 있는 언론을 들먹여보라. 비록 별로 유명하지 않은 인쇄물일지라도. 그러면 대부분의 정치인들이 펄쩍 뛰는 것을 알게 될 것이다. 언론의 혹평은 지지표를 잃는 결과를 낳는다. 그리고 어느 정치인이 엄청난 표를 잃어버릴 경우 그는 또다시 도전하려는 의욕을 잃게 된다. 그러면 그는 월급쟁이로 전락할 수밖에 없는 지경에 이른다. 이것이야말로 대부분의 정치인들이 우려하는 최악의 상황이다.

에드 콕 시장에 대해서 반드시 알아두어야 할 것은 그가 순수하고 단순하면서도 약자에게는 강하고 강자에게는 약한 그런 사람이라는 사실이다. 이런 사람들은 때로 거칠게 행동할 수 있다. 그러나 그들은 실제로는 엄청난 겁쟁이들인 것이다. 이들이 약점을 들춰내고 멸시하는 대상은 대개 자신들이 이겨낼 수 있다고 생각하는 사람들이다.

거꾸로 참으로 강인하고 유능한 사람은 끈질기게 도전하고 싸워서 기어코 아무리 힘든 목표와 대상이든 극복해내고야 만다. 콕과 같은 사람은 대개의 경우 어려운 문제에 부딪히면 평소와는 너무나 다르게 움츠러든다.

확실히 여론의 흐름은 하룻밤 사이에 모든 것을 뒤바꾸고 말았다. 언론들이 콕을 물고 늘어지자마자 그는 완전히 움츠러들었다. 갑자기 시 당국은 나에게 울먼 링크 사업을 맡아달라고 싹싹 비는 것이 아닌가. 6월 6일 나는 울먼 링크 개축 공사에 관해 합의하기 위해 헨리 스턴을 포함한 뉴욕 시 관리들과 마주 앉았다. 그때까지만 해도 시 당국은 종전의 여타 시 당국 건설 사업에서와 마찬가지로 경쟁 입찰을 고집해왔었다.

나는 간단한 해결책을 제시했다. 스케이트장 건설 공사에 소요되는 일체의 비용을 내가 책임지겠다고 말했다. 그 대신 스케이트장이 완공된 후에는 그로부터 거둬들이는 수입으로 건설 공사에 들인 자금을 변상받겠다는 것이었다. 다시 말하면 내가 건설 공사를 처음부터 끝까지 감독할 뿐만 아니라 300만 달러의 돈을 무기한으로 시 당국에 빌려주겠다는 얘기였다. 또 완공된 스케이트장이 수익성이 없을 경우에는 그 돈을 영원히 시 당국에 빌려주겠다고 했다. 관리들은 나의 제안을 듣더니 "그렇게는 할 수 없습니다. 당신이 그 스케이트장에서 이윤을 올리도록 허용할 근거는 없습니다"라며 주춤했다.

나는 이렇게 말했다. "아뇨, 당신들은 내 말을 잘 이해하지 못하는군요. 스케이트장 운영으로 돈을 벌면 그 돈은 내가 시 당국에 빌려준 돈을 상환해가는 데 쓰겠다는 말이지, 내가 무슨 개인적 이윤을 챙기겠다는 얘기가 아닙니다. 실제로 내가 돈을 돌려받게 될 경우 나는 그 돈을 자선사업에 기부할 생각이오."

나와 내 고문 변호인들의 설득에도 아랑곳없이 시 관리들은 좀처럼 마음을 바꾸려 하지 않았다. 그 대신 그들은 나에게 역제안을 내놓았다. 즉 경쟁 입찰에서 낙찰받기 위해 300만 달러를 제시하라, 그래서 낙찰을 받고 공사가 끝나면 시에서 전액을 지불하겠다는 얘기였다. 이들의 제안은 내가 처음부터 제안한 방법보다 시 당국에 훨씬 더 불리한 것이었다.

내가 최초로 제안을 내놓은 때로부터 10일이 지난 6월 6일 금요일 하루도 거의 다 간 저녁때가 되어서야 우리는 합의에 도달할 수 있었다. 이제 남은 것은 시 회계위원회의 승인이었다. 나는 일단 내 돈을 들여 이 공사를 12월 15일까지 완료한다는 데 동의했다. 그러고 나서 링크가 제대로 운영될 경우 시에서는 나에게 300만 달러를 갚아준다는 것이다. 만일 내가 당초 예상보다 적은 비용으로 공사를 마칠 경우 시에서는 내가 쓴 경비만큼만 돌려준다. 또 내가 예상보다 더 많은 비용을 들였으면 그 초과된 경비는 내가 부담해야 한다. 시 당국은 내가 공사를 맡아주기를 진심으로 바라고 있는 듯했다.

나는 이제 꼭 한 가지 문제만 해결하면 됐다. 그것은 공사를 빨리 그리고 올바르게 하는 일이었다. 만약 내가 실패한다면, 이를테면 공사가 하루 지연되거나 비용이 1달러라도 초과한다면 나는 가방을 챙겨 가지고 아르헨티나로 날아갈 작정이었다. 에드 콕 시장을 비롯해서 어느 누구도 나를 그냥 내버려두지는 않을 것이었다.

나 자신 스케이트장 건설에 관해서 아는 것이라고는 전혀 없었기 때문에 최고급 스케이트장 건설 전문업자를 찾아내기로 마음먹었다. 친구 로직은 캐나다에 전문업자들이 많다고 알려주었다. 캐나다 사람들에게 아이스스케이팅은 미국인들의 야구와 마찬가지로 국민 운동 종목이다. 일류 건설업자들은 캐나다의 프로아이스하키용 링크를 건설하는 업체들일 것이라고 내 나름대로 짐작했다.

아니나다를까 나를 만난 모든 사람들이 한결같이 추천하는 일류 중의 일류 업체는 토론토에 있는 침코(Cimco)라는 회사였다. 이 업체가 건설한 사업 중에서 가장 유명한 것은 몬트리얼 캐너디언스 아이스하키팀의 전용 링크였다. 나는 이 회사의 최고 책임자에게 전화를 걸어 아주 기본적인 의문점부터 물어보았다.

"대형 옥외 아이스링크를 건설하려면 어떻게 해야 될까요?"

그는 아이스링크 건설의 매우 빠른 절차를 말해주었다. 가장 기본적인 문제는 우선 어떤 제빙 시스템을 선택하느냐 하는 것이라고 그는 말했다. 시 당국은 원래 비교적 최신 기술을 자랑하는 프레온 회사에 제빙 설비를 맡기기로 작정하고 있었다. 그 근거로는 프레온 제빙 시스템이 전기가 적게 들고 그만큼 에너지 비용을 절약할 수 있다는 점이었다.

프레온 시스템의 단점은 다른 것에 비해 너무나 섬세하고 예민해서 관리하기가 쉽지 않다는 점이었다. 특히 책임자가 자주 바뀌는 공공시설에서는 더욱 그랬다. 침코 회사에서 온 나의 친구는 프레온 시스템을 쓴 아이스링크 가운데 최소한 3분의 1가량이 어려움을 겪은 경험을 갖고 있다고 말해주었다.

또 하나 쓸 수 있는 방식은 소금물이 송수관을 흐르는 소금물 시스템인데 이 방식은 지난 수십년 동안 수많은 아이스링크에 쓰여왔다. 이 시스템은 프레온식보다 경비는 다소 더 들지만 그 대신 신뢰도가 매우 높고 믿기지 않을 정도로 내구성이 강하다. 록펠러센터 빌딩의 아이스링크가 1936년 개장 때부터 이 소금물 시스템을 쓰고 있는데 지금까지 이렇다 할 문제점이 전혀 없었다.

전화를 끊자마자 나는 울먼 링크를 짓는데 이 소금물 시스템을 제빙 설비로 쓰기로 결정했다. 시 당국도 결국 나와 같은 결론을 내렸다. 시에서는 그동안 다른 시스템을 선택했다가 6년을 허비했고 수백만 달러를 낭비했다.

나는 곧 울먼 링크를 건설하는 일에서 시 당국의 무능함이 크고 작은 여러 분야에 널려 있음을 발견했다. 내가 울먼 링크 개축 공사를 떠맡기로 결정된 지 일주일 만인 6월 16일 울먼 링크 건설을 둘러싼 지난 6년간의 시행착오를 정리한 시청의 보고서가 나왔다. 이 보고서를 작성하는 데 15개월이 걸렸다고 한다. 내가 이 공사에 소요할 기간의 4배나 되는 기간을 보고서 작성으로 보냈다는 얘기다.

더욱 놀라운 사실은 이 보고서가 무수한 시행착오와 실책의 사례들을 열거하면서도 그 실책의 책임이 누구에게 있고 앞으로 그 같은 착오를 없애기 위해서는 어떻게 해야 되겠다는 대책에 관해 아무런 언급을 않고 있다는 사실이었다.

이 보고서가 보여주는 것은 깜짝깜짝 놀라게 하는 무성의, 우유부단, 무능 그리고 그야말로 바보스런 짓들의 나열이었다. 보고서 내용이 그토록 딱하게 보이지 않았던들 그것은 차라리 코미디 연속극 같아 보였을 것이다.

뉴욕 시는 지난 1980년 6월에 개수 공사를 이유로 이 링크의 문을 일시 닫는다고 발표했었다. 당시 사업 계획을 세우고 공사 입찰이 끝났을 때는 벌써 1년이란 시간이 흘러 있었다. 1981년 3월 드디어 프레온 냉동 시스템에 쓰이는 총연장 약 35km의 아주 섬세하고 값비싼 동파이프 설비 공사에 착수했다. 한편 공원 관리 당국은 공기압축실을 어디에 두고 어떤 냉동 설비를 쓸 것인가에 관해 또 다른 생각을 갖고 있었다. 동파이프 설비 공사는 끝났으나 이 링크의 냉동 시스템을 가동하는 데 결정적으로 필요한 제반 시설에서 모든 공사가 중단되었다.

제빙 설비 공사가 완료됐지만 링크 자체의 외형 등 도안 설계는 돼 있지 않은 그런 식이었다. 특히 이 링크의 바닥은 약간 경사지게 설계되었다. 이 때문에 한쪽 끝이 다른 쪽보다 8인치쯤 높았다. 이 같은 경사는 원래 목적이 있었다. 시에서는 이 링크를 여름에는 태양 광선이 수면에 반짝이는 아름다운 연못으로 전용할 계획이었고, 햇빛이 수면에 반사되게 하기 위해서는 바닥을 비탈지게 하는 것이 효과적이었다. 그러나 겨울에 아이스링크로 쓰려면 바닥의 경사는 문제가 안 될 수 없다.

이러한 상황에서 얼음을 만들려고 할 때 두 가지 가능성이 있을 수 있다는 사실을 알아차리기란 그리 어렵지 않다. 그중 더 나은 쪽은 얼음이 자연 상태에서 어는 것이다. 그러나 물의 깊이가 일정치 않기 때문에 얼음의 두께나 강도가 똑같지가 않다. 또 다른 한 가지 현상은 링크의 깊은 쪽에서는 아무리 힘 좋은 제빙기를 쓴다 하더라도 전혀 얼음이 얼지 않는다는 것이다.

그러나 그 문제는 곧 뒷전으로 밀렸다. 동파이프 설비 공사가 시작된 지 두 달 만인 그해 7월 폭우가 쏟아지면서 링크를 진흙탕으로 만들어 새로 설치된 동파이프에 두꺼운 흙덩이가 달라붙었다. 공원 관리 당국이 이 피해를 복구하기 위해 인부를 고용한 것은 9월이 되어서였다.

한편 공원관리국 안에서는 링크를 둘러싸고 도는 콘크리트 보도를 어떻게 설계할 것인가를 둘러싸고 새로운 논쟁이 벌어졌다.

그 결과 보도 논쟁이 계속되는 동안 링크 바닥을 비롯한 전체 콘크리트 공사에 9개월이 걸렸다. 그렇게 해서 불행하게도 겨울이 되었다. 그 9개월 동안에 새로 설치된 동파이프는 그냥 방치되어 눈보라와 홍수가 몰아닥치는 악천후에 그냥 내버려졌다. 게다가 구리는 값이 꽤 나가는 탓에 불량 청소년들이 링크 담을 타고 넘어 들어와 동파이프를 잘라다 시중에 팔아 용돈을 벌어 쓰는 사례가 잇따랐다. 봄이 되자 35km 길이의 동파이프는 마치 전쟁을 치른 후 할퀴어진 산하처럼 어지럽게 널려 있었다. 그런데도 누구 한 사람 피해나 손실을 염려하거나 감시하지 않았다.

링크가 문을 닫은 지 2년 후인 1982년 6월 마침내 재검사도 하지 않은 동파이프에 콘크리트를 들이부었다. 업자들은 대개 평평하지 않은 표면에 콘크리트를 부을 때 콘크리트에 거품이 생기는 것을 막기 위해 진동식 기계를 쓴다. 콘크리트를 골고루 배합시켜 빈 구멍이 생기는 것을 막기 위해서다.

그러나 이 진동식 기계는 예기치 못했던 결과를 낳았다. 즉 동파이프의 연결 부분을 느슨하게 벌어지도록 흔들어놓았다. 이와 함께 하청업자는 더 큰 문제들을 발생시켰다. 그는 이 링크 공사에 필요한 콘크리트 양을 너무 적게 계산했다. 콘크리트 작업의 요체는 콘크리트가 고르고 단단하게 굳게 하기 위해서는 작업을 쉼 없이 신속하게 끝내 버려야 한다는 점이다. 그런데 이 업자는 콘크리트에 물을 많이 타서 묽게 했다. 이것이 재앙의 씨앗이었다.

일주일이 채 못가 새로 부은 콘크리트 여기저기에 갈라진 틈이 나타나기 시작했다. 우연의 일치는 아니겠지만 시멘트에 물을 너무 많이 섞은 부분에서 생겨났고 또 그 부분 작업 때는 진동식 기계를 사용치 않았었다. 냉동장치를 어디에 둘 것인가 하는 문제를 결정하지 못하자 또 다른 문제가 생겨났다.

16개월의 숙고 끝에 시 당국이 결정을 보자 링크 내 시설 공사를 맡은 업자는 당초 계약 내용의 수정을 요구했다. 그는 특히 더 많은 공사 대금을 요구하고 나섰다. 이 협상은 또다시 12개월이란 세월을 잡아 먹었다. 그리고 1983년 7월이 되어서야 시는 업자의 요구에 따른 새 계약을 승인했다. 냉동장치의 설비 공사 완료 기한은 1984년 9월로 다시 연기되었다.

1984년 늦가을 냉동 시스템이 처음으로 시험 가동되었다. 그 결과 얼음을 만들어내는 데 충분한 압력을 오랫동안 견뎌낼 수 없다는 사실이 밝혀졌다. 왜냐하면 콘크리트판 바로 밑을 지나가는 동파이프에 틈이 생겨 공기가 새어 나가고 있었기 때문이다. 1984년 10월부터 12월 사이에 6개의 동파이프가 갈라진 사실이 발견되어 수리 공사를 했다. 운도 따라주지 않았다. 냉동 시스템은 또다시 시험 가동되었으나 얼음을 만들어내지 못했다.

내가 헨리 스턴에게 전화를 걸어 링크 건설 공사를 맡겠다고 처음으로 제안한 것이 바로 이때였다. 그가 내 제안을 일축했을 때 나는 그에게 이렇게 말했다. "들어보세요. 우리 함께 가서 현장을 돌아보지 않겠습니까? 아마 나는 최소한 몇 가지 제안을 할 수 있을 것 같습니다."

며칠 뒤 우리는 문제의 링크로 걸어갔다. 나는 충격을 받고 말았다. 콘크리트판에 작은 틈새들이 무수히 나 있지 않은가! 더욱 놀라운 것은 콘크리트판 여러 곳에 10여 개의 커다란 구멍이 나 있는 점이었다. 알고 보니 바로 밑에 있는 동파이프에서 새어나온 압축 공기가 콘크리트를 뚫고 나오면서 커다란 구멍을 만들어놓은 것이었다. 설상가상으로 콘크리트에 구멍을 뚫는 데 쓰인 드릴의 위력이 센 데다 그 바로 밑에 있는 동파이프는 아주 약했다. 동파이프의 갈라진 틈새를 메우기 위해 강력한 드릴을 써서 구멍을 뚫는 힘센 사람들이 문제를 더욱 악화시킨 셈이다. 나는 스턴에게 가서 말했다.

"큰일이 났어요. 압축공기가 새어 나오는 틈새를 찾아내기는 정말 힘든 일이에요. 오히려 갈라진 틈새를 더욱 크게 만들 뿐입니다. 잊어버려야 해요. 모든 걸 새로 시작해요." 헨리는 나의 말에 겸허해지려고 애쓰는 것 같았다. 그러나 모든 것을 새로 시작하는 일은 그가 고려하는 최후의 방책이라는 점을 분명하게 읽을 수 있었다.

1985년 봄 뉴욕 시는 놀라운 새 아이디어를 찾아냈다. 그들은 20만 달러를 주고 외부에서 전문기술 상담회사를 초빙해 프레온 시스템이 왜 새며 그 해결책은 무엇인가를 알아보게 했다. 이 회사는 4개월 안에 조사 보고서를 내기로 약속했다. 9개월 후인 1985년 12월 이 회사는 누출의 원인을 알아내는 데 실패했다고 털어놓았다.

울먼 링크가 개수를 위해 문을 닫은 지 이제 6년이 흘러갔다. 그동안에 1,300만 달러라는 자금이 투입됐다. 공원관리국은 마침내 프레온 시스템을 뜯어 없애고 대신 소금물 시스템으로 바꾸기로 결정했다. 1986년 5월 21일 그들은 300만 달러가 소요되는 새로운 개수 공사 계획과 18개월간의 공정을 발표했다. 이때가 바로 시 당국이 이 사업을 나에게 넘겨줘야 한다고 내가 확신한 때다.

6월 중순 시 회계위원회가 나와 시 관계자 간의 협상 내용을 승인했을 때 나는 이미 일에 착수하고 있었다. 내가 새로 알게 된 사실은 시에서 소금물 냉동 시스템을 갖춘 아이스링크를 건설하는 데 관해 기술 자문을 얻기 위해 또 다른 상담회사에 15만 달러를 지불하기로 동의했다는 것이었다.

뉴욕 시의 계약에는 이 상담회사(St. Onge Ruff Associates : SORA)가 1986년 7월 1일 조사에 착수하여 12월 말까지 보고서를 제출하도록 규정하고 있었다. 다시 말해 나는 그 공사를 어떻게 해야 하는 것이 좋은가에 대한 상담회사의 보고서가 완성되기 전에 링크 개수 공사를 완료한다는 데 동의한 것이다.

나는 상담회사가 어떤 묘안을 갖고 있을지 모른다고 기대하며 그들과 자리를 같이해보기로 작정했다. 새로 알게 된 사실은 놀랍지 않을 수 없었다. 이 회사를 경영하는 두 사람의 신사는 냉동공학 전문가가 아니었고 그렇다고 스케이팅 링크 공사에 관여한 경험도 갖고 있지 않았다. 그들은 아이스링크 공사에 무엇이 필요한지를 전혀 몰랐다. 그들의 도움에 관해서는 이쯤 해두자.

나는 아이스링크의 냉동장치 및 배관 공사 그리고 전반적인 조언을 얻기 위해 침코 사를 상담역으로 맞이했다. 아이스링크 자체 공사를 위해서는 건설회사 HRH를 고용했다. 이미 나를 위해 하얏트 및 트럼프 타워 건축을 시공한 바 있는 HRH는 정평이 나 있는 유명한 종합건설회사다. 이런 경우 그들은 매우 관대하게도 정당한 가격으로 일할 것을 제의한다.

한편 나와 오랫동안 거래 관계를 갖고 있는 체이스맨해튼 은행은 건설 공사에 필요한 자금 일체를 또다시 무이자로 융자해주겠다고 선뜻 제의해 왔다. 그것은 누구나 관심을 보일 수 있고 높이 평가할 수 있는 그런 사업이었다. 내가 링크를 직접 보러 갔을 때 현장은 예상 이상으로 엉망이었다. 예를 들면 스케이터 하우스 지붕에 커다란 구멍들이 뚫려 있었고 그 결과 건물 내부에 엄청난 물 피해를 주고 있었다.

그러나 내가 주목한 현상들이 더 작은 것들일지라도 그 모두가 결국 이 사업에 대한 시 당국의 자세를 그대로 반영하고 있었다. 이를테면 링크 안으로 걸어 들어가자 버려진 자루들이 여기저기 널려 있었고 잡초들이 무성했다. 자루 속을 들여다봤더니 새로운 조경 사업에 쓰려고 했던 묘목들이 가득 들어 있었다. 이 묘목들은 꽉 막힌 자루 속에서 죽은 채 그대로 버려져 있었다.

이런 광경을 살펴보고 있는 바로 그때 시청 일꾼 한 사람이 걸어오더니 몇 그루의 살아 있는 묘목들 가운데 한 그루 옆에 멈춰 섰다. 그러고는 뒤도 돌아보지 않고 지나쳐 갔다. 비유해서 말하면 아이스링크를 수리하는 임무 때문에 공공 예산을 지불받고 있는 사람들에 의해서 짓밟히고 있는 링크였다.

이때 나는 몇 년 전 어느 쾌청한 여름날 이 링크 옆을 걸어가고 있던 때를 회상했다. 오후 2시쯤 되었을 때인데 공사가 끝나지 않은 링크 한가운데에 30여 명의 일꾼들이 있었다. 그들 중 어느 한 사람도 일하는 이가 없었다. 나는 그들이 휴식을 취하고 있다고 생각했다. 약 1시간 후에 다시 링크를 지나서 걸어갔다. 똑같은 일꾼들이 똑같은 자리에 그대로 있었다. 마치 영원한 낮잠을 즐기고 있기라도 하는 것처럼.

그때 그 같은 정경이 무엇을 뜻하는지 전혀 알아채지 못했다. 이제 나는 그것이 울면 링크가 가진 더 큰 문제의 조짐이었다는 사실을 알게 됐다. 거기에는 책임을 지고 있는 사람이라곤 아무도 없었다. 지도력은 모든 일이 되도록 하는 데 필수 불가결한 열쇠 같은 것이다. 우리가 링크를 개수하는 과정에서 내가 현장을 감시하지 않은 적은 단 하루도 없었다.

거의 매일 나는 현장을 방문했다. 공사를 완료하는 기간을 6개월로 잡았다. 그리고 시청의 기록으로 볼 때 내가 정한 대로 공사 기간을 줄인다는 것은 조그만 기적과 같은 일이었다. 내 계산에 따르면 중대한 뭔가가 잘되지 않을 때 6개월이란 기간은 나에게 응급 조치를 취할 수 있는 한 달간의 여유를 줄 수 있었다. 모든 일이 순조롭게 진척된다면 4개월 안에 일을 끝마칠 수 있을 것이라고 나는 느꼈다.

우리의 첫 번째 결정은 이전 링크를 몽땅 없애버리기보다는 옛 것의 위에다 새것을 세우기로 한 것이었다. 8월 1일까지 우리는 고르고 평평하게 기초공사를 마쳤다. 그 위에 동파이프를 설치하고 콘크리트를 부어 일정하게 평평한 링크 면을 만들 셈이었다. 침코 사는 3만 5,000파운드의 무게가 나가는 2개의 거대한 냉동장치를 설치하느라 바삐 돌아갔다.

내가 이 사업을 하겠다고 제의했을 당시에는 울먼 링크가 실제로 얼마나 큰지를 몰랐었다. 약 0.75에이커의 넓이. 사람이 만든 인공 스케이트장으로는 이 나라에서 가장 규모가 큰 것 가운데 하나다. 우리는 공사에 착수하기 전에도 언론기관들로부터 사업의 진척 상황을 알려달라는 전화를 여러 번 받았다. 평소에는 공사 같은 것에 별 관심을 보이지 않던 기자들이 파이프 설치, 콘크리트 작업, 콤프레서실 축조 등에 관한 조그만 내용까지 알려고 애썼다.

10여 차례의 전화를 받고 나서 나는 모든 사람들의 관심사에 관해 설명하기 위한 기자회견을 갖기로 작정했다. 8월 7일 지하층만 완공된 상태에서 기자들을 만났다. 놀랍게도 지방 TV 방송국 대표자와 통신사 인사들을 포함하여 모두 40명에 가까운 기자, 사진기자, 카메라맨이 몰려왔다. 경천동지할 소식은 없었다. 내가 얘기할 수 있는 것은 모든 일이 일정대로 순조롭게 진척되고 있고 12월까지는 문을 열 수 있을 것으로 기대된다는 내용이 전부였다. 그것으로 충분했다. 이튿날 모든 신문이 '트럼프, 스케이터들에게 얼음 선물 준비' 또는 '트럼프, 얼음으로 울먼 케이크를 만들다' 등의 제목으로 일제히 나에 관한 기사를 크게 보도했다.

울먼 링크에 관해 내가 기자회견까지 가진 것은 너무 지나쳤다고 말하는 사람들도 있다. 그러나 나는 기자들이 이 사업에 관해 충분하고 정확한 정보를 갖기가 불가능했다는 사실만을 얘기할 수 있다. 우리가 기자회견을 할 때마다 최소한 10여 명의 기자들이 취재 경쟁을 벌였다. 그렇지 않았다면 울먼 링크에 관한 얘기가 지역적 관심을 촉발할 수 없었을 것이다. 심지어 저 멀리 마이애미, 디트로이트, 로스앤젤레스의 신문들까지 울먼 링크에 관한 장문의 기사를 다루었다.

「타임」지는 '네이션' 난의 전면을 할애하여 울먼 스토리를 게재했다. 그것은 행정부의 무능과 능률적인 사기업의 힘을 대비시킨 아주 단순하고도 잘 읽히는 드라마였다.

9월 7일부터 10일까지 우리는 22마일의 파이프를 설치했다. 9월 11일 시멘트를 가득 실은 트럭들이 도착했고 10시간이나 계속 콘크리트 공사를 했다. 다음 날 기술자들이 콘크리트 공사가 얼마나 고르게 잘 되었는지를 검사해본 결과 완벽하다는 결론이 나왔다. 9월 15일 새로 제작된 냉동 설비가 개수된 콤프레서실에 설치되었다. 이제 남은 마지막 장애 요인은 열 처리 문제였다. 그날 우리는 콘크리트를 들이부었는데 온도가 30도까지 치솟았다.

9월 말이 되자 제빙 설비가 제자리에 놓였다. 우리가 설치한 시스템을 시험 가동하기 위해 필요한 것은 온도가 13도 이하인 날씨가 4일 동안 계속되는 것뿐이었다. 하지만 2주일 동안 계절에 맞지 않게 따뜻한 날씨와 쌀쌀한 날씨가 번갈아 나타났다. 겨울을 기다리기는 태어나서 처음이었다.

마침내 10월 12일 기온이 13도 이하로 떨어졌고 이 같은 낮은 온도는 며칠간 계속되었다. 10월 15일 우리는 소금물을 파이프로 흘려보내면서 새로 설치한 시스템을 처음으로 시험 가동해보았다. 누출은 없었고 압력은 그대로 일정하게 유지됐다. 그날 밤 비가 내린 후 링크에는 얼음이 얼었다. 그토록 기다려왔던 아름답고 맑은 얼음이 언 것이다.

내가 링크 개수 공사 승인을 얻은 때로부터 거의 4개월 만의 일이었다. 우리는 또한 300만 달러 예산 가운데 75만 달러를 남길 수 있었다. 시 당국의 경축 속에 우리는 남은 돈을 스케이터 하우스와 레스토랑 등 부대시설을 개수하는 데 투입했다.

공사 기간 동안 시 당국은 현장에 얼씬거리지 않았다. 가장 큰 이유는 내가 직원들에게 공원 관리들과 접촉을 삼가라고 일러두었기 때문이다. 그들이 관여하려고 할 때면 으레 어쩔 수 없이 좋지 못한 결과를 낳았다.

한 예로 우리가 공사를 끝마쳤을 때 공원관리국 직원 한 사람이 조그만 나무 한 그루를 수레에 싣고 왔다. 그들은 나를 기념해서 나무를 심기를 희망한다고 밝혔다. 그 나무를 심는 것은 한두 사람으로 되는 일이 아니었다. 일을 감독하는 공원 정원사를 포함한 5~6명의 직원들이 뒤따라왔다.

전적으로 우연의 일치이기는 하지만 내가 아이스링크로 걸어가고 있던 바로 그때 공원관리국 직원들은 나무를 막 심기 시작하고 있었다. 그런데 너무나 보기 흉하고 앙상하고 보잘것없는 나무였다. 그냥 참고 넘어갈 수도 있었다.

그러나 나를 열받게 한 것은 그들이 나무를 심는 방법이었다. 전날 우리는 아이스링크 주변에 아름다운 표본 잔디를 심었다. 전날 밤 비가 내려 새로 심은 잔디가 펼쳐진 그라운드는 아주 보드랍고 포근한 느낌을 주었다. 그런데 나무를 심는다면서 새로 심은 잔디 위로 트랙터를 마구 몰고 다니며 잔디를 완전히 뭉개버렸다. 불과 수십 분 만에 이들 여섯 사람은 이틀 동안 힘들여 조성한 아름다운 잔디밭을 여지없이 망가뜨렸고 이를 다시 조성하는 데 3개월이 더 걸리도록 만들어 놓았다.

이때쯤 해서 나는 헨리 스턴 바로 직전 공원 책임자인 고든 데이비스로부터 편지를 받았다. 데이비스는 편지에서 아이스링크 건설 사업에서 일어난 초기 문제들에 대해 책임이 있는 사람으로서 자신의 엄청난 실책이 고쳐졌다니 참으로 즐겁고 마음이 놓인다고 썼다. 나는 데이비스만이 책임 있는 유일한 사람이라고는 생각하지 않는다. 그러나 그의 정중한 태도와 관련해서 나를 놀라게 한 것은, 어찌 그리 철저하게 헨리 스턴과 대조적인가 하는 사실이었다.

스턴은 울먼 링크 공사를 통해 우리가 이룩하고 있는 성과를 기자들 앞에서 최대한 깎아내릴 기회를 찾고 있었다. 「데일리 뉴스」지는 스턴의 행동에서 특별히 교활한 대목을 지적하며 사설에서 이렇게 나무랐다. "헨리, 고마움을 표시하도록 노력하십시오. 지금 상황에서는 그것만이 당신을 품위 있게 하는 길입니다."

콕 시장은 우리가 성취한 결과에 대해서 직접 말한 적은 없다. 다시 말하지만 언론이 그 한 요인으로 작용했으리라 생각한다. 10월 중에 모든 지역 신문들이 콕 시장을 조금은 방어적 입장으로 몰고 가는 기사들을 일제히 게재했다.

예를 들면 「뉴욕 타임스」지는 사설에서 "뉴욕 시는 수백만 달러를 허비하면서 6년 동안이나 울먼 링크 개축 사업을 둘러싸고 실책을 저질렀다"고 시작하여 "울먼 링크의 교훈을 잊어서는 안 된다"라고 끝을 맺었다. 콕과 스턴은 기자들에게 질문을 받을 때마다 울먼 링크의 교훈이 시의 다른 사업에도 적용될 수 있는지 여부를 알아보기 위해 나와 내 동료 직원들을 만나려고 시도했다고 답변했다. 만약 그들 두 사람의 말이 사실이라면, 우리가 울먼 링크를 공식적으로 일반에 공개한 날인 11월 13일의 몇 차례 연설을 포함해서 수차례 그들에게 그런 말을 들었을 것이 틀림없다.

나는 지금도 나와 만나기를 희망하는 시청 관리의 전화를 기다리고 있다. 사실 놀랄 것도 없다. 언론의 혹평은 사라졌고 그것이야말로 시청 관리들이 걱정하던 유일한 문제였다. 나는 아직도 시 당국이 우리가 울먼 링크 공사에서 성취한 것으로부터 깨달아야 할 몇 가지 교훈들이 있다고 생각한다. 언젠가 콕은 우리가 어떻게 해서 시 당국이 할 수 없었던 일을 해낼 수 있었는가에 관해서 해명을 한 적이 있다. 콕은 이렇게 말했다.

"트럼프는 곤궁에 처해 있었다. 그리고 그는 엘리트 직원들과 함께 그가 할 수 있는 최대의 노력을 경주해서 곤궁으로부터 빠져나올 수 있었다. 그가 데리고 일한 사람들은 자신들이 일을 소홀히 할 경우 도널드 트럼프와 다시 일할 수 없으리라는 사실을 알고 있었다."

그의 말은 전혀 틀린 것은 아니었다. 콕이 그래도 터득하지 못한 것은 내가 한 일과 똑같은 일을 시 당국이 할 수 있었다는 점이다. 그렇다고 그 일을 나처럼 5개월 이내에 또는 좀 더 늘려서 6개월 이내에 할 수 있었으리라는 뜻은 아니다. 그러나 그 일을 1년 이내에 끝마치지 못한 데 대해 납득할 만한 변명은 있을 수 없으며 더구나 6년이나 끌면서 실패한 데 대해서는 말할 여지조차 없다. 그것은 의심할 여지 없이 무능함이며, 무능은 바로 이 슬픈 무용담의 핵심이다.

시청 관리들은 그들이 사기업처럼 신속하게 움직일 수 없었던 두 가지 이유를 한결같이 내세운다. 첫 번째는 법에 의해 시 당국은 어느 사람이 어떤 일을 하는 데 최적의 자격을 갖췄는지 여부와는 관계없이 가장 낮은 비용을 제시한 사람과 계약을 체결해야 한다는 것이다. 여기에는 최소한 부분적인 해결책이 있다.

시의 공공사업에 참여하려는 입찰자에게는 누구에게나 객관적 적용 기준이 적용되어야 한다. 예를 들면 시행 사업들은 위원회의 심의에 부쳐져야 한다. 그리고 해당 사업을 정해진 기간과 예산에 맞게 훌륭히 시행한 업자에게는 앞으로 있을 시 사업에서 우선권이 부여돼야 한다.

시청 관리들이 내세우는 또 다른 난점은 이른바 '윅스법'이다. 윅스

법에 따르면 5만 달러를 넘는 공사비가 소요되는 공공 건설 사업에 대해서는 최소한 4개의 서로 다른 업자에게 분할 시공시켜야 한다. 이 법은 경쟁력을 높이고 건설 비용을 절감하도록 제정되었으나 정반대로 운용되고 있다. 어느 단일 업체든 모든 책임을 도맡도록 허용되지 않는다. 그리고 그 결과는 잦은 공사 지연과 분쟁을 낳고 있다.

이 법이 시에 주름살을 안겨준다는 사실은 부인하지 않는다. 그러나 훨씬 더 큰 문제는 리더쉽이라고 생각한다.

가장 우수한 계약인이 하나의 사업을 정해진 기간에 책정된 예산에 맞추어 완료하도록 하는 유일한 방책은 그에게 전적으로 맡겨버리는 것이라는 사실을 나는 경험에서 알고 있다. 강한 의지력을 가지고 있다면, 그리고 자신이 말하는 바를 잘 알고 있다면 어떤 일이든 해낼 수 있다.

지금도 여전히 그렇듯이 한 업자가 시청 관리에게 와서 말한다. "미안합니다만 문제가 생겼습니다. 사업을 완료하려면 100만 또는 200만 달러가 더 필요할 것 같습니다." 누구 하나 따지는 사람이 없다. 왜냐하면 사실상 공사에 대해서 뭔가 아는 사람이 시청에는 전무하기 때문이다.

가장 나쁜 것은 실책에 대해 시청 관료 중 책임질 사람이 아무도 없다는 사실이다. 전형적 실례로 여겨지는 사실을 얘기하겠다. 1984년으로 거슬러 올라간다. 이때는 마침 시 당국이 울먼 링크 개수 공사에 이미 4년을 흘려보낸 후였는데 브론슨 빙어라는 사람이 기자회견을 가졌다. 이때 빙어의 직함은 공원 부책임자였다. 그의 주된 책임은 울먼 링크의 개수 사업이었다. 빙어는 회견장에 모인 기자들에게 대담하고 확신에 찬 발표를 행했다. 만일 울먼 링크가 다음해에 제때 문을 열지 못한다면 자신은 현직에서 물러나겠다고 말했다.

한 해가 흘러갔고 링크는 문을 열지 못했다. 그리고 빙어는 자신이 한 말에 책임을 느끼고 사임했다. 거기에는 하나의 책략이 숨겨져 있었다. 잠시 후 그는 뉴욕 주 교도소 건설 공사 부감독으로 임명되었다. 나는 교도소 건설에 대해서는 아는 게 별로 없다. 그러나 한 가지 사실만은 분명했다. 아이스링크 개수 공사는 훨씬 더 쉽다는 점이다. 책임질 사람을 승진시킴으로써 실패를 묻어둘 수는 없다. 왜냐하면 그 결과는 더 큰 실패로 이어질 테니까.

시 당국의 무능에서 이득을 보는 집단은 사업을 맡은 사람들이다. 지하철 공사나 고속도로 공사, 교량 공사가 수백만 달러의 예산을 초과할 경우 업자는 떼돈을 번다.

스피드스케이팅 선수권자였던 딕 버튼과 아자 자노바 스테인들러가 울먼 아이스링크 개장 축제를 연출했다. 그들은 축제 쇼를 위해 세계적인 스케이터들을 초빙했다. 페기 플레밍, 도로시 해밀, 스콧 해밀턴, 데비 토머스, 로빈 커즌스, 톨러 크랜스턴, 그리고 토빌과 딘·블럼버그·시버트로 구성된 4인조 스케이팅 팀 등이 참여했다. 훌륭한 잔치였다.

시 당국이 완공된 링크의 운영을 2류업자에게 넘겼다면 이 얘기 역시 좋지 못한 결말로 끝났을 것이다. 그러나 통상적인 경쟁 입찰로 경영자를 선택할 경우 링크 개장은 또다시 지연될 것이 뻔하기 때문에,

시에서는 나에게 첫 번째 시즌에 한해서 임시로 운영하도록 했다. 또다시 나는 가장 우수한 경영인을 찾았다. 내가 찾아낸 해답은 아이스 커페이즈 사였다. 아이스 커페이즈는 거창한 아이스쇼를 개최하는 이외에 이 나라에서 유명한 아이스링크를 몇 개 운영하고 있다.

그들은 울먼 링크를 완벽하게 운영해냈다. 멋지게 운영할 뿐 아니라 최고의 성공을 거두었다. 시에서 링크를 개장하여 직접 운영하던 1970년대에는 1년에 평균 10만 달러의 수입을 올렸다. 그리고 15만 달러는 결코 넘어보지 못했다.

다른 어느 개인 링크장 입장료보다 싼 어른 4달러 50센트, 어린이 2달러 50센트를 받았지만 첫 시즌 동안에 120만 달러의 수입을 올렸다. 제반 경비를 뺀 순수익이 50만 달러를 넘었고 이 돈을 몽땅 자선단체와 공원관리국에 기부했다. 그러나 이런 성공 사례와 똑같이 중요한 사실은 50만 명의 스케이터들이 울먼 링크를 이용하고 있다는 점이다.

1987년 봄 내가 이 글을 쓰고 있는 지금도 트럼프 타워의 나의 거실 창문을 통해 울먼 링크에서 즐기는 수백 명의 스케이터들을 바라볼 때마다 그렇게 기분이 좋을 수가 없다.

제13장

'텔레비전 시티' 프로젝트

사업을 해오면서 가장 어려웠던 일은 59번가와 72번가 사이에 있는 강변 부지 78에이커, 즉 웨스트사이드 부지에 대한 권리를 포기한 것이었다. 1979년 여름의 일이다. 그러나 또 가장 손쉬웠던 일은 그 땅을 1985년 1월에 다시 사들인 것이다.

나는 내가 손대는 거래에 대해서는 매우 열성적이지만, 그 땅이 오늘날 미국에서 가장 장래가 밝은 미개발 지역이라고 주장하는 사람들의 말은 믿지 않는다.

웨스트사이드 부지를 사기 위해 내가 에이커당 100만 달러가 넘는 9,500만 달러를 지불했다고 보도됐으나 사실과는 거리가 멀다. 돈의 가치를 따져보면 1979년에 내가 사려고 마음먹었던 금액보다 1985년에 실제로 치른 대금은 훨씬 적다. 1979년부터 1985년 사이에 맨해튼의 땅은 대부분 5배나 가격이 상승했다. 심지어 건물을 완공하기 전에도 땅값이 올라 꽤 많은 이익을 남기고 매각할 수 있을 정도였다. 그러나 나는 여러 차례의 제의를 거절했다.

딱 한 가지만 비교해보라. 웨스트사이드 부지를 구입한 직후 몇몇 개발업자들은 그곳보다 좁은 콜럼버스 서클 콜러시엄 부지를 5억 달러에 구입했다. 불과 4블럭 떨어진 곳이었다.

웨스트사이드 부지는 은행이 저당권을 압류한 뒤 경매에 부치기 직전에 내게 넘어왔기 때문에 매입 가격이 꽤 저렴했다. 또 그 부지에 건물을 지으면서 1년 안에 수백만 달러의 현금을 지불할 의사와 능력이 있는 사람이 얼마 없다는 점도 가격이 낮아진 원인이었다.

1974년 펜센트럴 철도회사로부터 웨스트사이드 부지에 대한 선택 매매권을 매입한 것은 내가 맨해튼에서 성사시킨 최초의 대규모 사업이었다. 그 당시 뉴욕 시는 파산 직전이었고 웨스트사이드는 주거지로서는 신통치 않게 여겨지고 있었다. 그러나 싼 가격으로 맨해튼 중앙의 강변 부지를 구입하면 크게 잘못될 리는 없다는 내게는 신념이 있었다.

그로부터 5년 뒤 내가 계획하고 있던 중산층을 위한 주택 사업에 대한 정부 보조금은 고갈되었고 웨스트사이드 지역에 대한 지역 주민들의 개발 반대 운동이 극에 이르렀다. 은행들도 대규모 개발 사업에 대한 융자를 여전히 꺼렸다. 무엇보다 중요한 점은 내가 그때 다른 계획 즉 코모도어 하얏트, 트럼프 타워와 애틀랜틱시티의 카지노 등 새 사업을 추진하고 있었다는 사실이다. 게다가 개인적인 능력이 제한된 시점에서 많은 비용이 드는 사업 때문에 부담을 느끼고 싶지도 않았다.

나는 여러 사업에 몰두하기보다는 하나의 중요한 사업을 추진하는데 모자람이 없도록 막대한 현금을 조달했다. 또한 사업 실적이 좋았기 때문에 은행들은 무슨 사업을 하든 기꺼이 융자를 해주었다.

내가 1979년 권리를 포기한 직후 펜센트럴 사는 웨스트사이드 부지를 친구인 에이브 허시펠드에게 팔았다. 허시펠드는 곧 동업자를 구했다. 동업자로 나선 프란시스코 마크리는 1960년대에 고국 아르헨티나에서 정부 발주 교량 건설로 돈을 모은 사람이었다. 마크리가 사업을 실질적으로 떠맡았고 허시펠드는 이익의 일부를 챙기되 사업에는 손을 대지 않기로 했다. 마크리는 사업 관리를 전직 물리학 교수인 카를로스 바르사브스키에게 일임했다. 그는 마크리의 아르헨티나 국내 회사인 BA 캐피털의 경영을 맡았었다.

마크리 진영에는 유능한 인재들이 많았다. 다만 부동산 개발 사업을 하기에는 특히 어려운 지역인 뉴욕에서 일해본 경험이 없는 것이 흠이었다.

맨해튼에서 대규모 개발 사업을 하기 위한 관건은 경제적으로 수지가 맞는 건물을 짓기 위해 필요한 허가를 받는 일이다. 대지의 형질(形質) 변경은 몹시 까다로운 데다가 고도의 정치적 노력이 필요하다. 시간도 많이 걸리고 지역 단체와 정치가는 물론 10여 명의 시 및 주 관리까지 거쳐야 한다. 겨우 계획을 추진하기 위한 허가를 얻어낸 마크리는 사업 계획을 '링컨 웨스트'라고 명명했다.

그러나 그러한 과정에 이르기까지 그는 시 당국에 상당한 양보를 해야 했다. 아마 땅을 팔라고 다른 사람들이 졸랐던 일이 그에게 닥친 사건 중 가장 좋은 경험이었을 것이다. 마크리가 체결한 계약대로 건물 공사를 추진했더라면 수억 달러의 손해를 보았을 것이다. 마크리는 선량하고 괜찮은 사람이지만 슬프게도 시작할 때부터 중대한 오판을 했다. 그는 웨스트사이드 부지와 같은 큰 사업에서도 모든 경비를 충당하고 상당한 이익을 남길 수 있다고 판단했다.

실제로는 지을 건물을 포함한 전체 사업이 자체적으로 경비를 충당하도록 추진되지 않으면 이익을 남기기 전에 쫄딱 망할 위험이 크다. 마크리가 교량 건설의 원칙을 주택 사업에 적용하려고 애쓴 것도 문제였다. 정부와 계약을 체결해서 다리를 건설할 때는 소요 예산을 산정해서 그것을 근거로 계약을 체결하면 된다. 이익을 내려면 예산에 맞춰 공사를 추진하기만 하면 된다.

그러나 주택 사업은 완전히 다르다. 건축비는 추정할 수 있으나 수입은 판매에 따라 좌우되기 때문에 계산할 수가 없다. 가구당 공사비가 얼마며 판매하는 데 얼마나 시간이 소요되고 유지비가 얼마나 드는지 하는 문제들이 변수가 된다. 비용을 적게 쓸수록 나중에 손해 볼 위험성이 그만큼 줄어드는 것이다.

마크리는 사업을 시작하기 위해 거의 3년을 소비했다. 사업 승인을 내주는 대가로 될 수 있으면 많은 보상을 받고 싶었던 시 당국은 마크리에게 계속 양보를 요구했다. 우선 그곳에서 가장 가까운 72번가 지하철역을 새로 단장하는 비용 3,000만 달러를 기부받았다. 그렇지만 지하철역 보수는 4피트짜리 플랫폼 하나만을 넓히는 정도로 끝이 났다. 3,000만 달러면 지하철역 하나를 새로 지을 수 있는 돈이다.

다음으로 마크리는 웨스트사이드 부지에서 철거된 무개열차를 남부 브롱크스에서 운행시키기 위해 500만 달러를 쾌척했고, 건축을 시작하면서 공원 시설을 위해 3,000만 달러를 기부하기로 약속했다. 나중에 그는 또 시립 미식축구장까지 연결되는 새 도로마저 건설해 주기로 약속했는데 아마 수천만 달러의 건설비가 들 만한 사업이었다.

콘 에디슨이 웨스트사이드 지역에 있는 자기 회사의 굴뚝을 새로 짓기 위한 비용을 떠맡으라고 요청했을 때도 마크리는 선선히 승낙했다. 그것은 도저히 상식적으로는 받아들일 수 없는 일이었다.

나는 마크리를 만나 왜 승낙을 했느냐고 물었다. 앞으로 수년간 그 회사로부터 수십억 달러어치의 전기를 사서 쓰는 것으로 충분하지 않느냐고 물었다. 마크리의 설명은 이러했다. "그들이 내 사업에 반대하겠다고 얘기를 하더군. 어쨌든 우리 계획이 중요한 거니까. 굴뚝 하나 세우는 데 얼마나 들겠어?" 나는 마크리가 검토조차 해보지 않았음을 알았다. 바늘같이 가는 물건도 공중에 500피트 높이로 세우려면 빌딩 한 채 세우는 비용이 든다.

"아마 공사 비용이 3,000만이나 4,000만 달러는 들걸."

나의 말을 듣고도 그는 당황한 기색이 없었다.

마크리는 1억 달러 이상을 남에게 선선히 내준 뒤에야 정신을 차렸다. 더욱 안 좋았던 점은 건물 한 채 짓기도 전에, 아파트 한 채 팔기도 전에 약속한 돈을 내주었다는 사실이다.

그가 합의해준 개발 계획도 좋은 것이 아니었다. 그는 100에이커의 부지에 4,300가구가 채 못 되는 아파트를 지으려고 했다. 교외에 있는

6층짜리 아파트 촌보다 밀집도가 낮게 계획된 것이다. 더군다나 마크리는 그의 땅 중 노른자위인 68번가와 72번가 사이에는 850가구만 짓기로 합의해버렸다. 그 지역은 기존 주거 지역과 인접한 장소였다. 그는 아파트 대부분을 개발이 덜 된 남쪽 공업 지역에 짓기로 합의했는데 그 지역의 주택시장은 전망이 불투명했다. 이렇게 되자 어퍼 웨스트사이드의 개발 반대 운동 단체는 마크리와 싸울 필요가 없어졌다. 마크리의 적은 자신뿐이었다.

마크리가 저지른 마지막 큰 실수는 링컨 웨스트 계획에 대해 아무런 기대를 불러일으키지 못한 점이다. 4년이나 그 끔찍한 땅을 소유하고 있는 동안 신문에는 링컨 웨스트 계획에 관한 기사가 한 줄도 나가지 않았다. 심지어 이 계획이 미국에서 제일 규모가 크고 잠재적으로 중요한 사업의 하나임에도 불구하고 링컨센터 서쪽에서 진행되는 그렇고 그런 사업 정도로 인식되기까지 했다.

150가구 정도의 고층 빌딩은 뉴욕에서는 보통 2년 안에 팔린다. 시장 사정이 좋고 선전을 잘해야 하지만.

새로운 개발 지역에서 수천 가구분을 팔기 위해서는 물건이 특별해야 하고 아주 적극적인 판매 전략을 갖춰야 한다. 마크리는 두 가지 모두 갖고 있지 않았다.

그가 계획한 링컨 웨스트는 1960년대에 맨해튼 주위에 지어진 10여 개의 공공주택 단지처럼 아무런 영감도 없고 평범하기만 한 20여 개의 비교적 낮은 벽돌 아파트 단지였다. 3년간에 걸쳐 마크리가 방문한 최소한 10여 개의 은행 중 어느 한 곳에서도 그의 건축 공사를 위해 대출할 의사가 없었다는 사실은 놀랄 일이 못 된다. 비록 그 은행들은 10여 개나 되는 뉴욕의 개발 사업에 돈을 쏟아붓고 있었지만 말이다.

1983년이 저물 무렵 마크리는 현금 사정이 나빠졌다. 포클랜드 전쟁의 영향으로 아르헨티나에서 사업 수익이 타격을 받았기 때문이다. 그 시점에 이미 마크리는 건축 인력, 환경영향평가, 유지비 등으로 1억 달러 이상을 투입한 뒤였다.

위기에 빠진 그는 땅을 구입하기 위해 체이스 맨해튼 은행에서 융자받은 자금의 상환조차 제대로 할 수가 없게 됐다.

1984년 봄 에이브 허시펠드가 나에게 전화를 걸었다. 마크리가 곤란을 겪고 있으며 땅을 팔고 싶어한다는 것이었다. 나는 마크리를 찾아갔고 장시간 협상을 벌였다. 그는 조금이라도 이익을 남기고 싶어했다. 그러나 은행은 그의 목을 죄고 있었다. 11월 드디어 약 1억 달러의 현금 매입 계약을 체결했고 체이스맨해튼 은행도 상당 부분을 융자해주기로 동의했다.

마크리가 내게 땅을 넘긴 이유 중 하나는 확신하건대 그 거래 전부터 내가 그에게 호의를 베풀었기 때문이다. 1984년 초에 처음 만난 직후 우리는 땅을 내게 넘기기로 잠정 합의를 했었다. 그는 땅을 팔아야할지 확실히 결정하지는 못했지만 최소한 구매취지서에는 서명을 하고 싶어했다.

부동산 거래를 할 때, 특히 뉴욕에서는 무엇보다 구매취지서에 서명을 해서는 안 된다는 사실을 알아야 한다. 간단하고 구속력이 없어 보이는 구매취지서를 무효로 하려면 몇 년 동안 재판을 해야 할 경우도 있기 때문이다. 마크리는 이러한 사실을 이해하지 못한 상태였으며 더구나 나의 변호사인 제리 슈레이저는 보통보다 상당히 구속력이 있는 구매취지서를 작성했다.

나와 제리는 1984년 중반 무렵 셰리 네덜란드 호텔의 좋은 객실에서 마크리가 구매취지서에 서명하는 장면을 지켜보았다. 마크리 쪽에서는 젊은 아들과 크리스티나라는 미녀 통역이 참석했다. 크리스티나는 진짜 라틴 미녀여서 우리 모두 넋이 빠졌다. 복잡한 법적 문제를 통역하면서 크리스티나가 끼어들어 마크리를 제지하던 일은 잊을 수가 없다. "이 서류를 충분히 이해하려면 변호사의 조언을 들어야 합니다. 매우 복잡하게 되어 있어요." 그러나 마크리는 "괜찮아, 이 서류를 취소할 수 있기만 하면 돼"라고 대답했다. 그래서 일이 진행됐고 그는 서명했다.

몇 달 후 마크리는 계획을 보류해야만 할 형편이 되자 전화를 걸어 구매취지서를 철회하고 싶다고 말했다.

나는 그렇게 할 수 없다고 거절했으나 한 번 만나자는 제의는 받아들였다. 마크리는 그 사업 때문에 죽을 지경이지만 마지막으로 돈을 구하기 위해 한 번 더 애써보겠다고 말했다. 나도 골치 아픈 사업을 추진하기 위해 몇 년을 보낸 경험이 있었기에 동정을 금할 수가 없었다. 개방적인 성품도 마음에 들었다.

그래서 서류철에서 구매취지서를 꺼내 그가 보는 앞에서 찢어버렸다. 그러고는 "다시 팔고 싶은 생각이 들면 제일 먼저 나를 생각해주시오. 행운을 빕니다"라고 당부했다.

내가 어떻게 했는지 얘기를 들은 제리는 좋은 기색이 아니었다. 그러나 그때 구매취지서를 찢었기 때문에 마침내 마크리가 융자를 얻을 가능성이 없다고 확신했을 때 수많은 원매자들을 제쳐두고 내게 다시 왔다고 지금까지도 확신한다.

1985년 1월 구매 서류에 서명하기 전부터 마음속에 기본 계획을 갖고 있었다. 마크리의 계획보다는 건물을 훨씬 적게 지을 생각이었다.

좋은 전망이 판매에서 유일한 강점이라고 판단, 모든 아파트가 서쪽이나 동쪽 또는 양쪽 모두 허드슨 강 쪽으로 시야가 탁 트이도록 지을 생각을 했다. 그리고 건물이 높으면 전망이 좋을 뿐 아니라 건물 자체 또한 장엄하고 멋있어진다는 생각에서 마크리의 계획보다 훨씬 고층으로 짓기로 했다. 또 빌딩 앞쪽 강변에 커다란 쇼핑센터 건설도 계획했다.

맨해튼의 어퍼 웨스트사이드 지역에는 무엇보다 대규모 슈퍼마켓, 양화점, 약국, 철물점 등의 쇼핑센터가 필요하다고 생각했기 때문이다. 브로드웨이, 암스테르담 가, 콜럼버스 가 등의 임대료는 너무 비싸 소규모 상인들이 발붙일 수가 없었다. 오늘날 콜럼버스 거리에서는 빵 한 덩어리보다 100달러짜리 가죽장갑 구하기가 훨씬 쉽다. 내가 구입한 땅은 가격이 낮았기 때문에 소매상인들에게 훨씬 낮은 가격으로 임대를 줄 수 있는 이점이 있었다.

물론 나의 계획도 어떤 개발 계획을 얻어내느냐에 달려 있었다. 나는 마크리처럼 더 많은 가구와 총 건축 가능 공간에 대한 승인을 얻기 위한 방법이 무엇인가를 알기 위해 복잡한 비용 계산을 할 필요는 없었다. 마크리와 달리 나는 경제적으로 가능성이 있는 계획에 대한 승인을 얻을 때까지 기다릴 준비가 되어 있었다. 필요하다면 다른 시 당국에도 의사를 타진할 요량이었다.

첫 번째 목표는 마크리의 계획과 나의 계획 사이에 될수록 많은 차이가 나도록 만드는 일이었다. 그의 계획과 관련이 있게 되면 손해가 된다고 판단했기 때문이다. 마크리가 내게 땅을 팔 무렵 그는 시와 정식 계약을 체결, 건축 허가를 받은 참이었다. 따라서 마크리가 한 약속에 대해 나는 아무런 이행 의무가 없었다. 무에서 출발한다는 것은 많은 시간과 비용이 필요하다는 의미지만 다른 방법이 없었다.

맨 먼저 할 일은 시에서 내 개발 계획을 승인하도록 하기 위해 나의 사업을 기대가 되는 매력 있는 대상으로 만드는 작업이었다. 거래는 쌍방이 이익을 볼 때 잘 이루어진다. 운 좋게도 어느 날 신문에서 힌트를 얻었다. 오랫동안 록펠러센터에 본부를 두고 있던 NBC가 이전을 하고 싶어한다는 기사였다. 그 당시 뉴욕 최고의 부동산 거래업자였던 에드워드 고든도 그러한 사실을 확인해줬다. NBC가 고려 중인 가능성 중 하나는 뉴저지로 옮기는 방법이었는데 그럴 경우 낮은 세금과 저렴한 땅값 때문에 상당한 비용을 절약할 수 있었다.

시로서도 큰 회사를 놓치면 나쁜 일인데, 하물며 NBC를 잃는다는 것은 보통 일이 아니었다. 우선 경제적인 측면에서 손해였다. 뉴욕 시 개발국은 NBC가 떠나면 4,000명이 일자리를 잃고 1년에 5억 달러의 수입이 감소된다고 추산했다. 심리적 손해 또한 막대하다. 제조회사 하나 떠나는 문제와는 비교가 되지 않기 때문이다. 뉴욕을 세계 언론의 심장부로 만든 주역을 떠나보내는 것은 보통 문제가 아니다. ABC 와 CBS는 거의 모든 프로그램을 로스앤젤레스에서 제작하고 있다.

NBC는 여전히 「투데이 쇼」 「레이트 나이트 위드 데이비드 레터먼」 「코스비 쇼」 「세터데이 나이트 라이브」 등의 프로를 뉴욕에서 제작하고 있다. NBC가 떠나면 일류 방송사와 최고 쇼프로의 본거지가 되는 기쁨과 영광을 누릴 수 없게 된다. 그것은 마치 엠파이어스테이트 빌딩이나 자유의 여신상이 없는 뉴욕을 연상하는 것과 마찬가지다.

웨스트사이드 부지를 소유하고 있는 나로서는 누구도 대적할 수 없는 조건을 NBC에 내걸 수 있었다. 즉 할리우드의 영화촬영소 스타일의 거대한 단층 스튜디오를 지을 만한 공간을 가지고 있는 것이다. NBC는 록펠러센터에 120만 평방피트 규모의 건물을 갖고 있다.

나는 200만 평방피트와 더불어 장차 확장 공사를 위한 대지를 내줄 수가 있었다. 내가 생각하고 있던 건물을 지은 뒤에도 충분한 공간이 남게 되어 있었다. 게다가 땅값이 쌌기 때문에 뉴욕의 어느 곳보다 훨씬 싼 가격을 제시할 수 있었다. 그렇지만 뉴저지와 경쟁이 되기 위해서는 시로부터 세금 감면을 받아야 했다. NBC를 머무르게 하는 것은 경제적으로 뉴욕에 이익이라는 점도 잘 알고 있었다. 생각하면 할수록 내 아이디어가 마음에 들었다. 궁극적으로 NBC가 내 땅으로 옮겨오지 않는다 하더라도 그곳은 TV 방송국이 영화 스튜디오를 짓기 위해서는 기가 막힌 장소였다. 상대가 NBC든 그 어떤 매체든 스튜디오 사업은 전망이 좋을 거라는 판단이 섰다.

NBC로부터 확약을 받기도 전에 나는 스튜디오를 비롯한 건축 계획을 설계하기로 결심했다. 첫 단계로 '텔레비전 시티'라는 이름을 생각해냈다.

두 번째로 애써야 할 일은 사람들이 나의 계획에 관심을 갖게 하는 방법을 찾는 것이었다. 많이 알리고 많은 관심을 갖게 만들수록 구매자들은 쉽게 매력을 느끼게 된다. 많은 건축업자들은 기껏해야 건물을 지은 뒤에야 광고를 한다.

나는 웨스트사이드 부지 구입 전에도 세계에서 가장 높은 빌딩의 건설을 생각했었다. 나는 항상 초고층 빌딩을 좋아했다. 어린아이였을 때 뉴욕에 와 아버지를 졸라 그 당시로는 세계에서 제일 높은 건물인 엠파이어스테이트 빌딩 구경을 갔던 일이 지금도 기억난다. 그 후 시카고에 시어스 타워가 세워져 타이틀을 가져갔다. 나는 세계에서 제일 높은 빌딩을 뉴욕에 다시 세워야 한다는 생각을 품었고 뉴욕은 그런 자격이 있는 도시다.

그러나 그런 빌딩은 손해를 끼치는 주범이다. 50층 이상의 건물을 짓게 되면 건축비가 기하학적으로 늘어난다. 만약 이익이 유일한 목표라면 150층짜리 건물을 짓는 것보다 50층짜리 건물 3동을 짓는 것이 훨씬 유리하다. 그러나 한편으론 최고의 빌딩은 관광객들의 관심을 끌어 스스로 건축비를 뽑아낼 수도 있다는 생각이 들었다. 내가 그랬던 것처럼 수백만 명의 관광객이 엠파이어스테이트 빌딩을 구경하러 오지 않는가?

다음 할 일은 그런 빌딩을 사업 계획의 핵심으로 정한 나처럼 빌딩에 대해 열정적인 건축가를 찾는 일이다. 나는 두 사람의 건축가와 면담을 했다. 한 사람은 리처드 메이어로 뉴욕 건축을 대표하는 인물이었다. 비평가들도 메이어를 칭찬했고 추종자들이 많았다. 그러나 나는 금방 메이어가 정력적인 인물도 아니고 열성적이지도 못하다는 사실을 간파했다. 그는 사색하고 분석하고 논리를 따지며 시간 보내기를 좋아했다. 몇 주 동안 그가 계획의 축소 모형이나 최소한 초보 설계를 가져오기를 기다렸으나 아무것도 오지 않았다.

그러면서 나는 또 헬무트 얀을 만났는데 메이어와는 다른 이유로 그를 좋아하게 됐다. 독일 태생인 얀은 시카고를 근거지로 활동을 하고 있었으며 뉴욕 건축계와는 아무런 관련이 없는 국외자였다. 그는 좀 멋을 부렸고 선전에 아주 능했으며 사업에 대한 안목이 높았다.

얀은 시카고의 제록스 센터와 일리노이 주 청사를 설계했다. 내가 접촉할 당시에도 그는 맨해튼 중앙에 4동의 대형 빌딩을 건축하고 있었다.

얀의 가장 좋은 점은 나처럼 큰 빌딩도 아름다울 수 있다고 믿는다는 사실이었다. 그는 구경거리를 좋아했다. 처음 만난 지 3주일도 안 돼서 그는 건물의 축소 모형을 가지고 왔다. 내가 말한 기본적인 내용 및 그 자신의 의도가 포함돼 있었다.

1985년 여름 나는 얀을 건축 책임자로 고용했다. 가을까지 우리는 10여 개의 설계를 놓고 심사숙고를 거듭했다.

우리 둘은 땅이 너무 넓고 너무 독특하기 때문에 주위 환경과 융화되게 건물을 지으려는 생각은 난센스라고 의견을 모았다. 대신 우리는 모양이나 기능상 주변과 완전히 구별되는 독립된 단지를 건설하기로 했다.

수년간 마크리가 링컨 웨스트 계획을 추진했지만 언론은 아무도 그에 대한 보도를 하지 않았었다. 이번에는 예고를 하자마자 50명이나 되는 기자들이 밀어 닥쳤다. 나는 다음과 같이 기본 계획을 설명했다. 계획의 명칭은 '텔레비전 시티'이며 NBC를 주요 고객으로 유치하고 싶다. 상업 지역, 주거 지역, 소매 지역으로 구성된 1,850만 평방피트 규모의 다용도 개발 단지를 건설하려고 한다. 약 8,000가구의 아파트가 들어서고 350만 평방피트의 부지에는 TV 및 영화 스튜디오와 사무실이 건설되고 소매상들은 170만 평방피트의 부지에서 장사를 하게 된다. 8,500대의 주차 시설을 만들고 13블록에 이르는 강변 산책로가 있는 약 40에이커의 공원 및 광장을 갖출 계획이다. 중앙에는 시어스 타워보다 200피트나 높은 1,670피트짜리 세계 최고 빌딩을 세운다.

이 계획은 단순하고 웅대하기 때문에 멋져 보였다. 세계 최고의 빌딩 외에 우리는 7동의 건물만을 추가시켰다. 3동은 북쪽에, 4동은 남쪽에 짓기로 했다. 건물 앞에 3층으로 된 플랫폼을 설치, 주차장과 쇼핑센터를 만들고 꼭대기에는 산책로를 만들어 바로 옆에 있는 웨스트사이드 고속도로보다 조금 높은 위치에서 구경을 할 수 있도록 하는 계획도 세웠다. 그렇게 되면 아무 장소에서나 강 쪽을 조망할 수 있다.

공원 부지도 굉장히 넓게 잡았다. 모두 합치면 우리의 계획은 마크리의 계획보다 약 절반가량이 더 컸다. 그럼에도 빽빽하게 건물이 들어선 시내의 다른 소규모 개발업자의 계획보다 밀집도가 낮게 설계됐다.

대부분의 기자들은 개발 계획의 세부 사항에 대해 별 관심이 없어

보였다. 대신 그들은 센세이셔널한 측면을 찾고 있었다. 그것이 오히려 내게는 유리하게 작용했다.

나는 밀집도 및 교통 문제 그리고 여러 건물의 복합 문제 등에 관해 답변 준비를 했으나 기자들은 세계 최고의 빌딩에 관해서만 알고 싶어했다. 세계 최고의 빌딩 때문에 나의 계획은 즉각 신비로운 대상이 되었다.

밤에 집에 돌아온 나는 레이건 대통령과 고르바초프의 정상회담 뉴스가 첫 뉴스로 나오리라고 기대하면서 CBS의 이브닝 뉴스를 보기 시작했다. 앵커맨인 댄 래더는 정상회담을 취재하기 위해 제네바에 있었다. 그런데 하루의 주요 뉴스를 요약한 뒤 래더는 갑자기 나의 계획을 보도하기 시작했다.

"오늘 뉴욕에서 도널드 트럼프가 세계 최고의 빌딩을 세우겠다는 계획을 발표했습니다."

세계 최고의 빌딩이 나의 계획을 위한 더없이 강력하고 매혹적인 상징이었음을 보여주는 사건이었다.

충분히 예상을 하고 있었지만 세계 최고의 빌딩에 대한 반응은 모두 긍정적이지는 않았다. 논란이 생김으로써 그 계획은 계속 보도되었다. 비평가들은 그렇게 높은 빌딩은 불필요하며 그렇게 높은 집에서 살고 싶어하는 사람도 없고 트럼프는 그런 고층 빌딩을 지을 능력도 없다고 주장했다.

「뉴스위크」는 한 쪽 전면을 할애해 '도널드 트럼프의 오만한 야망'이라는 제목의 기사를 썼고 「뉴욕 타임스」도 사설로 다루었다. 「뉴욕 타임스」의 사설은 나의 계획에 대한 신뢰성을 높여주었다고 생각되는데 "시간이 흐르면 위대한 꿈과 헛된 망상은 가려진다. 150층짜리 빌딩에서 뉴욕과 다른 모든 지역을 굽어보려는 도널드 트럼프의 꿈을 정확하게 묘사하기에는 아직 시기가 이르다"는 내용이었다.

세계 최고의 빌딩에 대한 가장 좋은 반응은 칼럼니스트 조지 윌의 반응이었다. 나는 유행에 도전하는 것을 두려워하지 않는 그를 항상 좋아했다. "도널드 트럼프는 이성적인 인물은 아니다. 그렇지만 다행스럽게도 인간은 이성에만 의지해서 살 수는 없다. 과도한 것도 미덕이 될 수 있다고 믿는 사람이 트럼프다. 그는 미국의 분출하는 에너지를 상징하는 맨해튼의 마천루와 같은 미국인이다. 그는 초고층 빌딩은 필요 없다는 이유 때문에 그것이 필요하다고 말한다. 그는 건축상의 풍요가 우리에게 유익하다고 믿고 있으며 일리가 있는 주장이다. 성급함과 열정, 그리고 충동은 미국의 특성 중 일부다."

단 한 가지 유감스러운 점은 윌이 뉴욕 도시계획위원회에 관여하지 않고 있었다는 사실이다.

놀랍게도 시간이 흐름에 따라 세계 최고의 빌딩에 대한 반대는 점점 수그러들었다. 비평가들은 대신 개발 계획 중 다른 분야에 관심을 기울였으며 나는 별 문제가 없을 것으로 예상하고 있었다. 그런데 유독 「뉴욕 타임스」의 건축비평가인 폴 골드버거가 '텔레비전 시티'에 대한 공격을 잇달아 퍼부었다. 계획이 발표된 뒤 1주일 만에 골드버거는 '트럼프의 최근 계획은 공중누각일 뿐인가?'라는 제목의 긴 기사를 썼다. 그가 고층 건물을 싫어한다는 점을 제쳐놓으면 그의 비판 요지는 나의 계획이 주위 환경과 충분히 연결되지 않는다는 점이었다.

그런데 그 점이 바로 내가 제일 좋아하는 사항이었다. 나는 주위와 뒤섞여버리는 건물은 최대의 실패작이라고 확신하고 있다. 10년 전 코모도어 하얏트 호텔을 개축할 때 똑같은 경우가 생겼었다. 주위에 있는 그랜드센트럴이 쇠퇴하던 시기였고 이 때문에 반사유리로 외부 장식을 한 특별한 형태의 호텔을 지어야만 성공을 하리라는 생각이 들었다. 그래야만 주변에 있는 멋없는 오래된 건물들과 분명히 구분이 되기 때문이다. 그 호텔은 굉장한 성공을 거두었고 마침내 비평가들까지 생각을 바꿔 좋은 평을 해주었다.

골드버거의 기사를 읽으면서 나는 코모도어의 경험이 되살아나는 느낌을 받았다. 골드버거의 비평을 통해 많은 것을 느낄 수 있었으며 비평가들이 내 건물의 가치를 반감시키고 제2차 세계대전 전에 지어 진 유명한 건물 정도에 머무르게 하려고 한다는 사실을 확신하게 되었다.

문제는 나의 계획이 더 이상 장엄하거나 특별하지 않아 팔리지 않게 되는 것이었다. 설계를 해보거나 건물을 지어본 경험이 없는 비평가들이 주요 언론을 통해 무제한으로 그들의 의견을 내세우는 데 반해 그들의 비평 대상은 전혀 대응할 여지가 없다는 사실에 나는 화가 난다. 물론 화를 내면 손해가 될 뿐이다. 비평가가 「뉴욕 타임스」 같은 신문에 기고를 하면 내가 그 기사를 좋아하든 말든 그의 견해는 굉장한 의미를 갖게 된다.

1986년 봄까지 우리의 계획에 대해 시 당국은 아무런 반응을 보이지 않았다. 에드 콕 시장이 취임한 이후 시 행정이 거의 마비되었기 때문이라는 설명이 있었을 뿐이다.

콕 시장은 불가사의한 업적을 이룩했다. 그는 부패하고 능력이라고는 없는 시 정부를 이끌어야 했다. 시카고 시장이었던 리처드 댈리는 시를 효율적으로 이끌 능력은 있는 것처럼 여겨졌기 때문에 부정 사건에도 불구하고 살아남을 수 있었다. 콕 시장이 재임하는 동안 무주택자 문제는 훨씬 악화됐고 고속도로는 망가진 채 방치됐으며 지하철 공사는 늦어졌고 많은 회사들이 다른 도시로 이사했으며 시 행정이 극도로 악화됐다.

콕이 임명한 관리와 동료 중 10여 명이 수뢰 및 위증과 상납을 받은 혐의로 기소되거나 사임해야 했다. 형사법으로 기소된 사람 중에는 택시·리무진위원회 의장이었던 제이 터로프와 병원책임자였던 존 매클라플린, 교통국장이었던 앤서니 애머루소가 끼어 있다.

콕의 절친한 개인 고문이었던 빅터 보트닉도 학력을 속이고 공무라고 빙자하여 불필요한 여행을 여러 차례 다녀온 사실이 드러나 사임해야 했다. 문화국장이며 콕의 절친한 친구인 베스 마이어슨도 한 판사의 딸에게 일자리를 준 사실이 드러나 불명예스럽게 물러난 뒤 기소됐다. 그녀는 판사에게 영향력을 행사하려고 했으며 여러 차례 판사의 딸에게 직장을 주선한 적이 없다고 거짓말을 했었다. 나중에는 콕 시장이 마이어슨의 부당한 행동을 입증하는 증거까지 무시했다는 사실이 밝혀지기도 했다.

콕 시장이 그의 성실과 청렴함을 자랑함으로써 명성을 얻은 것은 아이러니가 아닐 수 없다. 그는 자신이 임명한 사람이 부정을 저지르면 자신도 책임을 져야한다는 생각을 하지 않는 것 같다. 반대로 친구가 곤란한 입장에 빠진 기미가 보이면 콕은 재빨리 등을 돌렸다. 예를 들면 그의 친구 도널드 메인스가 조사를 받던 중 자살을 기도하자 콕은 주저하지 않고 그를 사기꾼이라고 불렀다. 메인스는 그때 아직 기소되기 전이었다. 메인스는 병원에서 회복됐으나 몇 주일 뒤 기어이 자살하고 말았다.

콕이 지명한 공무원들은 기소를 피하려고 작정한 것 같았는데, 사실은 그들의 무능 자체가 스캔들이라고 할 수 있었다. 많은 사람들이 자격을 결여하고 있었다. 그 밖의 사람들도 그들의 일자리를 보전하는 최선의 방책은 어떤 종류의 결정도 내리지 않는 것이라고 생각하는 듯이 보였다. 최소한 그들은 그 당시 위법 행위로 기소될 수 없는 상황이었다. 대도시의 행정기관에서 근무하는 관리들이 일단 결정을 중단하면 누구나 철벽처럼 보이는 관료주의란 장애물에 부닥치게 된다. 정직하지 못한 것은 참기 어려운 것이지만 무사안일과 무능력은 더욱 나쁜 것일 수 있다.

아무튼 시 당국은 나에게 압력을 가해 계획을 변경시키려고 함으로써 내 사업을 또다시 벽에 부딪히게 했다. 내가 보기에 그것은 경제적인 방식의 협박이었다. 내가 그들의 생각에 저항하는 한 그들은 내 사업에 허가를 내주는 것을 보류할 것이고 그러면 비용은 점점 늘어갈 것이었다.

특히 도시 계획은 나의 구상과는 달리 해안 지구에 더욱 근접하게 옮기는 것과 함께 현존하는 교차로에 내가 세울 건물을 연결하는 동서로 통하는 도로를 만들 것을 요구하고 있었다. 한마디로 내가 세울 세계 최고의 건물을 기존의 주택 지구로부터 멀리 떨어진 남쪽으로 옮기라는 것이었다.

나는 그들의 제안에 동의하지 않았지만 어디에 세우느냐는 문제에 관해서는 여전히 협상해볼 여지가 있다고 생각했다. 더 이상 진척이 어려웠기 때문에 나는 실질적인 문제가 무엇인가를 검토했다. 만약 그 사업을 추진할 수 있도록 합의만 된다면 그 결과는 사업의 경제성을 해치지 않을 수도 있었다. 드디어 나는 계획을 일부 수정할 준비를 했다.

3월에 나는 세계 최고의 건물을 63번가 남쪽으로 옮겨서 착공하기로 결정했다. 도시 계획에 관여하고 있던 사람들은 그 소식을 듣자마자 환호성을 올리는 등 기쁨을 감추지 못했다. 거의 동시에 「뉴욕 타임스」는 공사 현장에 대한 대대적인 환경 조사 결과를 발표했다. 그 발표는 나의 주장이 옳았다는 것을 입증하는 내용이 포함돼 있어 오히려 우리에게 도움이 됐다. 나는 이 지역에 세계 최고의 건물을 지으면 과밀 현상이 야기될 것이란 주장은 전혀 근거가 없다고 생각해왔다.

사실 맨해튼의 웨스트사이드는 비교적 덜 붐비는 곳이었다. 인구 조사에 따르면 이 지역의 인구는 1960년 24만 5,000명에서 1980년에는 20만 4,000명으로 오히려 감소했다. 1980년과 1984년 사이에 새로 건립된 주택은 겨우 3,100세대에 불과했다. 거기다가 몇 천 세대를 더 짓는다고 해서 도시 계획이 엉망진창으로 될 가능성은 별로 없었다.

그 연구 결과는 또한 나의 사업 계획으로 얻을 수 있는 몇 가지 이

점을 지적하고 있었다. 예를 들면 웨스트사이드는 공사 기간 동안 수만 명의 건설 노동자들이 몰려들 것이며 완공 후 이곳에서 거주하게 될 사람들까지 합치면 1년에 최소한 5억 달러의 자금이 이곳으로 몰려들 것으로 예상됐다.

나는 고용을 증대하는 것이 어떠한 복지 정책보다 더욱 유효한 실업 문제의 해결 방안이라고 생각해왔다. 그 조사 결과는 나의 사업 계획에 비판을 가한 사람들의 주요 논거인 교통 혼잡 문제는 내가 제안했던 것처럼 지하철망을 개선하고 소형버스를 증차함으로써 완화될 수 있다고 끝을 맺고 있었다.

세계에서 가장 높은 건물의 공사 부지를 옮긴 뒤에도 나는 건축 설계를 수정해야만 했다. 도시계획위원회의 구성원 가운데서 헬무트 얀은 견해를 달리했기 때문에 마음에 들었지만 도시 계획에 관계한 사람들은 우리를 적잖게 괴롭혔다. 헬무트는 도시계획위원회에서 누구보다 우리에게 협조적인 사람이었다. 누가 어떻게 했는지 따질 일은 아니었지만 아무튼 그것으로 만족할 만한 일이었다. 만약 사업이 계속 진척되면 서로 협조하는 분위기가 무르익을 것으로 보였다.

어쨌든 나는 공사 계획을 일부 변경하기로 결정했다. 내가 알렉스 쿠퍼를 선택한 것에 놀란 사람들이 적지 않았다. 얀과는 정반대 입장을 보인 쿠퍼는 리처드 마이어보다 훨씬 더한 인물이었다. 터무니없을 만큼 공명심이 강한 쿠퍼는 도시계획위원회에서 5년간 근무하면서 도시 계획에 관해 탄탄한 기반을 닦았다.

그리고 그는 내가 적용받을 도시 계획 과정에 대한 규칙을 입안하는 데 상당한 기여를 했다. 그의 동업자인 스탠턴 엑스튜트와 함께 쿠퍼는 그 당시 배터리 파크라는 맨해튼의 남단 지역에 대한 종합개발 계획을 완성한 지 얼마 지나지 않았다. 비평가들은 그 계획을 도시건축의 모범 사례라고 칭찬을 아끼지 않았다.

나 자신은 배터리 파크 계획을 별로 탐탁지 않게 생각했다. 예를 들면 그 건설 계획은 해안 지대에서 공사가 진행되는데도 아파트의 많은 부분이 다른 건물과 마주하고 있어서 전혀 바다 풍경이 보이지 않았다. 더욱이 나는 몇 채의 건물은 건축학상으로도 별로 뛰어난 것이 못 된다는 느낌마저 들었다. 그러나 마스터플랜을 완성하는 데 쿠퍼의 능력은 유감없이 발휘됐으며 가로의 배치, 공원 등 위락 시설의 건설은 상당히 잘된 것이었다. 그가 우리의 건설 사업에도 좋은 아이디어를 제공해줄 것으로 믿었다.

그 공사 부지에 대한 헬무트 얀의 계획안이 발표되기 직전인 1985년 10월에 나는 처음으로 쿠퍼와 만났다. 시 당국은 우리가 설계한 공간 활용 방안에 이미 문제를 제기해 왔으며 나는 쿠퍼를 고용해 그 점에 관해 얀과 함께 작업을 지휘하면 좋겠다고 생각했다. 그러나 그들 둘 다 함께 일하는 것이 마음에 썩 들지 않는 듯했다. 그래서 일단 그런 방안은 유보해두기로 마음먹었다.

나는 1986년 5월에 쿠퍼를 다시 만나 '텔레비전 시티' 건축을 그 혼자 책임으로 맡아달라고 제안했다. 그야말로 내 사업을 추진할 가장 적합한 인물로 생각됐다. 비록 우리가 서로 다른 방면에서 일을 해오느라 간혹 불편한 관계에 놓이기도 했지만 야심 많고 안목 높은 건축

가로 자부하는 그로서는 이렇게 좋은 기회를 놓칠 수는 없는 일이었다. '텔레비전 시티'는 의욕 있는 건축가라면 한번 부딪쳐볼 욕심을 가질 만큼 최고로 멋진 일이었다.

내가 알렉스와 함께 일하려고 생각했을 때쯤 그는 뉴욕 시의 거물들과 어울려 지내는 처지였다. 그러나 과연 거물이라는 평판에 걸맞게 알렉스는 내가 제시한 기회를 놓치지 않으려고 했다. 그는 나중에 기자들에게 "허드슨 공유지에서 공사 장소가 4분의 3마일밖에 떨어져 있지 않아 뉴욕 시의 허가를 쉽게 받을 수는 없을 것"이라고 주장했다.

우리는 견해를 달리하는 부분이 있었지만 특히 알렉스의 야심은 내가 알고 있었던 것보다 훨씬 강력했다. 우리는 많은 사람들이 예상했던 것보다 직업적인 면에서는 훨씬 잘 어울릴 수 있는 특징들을 갖고 있었다.

알렉스는 해안 지대로 연결되는 더 많은 도로와 인도를 만들 것을 제안했다. 또 누구나 쉽게 외부에서 찾아올 수 있도록 공원을 설계하려고 했다. 우리는 가능한 한 건물의 수를 늘리고 건물의 크기는 상대적으로 작게 만드는 데 합의를 보았다. 고층 건물의 전면에 규모를 달리하는 주택들을 건설할 것도 덧붙여 제안했다. 알렉스는 이 사업의 경제적인 가능성을 보장하는 데 필요한 최소한의 한계 내에서 전체 면적을 가능한 한 줄이지 않으려 노력했다. 그가 고안해낸 수정안은 확실히 효력이 있었다. 우리는 도시계획위원회로부터 긍정적인 평가를 받기 시작했던 것이다.

1986년 10월 23일 사업 계획안을 공표했을 때, 한때 신랄하게 비난을 퍼붓던 사람들마저 우리 계획안의 독창성에 관해 입에 침이 마르도록 찬사를 늘어놓았다. 고층 건물 건축에 대해 혐오감을 갖고 있는 지방행정위원회 의장인 존 코웰은 알렉스의 새로운 구상을 '트럼프의 염원을 해결할 수 있는 최상책'이라고 말한 뒤 이전의 사업 계획에 비해 훨씬 낫다고 칭찬했다.

처음에는 시큰둥한 반응을 보였던 쿠퍼도 자신이 설계와 관련해 더 많은 일을 처리할 수 있게 되자 더욱 열중하기 시작했다. 그는 1987년 4월 「뉴욕 타임스」와 회견에서 다음과 같이 말했다.

"나는 그 사업 계획이 고유한 이점을 살리는 방향으로 추진되기를 바란다. 이 도시에서 일고 있는 개발 반대 여론이 현재로서는 너무 강력하다는 데 문제가 있다. 그러나 우리는 강변에 있는 공간을 이용해 이러한 엄청난 규모의 개발에 걸맞은 공원, 산책로 등 쾌적한 생활공간을 확보할 계획이다.

'텔레비전 시티'에서 우리가 추진하는 계획은 개발에 따른 문제점을 최대한 해결할 수 있는 방식으로 진행될 것이다. 세계에서 가장 높은 건물을 세우는 데는 특별한 상황이 요구될 수밖에 없다. 이런 고층 건물이 주변 환경과 조화를 이룰 수 있는 곳은 여기밖에 없을 것이다."

도저히 내가 표현할 수 없는 말들을 그가 정확하게 전달한 셈이었다. NBC를 그곳으로 유치하는 것과 관련, 우리가 내세운 명분이 제너럴일렉트릭 사가 NBC 소유 회사인 RCA를 사들인 1986년 중반경에 상당히 지지를 받고 있다는 것을 느낄 수 있었다.

나는 옛날부터 제너럴일렉트릭 사의 회장인 잭 웰치와 알고 지냈다. 그는 대단히 사려 깊은 사람이란 생각이 들었다. 또한 NBC를 '텔레비전 시티'와 같은 장소로 옮기는 것이 유리하다는 판단을 즉시 내릴 수 있을 만큼 두뇌 회전이 빠른 사람이었다. 웰치는 NBC를 이끌고 있는 제너럴일렉트릭 사의 최고경영진 가운데 한 사람인 보브 라이트를 지명했다. 나는 라이트와 많은 점에서 의견을 같이했다. 그들이 내가 건설한 곳으로 이주해 오든 그렇지 않든 간에 그들은 대단히 비범한 사람들임에 틀림없었다.

제너럴일렉트릭 사가 NBC를 인수했을 즈음에 NBC는 회사를 이전할 장소로 뉴저지 주의 한 곳을 포함해 뉴욕의 4군데 장소를 후보지로 적극 검토하고 있었다.

1987년 1월에 NBC는 록펠러센터에 계속 남아 있는 방안과는 별도로 우리가 건설할 '텔레비전 시티'와 뉴저지 주의 시러큐스에 있는 하이츠마운틴 사의 소유지로 옮기는 방안으로 선택의 범위를 압축했다. 뉴욕 시의 다른 세 곳은 경쟁에서 탈락한 셈이었다.

결과적으로 그 문제는 간단하게 처리되었다. 우리가 만든 텔레비전 시티로 NBC가 옮겨오든지 뉴저지 주로 가든지 둘 중 하나로 결정될 판이었다. 뉴욕 시는 NBC의 방송망이 계속 남아 있게 할 목적으로 재산세를 인하해주는 형식으로 NBC에 세제상의 특혜를 보장해줄 용의가 있다고 이미 발표했다. 문제는 이제 그들이 뉴저지 주의 제안에 필적하는 포괄적인 조건을 제시하느냐에 달려 있었다.

그러나 믿기 어렵게 뉴욕 시 당국은 실제로는 수수방관하면서 아무런 작업도 하지 않는 것처럼 보였다. 내가 이렇게 말하는 까닭은 1987

년 초 세계 최대 기업 가운데 하나인 모빌오일 사가 뉴욕을 떠나 버지니아 주로 옮겨가기로 결정했다고 발표했기 때문이다.

그 직후 J. C.페니 사 역시 뉴욕을 떠날 준비를 하고 있는 것으로 드러났다. 이 도시의 세 번째로 큰 기업인 페니 사가 더 이상 뉴욕에서 기업을 할 생각이 없다는 방침을 발표하고 나섰는데도 정작 시 당국은 아무런 조치를 취하지 않고 있는 것이 말이나 될 법한 일인가. 에드 콕 아래서라면 그럴 법도 하다.

「데일리 뉴스」지는 1987년 2월 말경 내가 이해하기로 뉴욕 시가 완전히 진퇴양난의 지경에 처했다는 내용의 기사를 실었다. 그 기사는 NBC를 잃는다는 것은 막대한 일자리를 잃는 것일 뿐만 아니라 수입, 명성이라는 관점에서도 뉴욕 시에 대한 치명타일 수 있다고 전제한 뒤 내가 세울 '텔레비전 시티'의 중요성을 상세하게 설명하고 있었다.

그 기사는 또 "텔레비전 시티는 결코 확실한 것은 아니지만, 그 사업 계획은 뉴욕 시의 허가를 받아낼 가능성이 아주 높다. 만약 뉴욕 시가 관료적 타성이나 정치적 기회주의에 사로잡혀 허가를 내주지 않으면 이 도시는 회복 불능의 상태에 빠질 것이다. 그러나 시 당국이 트럼프 측의 사업 계획안을 맹목적으로 받아들여서는 안 될 것이다. 최소한 이러한 결정이 신속히 또한 능률적으로 내려질 수 있도록 진지한 논의부터 시작돼야 한다. 시 당국의 정책 목표는 NBC를 뉴욕에 붙잡아두는 데 집중돼야 한다. 이런저런 눈치를 보느라 NBC가 뉴저지 주로 이전하게 되면 최악의 결과를 초래할 것이다"라고 끝을 맺었다.

내 생각에 그 일이 바로 일어나고 있는 중이었다. 1987년 5월 초 나는 조세공제계획 신청을 하러 시 당국에 갔다. 그 공제 신청만 잘되면 NBC에 뉴저지 못지않은 거래 조건을 제공할 수 있을 것이다. 경제개발국 국장 알레어 타운센드는 NBC가 세금 공제 없이 뉴저지로 이주함으로써 다음 20년 동안 200만 달러까지 돈을 모을 것 같은 태세를 취하고 있다고 말했다.

나는 NBC 사옥을 나 자신이 3억 내지 4억 달러를 들여 짓겠다고 거래 조건을 제안했다. 또한 본전의 반도 안 되는 1평방피트당 단돈 15달러로 임대하여 30년간 NBC가 임차하는 것을 보조하겠다고 했다. 마지막으로 시 당국에 텔레비전 시티가 40년간 벌어들인 이익금의 25%를 기증하겠다고 동의했다. 그 대가로 나는 내 전체 부지에 대한 20년간의 조세 공제를 받겠다고 했다. 그래도 나는 몇 년 후 그 계획이 완성됐을 때야 비로소 저축할 수 있을 것이다. 한편 나는 내 돈으로 1년에 최소한 3,000만 달러까지 NBC에 보조금을 지급하는 것이다.

그런데 아이러니컬하게도 바로 내 회사 안에서 이 같은 조세 공제 안에 완전히 반대하는 사람이 있었다. 로버트, 하비 프리먼, 그리고 노먼 레빈은 우리가 얼만큼 소득을 올릴지 알기도 전에 보조금으로 1년에 3,000만 달러나 NBC에 제공하는 것은 위험한 모험이라고 주장했다.

그 모험은 한번 해볼 만한 것이라고 생각했다. 우리의 주거용 아파트에 대한 세금 공제는 그 아파트를 더욱 시장성이 좋게 만들 것이다. 게다가 NBC 자체가 그 부지를 유명하게 만들어 구매자를 끌어들일 것이다. 시 당국도 잃는 것은 없다. 즉 NBC를 지키는 데 돈 한 푼 들이지 않는 한편 세금으로 우리가 결국 벌어들일 이익금에 대해 실제적인 이익도 함께 얻을 것이다.

　이 제안은 처음에 심각했던 시 당국과 협상에 불을 붙였다. 에드 콕은 참석하지 않았으나 콕 밑에서 일하는 시 공무원들은 그 계획을 대개 받아들이는 것 같았다. 그러나 3주 이상 열띤 토론을 벌인 끝에 5월 25일 에드 콕은 그 거래를 냉정하게 거절했다. 나는 그가 제안의 유리한 점에 대해 거절하기로 결정한 것이 아니라 제안이 아무리 시 당국에 유익해도 나와는 거래를 하고 싶지 않았기 때문에 거절했다고 확신한다.

　다음 날 나는 콕에게 1년 이상이나 쓰지 않던 편지를 보냈다.

　"에드에게. 당신이 정말 NBC를 뉴욕 시 안에 지키려고 하는지 믿을 수 없습니다. 나는 다른 큰 회사들이 그랬듯이 당신의 태도가 NBC를 뉴욕에서 몰아내 뉴저지로 떠나게 할 것이라고 생각합니다." 나는 다시 한 번 그 방송국을 지킴으로써 얻을 이익들을 적어내려갔고 다음과 같이 말을 끝냈다.

　"나는 가만히 물러앉아 뉴저지 등 다른 도시들이 뉴욕에서 활력소를 빼앗아 가는 것을 지켜보는 것에 염증을 느낍니다."

　콕은 내가 예상했던 대로 답했다. 그는 내가 지적한 어떤 특정 문제에 대해 대답하지 않고 문제를 사적인 의지의 싸움, 즉 '탐욕스런 택지개발업자 트럼프' 대 이에 반대하는 '가장 위대한 보호자 콕'의 싸움으로 몰고 가려고 애썼다. 수개월 동안 그는 울먼 스케이트장을 그렇게 빠르고 능숙하게 지음으로써 자신을 당황하게 만든 나에 대해 보복할 길을 찾고 있었던 것이다. 웨스트사이드 주차장이 그것을 위한 완벽한 수단이라고 생각했다. 내가 보호 가격 이하로 나의 9에이커 부지를 시 당국에 직접 팔겠다며 또다시 NBC를 구할 방안을 제안했을 때 콕은 충분한 토의 없이 그것마저 거절했다.

나는「뉴욕 타임스」가 내 계획에 반대하고 나섰을 때 놀라지 않았다. 그 사설을 쓴 사람은 콕의 오랜 친구 허브 스터즈였다.「뉴욕 타임스」의 논설위원이 되기 수주 전까지 스터즈는 텔레비전 시티에 대해 책임을 맡은 도시계획위원회 국장이었던 것이다. 허브 스터즈에게 뉴욕 시에 대한 사설을 쓰라고 시키는 것은 캐스파 와인버거에게 레이건 대통령의 국방 정책에 대한 사설을 쓰도록 시키는 것과 같은 짓이다.

그러나 나는「데일리 뉴스」의 한 논설위원으로부터 강력한 지지를 받고 있었다. "시장은 시 당국이 NBC에 제공할 수 있는 한계가 있다고 말한 점에서는 옳다."「데일리 뉴스」는 계속했다. "그러나 아무런 행동도 취하지 않았다는 데는 변명의 여지가 없다. 직접 NBC, 록펠러센터 그리고 트럼프의 정책 결정자들을 불러 함께 만나도록 해야 한다. 그는 강력한 계획을 세워야 하며 필요하다면 쌍방을 모두 나무라야 한다."

대신 콕은 NBC에 신통치 않은 세금 삭감 제안을 제공했다. 콕은 그것으로 NBC가 원하는 어떤 맨해튼 부지든 얻을 수 있다고 말했다. 그는 심지어 약간의 새 부지에 대한 충고도 공짜로 제공했다. 물론 돈 안 받는 충고는 돈을 지불하고 얻는 충고만큼 가치가 있기 마련이다. 콕이 이 같은 제안을 하자마자 NBC 대변인은 NBC가 더 많은 부지를 얻는 데 관심이 없다고 말했다.

한편 하이츠마운틴 인더스트리의 간부들은 가만히 앉아 있지 않았다. NBC를 마음대로 할 수 있는 기회임을 알게 된 그들은 6월 1일 NBC가 30일 안으로 그들이 제시한 조건을 받아들여야 한다고 발표했는데 뉴욕 시는 더 이상 그 조건을 감당하려고 하지 않는 것이었다.

방송국 문제에 콕을 끌어들임으로써 내가 구획 승인을 얻을 기회를 망치고 있다고 나에게 충고하는 사람들도 있었다. 그들이 옳았을지도 모른다. 그러나 더 큰 문제가 걸려 있다고 생각했다. 나는 에드 콕이 무능력하고 뉴욕 시에 파괴적인 일을 하므로 누군가가 일어서서 공공연하게 그렇게 말해야 한다고 믿었다. 「데일리 뉴스」가 독자들을 대상으로 NBC 문제에 대해 콕의 입장을 지지하는지 아니면 나의 입장을 지지하는지 여론조사를 했을 때 결과는 대단히 만족스러운 것이었다. 거의 1만 명의 독자가 나에게 찬성을 했고 단지 1,800명만이 콕의 편을 들었던 것이다.

나는 웨스트사이드에 건물을 짓기 위해 오랫동안 기다렸다. 그리고 좀 더 기다려서 필요하다고 생각하는 구획 허가를 얻을 수도 있다. 결국 나는 NBC와 함께 아니면 NBC 없이 텔레비전 시티를 지을 것이다. 그리고 현 행정부와 협력해 짓거나 혹은 협력 없이 지을 수도 있다.

나는 모든 가능성을 열어놓았다. 왜냐하면 내가 전에도 말했듯이 그것이 나 자신을 진정으로 보호하기 위한 유일한 길이기 때문이다. 주거용 부동산 시장이 건재할 때 나는 그곳에 강을 향한 전망 좋은 대규모 아파트를 지어 팔 것이다. 주거용 부동산 시장이 쇠락한다면(그것은 뉴욕 같은 시에서는 일시적인 현상일 수 있다) 나는 쇼핑센터를 지을 계획이다. 나는 아무튼 그곳을 매우 잘 이용할 것이다.

텔레비전 시티에 관한 기회는 오고야 말 것이다. 내가 기다릴 여유가 있으니 다행이다. 왜냐하면 나는 그 같은 방법으로 잘해나갈 수 있을 것이기 때문이다. 에드 콕이 그레이시 맨션에서 이사 간 후에도 오래도록 나는 뉴욕에서 장사를 잘하게 될 것이라고 믿는다.

제14장

다음엔 무엇을?

이 책의 첫머리에서 내가 거래를 행하는 것은 단지 거래 그 자체를 위해서라고 말한 바 있다. 그러나 결국 우리는 현재 얼마나 많은 거래를 하고 있느냐 하는 것보다 결과적으로 무엇을 성취해냈느냐에 의해 평가된다. 다음은 이 책의 앞부분에서 보여준 일주일 동안 내 책상을 거쳐간 거래들이 그 뒤 어떻게 됐는지 그 결과를 보여주는 것들이다.

홀리데이 인

항간에 알려진 것처럼 3,500만 달러는 안 되지만 그래도 적당한 이윤을 남기고 홀리데이 주식을 판 지 몇 주일 뒤에 나는 밸리 메뉴팩처링 코퍼레이션이라는 다른 카지노 기업의 주식을 매입하기 시작했다. 짧은 시간에 나는 총주식의 9.9%를 사 모을 수 있었다. 밸리 사는 누구든 적대적으로 타기업을 인수할 수 없게끔 제도적 장치를 마련한 법의 힘을 빌려 나에게 대항하려 했다. 그들은 내가 더 이상 밸리 사의 주식을 매입하지 못하도록 고소를 했으며 나도 이에 맞고소를 했다.

맞고소를 한 지 이틀 뒤 밸리 사는 채권 비용을 포함해 거의 5억 달러에 달하는, 카지노업계 사상 최고의 가격을 지불하고 애틀랜틱시티에 있는 골든 너기트 카지노를 매입하기로 합의를 보았음을 발표했다. 이것 또한 그 실질적인 목적은 나를 훼방 놓으려는 데 있는 것 같았다. 애틀랜틱시티에서는 어떤 기업도 3개 이상의 카지노를 소유할 수 없도록 법으로 금지되어 있는데 만약 밸리 사가 골든 너기트를 매입하고 난 뒤에 내가 밸리를 인수한다면 나는 4개의 카지노를 갖게 되는 셈이다.

그러나 사실상 그들은 나를 이롭게 만들었다. 너기트 카지노를 그처럼 엄청난 가격에 매입함으로써 그들은 내가 기왕에 갖고 있던 2개의 카지노를 포함해 애틀랜틱시티에 있는 모든 카지노의 가치를 올려놓고 말았다. 결국 밸리 사는 화해를 제의했고 나는 거절할 수가 없었다. 나는 그들이 너기트를 매입하는 데 방해하지 않기로 동의했다. 대신 그들은 내가 갖고 있던 그들 회사의 지분 9.9%를 당초 내가 지불한 가격보다 훨씬 높은, 당시의 평균 가격으로 다시 매입하기로 동의했다. 나는 2,000만 달러 정도의 얼마 안 되는 투자로 상당한 이익을 남겼다.

1987년 3월 이번엔 정당한 방법으로 리조트 인터내셔널이라는 세 번째 카지노의 매입을 시도했다. 리조트 사의 설립자인 제임스 크로스비가 죽고 나자 몇몇 다른 업자들이 그 기업을 인수하기 위해 흥정을 벌였으나 모두 실패했다. 그동안 나는 리조트 사를 지배하고 있던 몇몇 사람들과 친분을 다져왔다.

1987년 4월 마침내 리조트 사와 한 주당 135달러에 그 회사의 주식 93%를 매입하기로 합의했다. 그 뒤 몇몇 다른 업자들이 더 높은 가격을 제의했지만 그들은 계속 우리와 합의를 고수했다. 그들은 다른 것보다 짐 크로스비가 가장 원하는 보드워크의 호텔 카지노 타지마할을 건설하기에는 내가 가장 적임자라고 믿고 있었다. 세계에서 가장 규모가 크고 또 가장 흥청거리는 호텔 카지노로 만들기 위해 타지마할에는 이미 당초 예산보다 수백만 달러가 더 투입됐다. 그러나 크로스비가 죽을 무렵까지 어느 한 군데 완성된 곳이 없었다.

나는 타지마할이 1988년 10월경 개점하기를 바라고 있다. 더 효율적인 경영을 위해 나는 타지마할에 인접해 있는 리조트 카지노의 문을 닫을지도 모른다. 물론 나는 다른 카지노업자에게 적당한 값을 받고 경영권을 언제든지 팔아버릴 수 있다. 누가 아는가? 밸리나 홀리데이 인이 흥미를 갖고 있는지.

애너벨 힐

애너벨 힐을 위해 10만 달러 이상에 달하는 기금 모금을 끝냈다. 우리는 이 돈으로 저당 대금을 지불하고 그녀의 농장을 구했다. 기념으로 우리는 힐 부인과 그녀의 딸을 뉴욕으로 데려왔다. 이곳 트럼프 타워 안마당에서 우리는 처음이자 마지막인 저당권 화형식을 가졌다.

USFL

NFL에 대한 배심원의 공정거래 위반 판결에도 불구하고 USFL이 손해배상으로 고작 1달러만 받도록 판결하자 USFL의 소유주들은 만장일치로 이에 대한 항소를 결의했다. 이 항소는 처음 나의 경우만큼이나 그 이유가 타당하다고 생각된다.

울먼 링크

이 링크는 당초 예상하고 있던 것보다 75만 달러를 더 절약할 수 있었으며, 예정보다 꼭 한 달 전인 1986년 11월 문을 열었다. 첫해에 50만 명 이상의 사람들이 이 링크에서 스케이트를 즐겼다. 링크가 문을 열기 전만 해도 시 당국은 큰 영업 손실을 예견했으나 최초의 스케이트 시즌을 보내고 난 뒤 약 50만 달러의 이익을 남겼다. 우리는 그 모든 이익금을 자선사업에 썼다.

팜비치 타워

리 아이아코카와 나는 팜비치 지역에 있는 2개의 콘도미니엄 타워를 매입하기 위해 동업자가 되었다. 우리는 대략 4,000만 달러를 지불하고 그것을 매입했다. 우리가 그 사업을 인수할 때는 고작 몇 채의 콘도만이 팔렸을 뿐이었다. 남부 플로리다의 콘도 판매 시장에서 우리는 짧은 기간 내에 거의 50채에 달하는 콘도를 팔거나 임대했으며 이로써 파산 상태까지 몰린 사업을 대단한 성공으로 이끌 수 있었다.

내년쯤 우리는 2개의 타워 중 한 곳의 1층에다가 거창한 레스토랑 하나를 만들 생각을 하고 있다. 레스토랑 경영을 희망한 사람 중에는 뉴욕에 있는 '21 클럽'의 소유주들과 '해리의 바' 소유주 해리 시프리아니 등이 있다. 찰스 골드스타인 경은 이 거래가 완결되기 전에 리 아이아코카의 자문역에서 해임됐다.

오스트레일리언 카지노

우리는 세계에서 두 번째로(애틀랜틱시티에 있는 타지마할 다음으로) 큰 이 카지노의 운영을 맡을 최종 후보 중 하나로 선정되긴 했으나 나는 마지막 순간에 더 좋은 생각을 해냈다. 뉴욕에서 비행기로 24시간이나 걸리는 거리에 있는 사업을 운영한다는 것은 바로 코앞에도 신경 쓸 것이 많다는 점을 감안해볼 때 이치에 맞지 않는 일이었다. 최종 결정이 오스트레일리아 뉴사우스 웨일스의 공무원들에 의해 발표되기 직전에 나는 그들에게 입찰을 포기할 것이라고 통보했다.

비벌리힐스 호텔

이 호텔은 최종적으로 내가 지불하려던 가격보다 훨씬 높은 가격으로 최고의 입찰금을 제시한 석유업자 마빈 데이비스에게 팔렸다. 그 부동산을 면밀히 조사해본 뒤 나는 입찰금을 낮게 제시했다. 물론 데이비스가 되팔기로 마음만 먹는다면 분명히 그는 이윤을 남기고도 남을 위인이다.

그 후 마빈 데이비스는 또 리조트 인터내셔널 카지노에 대한 입찰도 냈다. 내가 이미 거래를 끝내고 난 뒤임에도 불구하고 그는 더 높은 가격을 제시하면서 머피와 크로스비 가문에 나와 합의를 취소하라고 종용했다. 그러나 그들은 거절했고 법원 또한 나의 거래를 인정했다. 또 그 이후 뉴저지 주의 카지노통제위원회도 나의 거래를 만장일치로 인정했다.

이때쯤 나는 머브 애덜슨과 바바라 월터스가 주선한 캘리포니아의 한 호화판 파티에 있었는데 그 자리에서 한 기자가 마빈 데이비스의 리조트 입찰 건에 관해 물었다. 나는 농담으로 데이비스(그는 몸무게가 대단히 많이 나갔다)는 나의 리조트 매입 거래를 끊어버리려고 애쓰는데 시간을 낭비할 것이 아니라 몸무게를 200파운드쯤 줄이는 데 신경

써야 할 것이라고 말했다. 그 후 나는 데이비스가 나의 말에 대해 대단히 분개했다는 얘기를 들었지만 과히 기분이 나쁘지는 않았다. 나는 적들에게까지 구태여 상냥한 태도를 보이려고 애쓰지는 않는 편이다.

주차장

새로운 주차장 건설 공사가 시작된 지 몇 개월이 지난 1986년 10월 어느 날 아침 뉴욕에서 한 기업가 단체를 대상으로 막 연설을 하려는 찰나, 나에게 비상전화가 걸려왔다. 건설 감독을 맡고 있는 톰 피펫의 전화였다. 거대한 메가톤급 크레인을 다루는 조종사가 조작을 잘못하는 바람에 크레인과 22톤짜리 철골 구조 하나가 한꺼번에 주차장 위로 쓰러진 것 같았다. 피펫은 주차장의 상당 부분이 붕괴됐다고 알렸다.

"인부들은 어떻게 됐소? 다친 사람은 없습니까?"라고 물었다. 그는 100여 명의 인부들이 현장에서 작업을 하고 있었는데 정확한 상황을 파악 중이라고 말했다. 계속 연락을 취하도록 이른 다음 연설장으로 떠났다. 연설하는 동안만은 그 문제에 마음 쓰지 않으려고 애썼다. 연설을 마치고 밖으로 나오자마자 톰으로부터 온 메시지가 나를 기다리고 있었다. 즉시 그에게 다시 전화를 걸었다. 그는 "사실을 믿으려 하지 않으시겠지만요, 트럼프 씨. 우리는 모든 사람을 헤아려보았는데 다친 사람이라곤 단 한 사람도 없었습니다"라고 말했다.

단 한 사람의 생명이라도 잃어버린다는 것은 무시무시하고 엄청난 결과를 가져올지 모른다. 이 경우 인부들이 마침 그 순간에 다른 곳에 있어서 자신들의 생명을 구할 수 있었던 것은 순전히 운이 좋았기 때문이다.

이것은 모든 일들이 얼마나 깨어지기 쉬운가를 보여준다. 그 사람들은 대단히 운이 좋았고 나 역시 마찬가지였다.

더 이상의 사고 없이 그 일은 끝났다. 1987년 5월 우리는 1,200개에 달하는 주차 공간을 갖춘 새로운 주차 시설을 개장했다. 이 시설은 보드워크에 있는 트럼프 플라자까지 보도로 연결되어 있다. 개장한 주 내내 우리는 슬롯머신에서 종전의 2배에 달하는 수입을 올렸다. 이 수입의 대부분은 부쩍 많이 우리 주차 시설을 이용하게 된 보행자들로부터 나왔다. 7월경 주차 공간은 모두 2,700개로 늘어났으며, 이외에도 우리는 적절한 시간과 돈을 들여 버스 터미널과 리무진 주차장을 갖추었다.

라스베이거스

나는 라스베이거스에서 도박 면허 신청을 취소했다. 리조트와 애틀랜틱시티에 있는 2개의 다른 카지노만 해도 내가 카지노업계에 신경을 쏟기에는 충분했다. 지금 내가 신경을 쓰는 곳은 애틀랜틱시티지만 그렇다고 해서 장차 언제인가 네바다에 건축을 하든가 무엇을 매입하는 일을 배제하지는 않고 있다.

트럼프 승용차

나의 이름을 딴 두 종류의 캐딜락형 리무진을 생산하기로 결정을 내렸다. 트럼프 골든 시리즈는 지금까지 나온 승용차 중에서 가장 실내 공간이 넓은 리무진이 될 것이고 트럼프 이그제큐티브 시리즈는 같은 형이지만 다소 덜 화려할 것이다. 아직 어느 것도 생산 단계에 접어들지는 않고 있는데 최근 캐딜락 측이 나에게 선물로 예쁜 캐딜락 알란트 한 대를 보내왔다. 아마 그들은 내가 바빠 놀려면 더 많은 장난감이 필요할 것이라고 느낀 모양이다.

드렉셀 거래

나는 드렉셀 버넘 램버트가 먼저 제의한 호텔 거래를 계속 추진하지 않기로 결정했다. 그러나 앨런 그린버그, 베어 스턴스와의 모든 투자금융 사업만은 계속해왔다. 드렉셀로서는 어려운 시기였다.

트럼프 캐슬

이바나에게는 도저히 맞설 재간이 없다고 말한 적이 있지만 그녀는 내가 예상했던 것보다 훨씬 더 빨리 그 사실을 입증해 보였다. 1987년 처음 3개월은 애틀랜틱시티에 있는 12개 모든 카지노 중에서 최고의 수입 증가율을 기록했으며 또 최대의 이윤을 올렸다. 그 카지노는 처음 3개월 동안 전년도 같은 기간에 비해 19% 증가한 7,680만 달러를 벌어들였다. 실적이 훌륭하기는 했으나 그래도 이바나는 자신이 그 업계에서 월등히 뛰어날 때까지는 행복을 느낄 수가 없을 것이다.

걸프 앤드 웨스턴

나는 걸프 앤드 웨스턴 사의 회장인 마틴 데이비스에게 계속해서 극장에 관한 이야기를 해왔다. 이와 함께 나는 꾸준히 백화점 체인인 알렉산더스의 주식을 매입해왔다. 58번가와 69번가, 또 서드 애버뉴와 렉싱턴 애버뉴 사이 블루밍데일 옆에 있는 이 체인의 본점이 위치한 지역은 극장뿐 아니라 상업용과 주거용 고층 건물을 짓기에 안성맞춤인 장소다.

마라라고

수영장과 테니스 코트가 완성되었고 둘 다 내가 원하는 것만큼 아름다웠다. 나는 휴식에는 그다지 흥미가 없었지만 마라라고만큼은 거의 자신을 잃을 정도로 즐긴다. 그곳은 나를 낙원에 한층 가깝게 데려간다.

모스크바 호텔

1987년 1월 나는 미국 주재 소련대사 유리 두비닌으로부터 한 통의 편지를 받았다. 내용은 "모스크바에서 온 희소식을 전하게 돼서 대단히 기쁩니다"로 시작됐다. 그 편지는 계속해서 소련의 국제 관광을 위한 국가기관인 '고스코민투어 리스트'가 나와 합작으로 모스크바에 호텔을 하나 건설해서 경영하는 문제에 큰 관심을 표명했다고 적고 있었다.

7월 4일 나는 이바나와 그녀의 비서 리사 캘런드라, 그리고 노마를 데리고 모스크바로 날아갔다. 대단히 특별한 경험이었다. 우리는 '붉은 광장' 근처의 몇 곳을 포함해서 호텔 건립 후보지 물색을 위해 대여섯 군데를 여행했다. 우리는 내셔널 호텔에 있는 '레닌의 방'에서 묵었으며, 나는 거래를 행하려는 소련 관리들의 의욕에 감명을 받았다.

트럼프 기금

나는 압류된 부동산을 매입하기 위해 외부 투자자들로부터 모금한 돈으로 별도의 기금을 설치하지 않기로 결정했다. 나는 나 스스로 위험을 지는 것은 개의치 않는다. 그러나 많은 다른 사람들, 특히 몇몇 친구들까지 포함된 사람들의 돈에 책임을 진다는 것은 그렇게 유쾌한 것만은 아니다. 같은 이유로 해서 내 회사 중 어떤 것도 공개하고 싶다는 생각을 가져본 적이 결코 없다. 나 자신에게만 책임을 진다면 무엇인가를 선택하기가 훨씬 용이한 법이다.

나의 아파트

1987년 가을 아파트 수리가 완전히 끝났다. 내 시간을 가질 만한 여유를 갖게 됐으며 또한 그렇게 된 것이 행복하다. 세상 어디에도 이 같은 아파트는 없을 것이다.

727 항공기

나는 결국 한 항공기를 찾아냈다. 1987년 봄 나는 「비즈니스 위크」지에서 우연히 경영난에 처한 다이아몬드 샴로크라는 텍사스 소재의 한 회사에 관한 기사를 읽게 됐다. 그 기사는 실제로 왕처럼 행세하고 있는 샴로크 사의 고위 간부들이 어떻게 그들의 어마어마한 특권을 즐기고 있는지를 생생히 묘사했다. 기사에 나타난 예들 중에는 그들이 마음대로 타고 날아다니는 그 회사 소유의 호화판 727 항공기도 있었다. 나는 어떤 기회가 왔음을 느꼈다.

월요일 아침 나는 「비즈니스 위크」지 표지에 사진이 실린 그 회사 대표의 사무실로 전화를 걸었다. 그러나 그는 더 이상 그곳에 있지 않았고 찰스 블랙번이 새로운 대표로 막 임명된 뒤였다. 나는 즉시 그에게 연결되었고 우리는 몇 분 동안 얘기를 나누었다. 우선 나는 그에게 만사가 잘되기를 바란다는 인사말을 한 뒤 그 회사의 727기에 관해 얘기를 끄집어냈다. 팔 의향이 있다면 내가 사고 싶다고 말했다. 충분히 예상한 대로 블랙번은 그들 모두가 그 항공기를 대단히 사랑하고는 있지만 그것을 파는 것이 첫 번째 과업이라고 말했다. 심지어 그는 내가 살펴보기에 용이하도록 뉴욕으로 그것을 보내겠다고 제의했다.

다음 날 나는 그 항공기를 살펴보기 위해 라과디아 공항으로 나갔다. 나는 웃지 않을 수 없었다. 이 항공기는 200명의 승객을 태울 수 있었지만 15인승으로 개조되어 있었으며 침실, 넉넉한 목욕탕, 그리고 별도의 집무 공간까지 갖추고 있었다. 그 비행기는 내가 필요한 것치곤 다소 과분했지만 기회가 찾아왔을 때 그것을 걷어차기는 어려운 법이다.

신형 727기를 구입하는 데는 대략 3,000만 달러가 든다. 크기가 727기의 4분의 1밖에 안 되는 AG-4기도 1,800만 달러나 된다. 그러나 나는 다이아몬드 샴로크 사가 그것을 팔고 싶어 안달하고 있으며 또 727기를 구입하려는 사람들이 그렇게 많지 않다는 것을 알았다. 나는 터무니없이 낮은 가격인 500만 달러를 제안했다. 그들은 1,000만 달러로 맞섰다. 그 순간 나는 이 협상이 어떻게 끝나든 상관없이 매우 좋은 거래를 하고 있다는 것을 알았다. 우리는 다소 옥신각신했으나 결국 800만 달러에 합의를 봤다. 나는 이 항공기에 견줄 만한 다른 민간 항공기가 있다고는 믿지 않는다.

다음엔 무엇을?

다행스럽게도 나는 이 질문의 대답을 알지 못한다. 대답을 안다면 흥미가 오히려 반감될 것이다.

그러나 이것만큼은 알고 있다. 즉 장래가 과거와 같지는 않을 것이란 점이다. 나는 일할 수 있는 나이의 처음 20년간을 건축을 하고, 재산을 모으고, 많은 일을 이루어내는 데 보냈다. 사람들이 믿기지 않는다고 말하고 있지만……. 내가 앞으로 20년 동안 해보려고 가장 야심차게 생각하고 있는 것은 지금까지 내가 갖게 된 것의 일부를 되돌려주기 위한 무엇인가 창조적인 방법들을 찾아내는 일이다.

비록 돈이라는 것이 어떤 가치를 지닐 수는 있지만 나는 그것이 전부라고는 생각지 않는다. 돈을 많이 가진 사람이 관대해지기란 쉬운 법이고 또 그래야만 한다. 그러나 내가 가장 존경하는 사람은 스스로 어떤 방침을 정하고 그것을 고수해나가는 사람이다. 나는 사람들이 자선을 베푸는 이유에 대해 대단히 무관심했다. 그것은 그들의 동기가 밖으로 드러난 것과 거의 같지 않으며 또 순수한 애타주의와는 거리가 멀기 때문이다. 나의 관심사는 어떤 일이든지 행하는 것이다. 사람들에게 일할 수 있는 시간을 주는 것이 단순히 돈을 주는 것보다 훨씬 더 가치 있는 일이다.

나와 내 인생에서 자랑거리라고는 두 가지밖에 없다. 난관을 잘 극복한다는 점과 좋은 사람들로 하여금 최선을 다해 일할 수 있도록 동기부여를 해준다는 점이다. 앞으로 남은 한 가지 과제는 지금까지 나 자신만을 위해 써온 이 같은 재능들을 이제부터는 남을 위해 훌륭히 발휘할 수 있는 방법들을 찾아내는 일이다.

그렇다고 오해하진 말라. 나는 다시 거래, 큰 거래를 할 계획을 세울 것이다, 그것도 불철주야로.

미국의 부동산 왕 도널드 트럼프는 1987년 10월 5일 「뉴욕 타임스」의 '아시아의 한 대통령이 뉴욕의 초호화 아파트 구입'이라는 보도로 본격적으로 한국에 알려진 인물이다. 「뉴욕 타임스」는 당시 "아시아의 한 대통령이 자신과 경호원을 위해 뉴욕의 호화 아파트인 트럼프 파크의 4개 층을 구입했으며 거래 대리인이 한국어를 썼다"고 보도하여 파문을 일으켰다. 트럼프는 바로 이 기사에서 언급되고 있는 트럼프 파크의 소유자이다.

트럼프는 미국에서는 이미 널리 알려져 있는 인물이다. '부동산업의 제왕' '최고의 카지노 흥행가' 등으로 불리는 그는 뛰어난 거래 솜씨로 단숨에 미국 재계의 실력자로 부상한 젊은 부동산 재벌이다. 그는 엄청난 부(富) 외에도 뉴욕에 세계 최고의 빌딩을 지으려는 '텔레비전 시티' 계획, 소련 정부와 합작으로 크레믈린 광장 앞에 호화 호텔을 짓는 계획 등을 통해, 무엇인가를 끊임없이 성취하지 않고서는 못 배기는 미국인들의 꿈과 활력을 가장 잘 대변하는 인물로 평가받고 있다.

이 책은 그의 자서전 『TRUMP : The Art of the Deal』을 우리말로 옮긴 것이다. 그의 자서전은 1987년 12월 미국의 랜덤하우스 출판사가 펴냈는데 책이 나오자마자 「뉴욕 타임스」 논픽션 부문에서 32주간 연속 베스트셀러 1위를 차지할 만큼 폭발적인 인기를 모았다. 「뉴욕 타임스」지는 미국의 대학 1년생을 대상으로 한 설문조사에서 그들이 한결같이 부와 풍요로운 삶을 추구한다는 결과를 소개하며, 트럼프 자서전이 놀라운 판매 기록을 세우는 이유를 젊은이들의 꿈과 이상이 트럼프의 이미지와 일치하기 때문이라고 분석했다. 젊고 매력 있는 재벌이면서도 꾸밈없고 활달하며 쉬지 않고 자기 발전을 추구하는 그의 열정과 인간성에 매료되지 않을 수 없다는 것이다.

트럼프는 이 책에서 자신의 사업 스타일과 생활 방식, 부를 축적해 온 과정들을 솔직하게 그리고 있다. 뉴욕 시에 초호화 빌딩인 트럼프 플라자를 지어 세계적인 관광 명소로 만든 과정, 애틀랜틱시티 최고의 카지노를 손에 넣게 된 거래 등 구체적인 협상의 뒷얘기까지 빼놓지 않고 들려주고 있다.

그의 자서전을 읽으면서 감탄을 금치 못한 것은 거의 본능적인 그의 거래 능력과 완벽한 일처리, 쓸 사람과 안 쓸 사람을 가려내는 그의 안목 등이었다. 그러나 이에 앞서 한 인간이 그것도 막대한 부와 권력을 가진 재벌이 어쩌면 이렇게도 꾸밈없이 자신의 모든 것을 내보일 수 있을까 하는 점이 더 강하게 가슴에 와 닿았다.

'한국의 트럼프'를 꿈꾸는 모든 사람들이 이 책을 읽고 그의 거래

능력과 사업 스타일을 이해하고 참고함으로써 더 큰 발전이 있었으면 좋겠다. 자신의 분야에서 항상 최고를 지향하며 '거래를 위해 거래를 한다'고 말할 정도로 거래 자체를 사랑하는 그의 프로 정신은 한국의 트럼프 지망생들에게도 큰 도움이 될 것으로 믿는다.

이재호

2004년 10월

거래의 기술

펴낸날	초판 1쇄 2016년 5월 25일
	초판 14쇄 2024년 11월 14일

지은이	도널드 트럼프
옮긴이	이재호
펴낸이	심만수
펴낸곳	(주)살림출판사
출판등록	1989년 11월 1일 제9-210호

주소	경기도 파주시 광인사길 30
전화	031-955-1350 팩스 031-624-1356
홈페이지	http://www.sallimbooks.com
이메일	book@sallimbooks.com

ISBN 978-89-522-3408-7 03320